D1666218

Gerhard Leo

Frühzug
nach Toulouse

Verlag der Nation
Berlin

Fotos: Privatbesitz Gerhard Leo
Reproduktionen: Dietz Verlag/Ewald
Karte: Werner Müller

ISBN 3-373-00239-7

1. Auflage 1988
© Verlag der Nation Berlin 1988
Lizenznummer 400/25/88
LSV 7003
Lektor: Hannelore Kramer
Technische Redaktion: Marga Lippert/Ingrid Welzer
Einband: Klaus Herrmann
Typographie: Kerstin Vorwerk
Gesamtherstellung: Offizin Andersen Nexö,
Graphischer Großbetrieb, Leipzig III/18/38
Bestell-Nr. 6969212
01450

Für Nora

Rote Sommerblume

Reisen im besetzten Frankreich von 1943 ist Wagnis und Strapaze zugleich. Die stets überfüllten Züge haben meist Stunden Verspätung – wenn sie ankommen. Es kann auch sein, daß sie nach einem Anschlag entgleisen. Das geschieht manchmal, wenn die Wehrmacht Waggons für ihre Soldaten und Offiziere requiriert hat. Die sind immer in der Mitte angekoppelt, nie hinter der Lokomotive oder am Ende, denn diese Stellen gelten als besonders gefährdet, wenn die Wagen die Böschung hinunterstürzen.

Nicht selten bleiben die Züge irgendwo auf der Strecke stehen, kurz vor einer Stelle, an der die Schienen nach einer Sprengung, wie von der Hand eines Riesen vom Boden gerissen, in seltsamen, krumm gebogenen Linien zum Himmel streben. Das ist das Werk der Résistance, die allgegenwärtig ist. Von ihren Taten spricht man flüsternd im Coupé, mit einer von leiser Furcht geprägten Hochachtung, bis ein älterer Mann mit den bunten Bändchen der Orden aus dem Ersten Weltkrieg im Knopfloch die Unterhaltung jäh unterbricht: «Seien Sie doch ruhig. Wenn jemand das hören würde …» Alle wissen, wer mit «jemand» gemeint ist: Kollaborateure, Agenten der Gestapo, die, wie es heißt, die Gespräche aufmerksam belauschen, um dann diejenigen, die sich gegen die Vichy-Regierung und die Besatzungsmacht oder für die Résistance ausgesprochen haben, im nächsten Bahnhof der Polizei zu übergeben.

Es ist wieder still im kleinen Abteil, gedacht für zehn

Fahrgäste auf zwei sich gegenüberstehenden Holzbänken, jetzt vollgepfercht mit mehr als zwanzig Reisenden. Manche haben Frauen oder Kinder auf dem Schoß, und im schmalen Gang stehen sie dicht gedrängt, Kopf an Kopf. Hier, wohl an der ungünstigsten Stelle, ist mein Platz. Umfallen kann ich nicht, auch wenn der Zug in den ausgefahrenen Gleisen schlingert und alles durcheinanderschüttelt. Die Enge, die Hitze im Abteil, die schlechte Luft, die unbequeme Stellung nehme ich jedoch kaum wahr. Meine Gedanken sind ganz auf mein Reiseziel gerichtet: Toulouse, die große Stadt im südfranzösischen Departement Haute-Garonne. Dort, dessen bin ich sicher, beginnt ein ganz neuer Abschnitt meines Lebens.

Wir haben Glück, es gibt keinen unvorhergesehenen Aufenthalt auf der Strecke. Die Verspätung von drei Stunden, mit der unser Zug in die Halle des Bahnhofs von Toulouse einfährt, kann man fast als normal bezeichnen. «Ein Frühzug, der mittags ankommt», lamentiert neben mir eine Frau halblaut. Doch die Klage wird nicht aufgegriffen. Man ist froh, daß die beschwerliche Reise ein Ende hat und ohne Zwischenfälle verlief. Bauern, große Strohkörbe schleppend, Männer nur in Hemdsärmeln, die Jacke über die Schulter gehängt, junge Mädchen im zerknitterten Sommerkleid springen bereits auf den Bahnsteig, bevor der Zug noch ganz stillsteht. Dazwischen einige Gestalten in gut geschnittenen Anzügen mit breit wattierten Schultern, von verdächtiger Eleganz. Man macht einen Bogen um sie, bemüht, sie nicht anzurempeln. Im vierten Besatzungsjahr kann Wohlstand eigentlich nur noch aus der Zusammenarbeit mit den Deutschen oder aus dem Schwarzen Markt erwachsen.

Ich verlasse das Abteil als einer der letzten, meinen abgestoßenen Koffer aus Kunstleder in der Hand, und sehe mich vorsichtig um. Der Bahnsteig hat zwei Ausgänge. An beiden Sperren werden nicht nur die Fahrkarten verlangt. Deutsche Feldgendarmen mit dem Blechschild um den

Hals, die kurze Maschinenpistole über die Schulter gehängt, prüfen die Ausweise. Mein Herz klopft schneller, und ich hoffe nur, daß man es mir nicht ansieht. Zum erstenmal muß ich meinen Personalausweis vorzeigen. Der ist zwar sehr gut nachgemacht und sogar im zuständigen Rathaus des kleinen Ortes Cazaubon (Gers) ordnungsgemäß registriert, aber er ist eben falsch. Gibt es etwas, woran der Feldgendarm das sehen könnte? Eigentlich nicht. Ich bin schon wieder fast ganz ruhig und bis auf einige Meter an die Sperre herangerückt, als ich den einen Feldgendarmen zu seinem Begleiter halblaut sagen höre: «Paß auf die Jungen auf! Gestern haben wir hier zwei mit falschen Fleppen geschnappt. Die machen sich alle jünger, um sich vor dem Arbeitseinsatz im Reich zu drücken.»

Mein Herz beginnt wieder zu klopfen. Genau das trifft nämlich für mich zu. Ich bin neunzehn Jahre alt, auf meinem Ausweis allerdings zwei Jahre jünger. Dabei hatten wir alles gut überlegt. Der Sekretär des Rathauses, der mir die Identitätskarte mit kalligraphischer Schrift ausfüllte, und ich. Er sagte: «Zum Zwangsarbeitsdienst nach Deutschland sind jetzt die Jahrgänge neunzehnhundertzwanzig, -einundzwanzig und -zweiundzwanzig aufgerufen. Du bist neunzehnhundertdreiundzwanzig geboren. Dein Jahrgang kommt sicher schon in den nächsten Monaten dran. Also legen wir dein Geburtsdatum gleich auf neunzehnhundertfünfundzwanzig fest. So brauchen wir nicht alles noch mal zu machen. Und wenn du dich jeden Tag gut rasierst, merkt keiner, daß du eigentlich zwei Jahre älter bist.»

Bin ich gut rasiert? Seit den frühen Morgenstunden bin ich unterwegs. Ich wage nicht, mir mit der Hand über das Kinn zu fahren. Doch merkwürdig, die Aufregung läßt in dem Maße nach, wie ich näher an die Feldgendarmen herankomme. Der eine nimmt meinen Ausweis, wirft einen kurzen Blick auf das Foto, dann auf mich und gibt mir die Karte wortlos zurück. Na also, so einfach ist das!

Es beunruhigt mich, daß ich Angst gehabt habe. Ich weiß, in den nächsten Wochen und Monaten werde ich unter Umständen gefährlichere Situationen erleben. Wie soll das werden, wenn mir jedesmal das Herz bis zum Halse schlägt! Im übrigen entspricht Angst auch nicht den Charakterzügen des Mannes, der ich gern wäre. Wie die meisten Leute meines Alters habe ich ein Ideal. Das meinige ist eine Mischung von Stendhals Julien Sorel aus dem Roman «Rot und Schwarz» und von Gorkis Pawel aus «Die Mutter». Auf jeden Fall ist es ein kühner Mann, der entschlossen und furchtlos handelt. Mir ist jedoch bewußt, daß ich nicht so bin.

Wie hätte Julien Sorel an meiner Stelle in der Schlange vor den Feldgendarmen reagiert? Ich denke an die Mutproben des jungen Hauslehrers, der im dunklen Garten, als die zehnte Stunde schlug, die Hand von Madame de Rênal ergriff. Das Beispiel paßt nicht, wird mir klar. Julien riskierte im Höchstfall, aus dem Haus Monsieur de Rênals gejagt zu werden. Für mich stehen die Verhaftung, die Folter, die Deportation und vielleicht das Leben auf dem Spiel und nicht zuletzt das, was ich mir seit einigen Monaten als Aufgabe gestellt habe.

Meinen Koffer habe ich in der Gepäckaufbewahrung abgegeben und gehe nun durch die Straßen der Stadt. In den Strahlen der schon heißen Aprilsonne, die sich auf den rosa Backsteingebäuden brechen, sieht Toulouse tatsächlich wie eine rote Sommerblume aus. Als ich den Carmes-Platz überquere, muß ich trotz der inneren Spannung, mit der ich meinem Ziel entgegeneile, einen Augenblick verweilen. Ich sehe mich wieder in der dunklen Klasse der Dritten Pariser Grundschule. Der Musiklehrer, ein magerer Greis mit gallischem Schnauzbart, dirigiert mit beiden Händen den schrillen Gesang der Zwölfjährigen:

«Toulouse, Toulouse, rouge fleur d'été,
tu rendrais jalouse toute autre cité.

Le ciel est en flammes au soleil couchant,
prête moi ton âme dans un libre chant.»

(Toulouse, Toulouse, rote Sommerblume, andere Städte be-
neiden dich um deine Schönheit. Der Himmel ist ent-
flammt im Sonnenuntergang, leih mir deine Seele in einem
freien Gesang.) Ich hatte den Musiklehrer gefragt, warum
Toulouse denn mit einer roten Sommerblume verglichen
werden könne. «Paß du lieber auf dein Betragen auf»,
fauchte er mich an. Es stimmte, meine Zensur in Betragen
war nicht gut. Aber müssen die Erwachsenen immer mit
einem unangenehmen Hinweis antworten, wenn sie etwas
nicht wissen? Ich jedenfalls begreife jetzt, warum der unbekannte Volksliederdichter vor mehr als hundert Jahren im
Widerschein der untergehenden Sonne auf den roten Zie-
geln der Stadt die leuchtenden Blütenblätter einer Blume
sah.

Vom nahen Turm der Saint-Sernin-Kirche schlägt es ein
Uhr. Noch dreißig Minuten bis zum Treff. Ich brauche
mich nicht zu beeilen. Auf der gegenüberliegenden Straßenseite kommen mir zwei Soldaten der Luftwaffe in hell-
blauer Sommeruniform entgegen. Wie alle Angehörigen
der Besatzungsmacht sind sie auch beim Spaziergang bewaffnet, mit Karabinern. Sie blicken starr geradeaus und
marschieren im gleichen Schritt. Plötzlich werfen sie mit
abgezirkelter Gleichmäßigkeit den Kopf zur Seite. Sie haben einen Feldwebel entdeckt. Ich atme auf, als ihre
Schritte hinter meinem Rücken langsam verhallen. Aber ich
muß mich an sie gewöhnen. In der nächsten Zeit werde ich
sie von morgens bis abends sehen. Seit fünf Monaten hat
die Wehrmacht ganz Frankreich besetzt. Doch ich habe seit
November auf dem Lande gelebt, wo Truppentransporte
durch die Dörfer fuhren, ohne anzuhalten.

In den schmalen Straßen der Altstadt, durch die ich jetzt
gehe – den Weg vom Bahnhof zum Treffpunkt hat man
mir genau beschrieben –, ist kaum noch ein Passant. Es ist

die Zeit der Mittagsruhe, die hier im Süden streng eingehalten wird. Nur Kinder fischen im Rinnstein nach Kostbarkeiten oder sitzen in den Hauseingängen zu viert über das uralte, aus der römischen Besatzungszeit stammende Spiel mit den kleinen, rotlackierten Lammknöchelchen gebeugt.

Der Park, nur wenige Minuten vom alten Rathaus, dem Capitole, entfernt, scheint im Moment völlig leer. Auf den Wegen wuchert das Gras, und auf den Wiesen sind wie in fast allen öffentlichen Gärten statt Blumenrabatten Gemüsebeete angelegt worden: für Topinambur, eine unangenehm süßlich schmeckende Kartoffelart, und für Steckrüben. Dem Standbild des Alarich, Beherrscher der Stadt im 5. Jahrhundert, als sie Zentrum des westgotischen Reiches war, fehlen die Nase und die Spitze seines Schwertes. Doch das alles nehme ich nur flüchtig wahr. Am Denkmal sollte Eugen stehen, mit dem ich hier verabredet bin. Er ist nicht zu sehen. Zum erstenmal fühle ich die Beklommenheit, wenn der Partner nicht sofort am Treffpunkt ist. Es kann dafür viele Gründe geben, aber an das Schlimmste denkt man sofort. Wie lange soll ich warten? Nie mehr als drei Minuten, hat man mir gesagt. Dann den ersten Ersatztreff vierundzwanzig Stunden später wahrnehmen, der am Jeanne-d'Arc-Platz sein soll. Der zweite «Ersatz» ist vor der Saint-Aubin-Kirche geplant, oder ist es umgekehrt, erst Saint-Aubin, dann die Jungfrau von Orléans? Wie soll man sich das alles ohne jede Notiz merken? Die Schwierigkeiten der Illegalität werden mir bewußt, noch bevor die eigentliche Arbeit angefangen hat.

In diesem Augenblick taucht Eugen aus dem Schatten einer Allee auf und kommt langsam auf mich zu. Er ist etwa fünfundvierzig Jahre alt, eher klein, aber breitschultrig, in seinem dunkelblonden zurückgekämmten Haar zeigen sich weiße Strähnen. Es geht so etwas wie souveräne Ruhe von ihm aus, die ich schon bei meiner Zusammenkunft mit ihm vor zwei Wochen spürte. Für Eugen – richtig heißt er Werner Schwarze – ist das nicht einer der ersten illegalen Treffs wie für mich. Diese Spannung hat er sicher schon Hunderte Male durchgemacht. Von Beruf Dreher, hat er illegal in Deutschland gearbeitet, für die Kommunistische Partei Deutschlands, war im Konzentrationslager, ist nach seiner Entlassung sofort auf abenteuerlichen Wegen nach Spanien gereist. Dort hat er in den Internationalen Brigaden gekämpft. Nach dem Rückzug der republikanischen Truppen über die französische Grenze war er in Lagern interniert bis zu seiner Flucht über den Stacheldrahtzaun, um mit seinen Genossen den antifaschistischen Widerstand zu organisieren. Über meine ältere Schwester Ilse, die einen österreichischen Kommunisten geheiratet hatte, habe ich Verbindung zur illegalen KPD gesucht und nach anfänglichen Schwierigkeiten gefunden. Ein Abgesandter von Eugen und seinen Genossen war nach Cazaubon in das Dorf gekommen, in dem ich mit meinem Vater unter falschem Namen lebte. Er hatte mir versprochen, mein Wunsch, mich an der Résistance zu beteiligen, würde erfüllt werden. Nun hatten wir uns getroffen.

Eugen erkundigt sich nach meiner Reise im Zug, läßt sich genau die Kontrolle durch die Feldgendarmen auf dem Bahnsteig schildern. «Wir nehmen die Straßenbahn und fahren aus der Stadt hinaus», sagt er. «Hier ist es zu leer und in den Straßen bald wieder zu belebt. Wir werden uns heute etwas länger unterhalten – sonst nie mehr als zehn Minuten.» Seine sichere, bestimmte Art empfinde ich beruhigend. «In der Straßenbahn wollen wir nicht miteinander sprechen», fügt er noch hinzu. «Mein Französisch reicht für fremde Ohren nicht aus, und das Deutsche fällt zu sehr auf.»

Unser Weg führt durch die Südstadt. Wir stehen eingezwängt auf der Plattform zwischen Arbeitern der Pulverfabrik, für die die erste Schicht soeben beendet ist. Es geht über die Garonnebrücke, dann hält die Straßenbahn mit kreischenden Bremsen vor einem großen Gebäude aus rotem Backstein, umgeben von hohen Mauern, die an jeder Ecke einen viereckigen Turm mit Schießscharten tragen. Vor dem schweren eisernen Portal stehen zwei Posten unbeweglich, das Gewehr über die Schulter gelegt. Das ist, wie ich von Eugen erfahre, die Festung Saint Michel, ein altes Zuchthaus noch aus dem vorigen Jahrhundert, das die Deutschen kurz nach ihrem Einmarsch in Toulouse als Gefängnis beschlagnahmt haben. Neben mir flüstert ein Mädchen ihrem Begleiter zu: «Jean ist seit sechs Monaten hier. Seine Zelle soll im dritten Stock sein. Man sagt, daß sie gequält werden. Nachts hört man manchmal Schreie.»

Vor dem Tor steht eine lange Schlange von älteren Männern und Frauen mit Bündeln und Pappkartons in den Händen. «Sie versuchen, ihren Angehörigen Wäsche zu bringen», flüstert das Mädchen neben mir wieder. «Manchmal nimmt man sie ihnen ab, manchmal nicht, aber immer läßt man sie stundenlang warten.»

Wenn ich entdeckt werde, wird man mich eines Tages hier einliefern, denke ich mit Unbehagen. Doch warum sollte das geschehen! Meine Mentoren und Gefährten in der illegalen Arbeit werden so erfahrene Genossen wie Eugen sein. Ich habe alle Chancen auf meiner Seite.

An der Endstation steigen wir aus und nehmen den Weg zu den Weinbergen, die sich terrassenförmig am Südhang eines Hügels erheben. Unter uns liegt die große Stadt mit dem in der Sonne rot glühenden Häusermeer, von den sanften Schleifen der Garonne und vom schnurgeraden Midikanal durchzogen. Wir sitzen auf einer niedrigen Mauer, von der aus man die in Serpentinen um den Weinberg herum zur Stadt führende Straße überblicken kann. Motorenlärm dringt herauf. Hinter einer Abteilung Kradschützen fahren Lastwagen in einer Kolonne, die Planen zurückgeschlagen, alle mit feldgrauen Soldaten besetzt. Von oben sieht man Stahlhelm neben Stahlhelm wie Stecknadelköpfe auf einem Kissen. Der Wind trägt Fetzen ihres Gesangs bis zu uns. «Auf der Alm ... Blümelein ...» und «Heidemarie – Maria …» Jede Silbe abgehackt, mehr geschrien als gesungen. «… Eine, die küßt wie du …», singen die Soldaten, und es klingt hart wie eine Drohung.

«In dieser Stadt wimmelt es ja nur so von Deutschen», sage ich feindselig.

«Mit uns beiden sind es zwei mehr», entgegnet Eugen ruhig.

«Willst du uns mit ihnen vergleichen?»

«Warum nicht, natürlich!»

Eugen zeichnet mit einem Stöckchen Quadrate und Kreise in den Sand. «Wenn du zufällig einen anderen Vater gehabt hättest, würdest du jetzt vielleicht da unten mit ihnen sitzen und singen.»

«Dieses Gegröle …»

«Natürlich würdest du viel schöner singen», räumt Eugen ein. «Aber die gleichen Lieder. In der gleichen Uniform würdest du auf jeden Fall stecken. Vielleicht würdest du zu denen unter ihnen gehören, die sich in ihrer Haut nicht wohl fühlen und einen Ausweg suchen. Vielleicht auch nicht …»

Ich bin erstaunt, mit welcher Sympathie Eugen von den Deutschen spricht, ob sie hier in Uniform herumlaufen oder zu Hause in den Betrieben arbeiten.

«Man muß unterscheiden zwischen den führenden Nazis und den vielen anderen, die meist selbst Opfer sind.»

Er erzählt von den ersten Kontakten, die antifaschistische Gruppen mit deutschen Soldaten in den Kasernen und Kommandanturen in Frankreich herstellten. «Von unseren Flugblättern werden viele dem sogenannten NSFO, dem nationalsozialistischen Führungsoffizier, übergeben, oft ein Beauftragter der Gestapo in den Einheiten, andere wandern von Hand zu Hand. Wir haben ein völlig zerlesenes von einem Soldaten in Paris zurückerhalten, das drei Monate zuvor in Marseille verteilt worden war. Der Soldat selbst war nie in Marseille gewesen. Er hatte es aus dritter oder vierter Hand.»

Eugen spricht mit Hoffnung von den Keimzellen der antifaschistischen Widerstandsbewegung innerhalb der Wehrmacht. In den Kriegsgefangenenlagern in der Sowjetunion würde unter Führung deutscher emigrierter Kommunisten eine breite Antihitlerbewegung vorbereitet. Die Anfänge seien schwierig. Aber der Krieg kostet jeden Tag Tausende Menschen. Er müsse beendet werden. Um Frieden zu erreichen, sei es nötig, Hitler zu stürzen. Alle Gefängnisse und Konzentrationslager würden dann geöffnet und die Völker Europas befreit. Militärisch sei der Krieg für Hitler bereits verloren. An der Ostfront seien Kursk, Belgorod, Charkow erst vor wenigen Wochen von der Sowjetarmee befreit worden. Auch wenn es wieder Rückschläge geben könne, schiebe sich die Front doch unaufhörlich auf die deutschen Grenzen zu.

Hier in Toulouse, wo viele deutsche Besatzer konzentriert sind, gelte es, Soldatengruppen zu bilden. Dazu müsse man mit ihnen in Kontakt kommen, ihr Vertrauen erringen, mit ihnen befreundet sein. «Geh zum deutschen Arbeitsamt und suche dir eine Stelle als Dolmetscher in irgendeiner deutschen Einheit, am besten aber in einer Kommandantur, wo man zugleich Einblick in ihre Strategie und Taktik erhält. Sicher wirst du etwas finden. Sie suchen überall nach Sprachkundigen.»

Eugen unterrichtet mich von einem Abkommen, das die Emigrationsleitung der Kommunistischen Partei Deutschlands mit der Französischen Kommunistischen Partei über die Arbeit unter den deutschen Soldaten geschlossen hat. Hauptlosungen seien: Keinen Schuß gegen Franzosen abgeben, keine Beteiligung an Kriegsverbrechen, bei erzwungenen Kampfhandlungen gegen Partisanen mit Waffen und Munition zu ihnen übergehen. Außer der FKP sei die bedeutendste Dachorganisation der Résistance Front National über die Tätigkeit der deutschen und österreichischen Kommunisten informiert und auch mit ihr sei ein Abkommen getroffen.

Eugen läßt sich meinen Personalausweis zeigen, prüft sachkundig Stempel und Unterschriften, das Foto und die nichtssagende Personalbeschreibung: Augen braun, Haare braun, mittelgroß, besondere Kennzeichen keine. Er rät mir zu äußerster Vorsicht im Umgang mit den deutschen Soldaten, Unteroffizieren und Offizieren. Kritische Äußerungen über den Krieg und die Naziführung würden auch von Agenten der Abwehr gemacht, um andere zu Unvorsichtigkeiten herauszufordern. «Bei den Deutschen solltest du als angehender Germanist auftreten, der aber aus finanziellen Gründen sein Studium nicht beginnen könne und erst Geld verdienen müsse. Die deutsche Sprache könntest du von einer elsässischen Mutter gelernt haben. Das beste ist, du sprichst deutsch mit einem französischen Akzent, aber du mußt auch immer daran denken!»

Eugen empfiehlt mir noch, mir zu meinem Personalausweis und der Lebensmittelstammkarte weitere Papiere zu besorgen: eine Mitgliedschaft im Anglerverein; der gebe sogar Ausweise mit Foto und Stempel aus, dann eine Karte als Leser in der öffentlichen Bibliothek. «In deiner Brieftasche müssen sich mehrere Papiere mit deinem Namen befinden, sonst werden sie gleich mißtrauisch.»

Er gibt mir schließlich eine Adresse in Toulouse. Ein älteres Arbeiterehepaar habe ein kleines Häuschen im Saint-Michel-Viertel und vermiete eine Dachkammer. Ein deutscher Genosse habe monatelang bei ihnen gewohnt und festgestellt, daß sie beide jeden Abend Radio London hören, und das mit großer Vorsicht. In der Silvesternacht habe der Mann plötzlich angefangen, die «Internationale» zu singen. Offenbar habe er Sympathien für die FKP, aber als Kommunist sei er nicht bekannt. Dort könne ich unterkommen.

Wir vereinbaren unseren nächsten Treff drei Tage später in der Nähe des Rathauses und verabschieden uns gleich hier oben, um auf getrennten Wegen in die Stadt zurückzukehren. Ich fühle mich leicht und beschwingt. Nach dieser Unterredung ist mir vieles klarer, meine Aufgabe, die Situation in Toulouse, in Frankreich, in Europa. Ich habe das Gefühl, einer mächtigen Gemeinschaft, der antifaschistischen Widerstandsbewegung, jetzt ganz anzugehören.

Auf dem Rückweg steige ich an der Haltestelle vor dem Gefängnis Saint Michel aus und gehe in das hinter der Festung beginnende Arbeiterviertel. Es sind bescheidene Häuschen, hier Pavillons genannt, die sich bis zum Fluß hinziehen. Ich suche die von Eugen genannte Adresse und finde im Fenster ein mit ungelenker Hand bemaltes Pappschild: «Zimmer zu vermieten.»

Auf mein Klopfen öffnet eine Frau mit weißen Haaren. Ja, die Dachkammer sei noch frei. Ich gehe hinter ihr die Stiege hinauf, sehe das Zimmer an. Es ist sehr einfach und eng – ein Bett, eine Waschschüssel mit Wasserkrug, ein Schrank, ein Tisch, ein Stuhl –, doch das kleine Fenster im Dach führt auf den Garten hinaus, in dem es Obstbäume und Gemüsebeete gibt. Ich miete sofort für drei Monate. Der Preis ist bescheiden. Meinen Koffer hole ich noch am gleichen Nachmittag vom Bahnhof und ziehe ein.

Abends bin ich todmüde, aber ich kann nicht einschlafen. Die Unterredung mit Eugen heute, der Gang zum deutschen Arbeitsamt morgen beschäftigen mich. Tatsächlich, mit dem ersten Tag in Toulouse hat ein neuer Abschnitt in meinem Leben begonnen.

Legende und Wahrheit

«Office du Travail Allemand» – Deutsches Arbeitsamt, steht in großen Buchstaben über dem stattlichen Laden mit den vier breiten Schaufenstern in der Hauptgeschäftsstraße. Unter den vergoldeten dicken Lettern der heutigen Bezeichnung dringt die übertünchte ursprüngliche Inschrift durch. Wenn man genau hinsieht, kann man den Namen des früheren Besitzers und seinen Beruf erkennen: «Uhren – Schmuck, Bernard Lévy.» Wo ist Herr Lévy jetzt? Geflohen nach der Beschlagnahme seines Geschäftes, deportiert in ein deutsches Konzentrationslager? Sein Name jedenfalls auf dem Firmenschild scheint unauslöschbar wie die Flammenschrift in König Belsazars Babylonischem Palast.

Seit einer Stunde sitze ich in dem kleinen Café schräg gegenüber dem Arbeitsamt. Ich hatte geglaubt, einen regen Publikumsverkehr in diesem Büro vorzufinden. Als einer unter vielen wollte ich abgefertigt werden, wenig beachtet, oberflächlich überprüft. Bisher aber hat niemand das Amt betreten oder verlassen.

Die deutschen Arbeitsämter waren im besetzten Frankreich geschaffen worden, um Arbeitskräfte für die Rüstungsindustrie im Reich anzuwerben. Sie hatten sich bald als völlig unwirksam erwiesen. Freiwillig meldete sich so leicht kein Franzose nach Deutschland. Seit Februar 1943 hat die französische Regierung in Vichy deshalb auf Drängen der Besatzungsmacht den Zwangsarbeitsdienst, abzuleisten auf deutschem Territorium, für die Jugendlichen dekretiert. Die deutschen Arbeitsämter in den besetzten Städten sind jetzt eigentlich nur noch Überwachungsinstrumente für die Verwirklichung der Deportationsgesetze durch die französischen Behörden. Nebenbei kümmern sie sich darum, französisches Personal für deutsche Dienststellen in Frankreich anzuwerben. Auch dafür scheint es kaum Kandidaten zu geben. Doch wenn Eugen mir zu diesem Weg geraten hat, muß es schon seine Richtigkeit haben, denke ich.

An der Wanduhr über der Theke ist es fünf Minuten vor zehn. Um Punkt zehn Uhr verlasse ich das Café, gehe über die Straße und betrete das Amt, nehme ich mir vor. Den Kaffee-Ersatz, der vor mir steht, habe ich bereits bezahlt.

An der Theke nippen zwei Männer an ihrer nach Hustenbonbons schmeckenden Limonade, die keinen Tropfen Alkohol enthält, aber den trügerischen Namen «Alcolade» erhalten hat. Es ist «ein Tag ohne», wie es hier heißt, ein Tag, an dem jeder Ausschank von Alkohol verboten ist. Jeder zweite Tag ist jetzt ohne. Die Männer unterhalten sich mit dem Wirt über Anisgetränke, wehmütige Erinnerung an eine ferne Zeit ohne deutsche Besatzung. «Wenn du das Wasser – es muß kalt sein! – in deinen Pernot gießt, muß der sofort milchig werden, nicht erst später und allmählich; dann ist es der richtige», sagt der Wirt verträumt. Er fährt mit dem Lappen über die Theke und kaut an seiner Zunge, als ob er soeben einen Schluck köstlichen Anis getrunken hätte.

Der Stundenzeiger rückt auf die Zehn. Ich stehe auf, gehe über die Straße und öffne entschlossen die Tür zum früheren Geschäft von Herrn Lévy. Als ich kurz zum Café zurückschaue, bemerke ich die teils erstaunten, teils empörten Blicke der Männer an der Theke. Natürlich müssen sie mich für einen Kollaborateur halten.

Dieser unangenehme Gedanke beschäftigt mich jedoch nicht lange. «Was gibt es?» ruft auf französisch eine Stimme aus der rechten Ecke des geräumigen Ladens. Dort sehe ich drei Männer in der dunkelblauen Uniform der faschistischen französischen Miliz um einen Tisch sitzen. Sie halten Spielkarten in den Händen. Einer von ihnen erhebt sich, zieht sich die Hosen hoch, schiebt die Pistole im Lederfutteral griffbereit nach vorn und kommt auf mich zu.

«Ich möchte den deutschen Leiter des Arbeitsamtes sprechen», sage ich. Mit der Miliz habe ich nicht gern zu tun. Es sind Kollaborateure, manchmal kommen sie aus den rechtsextremen Gruppierungen, die es vor dem Krieg in Frankreich gab, oft sind es einfach kriminell Vorbestrafte, aber Franzosen, die Land und Leute besser als die Deutschen kennen und ein gefälschtes Papier, einen fast unbemerkbaren Akzent in der Sprache leichter entdecken können.

«Der Dolmetscher ist noch nicht da», entgegnet der Mann. «Sprechstunden sind nur nachmittags.»

«Ich spreche Deutsch!»

«Was wollen Sie denn vom deutschen Chef?» fragt der Milizmann mißtrauisch.

«Ich suche Arbeit.»

«Zeigen Sie mir Ihre Identitätskarte!»

Ich hole meinen Personalausweis aus der Tasche und reiche ihn hin. Wie alle Polizisten, die wenig von Dokumenten verstehen, vergleicht der Milizmann nur sehr sorgfältig das Bild auf dem Papier mit meinem Gesicht. Es ist das einzige an falschen Ausweisen, das immer haargenau stimmt.

«Warten Sie bitte einen Augenblick.» Der Mann hat «bitte» gesagt, und ich weiß nun, daß jedenfalls die Überprüfung durch ihn positiv verlaufen ist. Meinen Ausweis nimmt er mit nach hinten. Ich warte einige Minuten.

«Bitte kommen Sie», fordert der Milizmann mich jetzt fast freundlich auf, als er zurückkehrt.

Der Amtsleiter sitzt in einem Zimmer hinter dem Laden, offenbar früher Herrn Lévys Kontor. Er bietet mir einen Stuhl vor seinem Schreibtisch an. Es ist ein etwa vierzigjähriger Mann mit Hornbrille und schütterem, aschblonden Haar, der einen recht selbstbewußten Eindruck macht. Im Knopfloch seines grauen Zivilanzuges trägt er das Abzeichen mit dem Hakenkreuz. Also ist er Mitglied der Nazipartei. Mein Ausweis liegt vor ihm. Er nimmt ihn hoch und blickt aufmerksam auf den Stempel über einer Ecke des Fotos. Der versteht mehr von Identitätskarten, denke ich. Aber da kann er lange hinsehen. Das Siegel ist mit einem richtigen Stempel aus Gummi aufgetragen worden, in einem echten Rathaus, von einem authentischen Beamten.

«Sie sprechen Deutsch?» fragt er.

Ich antworte ihm mit ziemlich starkem, französischem Akzent, meine verstorbene Mutter sei Elsässerin gewesen, auf der Oberschule hätte ich Deutsch gelernt. Jetzt wolle ich in Lyon Germanistik studieren, müsse aber zunächst Geld verdienen, um einige Semester davon leben zu können.

«Unsere Verträge für die Arbeit in Deutschland haben aber eine Laufzeit von drei Jahren», sagt der Amtsleiter. «Für so lange müssen Sie sich schon verpflichten.»

«Ich dachte, daß ich erst mal hier in Toulouse in einer Einrichtung der Wehrmacht als Dolmetscher arbeiten könnte.»

«Nun, das ist etwas anderes.» Der Mann nimmt ein Blatt Papier und macht sich Notizen über meine Antworten.

«Ihr Name?»

«Laban.»

«Vorname?»

«Gérard.»

«Geboren?»

«Am zehnten Juni neunzehnhundertfünfundzwanzig.»

«Wo?»

«In Stenay.» Das ist eine kleine Gemeinde bei Verdun, von der es heißt, während der Kampfhandlungen 1940 sei das Rathaus mitsamt dem Geburts- und Sterberegister abgebrannt.

«Wo sind Ihre Eltern?»

«Sie sind beide gestorben, mein Vater neunzehnhundertneununddreißig, meine Mutter vor zwei Jahren.»

«Was war Ihr Vater von Beruf?»

«Angestellter in einem Warenhaus.»

«Und bei Ihnen zu Hause hat man deutsch gesprochen?»

«Teilweise ja, mit meiner Mutter jedenfalls.»

«Sind Sie schon einmal in Deutschland gewesen?»

«Nein, nie.»

«Sind Sie Jude, oder war einer Ihrer vier Großeltern Jude?»

«Nein.»

So viele Antworten, so viele Unwahrheiten. Meine Angaben entsprechen dem Personalausweis und der «Legende», die ich mir für die falsche Identität ausgedacht habe. Alles ist so angelegt, daß Überprüfungen schwer möglich sind. Fällt dem Amtsleiter gerade das auf? Er blickt wieder auf meinen Personalausweis, den er mir noch nicht zurückgegeben hat, und scheint nachzudenken. Worüber? Eigentlich sieht er intelligent aus, stelle ich mit leisem Schaudern fest. Hat ihn irgend etwas an meinen Antworten stutzig, mißtrauisch gemacht? Aus seinem Gesichtsausdruck kann ich nichts entnehmen. Er sieht mich an, unbeteiligt, kühl, und sagt: «Bitte warten Sie einen Augenblick vorn.»

Die drei Milizleute bieten mir einen Stuhl an und spielen ihren Skat, hier Belote genannt, weiter. Ich höre, daß der Amtsleiter telefoniert, verstehe jedoch nichts. Was kann er telefonisch an meinen Angaben überprüfen? Wenn er gut Französisch spricht, könnte er das Rathaus anrufen, in dem mir der Personalausweis ausgestellt worden ist. Von dort ist nichts zu befürchten. Er kann auch einfach bei der Gestapo nachfragen, ob ich auf einer Fahndungsliste stehe. Das ist höchstwahrscheinlich nicht der Fall. Sein Telefongespräch – oder sind es mehrere? – dauert lange. Werde ich jetzt schon festgenommen? Endet meine illegale Arbeit bereits hier im Arbeitsamt, noch bevor ich das geringste für die Sache getan habe? Jedenfalls gab ich ihm keinen Hinweis, der zu meiner richtigen Vergangenheit führte, denke ich.

Damals quälte mich die Vorstellung, ich könnte plötzlich eine wichtige Angabe meines fiktiven Lebenslaufes vergessen und bei Fragen stumm bleiben wie ein Schauspieler mit Lampenfieber auf der Bühne, der seine Rolle vergessen hat. Oder ich sah mich in meinen Alp-Wachträumen aus Zerstreutheit eine Angabe aus meinem richtigen Lebenslauf preisgeben, die das ganze Gebäude der falschen Aussagen zusammenfallen ließ. Anfangs, wie bei dieser Unterredung mit dem Arbeitsamtsleiter, mußte ich unwillkürlich bei jeder Antwort an das denken, was ich jeweils antworten müßte, wenn ich mich an die Wahrheit halten würde.

Wirklich bin ich am 8. Juni 1923 in Berlin geboren, als Sohn des Rechtsanwalts und Notars Dr. Wilhelm Leo. Mein Vater stammt aus einer jüdischen Familie, in der die Söhne seit Beginn des 19. Jahrhunderts fast immer Rechtsanwälte oder Ärzte geworden waren. Ich wußte das aus Erzählungen meiner Eltern. Aber richtig verstanden habe ich diese lange Tradition erst zu Beginn der siebziger Jahre. Zu diesem Zeitpunkt erhielt ich einen Brief von Frau Waltraud Leder aus Berlin, die den Haushalt ihres verstorbenen Vaters in Rheinsberg aufgelöst hatte. In einem Schuppen hatte sie ein verstecktes, in wasserdichtes Papier eingeschlagenes Paket mit Dokumenten gefunden: die Familienpapiere, die mein Vater 1933 kurz vor unserer Flucht offenbar in Eile verschnürt und einem Bekannten zum Aufbewahren gegeben hatte. Zu diesen seit mehr als hundert Jahren gesammelten Dokumenten gehört ein Brief Alexander von Humboldts aus dem Jahr 1831 an meinen Urgroßvater Dr. Julius Leo. Der in der Jägerstraße in Berlin etablierte Arzt hatte dem damals schon berühmten Wissenschaftler sein soeben erschienenes Buch über Pflanzenheilkunde zukommen lassen und war von Humboldt dazu beglückwünscht worden.

Einige der Rechtsanwälte hinterließen den nachfolgenden Generationen Prozeßakten, die sie wohl für die wichtigsten ihrer Praxis hielten. Dr. Friedrich-Philipp Leo, mein Großvater, hatte Dokumente aus dem Jahre 1865 über einen Rechtsstreit gegen einen adligen Großgrundbesitzer aufgehoben, der dem Pfarramt seiner Gemeinde Wiesen abnehmen wollte.

Auf manchen Diplomen der Juristen des vorigen Jahrhunderts steht die Formel, dem Inhaber dieses Dokuments sei gestattet worden, eine Anwaltspraxis und ein Notariat zu eröffnen «mit den für Staatsbürger mosaischen Glaubens geltenden Einschränkungen». Sicher, um solchen Diskriminierungen zu entgehen, war die Mutter meines Vaters schon Anfang des Jahrhunderts gleich nach dem Tod ihres Mannes mit ihren fünf Söhnen zur evangelischen Religion übergetreten. Das war damals keine Seltenheit im Zuge der immer stärkeren Assimilierung der bürgerlichen jüdischen Familien in Deutschland.

Meine Mutter stammt aus der Hamburger Kapitänsfamilie Barents, die ihren Ursprung auf den holländischen Seefahrer Willem Barents zurückführte, der im 16. Jahrhundert die später nach ihm benannte Durchfahrt zum Nordpol im Arktischen Ozean entdeckt hatte.

«Wissenschaftliche, künstlerische Verdienste fallen ins Gewicht, Geld zählt nicht», antwortete mir mein Vater einmal, als ich ihn fragte, warum wir ein so kleines Auto hätten, während unser Nachbar, ein reicher Bonbonfabrikant, einen riesigen Wagen mit viel Chrom fuhr, der meine Bewunderung hervorgerufen hatte. Vater liebte seinen Beruf und war ein geachteter Rechtsanwalt, aber seine eigentliche Neigung gehörte der Musik. Er war ein überdurchschnittlich guter Klavierspieler und hat es oft bedauert, daß er nicht die Laufbahn eines Pianisten eingeschlagen, sondern wie sein Vater Jura studiert hatte. «Ich war mir nicht ganz sicher, das Zeug zu einem Virtuosen zu haben, und ein kleiner Klimperer wollte ich nicht werden», begründete er diesen Schritt. Zu Hause wurde viel musiziert. Vater spielte Chopin, Beethoven, Liszt, und, von ihm begleitet, sangen meine Mutter, meine beiden älteren Schwestern und ich, um den Flügel geschart, Lieder von Schumann, Schubert und Hugo Wolf.

Meine Kindheit bis zum Beginn des Jahres 1933 scheint mir in der Erinnerung als ungetrübtes Glück. Wir bewohnten ein Haus mit Garten am See in Rheinsberg. In diese kleine, von tiefen Wäldern umgebene Stadt mit ihrem berühmten Rokokoschloß waren die Eltern 1926 gezogen. Bis zu diesem Zeitpunkt leitete mein Vater zusammen mit einem Kollegen ein großes Anwaltsbüro in Berlin, das auf Fragen des internationalen Rechts spezialisiert war. Er hatte vor dem Ersten Weltkrieg an der Universität in Genf studiert und später als Assessor bei Anwälten in England praktiziert. Französisch, Englisch und Italienisch sprach er fließend.

Als ich ihn später einmal fragte, warum er aus Berlin weggezogen sei, scherzte er: «Es wurde höchste Zeit, den Tätigkeitsbereich zu wechseln – ich war auf dem besten Wege, reich zu werden.» Ernster erklärte er mir dann, daß ihm die Klienten des internationalen Anwaltsbüros, meist Generaldirektoren großer Gesellschaften, nicht behagt hätten, auch nicht die juristischen Manöver, die zu ihren Gunsten geführt werden mußten. «Ich wollte mich mit den rechtlichen Anliegen einfacher Menschen befassen und außerdem dem aufreibenden Trubel in Berlin entgehen, wo ich nicht einmal mehr zum Klavierspielen kam», sagte er.

Neben seiner Tätigkeit als Rechtsanwalt und Notar in Rheinsberg vertrat mein Vater, immer gemeinsam mit dem damaligen Staranwalt Dr. Frey, gelegentlich ausländische Mandanten bei Prozessen in Deutschland. Einer davon sollte später eine große Rolle im Leben unserer Familie spielen.

An die Monate im zweiten Halbjahr 1932, die dem Machtantritt der Nazis vorausgingen, kann ich mich gut erinnern.

Ich war neun Jahre alt. Zunächst bemerkte ich, daß die Gesprächsthemen zwischen meinen Eltern bei Tisch, im Garten, bei Spaziergängen oder Bootsfahrten anders geworden waren. Wenn bislang Literatur, Musik, die Natur, auch humorvolle Anekdoten aus Vaters Tätigkeit vorgeherrscht hatten, stand jetzt die Politik im Mittelpunkt, besonders mit einer Frage: Werden die Nazis die Regierung übernehmen oder nicht?

Mein Vater hatte allen Grund, einer solchen Möglichkeit mit großen Sorgen entgegenzusehen. Er war zwar schon als kleines Kind getauft worden und betrachtete seine jüdische Herkunft mehr als eine ferne Tradition seiner Vorfahren, aber der maßlose Antisemitismus der Nazis konnte trotzdem zu ernsten Befürchtungen Anlaß geben. Außerdem hatte er, ich glaube, es war 1927, einen Prozeß wegen Verleumdung gegen einen Mann geführt, der damals noch ein obskurer rechtsextremer Agitator unter anderen war, der jedoch bald einer der bekanntesten Politiker im Lande werden sollte: Joseph Goebbels.

Goebbels hatte öffentlich behauptet, sein Klumpfuß, der manchmal die Zielscheibe von Karikaturisten war, habe einen heroischen Ursprung: Er sei 1920 als deutscher Patriot im Keller der französischen Kommandantur im besetzten Köln in Gegenwart des kommandierenden Generals gräßlich gefoltert worden. Dieser General, schon im Ruhestand, hatte Dr. Frey und meinen Vater beauftragt, ihn im Beleidigungsprozeß gegen Goebbels vor einem Berliner Gericht zu vertreten. Vater hatte rasch und lückenlos beweisen können, daß Goebbels den Klumpfuß seit seiner Geburt hatte und niemals von den französischen Behörden im Rheinland festgenommen worden war. Glanzstücke seiner Beweisführung waren ein Foto vom Baby Joseph Goebbels nackt auf einem Bärenfell, mit Klumpfuß, ein Gruppenbild der Schulklasse von Goebbels, der in der ersten Reihe stand und den Klumpfuß deutlich nach vorn stellte, und schließlich eine beglaubigte Abschrift der Militärpapiere des Angeklagten, der wegen Klumpfuß im ersten Weltkrieg vom Wehrdienst befreit worden war. Das Gericht mußte dieser Beweisführung folgen und forderte von Goebbels den symbolischen einen Franc Schadenersatz für den zu Unrecht bezichtigten General, der dies nach französischem Recht verlangt hatte.

Sofort nach dem Urteilsspruch sagte der Rechtsvertreter von Goebbels zu meinem Vater in drohendem Ton: «Herr Rechtsanwalt, an diesen Tag werden Sie sich noch oft und nachdrücklich erinnern!»

Manchmal meinte Vater sorgenvoll: «Sie werden sich rächen, sobald sie es können.» Dann wieder entdeckte er viele Gründe dafür, daß die Nazis nie an die Macht kommen könnten. In Familiengesprächen nannte er sie «Teutonen», «Barbaren» oder auch «die Gesetzlosen». Der letzte Ausdruck enthielt in seinen Augen die schärfste Verurteilung, denn er stellte das Gesetz über alles. Mehrmals hat er mir erläutert, der Mensch unterscheide sich vom Tier durch den aufrechten Gang, durch die systematische Arbeit mit Werkzeugen und so weiter, vor allem aber durch das bewußt angewendete Gesetz, das keine noch so sozial entwickelte Tiergemeinschaft kenne. «Nein, wir sind schließlich das Land der bedeutendsten Musiker, der Dichter und Denker», sagte er. «Leute, die durch unzählige Terrorhandlungen das Gesetz gebrochen haben, die offen erklären, daß sie sich nicht an die Verfassung halten werden, können in Deutschland nicht an die Macht gelangen. Das wäre eine Katastrophe.»

Und doch sollte es geschehen. Zunächst schienen die Veränderungen ziemlich harmlos zu sein. Anfang Februar 1933 trugen Jungen in meinem Alter und größere Pimpfen- oder HJ-Uniform, braunes Hemd mit der Siegrune beziehungsweise der Hakenkreuzarmbinde, in der Schule. Das war vorher nicht gestattet gewesen. Einer von ihnen, mit dem ich manchmal gespielt hatte, erklärte mir auf dem Heimweg etwas verlegen, er dürfe nicht mehr mit mir verkehren. «Du bist nicht reinrassisch, verstehst du. Deine Mutter ist zwar arisch, aber dein Vater ist Jude.»

Für mich waren das ganz neue Gesichtspunkte. Von Rassen war zu Hause nie die Rede gewesen. Außerdem, was bedeutete arisch? Je länger ich darüber nachdachte, um so mehr kam ich zu dem Schluß, mein früherer Freund, der übrigens nicht zu den klügsten gehörte, habe das Wort wahrscheinlich falsch ausgesprochen. Meinte er nicht arabisch? Das war mir schon eher ein Begriff. Ich hatte erst vor kurzem ein spannendes Abenteuerbuch gelesen, in dem stolze Araber, bis an die Zähne bewaffnet, auf feurigen Pferden durch weite Wüsten galoppierten. Warum gehörte meine Mutter zu dieser Rasse und ich nicht? So schnell ich konnte, lief ich heim und stürmte in Vaters Büro, um ihm aufgeregt mitzuteilen, ich wolle unbedingt arabisch sein wie Mutti.

Mein Vater unterbrach sofort seine Arbeit, ließ mich in dem Sessel vor seinem Schreibtisch Platz nehmen und erkundigte sich nach dem Grund für meine Besorgnis. Ruhig begann er dann, mir das Problem zu erklären. Alles habe ich nicht verstanden und nicht behalten. Ich erinnere mich aber daran, daß er die Nazis als Leute schilderte, die zu längst vergangenen Zeiten zurückkehren wollten, in denen Menschen wegen ihrer Herkunft oder wegen ihrer Überzeugung auf Scheiterhaufen verbrannt worden waren. «Nichts wird jetzt mehr wie vorher sein», sagte er und empfahl mir äußerste Vorsicht sowohl in der Schule als auch in den Gesprächen mit anderen Kindern. Ich mußte ihm versprechen, ihm alle Probleme dieser Art zu erzählen, bevor ich mich äußerte, denn er kannte meine Neigung, mir schnell ein Bild zu machen und dann, ohne viel zu überlegen, drauflozureden.

Es war das letzte längere Gespräch, das ich mit ihm vor seiner Verhaftung hatte. In der Nacht nach dem Reichstagsbrand – es war der 28. Februar 1933 – hielt ein Lastwagen mit bewaffneten SA-Leuten vor unserem Haus. Die SA –

eine Straßen- und Saalschlachttruppe der Nazipartei – nahm Verhaftungen vor. Ich wachte durch das Stimmengewirr und die Rufe der SA-Leute auf, als mein Vater, von zwei Uniformierten, die ihm die Arme auf dem Rücken verdrehten, geführt, unter Schlägen mit Karabinerkolben durch den Vorgarten zum Lastwagen geschleift wurde. Meine Mutter, auf der Treppe zum Hauseingang, weinte verzweifelt, und ich stand am offenen Fenster meines Zimmers und schrie gellend, mit einer Stimme, die mir ganz fremd schien, als ob sie mir gar nicht gehöre.

Die Katastrophe, von der mein Vater gesprochen hatte, war eingetreten. Es folgte eine qualvolle Zeit der Ungewißheit. Erst Wochen später erfuhren wir, daß Vater in eines der ersten Konzentrationslager eingeliefert worden war, in Oranienburg bei Berlin. Mutter sagte mir auch, ein guter, langjähriger Freund, Ernst Wiechert, bemühe sich bei Goebbels selbst um Vaters Freilassung. Wiechert, der mehrmals in unserem Haus gewesen war und an dessen Freundlichkeit ich mich gern erinnere, gehörte zu den wenigen prominenten Schriftstellern, die nicht von vornherein von den Nazis verfemt worden waren. Vielleicht glaubten sie, eine gewisse Mystik und Bodenverbundenheit in einigen seiner Erzählungen und Romane könne ihn in die Nähe ihrer eigenen verschwommenen Ideologie bringen. Jedenfalls legten sie Wert darauf, es nicht mit ihm zu verderben. Goebbels gab dem Drängen von Wiechert nach, und mein Vater wurde – vorläufig! – aus Oranienburg in ein Krankenhaus entlassen, in dem er wochenlang bleiben mußte.

Nie hat er uns Einzelheiten über seinen Aufenthalt im Lager erzählt, nur daß sein Freund Ernst Wiechert ihn persönlich aus Oranienburg abgeholt hatte. Er hatte eine ganze Nacht lang mit ihm diskutiert. «Ernst wird sicher Stellung gegen die Nazis nehmen», sagte er mir später. In der Tat wandte sich der Schriftsteller seit 1936 in Rundbriefen und Reden gegen den Faschismus, und 1938 wurde er selbst im Konzentrationslager Buchenwald eingekerkert.

Die Entlassung meines Vaters aus dem Lager war nur provisorisch. Goebbels hatte einen Nazianwalt beauftragt, einen neuen Prozeß vorzubereiten, in dem diesmal bewiesen werden sollte, daß sein Klumpfuß doch in der Kölner Kommandantur entstanden wäre. Dazu wurde mein Vater mehrmals vernommen. Anfang September beschlagnahmte ein SA-Kommando seinen Auslandspaß und teilte ihm mit, er dürfe sich auf keinen Fall aus seinem Haus entfernen, ihn erwarte ein Prozeß, in dem er sich wegen «Verleumdung eines führenden Nationalsozialisten» verantworten müsse.

Kurzfristig entschlossen sich meine Eltern, Deutschland ohne Pässe zu verlassen. Durch Verbindungen meines Vaters gelang uns die Flucht über Aachen nach Belgien, trotz verschärfter Kontrolle an den Grenzen. In Paris eröffnete mein Vater eine kleine Buchhandlung, die Librairie LIFA (Librairie Française Allemande, Deutsch-französische Buchhandlung) in der Rue Meslay am Platz der Republik. Sie war bald zu einem der Treffpunkte antifaschistischer Emigranten geworden. Meine beiden älteren Schwestern, Ilse und Edith, die während der Haft des Vaters bei meiner Großmutter in Hamburg gewesen waren, kamen nun auch nach Paris.

Vater, der durch die Erfahrungen in Nazideutschland und in der Emigration immer weiter nach links rückte, nahm später an den Bemühungen zur Schaffung einer deutschen Volksfront teil. Ich besuchte die französische Schule und war Mitglied der Roten Falken geworden, einer Kinderorganisation der Französischen Sozialistischen Partei.

Als sich die Nazitruppen im Juli 1940 Paris näherten, war mein Vater, wie fast alle deutschen Emigranten, schon monatelang in einem Lager der französischen Behörden interniert, ebenso meine beiden Schwestern. Ich war noch nicht siebzehn Jahre alt und fiel deshalb nicht unter diese Maßnahme, mit der die französische Regierung den deutschen Antifaschisten und jüdischen Flüchtlingen – als eine Art

Vorschuß auf die spätere Kollaboration mit den Naziokkupanten – ihre Feindseligkeit bezeugte. Meine Mutter war ebenfalls von der Internierung ausgenommen, um mich betreuen zu können. Zwei Tage vor dem Einmarsch der Wehrmacht in die französische Hauptstadt floh ich mit dem Strom der Franzosen in den zunächst unbesetzten Süden.

Durch meine Schwester Ilse, die im Internierungslager Gurs einen österreichischen Kommunisten, den Arzt Dr. Heinz Pollak, kennengelernt hatte, bekam ich Verbindung zur deutschen antifaschistischen Widerstandsbewegung, zur illegalen Kommunistischen Partei Deutschlands. Und nun war ich hier, im deutschen Arbeitsamt, im Auftrag der Résistance.

«Sind Sie schwerhörig? Der Chef hat Sie schon zweimal gerufen!» fährt mich der Milizmann neben mir an.

Ich schrecke aus meinen Gedanken auf und gehe in das Kontor von Monsieur Lévy. Der Amtsleiter empfängt mich freundlich. Er hat eine Karteikarte in der Hand. «Transportkommandantur – dort braucht man einen Dolmetscher», sagt er. «Das ist etwas für Sie. Im Hotel Victoria gleich neben dem Bahnhof. Melden Sie sich dort bei Oberst Horchler. Gehen Sie gleich hin. Ich habe soeben mit ihm gesprochen, er erwartet Sie.»

Meinen Personalausweis bekomme ich zurück, und der Amtsleiter verabschiedet sich mit Handschlag. Im Laden macht mir ein Milizmann die Tür auf, fast wie der Portier eines großen Hotels. Wie schnell und reibungslos doch bisher alles gelaufen ist. Der Apparat der Nazis ist nicht unfehlbar, denke ich, als ich die Rue Alsace-Lorraine hinunter zum Bahnhof gehe, mitten in der sommerlich gekleideten Menge, in der auf südfranzösische Art gescherzt und gelacht wird, als ob es gar keine Besatzungsarmee gäbe.

In der Höhle
des Löwen

Oberst Horchler – ich habe mir einen Offizier wie aus dem «Simplizissimus» mit näselnder Stimme und betont forschem Auftreten vorgestellt. Vor mir sitzt aber ein grauhaariger, älterer Mann mit klugen Augen, dem die Uniform von den Schultern hängt wie ein Anzug von der Stange. Er ist kein aktiver Offizier, erfahre ich später, sondern ein Ingenieur, höherer Reichsbahnbeamter, der durch den Krieg an die Spitze dieser Kommandantur mitten im aufgewühlten Südfrankreich geriet. Er hat die langen, schmalen Hände eines Intellektuellen und spricht langsam, mit leiser Stimme, wie ermüdet. Ich bemerke mit Erstaunen, daß der mächtige Mann vor mir, Herr einer Kommandantur, hoher Offizier im besetzten Land, merkwürdig gehemmt wirkt, als ob ihm diese Unterredung Schwierigkeiten bereitet. Den deutschen Soldaten, der mich von der Hotelhalle in das Zimmer des Kommandanten führte, hat Horchler ganz anders angesprochen, knapp und befehlend: «Keine Besucher mehr anmelden! Und sagen Sie dem Gefreiten Weininger, er soll den Wagen vorfahren!»

«Jawohl, Herr Oberst!»

Das Zimmer ist mit der schäbigen Eleganz der mittleren Provinzhotels eingerichtet. Die Möbel im imitierten Empirestil glänzen frisch gewachst, mehrere Stellen des falschen Persers sind bis auf den weißen Faden abgetreten. In den Schrank eingelassene große Spiegel haben ihren Glanz verloren.

Horchler läßt sich einige Angaben über mein Leben machen, bedauert höflich, daß beide Eltern verstorben sind und der Onkel in Korsika, das ja soeben von den Alliierten besetzt worden war, kein Studiengeld schicken kann. Er scheint kaum hinzuhören, betrachtet seinen großen blauen Siegelring an der linken Hand und rückt die Schreibgarnitur hin und her. «Ihr Entschluß, bei uns zu arbeiten, ist sehr löblich, Herr Laban, möglicherweise ist er Ihnen nicht leichtgefallen.»

Ich will protestieren, aber Horchler hebt abwehrend die Hand. «Sie werden unter Umständen Anfeindungen einiger Ihrer Freunde ausgesetzt sein. Man wird Ihren Schritt falsch deuten. Nun ja ... Das beste ist, Sie betrachten Ihre Arbeit hier als ein reines Geschäft, ja, wie ein Geschäft. Sie bekommen von uns achthundert Francs im Monat und stellen dafür Ihre Sprachkenntnisse zur Verfügung. Nur ein Geschäft! Das müssen Sie auch Leuten klarmachen, die an Sie herantreten könnten, um Sie zu Dummheiten zu bewegen, Dummheiten, die Sie sehr teuer zu stehen kommen würden ...»

Den letzten Satz hat Horchler im schneidenden Ton gesprochen, wie vorher den Befehl an den Soldaten. Er macht eine Pause, und ich fühle, daß ich jetzt etwas sagen muß. Vielleicht eine Frage. «Entschuldigen Sie, Herr Oberst, wie meinen Sie das?»

Horchler scheint seine Worte zu suchen. «Nun ja, wer Augen hat, der sieht, was in diesem Land los ist. Der Feind arbeitet ...»

Er blickt an die Wand, rechts von seinem Schreibtisch, wo eine riesige Karte der Eisenbahnlinien Südfrankreichs hängt. Horchler wechselt wieder zu seiner Befehlsstimme über: «Dienstliche Angelegenheiten müssen Sie vergessen, sobald Sie dieses Haus verlassen haben. Sie dürfen keinem Menschen darüber Mitteilung machen. Im Kontrakt, den Sie unterschreiben werden, ist auch die Rede von zersetzenden Äußerungen, die hier unter keinen Umständen fallen dürfen. Denken Sie daran: ein reines Geschäft. Ich glaube, so fahren wir am besten.»

Er macht eine Pause und sieht mich aufmerksam an. Ich überlege, ob ich jetzt einige Sätze über meine angebliche Kollaborationsfreudigkeit anbringen soll, entschließe mich aber, nur zustimmend zu nicken. «Nun ja», sagt der Oberst versöhnlich, «die Franzosen sind doch ein Volk der Ratio, der Vernunft. Es gibt Dinge im Leben, mit denen man sich eben abfinden muß, gegen die man einfach nicht aufbegehren kann. Ich hoffe, Sie gehören zu denjenigen, die diese Fähigkeit besitzen.»

Wo will dieser Oberst eigentlich hin, überlege ich. Wenn ich jetzt wieder nichts sage, drängt er mich in die Rolle eines Gegners der Besatzungsmacht, der nur aus Vernunftsgründen oder Feigheit keinen Widerstand leistet. «Es ist keineswegs so», sage ich, «daß mir der Entschluß, bei Ihnen zu arbeiten, schwergefallen wäre. Ich glaube ...»

Horchler unterbricht mich mit einem neuen «Nun ja», lächelt etwas skeptisch, wie mir scheint, und erhebt sich. «Beginnen Sie Ihre Arbeit morgen früh um acht Uhr. Melden Sie sich dann bei Unteroffizier Fink. Er wird Ihnen alles weitere sagen.»

Ich steige die mit einem roten Läufer belegte Treppe hinunter. In der Halle läßt der Posten mich nach einem mißtrauischen Blick durch die Drehtür auf die Straße gehen. Vor dem Eingang steht ein schwarzer Citroën, wie ihn die deutschen Offiziere mit Vorliebe für sich requirieren. Der Fahrer, ein Mann von etwa vierzig Jahren – das muß der Gefreite Weininger sein – liest ein Buch. Ich weiß nicht, was es ist, vielleicht ein Nazipamphlet. Doch allein die Tatsache, daß er während der Wartezeit liest, paßt schlecht in mein Bild von den Wehrmachtsangehörigen in Frankreich. Eugen hatte schon einige meiner Vorurteile erschüttert. Die heutigen Eindrücke – Oberst Horchler, dieser Intellektuelle im Waffenrock, und nun Weininger, der die Minuten bis zum Eintreffen seines Chefs mit Lesen ausfüllt – lassen mich begreifen, es ist alles viel komplizierter und vielschichtiger, als ich es mir vorgestellt hatte. Und doch bin ich eigentlich zufrieden mit den ersten Schritten in der Illegalität und den ersten Erfahrungen in der Höhle des Löwen. Alles ist glattgegangen, fast zu glatt.

Dieser Gedanke schreckt mich aber nicht. Ich denke daran, wie ich zum erstenmal die Gesetze der Nazis übertreten habe. Es war die Flucht aus Deutschland mit meinen Eltern, ohne gültigen Paß, vor fast zehn Jahren, 1933. Paradoxerweise gehört das Erlebnis zu meinen angenehmsten Kindheitserinnerungen.

«Wenn du willst, fahren wir morgen zusammen nach Berlin», hatte mein Vater nach dem Abendessen zu mir gesagt, wenige Tage, nachdem ein SA-Kommando seinen Auslandspaß beschlagnahmt hatte.

Natürlich wollte ich. Vater nahm mich manchmal zu Fahrten über Land mit, wenn er Klienten besuchte. Für mich waren das wunderbare Stunden. Im Auto erzählte er gelegentlich von den «Fällen», die er zu vertreten hatte. «Das muß ganz unter uns bleiben», fügte er dann hinzu. Das Bewußtsein, Geheimnisse mit ihm zu teilen, brachte mich in Hochstimmung. Oft forderte er mich auf: «Wenn du etwas nicht verstehst, unterbrich mich und frage.» Aber ich fragte nur selten, in der Sorge, die Vertraulichkeit, die besonders in diesen Stunden zwischen uns herrschte, könnte gestört werden.

Am nächsten Morgen frühstückten wir schon um sechs Uhr. In Berlin angekommen, besuchte mein Vater einige Freunde, Rechtsanwälte wie er. Er übergab ihnen Akten von Prozessen, die er, wie er sagte, nicht zu Ende führen könne. Abends zogen wir uns in unserem Hotel in der Nähe des Brandenburger Tors um. Er legte seinen Smoking an, ich einen dunkelblauen Anzug, der sonst nur zu Feierlichkeiten getragen wurde. Erst als wir im Auto die Allee Unter den Linden entlangfuhren, verriet Vater mir, wohin es ging: in die Staatsoper. «Ich wollte eigentlich erst zu deinem sechzehnten Geburtstag mit dir in die Oper gehen, sozusagen als Eintritt in die Welt der Erwachsenen. Aber nun machen wir es heute abend. In wenigen Tagen sind wir im Ausland, und wer weiß, wann wir wieder zurückkommen. Ich kann auf den Prozeß, den Goebbels gegen mich führen will, nicht warten. Selbst wenn ich freigesprochen werden sollte, bringt man mich mit Sicherheit ins Konzentrationslager. Und ich glaube nicht, daß ich einen zweiten Aufenthalt dort überleben würde.»

Wir hielten vor der Staatsoper und gingen in das Restaurant im ersten Stock. Die Kellner, die meinen Vater kannten, hatten einen Tisch für uns reserviert. Es gab gebratene Hähnchen und dazu einen französischen Rotwein, von dem auch ich ein halbes Glas trinken durfte. Alles schmeckte vorzüglich. Ich war selig, besonders als Vater sich zu mir beugte und flüsterte: «Von unseren Angelegenheiten sagen wir hier nichts. Kellner und Restaurantwände haben Ohren.»

Nach dem Essen sahen wir die Oper «Ein Maskenball» von Verdi. Vater hatte eine Loge gemietet. In der Pause schaute eine ältere Dame aus der Nachbarloge stirnrunzelnd zu uns herüber. «Versteht denn der Kleine das?» fragte sie tadelnd. Mich «der Kleine» zu nennen fand ich empörend. Erstens war ich schon zehn Jahre alt und dann – an diesem Abend! Dankbar hörte ich meinen Vater sofort darauf antworten: «Mein Sohn versteht alles.»

In Wirklichkeit begriff ich kaum etwas. Der Sinn der Handlung, der Text der Arien blieben mir verschlossen, obwohl Vater mir einige Erläuterungen gegeben hatte. Ich erinnere mich, daß bei Szenenwechsel leichte, durchsichtige Vorhänge in bunten Farben herunterschwebten und die Geschehnisse dahinter in schemenhaftes Licht tauchten. Einmal, während des Balls, fiel auf der Bühne ein Schuß, der mich aus meinen Gedanken riß. Obwohl ich Mühe hatte, die Augen offenzuhalten, fand ich den Abend doch großartig.

Am nächsten Morgen bereitete Vater mich auf den nun bevorstehenden Besuch vor. «Wir fahren zu einem Kollegen, mit dem ich in den ersten Studienjahren eng befreundet war», sagte er. «Ich habe mich dann auf internationales Recht spezialisiert, er auf Strafrecht. Wir kamen später nur noch selten zusammen. Er ist ein sehr erfolgreicher Anwalt geworden. Einige behaupten, er würde den ‹Ringvereinen›, den Verbrecherorganisationen in Berlin, nahestehen. Nun, wenn er Straftäter verteidigt, muß er wohl auch Verbindungen zu ihnen haben. Jedenfalls gehört er zu den ganz wenigen, die sich von selbst gemeldet haben, nachdem sie von meiner Festnahme erfahren hatten. Er hat mir nach meiner Freilassung angeboten, mich mit Familie jederzeit ins Ausland schaffen zu lassen, auf sicheren Wegen ...»

Der Rechtsanwalt hatte sein Büro am Kurfürstendamm. In der Diele wurden wir von einer Sekretärin in Empfang genommen und an dem überfüllten Wartezimmer vorbei in das Arbeitszimmer des Anwalts geführt. Es erschien mir riesig und mit Vaters Büro verglichen luxuriös: dicke Teppiche, weiße tiefe Ledersessel und Möbel aus Stahl und Glas, wie sie damals modern waren. Von einer breiten Fensterfront sah man auf den brodelnden Kurfürstendamm. Der Hausherr begrüßte meinen Vater wie einen alten Freund. Mir gab er nur kurz die Hand und sagte: «Den Kleinen bringen wir am besten zu meiner Frau. Meine Wohnung ist im Stockwerk darunter.»

Wieder hatte mich jemand «der Kleine» genannt, stellte ich entrüstet fest, aber wieder trat mein Vater für mich ein: «Mein Sohn ist im Bilde und übrigens sehr verschwiegen.»

«Wie du willst, Wilhelm, dann können wir gleich beginnen.»

Der Anwalt erläuterte, der Mann, den er gleich rufen lassen werde, sei früher der «König der Schmuggler» zwischen Deutschland und Belgien gewesen. Jetzt, nachdem die neue Regierung die Kontrolle an allen Grenzen wesentlich verstärkt habe, nutze er seine weitreichenden Verbindungen, um Personen zu schleusen. Falsche Papiere seien nicht notwendig. «Ich konnte unserem Mann kürzlich einen großen Dienst erweisen, und er fühlt sich mir gegenüber verpflichtet. Ich habe ihm klargemacht, daß ich sehr viel Wert darauf lege, daß er euch ohne jede Schwierigkeit nach Lüttich bringt.»

Der Preis sei fünftausend Mark – etwa ein Fünftel von dem, was er sonst verlange. Wir müßten ihm lediglich seine Ausgaben zurückerstatten. Zweitausendfünfhundert Mark müßten sofort gezahlt werden, der Rest werde erst nach geglückter Flucht fällig.

«Du kannst versichern, daß dein Mann vertrauenswürdig ist?» fragte mein Vater nur.

«Absolut», war die Antwort.

Vater bestätigte, genügend Bargeld bei sich zu haben, um die erste Rate zu bezahlen und die zweite zu hinterlegen.

«Lassen Sie den Besucher herein», sagte daraufhin der Anwalt ins Telefon.

Der «Schmugglerkönig» war ein elegant gekleideter, gutaussehender junger Mann, groß, mit freundlichen Augen. Als er mich begrüßte, blinzelte er mir gleich zu, als ob er mich schon lange kenne. «Nennen Sie mich Hans», stellte er sich schlicht vor. Er gefiel mir gut.

«Ich bin heute nacht aus Aachen zurückgekommen», berichtete Hans. «Alles ist bestens vorbereitet. Aber es muß schon am Wochenende passieren.»

Mein Vater wandte ein, er benötige noch eine Woche mehr, um wichtige Angelegenheiten zu regeln. «Wer weiß, wann ich heimkehren kann.»

Hans bestand auf seinem Termin. Bis dahin waren nur drei Tage. «Eine so sichere Situation wie am Sonnabend kriegen wir nie wieder», erläuterte er. «Einer meiner besten Leute wird versetzt, aber am Sonnabend ist er noch da und hat Dienst.»

Vater erklärte sich einverstanden und begann, Hundertmarkscheine auf den Tisch zu blättern. Fünfundzwanzig steckte Hans ein, fünfundzwanzig weitere nahm der Anwalt entgegen. Dann holte er aus einer Schublade seines Schreibtisches ein weißes Blatt Papier. Langsam riß er es in zwei ungleiche Teile. Den einen legte er zu den von ihm verwahrten zweitausendfünfhundert Mark, den anderen gab er Vater.

«Sobald du in Lüttich bist, gibst du dieses Blatt unserem Freund. Wenn er es mir bringt und es paßt genau zu dem Teil, den ich behalte, bekommt er die von mir aufbewahrten Scheine. Aber, Wilhelm, ich bitte dich, erkundige dich auch bei anderen, Unbekannten, ob du wirklich in Lüttich bist, bevor du das Papier hergibst», mahnte der Anwalt und fügte, an Hans gewandt, hinzu: «Sie haben doch nichts dagegen, nicht wahr?»

Hans versicherte lächelnd, er selbst würde dafür sorgen, daß sich mein Vater erkundige. Er holte einen Fahrplan aus der Tasche und schlug einen Zug vor, mit dem wir am Sonnabend, aus Berlin kommend, in Aachen eintreffen könnten. Er würde uns in einem Café, das er nannte, in der Nähe des Hauptbahnhofes erwarten. Dann gehe es gleich los, und in kurzer Zeit seien wir bereits in Belgien.

Zwei Tage danach verließen meine Eltern und ich, bei Anbruch der Dunkelheit, unser Haus in Rheinsberg. Meine beiden Schwestern waren inzwischen bei der Großmutter in Hamburg und sollten später nachkommen. Über Feldwege gingen wir zum Bahnhof. Jeder hatte nur eine kleine Aktentasche bei sich. Alles andere ließen wir zurück. In Berlin übernachteten wir bei Freunden und nahmen am nächsten Morgen den Zug nach Aachen. Dort angekommen, führte Vater uns in das vereinbarte Café wenige Straßen weiter.

«Mußte er uns dieses Lokal angeben», flüsterte meine Mutter mißbilligend. Ich betrachtete neugierig die völlig ungewohnte Umgebung. Ein solches Café hatte ich noch nicht von innen gesehen. An der Theke standen zwei junge

Frauen, grell geschminkt, die aus kleinen Gläschen eine wasserähnliche Flüssigkeit tranken. Sie sprachen und lachten laut miteinander. Vier Männer saßen hemdsärmlig an einem Tisch zusammen, hatten aber ihre Hüte aufbehalten. Von Hans keine Spur.

Vater wollte schon enttäuscht aufstehen, als Hans endlich eintrat. Er begrüßte uns, setzte sich und sagte leise: «Bitte entschuldigen Sie meine Verspätung. Ich habe mich vergewissert, daß Ihnen niemand gefolgt ist.»

Nun nahmen wir unter seiner Führung die Straßenbahn, stiegen mehrmals um, bis zu einer Endhaltestelle, die schon außerhalb der Stadt zwischen Feldern lag. Nachdem wir eine Wiese überquert hatten, sahen wir plötzlich am Waldrand die neubefestigte Grenze. Ein hoher Drahtzaun versperrte den Weg. Nur an einer Stelle gab es eine schmale Öffnung mit einem Drehkreuz, das jeweils eine Person durchlassen konnte. Und davor stand ein Posten in feldgrauer Uniform, mit einem Gewehr im Arm. Mein Vater, der mit Hans unmittelbar vor uns ging, stockte unwillkürlich, aber Hans beruhigte ihn leise: «Der Mann hat sein Geld schon bekommen.»

Der Soldat sah uns, legte sein Gewehr über die Schulter und schritt langsam am Zaun entlang auf den Wald zu, in dem er verschwand. Wir passierten nacheinander das Drehkreuz. Etwa hundert Meter weiter sagte Hans sehr ernst und – obgleich es nicht besonders warm war – mit schweißüberströmtem Gesicht: «So, das haben wir geschafft. Wir sind in Belgien.» Er ging jetzt langsamer und atmete tief wie nach einer großen Anstrengung.

Ich war enttäuscht, weil eigentlich alles so aussah wie in Deutschland, der Wald, die gleichen Wiesen. Wir kamen zu einem Gartenlokal. Es hatte den eigentümlichen Namen Le coq jaune, der gelbe Hahn. Vater übersetzte mir die Inschrift über der Tür, und das waren die ersten französischen Worte, die ich lernte. Wir ließen uns nieder, und mein Vater nahm gleich das weiße Papier aus seiner Brusttasche. Hans wehrte aber ab: «Ausgemacht war, daß Sie sich erst erkundigen, ob Sie auch wirklich in Belgien sind.»

Tatsächlich stand Vater auf, trat in die Gaststube und sprach dort kurz mit den Wirtsleuten. Als er zurückkam, überreichte er Hans lächelnd das Papier. «Von hier geht eine Straßenbahn bis ins Zentrum von Lüttich», sagte er.

Wir verabschiedeten uns von unserem Begleiter. «Morgen abend sind wir in Paris», meinte Vater, als wir in die Trambahn stiegen. Ich fühlte mich auf sonderbare Weise beschwingt. Der Grenzübertritt ohne Paß, das schien mir eines der Abenteuer zu sein, von denen man in Büchern liest und die man selbst erleben möchte. Erstaunt bemerkte ich, daß meine Eltern bedrückt waren. Heute weiß ich, sie dachten an die für viele Jahre verlorene Heimat und an das Elend des Exils ohne Geld, das vor uns lag.

Ungebrannter Kaffee

Nur dem Anschein nach sind die von der Sonne beschienenen Straßen von Toulouse mit der schon sommerlich gekleideten Menge friedlich. Wenige Minuten, nachdem ich das Hotel Victoria verlassen habe, knallen in der Rue Bayard, die ins Zentrum führt, dicht hinter mir zwei Schüsse. Als ich mich umdrehe, sehe ich zwei aufgeregte deutsche Soldaten etwa fünfzig Meter weiter mitten auf der Straße stehen. Sie haben ihre Karabiner im Anschlag und brüllen: «Aufhalten den Kerl, den Radfahrer.» Niemand reagiert auf ihr Geschrei. Die Passanten blicken ostentativ weg, beschleunigen höchstens ihren Schritt. Wenn es einen Radfahrer gegeben hat, so ist er schon außer Sicht. Ich gehe ebenfalls etwas schneller, um nicht in den Zwischenfall verwickelt zu werden. Warum geschossen worden ist, habe ich nie erfahren.

Doch als ich den Boulevard de Strasbourg überqueren will, laufe ich direkt in eine Razzia der französischen Polizei. Beamte in Zivil, die ihre Marken zeigen, fordern vor allem Jugendliche wie mich auf, einen Lastwagen zu besteigen. Wir sind etwa fünfzig, die sich auf den Holzbänken zusammenpressen müssen. Keiner der Festgenommenen scheint sehr besorgt zu sein, man scherzt über den Holzvergasermotor, der eine dichte Rauchwolke wie eine Lokomotive ausstößt, bevor er sich ratternd in Gang setzt.

Man bringt uns zum Polizeikommissariat am Rathausplatz, am Capitole. Auch ich bin nicht beunruhigt. Meine

Papiere sind gut, und seit kurzem kann ich sogar einem französischen Polizisten die Frage beantworten, was ich in Toulouse mache: Ich bin ja soeben als Dolmetscher bei der deutschen Transportkommandantur eingestellt worden.

Auf dem Kommissariat werden wir in einen leeren Saal geführt, in dem zwei an einem Tisch sitzende Beamte unsere Ausweise prüfen. Nur drei junge Männer, die gar keine Papiere bei sich haben, werden zurückgehalten, die anderen können gehen. Ich gehöre mit zu den letzten, die ihre Identitätskarte zeigen müssen. Der Polizist wirft nur einen kurzen Blick darauf und weist dann wortlos mit der Hand zur Tür. Ich bin frei.

Bevor ich den Raum verlasse, sehe ich, wie einer der Beamten einen großen Papierkorb, der an der Wand steht, auf den Boden leert. Zwischen Papierresten schlägt eine Pistole auf die Dielen auf. Ein bereits Freigelassener muß die Waffe dort verborgen haben, als wir in den Saal geführt wurden. «Ich hatte doch gesagt, die Leute müssen durchsucht werden», brummt der am Papierkorb ärgerlich. Einer der Beamten erwidert: «So ist das eben in Toulouse.»

Der junge Mann, der neben mir zum Ausgang geht, lächelt unmerklich, wie ich. Wir haben die resignierte Bemerkung des Polizisten verstanden, der meint, man dürfe über den Fund im Papierkorb nicht erstaunt sein in dieser Stadt, in der die Résistance, auch die bewaffnete, eine so große Rolle spielt.

Toulouse gehört neben Paris, Lyon, Marseille und Grenoble zu den Zentren der Widerstandsbewegung. Hier hatte die erste der breiten Öffentlichkeit bekannt gewordene Widerstandsaktion in der Südzone stattgefunden. Es war am 7. November 1940 während des ersten offiziellen Besuches einer Großstadt durch den Chef der Kollaborationsregierung, Marschall Pétain, und seiner Begleitung. Als die Vichy-Repräsentanten die Rue d'Alsace-Lorraine zu Fuß entlangschritten, um die Huldigungen einer großen Menschenmenge entgegenzunehmen, ergoß sich vom Dach eines Eckhauses am Platz Esquirol plötzlich ein Regen von Flugblättern auf die offizielle Delegation und die Zuschauer. Jean Bertrand, ein Jungkommunist, hatte mit seiner Gruppe mehrere ausgeklügelte Apparate der Verteilung «mit Zeitzündung» angebracht, die ihre Last von Flugschriften gerade in dem Augenblick in die Tiefe schleuderten, als der Zug vorbeikam. In den legalen französischen Zeitungen wurde über «das niederträchtige Manöver» geschimpft, das den Erfolg des Besuches von Marschall Pétain in keiner Weise geschmälert hätte. Der Ton der Berichterstattung ließ jedoch erkennen, wie schmerzlich die Kollaborateure, die ja ihre «Regierung» erst aufbauten, getroffen waren. Mich jedenfalls haben damals diese Presseberichte sehr beeindruckt. Es gab also Menschen, die wie die deutschen Antifaschisten nach 1933 den Kampf aufnahmen, die entschlossen waren, sich der neuen Macht nicht zu beugen.

Viel später, Anfang der sechziger Jahre in der Deutschen Demokratischen Republik, habe ich Jean Bertrand, den kühnen Flugblattverteiler von Toulouse, kennengelernt. Er war, wie so viele damalige Résistance-Kämpfer, ein treuer Freund unserer Republik geworden und bestätigte mir, daß er in der Tat dem Beispiel deutscher Kommunisten gefolgt war. Kurz vor Kriegsbeginn hatte er in einer Veranstaltung der Gesellschaft für Französisch-Sowjetische Freundschaft den Film «Professor Mamlock» gesehen, der in der Sowjetunion nach Friedrich Wolfs Drama gedreht worden war. Darin gibt es eine Szene, in der ein originelles System der Flugblattverbreitung von Berliner Dächern aus gezeigt wird. Jean Bertrand hatte auf der Grundlage von Rattenfallen entsprechende Apparate gebaut und stellte sie mit Eisentöpfen, die langsam durch ein Loch Wasser verloren, genau auf die gewünschte Zeit ein. Der Erfolg war durchschlagend.

Diese Aktion französischer Kommunisten, die ihrerseits auf den Erfahrungen deutscher Antifaschisten fußte, hatte bei mir den Wunsch verstärkt, eines Tages an der Résistance teilzunehmen. Auf meinem Weg zur Transportkommandantur kam ich jeden Tag am Platz Esquirol vorbei, der nur wenige hundert Meter vom Hotel Victoria entfernt liegt, und wurde so an die Ereignisse im November 1940 erinnert.

Es war kein Zufall, daß Toulouse der Schauplatz für diese erste öffentliche Widerstandsaktion im Süden gewesen war. Die Kommunisten, Gewerkschaften und andere Linkskräfte der dreihunderttausend Einwohner zählenden Industrie- und Universitätsstadt, nur einhundertvierzig Kilometer von der spanischen Grenze entfernt, hatten auch während des Spanienkrieges eine große Rolle bei der Solidarität mit der von den Faschisten bedrohten Republik gespielt. Toulouse war zum internationalen Relais für die aus aller Welt anreisenden Kämpfer der Internationalen Brigaden geworden, für Lebensmittel- und Waffentransporte nach Spanien – trotz offizieller Nichteinmischungspolitik. Schließlich, als die Armee der Republik sich über die französische Grenze zurückziehen mußte, fanden viele Spanier und Antifaschisten anderer Länder erste solidarische Hilfe in dieser Stadt.

Die Arbeiter der großen Pulverfabrik und der Flugzeugwerke waren für ihren Internationalismus bekannt. Während der Volksfrontzeit 1937, auch schon während der Aufstände der von den Großhändlern ausgepreßten Weinbauern 1907, war Toulouse als Hochburg der linken Demokraten hervorgetreten. Wie sehr die Vergangenheit, die weiter entfernte nicht ausgenommen, in der Erinnerung der Toulouser lebt, sollte ich wenige Tage nach meiner Ankunft in der Stadt in einer Weinschenke des alten Viertels Saint Sernin erleben. Ein Sänger gab mit seiner Gitarre zwischen den Tischen Balladen und Romanzen zum besten, hatte aber nur mäßigen Erfolg, bis er ein Lied auf provençalisch anstimmte. Es waren vertonte Verse des Troubadour Sicard de Marjevols aus dem 13. Jahrhundert, der seine von den normannischen Kreuzrittern geplünderte und gebrandschatzte Heimat besungen hatte: Schon bei den ersten Worten, «Ai Tolosa e Carcassey», setzte der Beifall ein. Marjevols Klagelied war bekannt:

> Ach, Toulouse und Carcassonne,
> Wie ist euer Glück zerronnen.
> Seht das Werk der fremden Horden:
> Elend, Hunger, Feuer, Morden.

Kaum waren die Verse verklungen, als sich eine Flut von Franc-Stücken in den Hut des Sängers ergoß, in den vorher nur spärlich kleine Münzen gefallen waren. An vielen Tischen wurde erregt diskutiert. Denjenigen, die das Provençalisch nicht verstanden hatten, übersetzte man die Verse. Kein Zweifel: Die meisten hatten die aufrüttelnden Worte des Liedes auf die Naziokkupation bezogen.

So ist die Stimmung in Toulouse im April 1943. Mehrere Monate nach dem Sieg der Sowjetarmee in Stalingrad haben die französischen Kollaborationsbehörden weiter an Boden verloren, und die deutschen Besatzer sind allgemein verhaßt. Jeder weiß, die Stadt ist ähnlich wie während des Spanienkrieges zu einer Drehscheibe geworden: Alle Franzosen, die zu Charles de Gaulles Armee in Großbritannien stoßen wollen, die meisten aus Lagern in Deutschland ausgebrochenen englischen oder amerikanischen Kriegsgefangenen, viele Flüchtlinge vor der Gestapo müssen durch Toulouse, wenn sie illegal über die spanische Grenze gehen wollen, um jenseits der Pyrenäen Kontakt mit den Konsulaten der Alliierten aufzunehmen.

Immer häufiger operieren die Partisanen der 35. Brigade der Französischen Freischärler und Partisanen, unter ihnen zahlreiche ausländische Arbeiter, mitten im Stadtgebiet und auf den Bahnhöfen Raynal und Matabiau. Im Gegensatz zum Vorjahr, als die Polizei noch viele Helfer hatte, können die Widerstandskämpfer nach gefährlichen Aktionen jetzt oft einfach in der Menge verschwinden. Auch die

Arbeit der deutschen Antifaschisten entwickelt sich auf dieser Basis. Ich bin mir bewußt, daß ich zu einem Zeitpunkt dazugekommen bin, da die Befreiung vom Hitlerfaschismus schon in greifbare Nähe gerückt ist. Gerade deshalb allerdings – Eugen hat es mir beim ersten Treff eingeschärft – muß man mit äußerster Umsicht vorgehen und alle Regeln der Konspiration strikt einhalten. Der Feind, der seine aussichtslose Lage mindestens ahnt, ist zu allem bereit, um die Niederlage hinauszuzögern. Man darf sich also nicht die geringste Blöße geben, nicht den kleinsten Fehler machen.

Mit solchen Gedanken gehe ich am zweiten Tag meines Aufenthaltes in Toulouse in die Transportkommandantur zu meinem unmittelbaren Vorgesetzten, Unteroffizier Fink. Ich nehme mir vor, wie bei der Unterredung mit Oberst Horchler, äußerst zurückhaltend zu bleiben.

Das fällt bei meinem Gesprächspartner, der sofort in temperamentvoller und energischer Weise das Gespräch beherrscht, nicht schwer. Fink gleicht ebenfalls in keiner Weise meinen aus der Literatur gewonnenen Vorstellungen von einem Unteroffizier der deutschen Armee. In seiner Uniform aus gutem Tuch, die wie maßgeschneidert aussieht – eine ungewöhnliche Eleganz für seinen Rang –, sitzt er mit selbstbewußter Lässigkeit hinter seinem großen Schreibtisch. Kurz nachdem er mir einen Stuhl angeboten hat, klingelt das Telefon neben ihm. Aus Finks Bemerkungen während des Gesprächs habe ich bald erkannt, es handelt sich hier nicht um eigentliche Angelegenheiten der Transportkommandantur. Es geht um Säcke, um Kilo, um eine nicht näher bezeichnete Ware, die in Kürze erwartet wird und verteilt werden soll. «Nein, nein, ungebrannt wie immer», sagt der Unteroffizier, und «Stablampen sind augenblicklich nicht zu haben, aber Sie fragten neulich nach Pelzmänteln, da wäre jetzt etwas zu machen.»

Fink verabschiedet seinen Gesprächspartner als «Herr Major», doch er hat mit ihm wie von gleich zu gleich gesprochen. Kaum hat der Unteroffizier aufgelegt, klingelt der Fernsprecher erneut. Er hebt nur kurz ab, drückt die Gabel wieder herunter und legt dann den Hörer neben den Apparat. «Sonst kommen wir überhaupt nicht zu unserer Unterhaltung», sagt er. «Sie sehen, wie dringend ich Hilfe brauche.»

Fink ist, wie ich erfahre, unter der Verantwortung eines Hauptmann Wächtler mit den Beziehungen der Transportkommandantur zu französischen Dienststellen und Behörden befaßt. Deshalb ist der neue Dolmetscher ihm zugeteilt. Es handelt sich in erster Linie um die französische Eisenbahnverwaltung, aber auch um eine Art Transportpolizei. «Sie ist erst kürzlich gebildet worden, aus Kräften der Miliz, um Bahnhöfe und Strecken zu bewachen, weil wir nicht überall sein können», erläutert Fink.

Er sieht mich prüfend an und fügt hinzu: «Einige Leute sind sehr tüchtig und gewissenhaft, andere sind ihrer Aufgabe nicht gewachsen, das ist wohl das mindeste, was man zu ihnen sagen kann.»

Dann gibt er mir einen Brief des Chefs dieser Milizionäre an Hauptmann Wächtler, den ich übersetzen soll. Mit vielen Ergebenheitsfloskeln und Erwähnung des «gemeinsamen antibolschewistischen Ideals» wird um die Erlaubnis gebeten, in Zukunft auch «verdächtig erscheinende Personen in deutscher Uniform» kontrollieren zu dürfen: «Es häufen sich Fälle, in denen Leute in Uniform der Wehrmacht, die vorher nicht angekündigt waren, die Bahnstrecken betreten. Die Vermutung liegt nahe, daß Terroristen sich Wehrmachtsuniformen beschafft haben, um ungestört Verkehrsverbindungen unterbrechen zu können. Wenn die Transportmiliz diese Personen kontrollieren dürfte, wäre es möglich, die Strecken besser als bisher zu sichern.»

«Mit der Übersetzung des Briefes muß ich Hauptmann Wächtler zugleich einen Entwurf für die Antwort geben», sagt Fink. «Was würden Sie da zum Beispiel raten?»

Ich überlege rasch. Im letzten Absatz des Schreibens

wird auf einen vorausgegangenen Brief der Miliz mit offenbar ähnlichem Inhalt Bezug genommen. Danach hat die Wehrmacht dieses Ansinnen schon einmal abgelehnt.

«Ich würde im Interesse der Wehrmacht ‹Nein› sagen.»

«Richtig», lobt Fink, «aber warum?»

«Sicher gibt es in der Miliz viele ehrliche Leute», beginne ich vorsichtig. «Aber andere sind wohl auch darunter. Ich würde dieser Truppe keine Machtbefugnisse über deutsche Militärpersonen zugestehen.»

Fink nickt zustimmend. «Das ist genau unser Standpunkt. Ich glaube, wir werden uns gut verstehen, weil Sie schon, na, wie soll ich sagen, ‹kommandanturmäßig› denken, und dabei haben Sie mit Ihrer Tätigkeit noch gar nicht begonnen. Man kann ruhig sagen, daß es eine Reihe zwielichtiger Gestalten in den Reihen der Miliz gibt. Leider können wir uns unsere Hilfskräfte nicht aussuchen. Für bestimmte Sachen sind diese Leute ja sehr brauchbar. Man muß ihnen nur immer wieder ihre Grenzen zeigen. Ich werde Wächtler vorschlagen, unsere Ablehnung nicht mehr schriftlich mitzuteilen. Einmal haben wir schon auf diesen Antrag geantwortet. Sie, Monsieur Laban, werden das einem Beauftragten von Villadon mündlich mitteilen. Kennen Sie Villadon?»

Ich schüttle nur verneinend den Kopf.

«Richtig, ich vergaß, daß Sie nicht aus Toulouse sind. In Toulouse ist dieser Herr vielen bekannt. Vor dem Krieg befaßte er sich mit Tabaktransporten von Spanien nach Frankreich, manche sagen, es sei nicht alles legal gewesen, aber das ist alter Schnee.»

Ich denke an Hans, den Schmugglerkönig von Aachen, doch irgendwie ist es mir unangenehm, ihn mit dem Milizchef Villadon in Zusammenhang zu bringen.

Knapp, zum Teil an Hand von Akten, führt Fink mich in sein übriges Aufgabengebiet ein, das weit weniger kompliziert erscheint als die Beziehungen zu dieser Miliz. Von der französischen Eisenbahnverwaltung kommen Berichte über den technischen Zustand der Waggons und der Strekken, die übersetzt werden müssen. Mit dem Hotelbesitzer gibt es einen Streit über Möbel und Spiegel. Sie wurden bei einem «Kameradschaftsabend» in der Kommandantur beschädigt, «angeblich», sagt Fink. Hauptmann Wächtler weigert sich, eine Erklärung über die Verantwortung der Deutschen für die zertrümmerten Gegenstände zu unterschreiben.

«Bei Hauptmann Wächtler waren Sie ja noch nicht», stellt Fink fest. «Aber zu ihm müssen Sie spätestens morgen früh gehen. Ich melde Sie an. Der Hauptmann ist nicht nur Ihr eigentlicher Chef in der Kommandantur, er ist auch der Stellvertreter des Obersten. Hier geschieht jedenfalls nichts ohne ihn. Zu Hause ist er ein hohes Tier in der NSDAP, in der Partei. Sein Bruder ist Gauleiter in der ‹Bayrischen Ostmark›. Das ist so eine Art Gouverneur.»

Offenbar hat mein Gesichtsausdruck nach diesen Eröffnungen die beabsichtigte äußerste Zurückhaltung etwas verloren, denn Fink sagt lächelnd: «Herr Wächtler ist im übrigen ein umgänglicher Herr, wenn man ihm nicht direkt widerspricht, doch diese Absicht haben Sie ja sicher nicht.»

Vor sich auf dem Schreibtisch hat der Unteroffizier eine kleine Schüssel mit graugrünen Bohnen, die er aufnimmt und langsam wieder in den Behälter zurückfallen läßt. Bei näherem Hinsehen entdecke ich, daß es sich um ungebrannten Kaffee handelt. Ist das die Ware, auf die mein Chef wartet, «ungebrannt wie immer»? Kaffeebohnen sind im Mai 1943 ein äußerst rares Genußmittel, das es nicht einmal mehr auf Lebensmittelkarten gibt. Woher kommt der Kaffee? Höchstwahrscheinlich aus dem nahen Spanien, das als nichtkriegführendes Land noch direkte Verbindung mit kaffeeproduzierenden Ländern hat. Ist vielleicht der Miliz- und Schmugglerchef Villadon der Lieferant? Hat Fink eine offizielle Erfassungsstelle für Kaffee unter sich, wie sie die Besatzungsmacht für nahezu alle Sorten von Waren in den von ihr beherrschten Gebieten geschaffen hat? Aber warum in der Transportkommandantur? Oder handelt es sich um Schwarzmarktgeschäfte großen Stils?

Fink, der mir den zweiten, kleineren Schreibtisch in seinem Arbeitszimmer zugewiesen hat, reicht mir einen Bericht der französischen Eisenbahnverwaltung zum Übersetzen. Es geht um den Zustand des Signalsystems. Glücklicherweise ist ein technisches französisch-deutsches Lexikon vorhanden. Ich entdecke deutsche Wörter, die ich bisher nie gehört oder gelesen habe: Bake, Vorsignalbake, Blink- und Warnlichtanlagen, Knallkapseln und anderes. Das Signalsystem ist dem Bericht nach in einem furchtbaren Zustand. Man kann sich nur wundern, daß der Verkehr überhaupt noch ohne größere Unfälle funktioniert. Nur einmal gibt es einen Bezug auf die Tätigkeit der Résistance: Gleissperrsignale auf dem Bahnhofsgelände von Carcassonne seien «durch mutwillige Zerstörung unbrauchbar gemacht worden». Ich bemühe mich, mir Stichpunkte des Berichtes zu merken, um sie in wenigen Tagen beim nächsten Treff weitergeben zu können, bin aber nicht sicher, ob es sich lohnt.

Von den Fachausdrücken abgesehen, bereitet mir die Übersetzung keine Schwierigkeiten. Seit fast zehn Jahren beherrsche ich das Französische mindestens ebensogut wie meine Muttersprache. Ich habe einmal gelesen, die Hauptsprache eines Menschen sei diejenige, in der er zählt und rechnet. Demnach wäre Französisch meine Hauptsprache, bis auf den heutigen Tag. Das Zählen und Rechnen ist mir auf deutsch immer sehr kompliziert vorgekommen. Wie kann man erst die Hunderter, dann die Einer und zum Schluß die Zehner nennen? Auf französisch ist das folgerichtiger. Im allgemeinen erscheint es mir leichter, auf französisch zu formulieren als auf deutsch. Das ist wahrscheinlich so, weil meine französische Schulbildung solider ist als die deutsche, die ich ja nur vier Jahre in den untersten Klassen erhielt.

Als ich im Spätsommer 1933 als Zehnjähriger mit meinen

Eltern nach Paris kam, sprach ich natürlich kein Wort Französisch. Zunächst setzte ich sogar den Bemühungen meines Vaters, mich mit Grundregeln der neuen Sprache bekannt zu machen, passiven Widerstand entgegen. Nein, hier wollte ich mich nicht auf längere Zeit einrichten. Ich sehnte mich nach unserem Haus in Rheinsberg zurück, nach meinen Freunden, nach meinem Hund, einem Foxterrier, nach meinem Fahrrad und nach den Badestellen am See. Das alles gab es in Paris nicht. Ich litt darunter, weder mit Gleichaltrigen noch mit Erwachsenen sprechen zu können. Bei schönem Wetter gingen wir oft in den Tuilerien-Park, wo ich voller Neid zusah, wie Jungen auch meines Alters kleine Segelschiffe im großen Bassin schwimmen ließen. Man konnte sie bei einem Händler stundenweise mieten. Für mich kam das nicht in Frage, wir brauchten unser Geld dringend für Brot. Ältere Frauen saßen auf den Bänken und sprachen mit ihren Schoßhunden. Mich versetzte das in Wut: Diese kleinen Tiere verstanden ganz offensichtlich Französisch, ich dagegen begriff kein Wort.

Wenige Wochen nach unserer Ankunft in Paris wurde ich schwerkrank. In Frankreich breitete sich eine Diphtherieepidemie aus, damals noch eine gefährliche Infektionskrankheit. Ich wurde in das große Kinderkrankenhaus, Hôpital des Enfants Malades, eingeliefert. Da lag ich nun in einem Saal mit mehr als vierzig anderen Diphtheriekranken von drei bis vierzehn Jahren. Obwohl die meisten von uns unter starken Halsschmerzen, Übelkeit und Fieber litten, war die Stimmung ausgelassen. Da wurde geplaudert und gescherzt, und einer – ein zwölfjähriger Junge, ein geborener Spaßvogel – erzählte Witze und Geschichten, über die sich sogar die Schwestern vor Lachen bogen.

Unberührt von all dem, lag ich in meinem Bett und haderte mit meinem Schicksal. Das bemerkte die Stationsärztin, eine junge hochgewachsene Frau von außergewöhnlicher Schönheit. Sie hatte kurzgeschnittenes schwarzes Haar und strahlende blaue Augen. Den weißen Arztkittel trug sie mit unnachahmlichem Schick wie ein kostbares Kleid, und wenn sie mir ihre wohlgeformten Hände auf den Hals legte, um die Schwellung der Drüsen zu prüfen, ging es mir wie ein elektrischer Schlag durch den ganzen Körper. Kein Zweifel, ich hatte mich verliebt, so leidenschaftlich, wie man sich mit zehn Jahren verlieben kann. Ich hatte den Eindruck, daß auch ich ihr nicht gleichgültig war. Sie blieb bei ihren Visiten lange bei mir stehen, untersuchte mich gründlich, versuchte, ein bißchen mit mir zu reden. Das war schwer, denn sie konnte nur wenige Worte Deutsch.

Eines Tages kam sie mit einem Schulbuch, einem Heft und einem Bleistift an mein Bett. Sie setzte sich auf den Rand und sagte: «Wenn du willst, komme ich jeden Tag eine Stunde vor meinem Dienst zu dir, und wir arbeiten Französisch.»

Natürlich wollte ich. Der Beginn war kläglich. Es fing mit einem kleinen Diktat an. Ich verstand nichts und versuchte, die Worte rein phonetisch wiederzugeben. Zum Beispiel schrieb ich Komma, virgule, als wirgüll auf, weil ich dachte, es handele sich um ein Wort. Sie korrigierte ruhig, gab mir dazu Erklärungen und forderte mich auf, den Text zum nächsten Tag fehlerlos abzuschreiben. Ich schrieb ihn viermal. An den «Hausaufgaben», die sie mir nun jeden Tag aufgab, arbeitete ich wie nie zuvor in der deutschen Schule. Ganze Seiten Vokabeln lernte ich, konjugierte regelmäßige und unregelmäßige Verben, prägte mir den Text von Kinderliedern und schließlich von Fabeln von Lafontaine ein, die ich heute noch auswendig weiß. Sie freute sich sichtlich über meinen Eifer und steigerte das Pensum von Tag zu Tag. Allmählich verstand ich immer besser, worüber sich die Kinder im Saal unterhielten, und ich begann, mich an ihren Gesprächen zu beteiligen. Als ich nach fast drei Monaten entlassen werden sollte, sprach ich Französisch wie die anderen Kinder in meinem Alter.

Ich freute mich, zu meinen Eltern zurückkehren zu können, die inzwischen eine kleine Wohnung gemietet hatten, doch gleichzeitig erschien mir der Gedanke, meine schöne Ärztin verlassen zu müssen, unerträglich. Immer wieder überlegte ich, ob ich ihr nicht sagen könne, daß ich sie liebe und später, wenn ich groß genug sei, heiraten wolle. Wie ungewöhnlich dieses Ansinnen eines Kindes an eine erwachsene Frau war, wußte ich. Mehr noch als eine Absage fürchtete ich jedoch die herablassende Ironie der Erwachsenen, mit der sie zuweilen Kinder in ihre Schranken verweisen. In der Nacht vor meiner Entlassung habe ich wenig geschlafen. In den Morgenstunden hatte ich mir vorgenommen, die Liebeserklärung als eine Art Mutprobe zu wagen.

Die Ärztin erschien zur gewohnten Stunde und setzte sich an mein Bett. Ich begann erst stotternd, doch bald immer sicherer zu sprechen, wie ich es mir vorgenommen hatte. Dabei beobachtete ich sie aufmerksam. Sie verzog keine Miene, hörte alles ernst an, lächelte nicht einmal. Als ich geendet hatte, dachte sie einen Augenblick nach, bevor sie sagte: «Das, was du gesagt hast, bewegt mich sehr. Auch ich habe dich gern. Ich will ganz offen zu dir sprechen. Ich bin unverheiratet, aber nicht frei. Ich liebe einen Mann, der mich allerdings nicht genug liebt, um seine Familie zu verlassen und mit mir zu leben. Außerdem gibt es zwischen uns den Altersunterschied. Du bist zehn Jahre alt, ich werde in einigen Monaten fünfunddreißig. In zehn Jahren könntest du heiraten. Wenn ich dann noch so frei wie heute bin und du mich noch haben willst, heiraten wir, das verspreche ich.» Sie beugte sich zu mir herunter, küßte mich auf beide Wangen, wie es in Frankreich üblich ist, stand auf und verließ langsam den Saal.

Einige Monate lang habe ich sie regelmäßig wiedergesehen, am Sonntag oder an dem für französische Schulkinder freien Donnerstag, wenn es ihr Dienst erlaubte. Sie lud mich in ihre Wohnung zum Essen ein, wir gingen im Bois de Boulogne spazieren oder sahen uns einen Film an.

Nach einiger Zeit wurden unsere Begegnungen seltener.

Mehr als fünfzig Jahre danach habe ich noch Mühe, es zuzugeben: Es lag ausschließlich an mir. Die Gründe, die mich bewegten, unsere Treffs zu verschieben oder abzusagen, waren alles andere als stichhaltig. Ich hatte mich in der Schule einer Gruppe von Jungen angeschlossen. An freien Nachmittagen streunten wir durch ein großes verlassenes Baugelände in Gennevilliers bei Paris. Dort gab es leere Buden, verrostete Maschinen, leerstehende Lagerhallen, die sich bei unseren Spielen in abenteuerliche Landschaften verwandelten.

Meine Liebe, so heftig sie am Anfang war, hatte dem Ansturm des Neuen nicht standgehalten. Zum letztenmal sah ich sie an einem Sommertag 1935. Ich war mittlerweile zwölf Jahre alt geworden. Sie verabschiedete sich von mir. Der Mann, den sie liebte, ein Chirurg, war in eine große Provinzstadt im Süden versetzt worden, und es war ihr gelungen, im selben Krankenhaus eine Anstellung zu finden. Ich versprach ihr noch, sie bei erster Gelegenheit zu besuchen. Daraus ist nie etwas geworden. Es gibt wenige Handlungen in meinem Leben, die ich bedaure. Die Gleichgültigkeit, mit der ich diese außergewöhnliche Freundschaft beendete, gehört dazu.

Mit verdeckten Karten

In meinem Zimmer im Viertel Saint Michel höre ich abends zum erstenmal eine komplette Sendung von Radio London in französischer Sprache. Bisher hatte ich nur immer Bruchstücke dieser Rundfunkberichte und -kommentare mitbekommen, die für Millionen Franzosen die einzige Verbindung zu einer Welt jenseits des Machtbereichs der Hitlerfaschisten darstellen. Das war meist durch Zufall geschehen, etwa wenn im Vorübergehen einige Sätze durch ein schlecht geschlossenes Fenster an mein Ohr drangen. Jetzt vernehme ich pünktlich um einundzwanzig Uhr dreißig die aufrüttelnden vier Paukenschläge aus Beethovens «Schicksals-Symphonie». Der Wohnraum meiner Wirtsleute befindet sich direkt unter meinem Zimmer. Wenn ich mich auf den Boden lege und das Ohr an die Dielen halte, kann ich trotz der Störungen fast jedes Wort verstehen. Das Radio ist laut eingestellt. Durch Gartengrundstücke von den Nebenhäusern getrennt, befürchten meine Gastgeber keine unliebsamen Zuhörer, und vor mir sehen sie sich offensichtlich nicht vor. Hoffentlich begegnen sie mir nicht eines Tages in Begleitung von Wehrmachtsoffizieren in der Stadt …

Jetzt jedenfalls und an vielen darauffolgenden Abenden lausche ich aufmerksam den französischen Stimmen aus dem fernen London. In dieser ersten Sendung ist es ein Kommentar von Maurice Schumann, dem späteren Außenminister in vielen gaullistischen Regierungen, den ich 1974 in Paris persönlich kennenlernen sollte. Bei der Begegnung sagte ich ihm, welch starken Eindruck sein Kommentar Ende Mai 1943 bei mir hinterlassen hatte, worüber er sichtlich erfreut war.

Das Thema dieses Kommentars ist in der Tat für Radio London ungewöhnlich. Es geht um die Zusammenarbeit der unterschiedlichen politischen Strömungen in der Résistance-Bewegung. Schumann führt aus, die Widerstandskämpfer kämen aus den verschiedensten politischen Lagern. Ohne Zweifel blieben die Angehörigen der Résistance vor den deutschen Exekutionskommandos das, was sie gewesen waren, Liberale, Monarchisten, Sozialisten oder Kommunisten, aber fast alle hätten sie «Es lebe Frankreich!» gerufen und sich so zur Einheit der Bewegung bekannt. Zum erstenmal nennt Schumann auch eine erschütternde Zahl: Er spricht von «zehntausend kommunistischen Märtyrern, unter den Kugeln des gemeinsamen Feindes gefallen, für die Befreiung des gemeinsamen Vaterlandes».

Wenige Tage später höre ich den bekannten kommunistischen Abgeordneten der Pariser Region, Fernand Grenier, über Radio London.

Kurz darauf erklärt Eugen bei einem illegalen Treff in den Straßen von Toulouse, das alles seien Anzeichen für eine bedeutsame Entwicklung: Die nach 1940 entstandenen Widerstandsorganisationen, die Parteien der III. Republik und die führenden Gewerkschaften hatten sich auf Vorschlag der Kommunisten und einer Anordnung de Gaulles folgend, zu einem gemeinsamen Gremium vereint, dem Nationalrat der Résistance.

In den Zeitungen der deutschen Okkupanten und der französischen Kollaborateure kann man erkennen, wie der Feind diese für ihn bedrohliche Entwicklung einschätzt. Man liest kein Wort von den Fakten, beobachtet aber eine hysterische Kampagne, die das Ziel verfolgt, die Zerrissenheit der Résistance, die «völlige Isoliertheit de Gaulles» zu suggerieren. «Signal», eine von den deutschen Faschisten herausgegebene Illustrierte, die ich in der Kommandantur lese, nennt de Gaulle «einen Führer ohne Waffen, ohne Truppen, ohne Unterstützung und ohne Ideen» – zu einem Zeitpunkt, da sich die Résistance geeinigt und de Gaulles Autorität generell anerkannt hat. Ich lerne, die faschistische Presse nicht einfach auf der Suche nach Fakten zu lesen, sondern sie zu interpretieren, um ihre Reaktion auf mir aus anderer Quelle bekannte Ereignisse zu bewerten.

Radio London informiert in diesen Tagen über die Siege der Alliierten in Afrika: zweihunderteinundneunzigtausend deutsche und italienische Gefangene nach dem Zusammenbruch der Rommelarmee. Immer öfter gibt es auch Kommentare und Reportagen, in denen voller Bewunderung über die gewaltigen Opfer und großen Siege der Sowjetarmee berichtet wird. Enttäuschend für mich sind allerdings die Ratschläge und Anweisungen, die aus der britischen Hauptstadt über den Rundfunk an die französischen Widerstandskämpfer ergehen. Ein nicht genannter hoher Offizier der britischen Armee lobt beispielsweise die Résistance-Kämpfer in höchsten Tönen und beschwört sie gleichzeitig, doch um Gottes willen keine verfrühten Aktionen zu unternehmen, denn dadurch würden die Kriegsanstrengungen der Alliierten behindert und das Martyrium Frankreichs verschlimmert werden.

Wenn auf höchster Ebene eine Einigung der Widerstandsbewegungen über die Zielsetzung erfolgt ist, so bleibt man offenbar über die Kampfmittel verschiedener Meinung, denn die Praxis, auch in Toulouse, widerspricht den zurückhaltenden, abwartenden Anordnungen aus London. Überall nehmen die Anschläge auf Eisenbahnstrecken und Züge, die Angriffe gegen Kasernen, Kommandanturen, Offiziere der SS und der Wehrmacht zu. Sogar die Kollaborationspresse hat sich dazu entschlossen, die zahllosen Vorfälle dieser Art nicht mehr generell totzuschweigen.

In der Transportkommandantur, in der ich nun jeden

Tag pünktlich um acht Uhr zur Arbeit erscheine, spiegelt sich diese Verstärkung der Résistance-Aktionen wider. Als ich neben Unteroffizier Fink in das Zimmer von Hauptmann Wächtler trete, ist der gerade damit beschäftigt, Stecknadeln mit roten Köpfen auf einer Karte der Eisenbahnlinien im Süden Frankreichs anzubringen. Bei unserem Erscheinen zieht er hastig den Vorhang zu, der zu beiden Seiten der Karte angebracht ist, sagt aber zu dem Unteroffizier: «Man kommt kaum noch mit der Markierung nach» und meint damit die Registrierung der Sabotageanschläge auf das Transportwesen.

Der besorgte Ton in Wächtlers Stimme dauert nicht an. Sobald er sich an mich wendet, wird er selbstsicher, bis zur Absurdität siegesbewußt. Der ganze Mann scheint mehr einer antimilitaristischen Karikatur der zwanziger Jahre als der Wirklichkeit entsprungen. Erstaunt sehe ich auf den Offizier, der nun mein eigentlicher Vorgesetzter ist. Daß es so etwas gibt! Solche Köpfe hat George Grosz gezeichnet, als Kriegsgewinnler, Richter oder Etappenoffiziere während des Ersten Weltkrieges. Jetzt verstehe ich, warum die Franzosen diese Art Deutsche «têtes carrées», Quadratschädel, nennen. Das bemerkenswerteste an dem Sicherheitsoffizier ist die Kopfform: ein an den Ecken nur leicht abgerundetes Viereck. Die wenigen Haare sind durch einen Scheitel sorgfältig in zwei Hälften geteilt. Durch einen Kneifer, der an Himmler erinnert, blicken zwei wäßrige hellblaue Augen. Die Oberlippe ziert ein Bärtchen, diesmal nach Hitlers Vorbild. Der beleibte und eher kleine Wächtler spricht betont forsch, nicht ohne Leutseligkeit, aber wie einer, der Widerspruch nicht dulden würde.

Er erkundigt sich kurz nach den Umständen, die mich zur Kommandantur geführt haben, um dann zu einem längeren Diskurs über die Kriegslage anzusetzen. Kein Zweifel, der Sicherheits- und nationalsozialistische Führungsoffizier will meine Moral als vermeintlicher Kollaborateur stärken. Kein Wort fällt über die Durchbrechung der Blokkade Leningrads – ein entscheidender Sieg der Sowjetarmee in diesen Tagen. Wächtler spricht nur von der Zurückeroberung von Charkow und von Belgorod und sieht darin «eine neue Wende an der Ostfront, die nach Sieg riecht». Zur Einschätzung des Kräfteverhältnisses in Frankreich zögert er nicht, meinen eigenen Weg zur Kommandantur als Anzeichen für das erhöhte Prestige der Wehrmacht zu deuten. De Gaulles Stab in London und die Gruppen der Résistance im Lande seien hoffnungslos zerstritten. «Da die Juden und Kommunisten doch wohl die Oberhand bekommen haben, ist das Unternehmen bereits so gut wie gescheitert», räsoniert er. Schließlich würden die «Wunderwaffen» in Kürze eine ganz neue Lage schaffen.

Glaubt er das, was er da sagt? Zum Teil wahrscheinlich. Doch selbst Fink scheint peinlich berührt, weil der Hauptmann gar so dick aufträgt.

Es folgt noch eine Schilderung der «unerschütterlichen Festigkeit der Bevölkerung in Deutschland selbst». Wächtler hatte zu Ostern Heimaturlaub. Die französischen Kriegsgefangenen und Zivilarbeiter würden sich vorzüglich an den Rüstungsanstrengungen beteiligen. «Mein Bruder ...», mit diesen Worten beginnt jetzt jeder zweite Satz. Auf dem Weingut seines Bruders, des Gauleiters, betont er, würden kriegsgefangene Winzer aus Südfrankreich arbeiten, eine ganze Kolonne. «Sie fühlen sich sauwohl da, und den Rheinwein stellen sie heute über alle Sorten, die sie aus Frankreich kennen.»

Etwas mißtrauisch sieht mich der Hauptmann nach dieser Eröffnung an, aber ich nicke ernst und verständnisvoll. Plötzlich wird mein Vorgesetzter wieder sachlich, fast streng. Er reicht mir einen Fragebogen über den Schreibtisch. «Füllen Sie das aus. Fragen wahrheitsgemäß und vollständig beantworten.» Er macht eine Pause, fügt dann hinzu: «Alles wird nachgeprüft – und die zehn Finger sauber abdrücken.»

Tatsächlich, am Ende des Fragebogens sind zehn Rechtecke für die Abdrücke aller Finger vorgesehen. Kurz vorher war mir bei einem Treff von den Freunden gesagt worden, Flugblätter, die zur Verteilung bestimmt sind, dürften eigentlich nur mit Handschuhen angefaßt werden. Die Empfehlung war sehr berechtigt.

«Bringen Sie mir den Bogen morgen früh», sagt Wächtler, «nein, ich brauche ihn gleich, weil ich nachher zur Sipo/SD muß.» Ein deutlicher Hinweis an mich, daß mein Fragebogen bei der Gestapo landen wird.

Wächtler weist mir einen Rauchtisch in der Ecke des großen Zimmers an, damit ich sofort schreiben kann. Es war nicht unnötig, auch die erdachten Personalien der Eltern gut auswendig zu lernen. Hier wird danach gefragt. Ich stutze bei der Rubrik «Personen, die bei schwerem Unfall oder Tod zu benachrichtigen sind». Die Wehrmacht denkt offensichtlich, das Leben ihrer zivilen Mitarbeiter könnte gefährdet sein. Ich entschließe mich, die Adresse einer angeblichen Tante in meinem fiktiven Heimatort Stenay anzugeben. Für die Fingerabdrücke hat mir Wächtler ein Stempelkissen gegeben und ein schmutziges Handtuch zum Abwischen. Aus Kriminalromanen weiß ich, daß die Aufnahme aller zehn Fingerabdrücke zu den erkennungsdienstlichen Zwangsmaßnahmen gegen überführte Straftäter gehört. Es ist ein merkwürdiges Gefühl, dieser Zeremonie jetzt sozusagen freiwillig zu entsprechen.

Während ich mit dem Formular beschäftigt bin, unterhalten sich Wächtler und Fink mit gedämpfter Stimme. Es geht nicht um Angelegenheiten der Kommandantur, sondern abermals um «die Ware». Alles kann ich nicht verstehen, doch jetzt wird Wächtler lauter. Er ist empört, weil die angekündigte Lieferung noch nicht eingetroffen ist. «Diesem Villadon müssen Sie Beine machen», sagt er und: «wenn ich meinem Bruder das mitteile, wird er sicher sehr ungehalten sein.» – So, der Gauleiter ist an dem Handel beteiligt, registriere ich. – «In Blagnac haben sie auch nicht immer freie Kapazität, um das Zeug wegzuschaffen», bemängelt Wächtler. Blagnac ist der Militärflugplatz von Toulouse. Geht der Kaffee von dort über den Luftweg nach Deutschland? Dann werden Zahlen genannt, eine neue Gelegenheit für einen Wutausbruch des Hauptmanns. Die Ware soll wieder teurer werden, verstehe ich.

Neben den ungeheuren Besatzungskosten, die das Land zu zahlen hat, fünfhundert Millionen Francs am Tag, und der systematischen Ausplünderung betreiben viele Stäbe auf großem Fuß eigene Schwarzmarktunternehmen, teilen mir meine Freunde mit, als ich ihnen später über den Kaffeehandel in der Kommandantur berichte. Ich erhalte den Auftrag, Einzelheiten über diese Affäre zu sammeln, die wir vielleicht in einem besonderen Flugblatt oder in unserer Zeitung «Soldat am Mittelmeer» verwenden wollen.

«Sehr gut», lobt Wächtler, als ich ihm den sorgfältig ausgefüllten Fragebogen zurückgebe. Sogar die Fingerabdrücke findet er deutlich, nicht verwischt. Er setzt zu einer neuen Rede über meine Pflichten in der Kommandantur an, die man so resümieren kann:

1. Alles ist geheim, was hier geschieht. Auch für die leichtfertige Verbreitung von scheinbar unwichtigen Einzelheiten sind drakonische Strafen vorgesehen.
2. Ich unterstehe den deutschen Gesetzen, die Zersetzung der Wehrkraft in jedem Fall mit dem Tode bestrafen. Also: keine unbedachten Äußerungen.
3. Treue Dienste würde die Wehrmacht großzügig honorieren, besonders nach dem Endsieg Deutschlands, an dem ja nicht zu zweifeln sei.

Wächtler beobachtet mich bei diesen mit konkreten Drohungen und vagen Versprechungen gespickten Erläuterungen und ist offenbar mit meinem aufmerksamen, konzentrierten Gesichtsausdruck zufrieden. Lächelnd reicht er mir die Hand: «Na denn, Monsieur Laban, ich wünsche arbeitsreiche Stunden in der TK.»

Von acht Uhr früh bis achtzehn Uhr abends ist die TK, wie die Transportkommandantur meistens nur genannt wurde, nun mein Leben, jeden Tag, auch sonntags, denn ein Befehl des Militärbefehlshabers für Frankreich hat erst vor kurzem «angesichts der ernsten Lage» ununterbrochene Arbeit in den rückwärtigen Diensten angeordnet, ohne Ruhetag.

Fink schickt mich mit Botengängen, die das Kaffeegeschäft betreffen, durch die Stadt. Ich besuche andere Stäbe, habe aber dort meist nur mit Dolmetschern zu tun. Mir offenbart sich das Ausmaß dieses Handels. Ich habe Gelegenheit, mit den Helfern des Milizchefs und Schmugglers Villadon über Kaffee zu reden: Es sind Untergebene von ihm oder einfach Schwarzmarkthändler, die am großen Gewinn beteiligt sein wollen.

Jede Woche kommen fünfzig bis einhundert Säcke mit ungebranntem Kaffee über die Grenze, zum Teil in Güterwagen, die direkt an die TK-Außenstelle im Bahnhof Matabiau geliefert werden. Davon geht etwa die Hälfte an zwei Firmen, die ich zunächst für französische Unternehmen gehalten habe: Munimin-Primetex und Essex-Paris. Hinter dem ersten Namen verbirgt sich eine Berliner Wehrmachtsstelle für Bewaffnung und Ausrüstung, hinter dem zweiten eines der zahlreichen Aufkaufbüros der SS. In Toulouse jedenfalls hat die Essex-Paris ganz offiziell ihre Geschäftsräume im Gebäude des Kommandos der Sicherheitspolizei und des SD. Neben den Verhaftungen, Vernehmungen, den Folterungen und den Deportationen befassen sich die SS-Offiziere der Sicherheitspolizei in Toulouse mit geschmuggeltem Kaffee, den sie gegen andere Kostbarkeiten tauschen, nach Deutschland bringen oder selbst verbrauchen.

Die zwei offiziellen Aufkaufstellen der Besatzungsbehörden beherrschen den Schwarzen Markt. Die andere Hälfte des geschmuggelten Kaffees, die nicht an sie geliefert wird, landet zum größten Teil auf dem Luftstützpunkt Blagnac,

angeblich um der «Winterhilfe», einer faschistischen Hilfsorganisation in Deutschland, zur Verfügung gestellt zu
werden. Bevollmächtigter dieser Organisation ist Gauleiter
Fritz Wächtler, der nicht nur in der sogenannten Bayrischen Ostmark amtiert, sondern auch der Reichsleitung der
NSDAP angehört. Sicher wird er nicht alles abliefern.

Was dann von dem Kaffee noch übrig ist, etwa ein Sech-
stel der Gesamtmenge, verbleibt in der Transportkommandantur. Das ist das Kapital für den schwunghaften Handel
von Fink. Für Kaffee kann man alles haben, und er kauft,
was nicht niet- und nagelfest ist: ganze Wohnungseinrich-
tungen, die in speziellen von der Kommandantur bestellten
Güterwagen nach Deutschland gehen – als Ersatz für Mo-
biliar von Offiziersfamilien, das durch Bombenangriffe
vernichtet wurde; Textilien, die in großen Kisten in die
Heimat transportiert werden; Pelzmäntel, die von der
Sicherheitspolizei stammen. Es ist nicht schwer zu erraten,
woher die Beute kommt: aus dem Privatbesitz der Verhafteten und Deportierten. Ich sehe in der TK Fässer mit Oli-
venöl, die gegen Kaffee getauscht worden waren, Herren-
und Damenschuhe in riesiger Auswahl, noch in den Ver-
kaufskartons, Rundfunkgeräte, sogar Auto-Ersatzteile.

Dieser Handel, von dem die einfachen Soldaten der
Kommandantur ausgeschlossen sind – sie erhalten höchstens viertelpfundweise Kaffee als Marketenderware für die
Pakete in die Heimat –, frißt naturgemäß Zeit und Energie
vieler Offiziere. Ihre Hauptsorge ist oft der Kaffee und
seine Verwertung – erst in zweiter Linie kommen die Aufgaben der Kommandantur. Durch dieses Kaffeegeschäft
habe ich den räuberischen Charakter der Nazibesatzung
voll erkannt. Gemeinsam mit Eugen, mit dem ich mich am
häufigsten treffe, setze ich den Text eines Flugblattes auf,
das in Toulouse an die Soldaten verteilt werden soll. Wie
mir Eugen später erzählte, ist das Flugblatt Anfang 1944, als
ich schon nicht mehr in Toulouse war, erschienen. Ich
hoffe, es hat dazu beigetragen, daß einige den hurrapatrio-

tischen Parolen der Naziführung wenigstens mit Skepsis begegnet sind.

Der größte Teil meiner Arbeit besteht aus untergeordneten Aufträgen. Ich verbringe nicht Stunden, sondern Tage damit, den Offizieren der Kommandantur neue Quartiere zu suchen. Sie schicken mich mit Adressenlisten los, die sie vom Quartieramt der Stadtkommandantur erhalten haben. Darüber muß ich genau Bericht erstatten. Meist fährt mich Sepp Weininger, der Chauffeur des Kommandanten. Bei dieser höchst unangenehmen Aufgabe, Häuser und Wohnungen zu besichtigen, die noch bewohnt sind, kommen wir uns näher. Er äußert immer öfter seinen Widerwillen gegen die maßlosen Ansprüche einiger Offiziere, die zum Beispiel die Räumung einer Vierzimmerwohnung fordern, um allein mit ihrem Burschen darin zu hausen. Ich horche auf, als Weininger mir einmal, als wir für einen Major eine Villa unbedingt an den Uferstraßen der Garonne finden sollen, erzählt: «Mein Vater, der im Ersten Weltkrieg war, hat sich an einen Spruch erinnert, den die Soldaten damals sagten: ‹Gleiche Löhnung, gleiches Essen, dann wär' der Krieg schon längst vergessen›.»

Ich überlege, ob ich darauf eingehen soll. Es ist Weiningers erste klare Äußerung zum deutschen Militarismus. Spricht er seine wahren Gedanken aus, oder ist es eine Falle für mich? Ich brauche nicht lange nachzudenken, er selbst nimmt seinen kühnen Vorstoß gleich darauf zurück: «Das kann man natürlich heute nicht sagen. Die Situation ist ja ganz anders. Allerdings ein wenig bescheidener sollten wir doch alle sein.»

An diese Art, die Spuren von kritischen Bemerkungen sofort selbst zu verwischen, habe ich mich gewöhnen müssen. Bei mir nenne ich das «Gespräche mit verdeckten Karten». Nicht nur Weininger, auch weitere Soldaten der Kommandantur, mit denen ich spreche, deuten mitunter ihre Zweifel, ihr Mißfallen an diesem Krieg an; aber gleich nehmen sie das Gesagte wieder zurück. Die Absicht ist klar:

Sie schließen nicht aus, daß das Gespräch dem Sicherheitsoffizier Wächtler zugetragen wird. Für diesen Fall sichern sie sich mit einer Bemerkung ab, die alles relativiert oder sogar ins Gegenteil verkehrt. Ich habe unzählige solcher Gespräche gehabt, in denen die Soldaten mit Ironie, mit dem den Landsern eigenen zynischen Humor erstaunliche oppositionelle Einstellungen äußerten. Irgendwann kam dann jedoch ein Satz, mit dem alles wieder umgeworfen wurde. Jahrelange Erfahrungen in einer von Spitzeln durchsetzten Gesellschaft haben derartige Praktiken entstehen lassen.

Ich passe mich schnell an diese Art, über Politik zu sprechen, an. Jede andere würde meine Gesprächspartner höchst mißtrauisch machen. Langsam gelingt es mir, ein gewisses Vertrauensverhältnis zum Fahrer Weininger und zu zwei anderen Soldaten, einem Fernschreiber und einem Eisenbahner, herzustellen. Fast jeden Mittag essen wir gemeinsam im Kantinenraum für Mannschaften und Unteroffiziere, dem ehemaligen Speisesaal des Hotels. Bald merke ich, daß sie offener mit mir, dem vermeintlichen Franzosen, der so gut zuhören kann, sprechen als mit den eigenen Kameraden, von denen sie Denunziationen befürchten. Keiner von ihnen hat klare Vorstellungen über die Perspektiven des Krieges, aber äußerst besorgt sind sie alle. Stalingrad, die völlige Zerschlagung des Afrikakorps, die zunehmende Aktivität der Widerstandsbewegung in Frankreich, der «Terroristen», vor denen die Offiziere sie immer wieder eindringlich warnen – das alles beunruhigt sie. Der Zweifel am «Endsieg» ist allgemein, doch die Furcht vor der Gestapo und dem Kriegsgericht ist noch stärker. Jeder weiß, was ihm bevorsteht, wenn er der Wehrkraftzersetzung auch nur verdächtigt wird.

Im übrigen betrachten sie ihren Aufenthalt in Frankreich als ein wahres Glück, als das große Los, das sie durch nichts gefährden wollen. Alles ziehen sie der Ostfront vor, um nicht dem schrecklichen Winter, den mörderischen

Schlachten ausgesetzt zu sein. «Selbst im Hinterland lauert dort der Tod hinter jedem Strauch. Wenn Sie wüßten, was die Partisanen in Rußland alles unternehmen, Herr Laban, dagegen ist es hier ja fast ruhig», höre ich immer wieder. In diesen Unterhaltungen wundere ich mich, daß deutsche Soldaten das aushalten. Viel weiter kann ich nicht gehen, wenigstens nicht, wenn wir zu viert sind.

In den Flugblättern und Zeitungen des Komitees «Freies Deutschland», die ihnen über Feldpost zugeschickt werden, steht mehr. Einmal bin ich Zeuge, wie ein solches Flugblatt von einem Soldaten an Fink – er gilt ja als Mitarbeiter des NS-Führungsoffiziers Wächtler – abgegeben wird. «Haben Sie es gelesen?» fragt Fink.

«Nein, Herr Unteroffizier, nur die Überschrift.»

Ich kenne sie, ohne das Flugblatt zu sehen. Sie heißt: Deutschland muß leben, deshalb muß Hitler fallen. Fink liest das Blatt aufmerksam.

«Die berufen sich auf ein Komitee von deutschen Soldaten und Offizieren in Moskau», sagt er nur erstaunt. Man hört von ihm keinen weiteren Kommentar.

Ich bin enttäuscht über diese gleichgültige Reaktion. Meiner Erinnerung nach war es unser erstes Flugblatt in Toulouse, in dem von der Gründung des Nationalkomitees «Freies Deutschland» gesprochen wurde. Es muß Anfang August 1943 gewesen sein. Während eines Treffs im Juli hatte mir Alfred Adolph mitgeteilt, unser Abhördienst ausländischer Rundfunkstationen habe eine umfangreiche Sendung von Moskau aufgefangen, in der über das soeben veröffentlichte Manifest des Nationalkomitees berichtet wurde. Wenige Tage später erhielten wir auch aus Paris den genauen Wortlaut des Aufrufes. Der Überbringer war ein Kurier der Leitung der TA (Abkürzung für Travail Allemand – Deutsche Arbeit), ein besonderer Sektor der Résistance für die Arbeit unter den deutschen Besatzern, der gleich nach dem Einmarsch der Wehrmacht in Frankreich vom Zentralkomitee der Französischen Kommunistischen

Partei im Einvernehmen mit Genossen von Bruderparteien gebildet wurde. Aber wir hatten den Text schon selbst schriftlich festgehalten und in einem ersten Flugblatt verbreitet.

Mich hatte besonders beeindruckt, daß neben dem Präsidenten des Komitees, dem Schriftsteller Erich Weinert, den ich wegen seiner satirischen antifaschistischen Gedichte schätzte, ein Major Hetz und ein Leutnant Graf von Einsiedel als Vizepräsidenten genannt worden waren. Mir schien das wie eine Wende: Zum erstenmal riefen Offiziere der Wehrmacht gemeinsam mit Kommunisten dazu auf, das Hitlerregime zu stürzen. Die Offiziere waren zwar Kriegsgefangene in sowjetischem Gewahrsam, aber sie sprachen über den nun regelmäßig ausstrahlenden Sender des Nationalkomitees «Freies Deutschland» überzeugend zu ihren früheren Kameraden über ihre Wandlung.

Wenn es uns doch auch in Frankreich gelingen könnte, ähnliche Vertreter des Offizierskorps der Wehrmacht für die antifaschistische Tätigkeit zu gewinnen, dachte ich. Noch wußte ich nicht, daß der Leiter der TA für Frankreich, Otto Niebergall, wenig später einen führenden Offizier der Kommandantur in Paris für das im September 1943 gebildete Komitee «Freies Deutschland» für den Westen geworben hatte.

In dem Aufruf des Komitees «Freies Deutschland» für den Westen, den ich selbst in zahlreichen Zeitungen und Flugblättern in Toulouse und danach in einer anderen Stadt verteilen sollte, hatte mich besonders frappiert, wie die Offiziere und Soldaten der Wehrmacht angesprochen wurden: «Ihr habt die Waffen, mit Euch ist das Volk. Die vereinte Kraft und Macht von Volk und Wehrmacht wird das volksfeindliche Hitlerregime zum Teufel jagen ...» Mir erschien das so zwingend als Ausweg aus dem furchtbaren Krieg, daß ich meinte, alle nicht völlig durch das Naziregime verblendeten Wehrmachtsangehörigen müßten das verstehen. So war es aber nicht.

Zu Sepp Weininger spreche ich während einer Fahrt im Wagen des Kommandanten von diesem Aufruf. Ich beziehe mich auf eine von mir erfundene Sendung von Radio London, da der Moskauer Rundfunk ja nur mit speziellen Geräten abgehört werden kann. Schweigend hört er mich an. Diesmal verzichte ich darauf, mich vom Text des Appells mit einer scherzhaften Bemerkung zu distanzieren, wie das zwischen uns üblich ist. Nach einer Weile sagt er: «Wissen Sie, ich halte nicht viel davon, mit den Offizieren zusammen etwas zu versuchen. Ich kenne sie zu gut. Seit drei Jahren fahre ich sie am Tag und in der Nacht.» Meine Gegenargumente akzeptiert er nicht.

Welche Wirkungen haben die Flugblätter und Zeitungen der Bewegung «Freies Deutschland», meine vorsichtigen Äußerungen über die Kriegslage und eventuelle Konsequenzen auf die Soldaten der Kommandantur? Ich bin mir über die Grenzen unserer Anstrengungen in dieser Hinsicht im klaren. Die faschistische Ideologie sitzt tief in den Köpfen, auch bei denen, die sich gelegentlich durch lässige Bemerkungen von ihr distanzieren. Es ist nicht nur der allgegenwärtige Terror der Kriegsgerichte und der Gestapo, der die meisten Empfänger unserer illegalen Materialien dazu treibt, die Blätter sofort abzugeben. Auf der anderen Seite merke ich, daß die Furcht viele davon abhält, offener auf meine immer als Hypothesen getarnten Überlegungen einzugehen. Selbst Weininger hört sich meine unter vier Augen ziemlich klar dargelegten Argumente offenbar nur unwillig an. Meist schweigt er mürrisch, oder er sagt: «Von so etwas wollen wir erst gar nicht reden» und «Herr Laban, was Sie da gehört haben, das kann einen ja um Kopf und Kragen bringen». Und doch sollte Weininger einige Monate danach etwas tun, das ihn sehr wohl das Leben kosten konnte. Vielleicht haben auch andere meiner damaligen Gesprächspartner später Entscheidungen getroffen, die wenigstens in ihrem eigenen Interesse lagen. Jedenfalls stimmen unsere Ratschläge, das eigene Leben zu retten, zu kapitulieren, um nicht in der letzten Phase des Krieges für eine verlorene Sache noch unterzugehen, sie zumindest sehr nachdenklich.

Im Gegensatz dazu löst das, was mir als ein wesentliches Argument gegen die Naziführung erscheint, ihr Terror, bei ihnen eine geradezu umgekehrte Reaktion aus. Seitdem ich als Kind gesehen habe, wie mein Vater im Vorgarten unseres Hauses von SA-Leuten mißhandelt wurde, bilden die Grausamkeit des Regimes, seine Verbrechen gegen die Menschlichkeit, meine Hauptmotivation für den antifaschistischen Widerstand. Alles, was ich später darüber gelesen und gehört habe – das «Braunbuch gegen Reichstagsbrandprozeß und Hitlerterror», literarische Schilderungen von Willi Bredel, Friedrich Wolf und anderen, Berichte, die Freunde meiner Eltern gaben –, bestärkte mich darin. 1938 habe ich als Fünfzehnjähriger die Uraufführung von Brechts «Furcht und Elend des Dritten Reiches» mit Helene Weigel in Paris miterlebt. Die gleichzeitig subtile und scharfe Verurteilung der Nazirepressionen in ihrer Vielschichtigkeit hat mich tief beeindruckt.

Damals ging es um Folter und Mord an deutschen Antifaschisten. Inzwischen hatten die Verbrechen im Laufe des Krieges weit größere Dimensionen erreicht. Geiselerschießungen, Folterungen in den Gestapokellern aller besetzten Länder, verbrannte Dörfer und erschossene Bewohner als «Vergeltung» für die Partisanentätigkeit waren allgemein bekannt.

Im Sommer 1943 erhielten wir die ersten Informationen über die organisierte Tötung von unzähligen Deportierten, jüdischen Familien aus ganz Europa, Männern, Frauen, Kindern und politischen Häftlingen in den Konzentrationslagern auf polnischem Territorium. Eugen berichtete mir bei einem Treff, ein Wehrmachtsangehöriger in Toulouse, zu dem Kontakt bestand, hätte im Strafbataillon Wachdienst in einem Lager in Polen tun müssen. Dort habe er von Gaskammern gehört. Die Insassen ganzer Deportationszüge, vor allem jüdische Menschen, seien hineingetrieben und vernichtet worden. Als Eugen und ich das Gespräch halblaut führten, gingen wir in der Nähe des Place du Capitole die Straßen entlang. Trotz allem, was ich von den Nazis wußte, kam mir diese Information irreal vor. Ich fragte: «Hat er die Kammern selbst gesehen?» Nein, das hatte er nicht. Aber mehrere Häftlinge hatten ihm, der ihnen mit Brot half, davon erzählt. Er hat sie nicht gesehen, dachte ich. Die Vernunft weigerte sich einfach, diese unglaubliche Nachricht als Fakt anzuerkennen.

Zwar wurden mir erst durch den Nürnberger Prozeß das volle Ausmaß und das ganze Grauen des Völkermords als systematische Politik der hitlerschen Reichsführung bewußt, doch 1943 kannte ich schon wesentliche Elemente davon.

Die Angehörigen der Kommandantur, die an der Ostfront gewesen waren, wissen allerdings mehr als ich. Zunächst sprechen sie in Andeutungen darüber, daß sie Schreckliches erlebt hätten im Osten, nicht an der Front selbst, sondern im Hinterland. Während einer kleinen Feier – ein Hauptmann im Stab der Transportkommandantur war zum Major befördert worden und hatte aus diesem Anlaß mehrere Kisten Wein für die Mannschaftskantine spendiert – fängt der Fernschreiber an unserem Tisch plötzlich an zu sprechen. Vielleicht hat der Alkohol dazu beigetragen. Er muß es einfach loswerden. Es bedrückt ihn und bricht aus ihm heraus trotz der Warnungen seiner Kameraden: Karl, laß das.

Karl erzählt unbeirrt weiter: Während einiger Ruhetage, mehr als fünfzig Kilometer hinter der russischen Front, im Winter 1942/43 war er im Morgengrauen durch MG-Feuer und Einzelschüsse einige hundert Meter von seiner Unterkunft entfernt geweckt worden. Ein Gefecht, so weit von den Linien entfernt? Ach was, hatten die Kameraden gesagt, da werden wohl Banditen liquidiert, bleib bloß hier, Karl, sonst reihen sie dich noch in das Peloton ein.

Karl hatte sich trotzdem angezogen und war den Schüssen, die nicht aufhören wollten, nachgegangen. Er kam in eine Talsenke, und da sah er es. SS-Leute trieben nackte Männer, Frauen und Kinder an den Rand einer großen Grube. Dort wurden sie von zwei MGs niedergemäht. Dann sprang ein SS-Unterscharführer, der blutbespritzte Stiefel anhatte, hinunter und gab aus seiner Pistole die Fangschüsse. Karl meint, mindestens noch hundert Menschen hätten nackt hinter einer Postenkette gestanden und darauf gewartet, nach vorn gejagt zu werden. Er gesellte sich zu einer Gruppe von Wehrmachtsangehörigen, darunter ein Offizier, die dem grauenvollen Treiben zusahen. Erst als ein Soldat einen Fotoapparat herauszog und zu knipsen begann, rannte ein Hauptscharführer der SS zu ihnen und schrie sie an: «Alle, die bei diesem Einsatz keinen Befehl haben, haben hier nichts verloren.»

Karl war Zeuge einer Exekution jüdischer Menschen durch eine Einsatzgruppe der SS geworden. Sein Bericht löst auch dem Eisenbahner die Zunge. Er hatte in Polen mit einem Güterzug von mehr als fünfzig Waggons zu tun gehabt, die voller Leichen waren, Männer, Frauen und Kinder. Sie waren in sommerlicher Hitze bei verrammelten Türen und zugenagelten Luken erstickt und verdurstet.

Es ist still geworden an unserem Tisch. Jeder geht seinen Gedanken nach, bis Karl sagt: «An diesem Morgen, als ich das gesehen habe, da habe ich verstanden, daß wir jetzt den Krieg nicht mehr verlieren dürfen. Denn wenn man mit uns dasselbe macht, gibt's kein deutsches Volk mehr.»

Zwei andere am Tisch nicken verständnisvoll, nur Weininger wiegt bedenklich den Kopf, schweigt aber.

Am nächsten Tag berichte ich Eugen von der Reaktion der Soldaten auf die Verbrechen im Osten. Er fordert mich auf, darüber einen Artikel für unsere Zeitung «Soldat am Mittelmeer» zu schreiben. Das mache ich am selben Abend. Doch von dem Problem komme ich nicht los. Zum erstenmal verstehe ich, wie weit es den Naziführern gelungen ist, anständige Menschen wie meine Tischnachbarn in der Kantine des Hotels Victoria in ihre Verbrechen zu verstricken. Das und die Korrumpierung durch Beteiligung an der Ausplünderung Frankreichs scheint mir neben der Furcht vor der Gestapo und den Kriegsgerichten das größte Hindernis für den Erfolg unserer Aufrufe zu sein.

Die Überzeugung, für eine gerechte Sache zu kämpfen, wie sie in den ersten beiden Kriegsjahren bei den Landsern überwog, ist jetzt kaum noch vorhanden. Es gibt aber andere Zwänge und Bindungen, die großen Einfluß haben und der Vernunft mächtig entgegenwirken. In diesen Monaten ist mir klargeworden, das hochgesteckte Ziel des Komitees «Freies Deutschland» für den Westen, die bewaffneten Wehrmachtseinheiten in Frankreich unter Führung einer Art Soldatenrat nach Deutschland zurückzuführen, Hitler zu stürzen und Frieden zu schließen, wird wohl nicht verwirklicht werden können.

Um so mehr konzentriere ich mich auf das Sammeln von Nachrichten, die für uns und die französische Résistance von Nutzen sein können. Manchmal helfen mir dabei der Zufall und die Nachlässigkeit meines Chefs, Unteroffizier Fink, der immer mehr jede Arbeit für Angelegenheiten der Kommandantur als eine unliebsame Ablenkung vom Kaffeegeschäft betrachtet. Eines Morgens sitzt er wie auf Kohlen an seinem Schreibtisch. Er erwartet einen Güterwagen mit neuer «Ware» in dem der Kommandantur gegenüberliegenden Bahnhof Matabiau. Aus irgendeinem Grund muß er selbst bei der Ankunft des Zuges da sein. Als er schon gehen will, wird er durch einen Telefonanruf Wächtlers zurückgehalten. Nachdem er den Hörer endlich auflegen kann, sagt er ärgerlich: «Mein Gott, jetzt ist der Zug schon eingelaufen.» Er nimmt rasch die Akten, die vor ihm auf dem Schreibtisch liegen, und wirft sie in den Panzerschrank, den er verschließt. Das macht er immer so, wenn er aus dem Raum geht und mich allein zurückläßt.

Als ich kurz darauf an seinem Telefon antworten muß,

entdecke ich, daß er einen zweiten Aktenstoß mit der Aufschrift «Geheime Dienstsachen» in einem offenen Fach seines Schreibtisches vergessen hat. Ich blättere schnell die Papiere durch. Das meiste ist enttäuschend: Quartierangelegenheiten der Offiziere und Mannschaften, Aufstellungen über Toulouser Kaffeekunden, einige Akten von Reinigungskräften im Hotel, von Servierern in der Offizierskantine und Korrespondenz mit der französischen Eisenbahnverwaltung, die ich selbst übersetzt, also schon ausgewertet habe. Doch in einem besonderen Aktendeckel, auf dem «zurück an Wächtler» steht, entdecke ich zwei Papiere von Bedeutung.

Das eine ist ein Rundschreiben von Generalleutnant Kohl, dem Chef aller Transportkommandanturen beim Militärbefehlshaber in Paris, an seine Dienststellen in Frankreich. Kohl ordnet an, den Zuganforderungen der Kommandanten der Sicherheitspolizei und des SD – das ist der offizielle Name der Gestapochefs in Frankreich – für die Häftlingstransporte nach Deutschland sei mit «absolutem Vorrang zu entsprechen». Das Schreiben, das Oberst Horchler, Hauptmann Wächtler und andere Offiziere schon abgezeichnet hatten, war jetzt auch an Fink gegangen. Ich notiere rasch Aktenzeichen, Datum und einige wörtliche Redewendungen des Briefes, die eindeutig die Wehrmachtsführung als Helfer bei den Deportationen der SS qualifizieren.

In der Tat haben die Transportkommandanturen in Frankreich nach dieser Anweisung gehandelt, bis zum bitteren Ende. Im Herbst 1944 erzählten mir Offiziere des Stabes von Oberst Rol-Tanguy, des Befreiers von Paris, daß der letzte Zug unter deutschem Kommando, der Ende August 1944 Paris verließ – wenige Tage später ging General de Gaulle mit seiner Begleitung schon die Champs-Élysées herunter –, ein Zug mit Deportierten unter SS-Kommando war. Ein Zug mit schwerverletzten deutschen Soldaten war im Pariser Ostbahnhof zurückgelassen worden. Die einzige noch zur Verfügung stehende Lokomotive erhielt – gemäß dem Befehl von Generalleutnant Kohl vom Sommer 1943 – der Kommandant der Sicherheitspolizei und des SD, um politische Häftlinge und festgenommene jüdische Bürger in die deutschen Todeslager zu deportieren.

Der Brief Kohls gibt also wichtige Informationen über die Transportstrategie der Wehrmacht in Frankreich. Das erkennt auch Eugen sofort, dem ich die Nachricht wenige Tage später weitergeben kann. Er kürzt unsere Zusammenkunft ab, um so schnell wie möglich die Kameraden der französischen Résistance zu informieren.

Das zweite für mich sehr interessante Dokument ist ganz anderer Natur. Es ist die deutsche Übersetzung eines Denunziationsbriefes, den die Gestapo Toulouse erhalten hat. Der Briefschreiber behauptet, er habe Kenntnis davon erhalten, daß ein französischer Angestellter im Hotel Victoria – er sei dort als Kellner in der Offiziersmesse beschäftigt – der Résistance angehöre. Er sei unter dem Namen Gaillard eingestellt worden. Sein richtiger Name sei aber Riedinger. Der Mann sei elsässischer Herkunft und spreche hervorragend Deutsch, was er jedoch verschweige. Gaillard-Riedinger würde für eine gaullistische Organisation arbeiten. An den Rand dieser Übersetzung hatte Wächtler mit seiner eckigen Schrift notiert: «Habe Obersturmführer Dr. Bilfinger gebeten, den Mann so schnell als möglich festnehmen zu lassen. Es sollte aber nicht im Hotel Victoria geschehen.» Bilfinger ist der Chef des Kommandos Sipo/SD in Toulouse. Ich kenne den Namen aus der Kundenliste Finks für den Kaffeeschmuggel.

Wächtler hat seine Notiz datiert. Sie ist schon zwei Tage alt. Ist Gaillard-Riedinger – wenn die Angaben im Brief stimmen, mein unbekannter französischer Bruder in der Transportkommandantur – bereits verhaftet? Wie kann ich ihm helfen? Oder ist dieser Brief eine raffinierte Provokation, um mich aus der Reserve herauszulocken? Hat vielleicht Fink die Akten eigens für mich offen liegenlassen?

Das alles sind Fragen, die ich jetzt gern mit einem der erfahrenen Genossen besprechen würde. Aber die nächste Zusammenkunft ist erst in zwei Tagen. Ich muß also selbst entscheiden, und ich tue es auch.

Nie habe ich mit größerer Ungeduld das Ende des Arbeitstages herbeigesehnt als heute. Fink entdeckt, eine Stunde später vom Bahnhof zurückkommend, die offene Schreibtischschublade. Er sagt kein Wort, sondern schließt die Akten in seinen Tresor. Sobald es achtzehn Uhr ist, verabschiede ich mich von dem Unteroffizier und eile die Treppe hinab. Ich weiß, von welcher Zelle aus ich telefonieren will. Im Saint-Michel-Viertel kenne ich ein Telefonhäuschen unter Platanenbäumen, das von den umliegenden Häusern nicht beobachtet werden kann. Dagegen sieht man jeden Ankommenden schon von weitem. Gaillard-Riedinger müßte noch im Dienst sein, wenn er tatsächlich in der Offiziersmesse arbeitet. Das Hotel hat seine französische Telefonleitung aufrechterhalten. In der Halle sitzt ein Portier vor einem Steckkasten. Er wird Vater Fernand genannt, ein alter Mann mit weißem Backenbart, der seit Jahrzehnten zum Hotel gehört und auch nach der Requirierung beibehalten wurde. Nach mehrmaligem Klingeln meldet er sich.

«Ich möchte Monsieur Gaillard sprechen», verlange ich mit hoher, verstellter Stimme.

«Kenne ich nicht», antwortet Vater Fernand. «Das Hotel ist requiriert, wir haben seit einem Jahr keine Gäste mehr.»

«Es handelt sich nicht um einen Gast», sage ich, «sondern um den Kellner Gaillard aus dem Offizierskasino. Ich muß ihn unbedingt sprechen. Bei ihm zu Hause ist ein Unglück geschehen. Bitte rufen Sie ihn an den Apparat.»

«Ich darf meinen Platz eigentlich nicht verlassen», druckst der Portier. «Aber wenn es dringend ist – was ist denn passiert?»

«Ein Unfall», sage ich nur und: «Es ist sehr dringend.»

«Warten Sie, ich versuche, ihn zu finden.»

Schritte entfernen sich, andere Stimmen werden hörbar, offenbar sind jetzt deutsche Soldaten in der Halle. Mir scheint, es dauert sehr lange, bestimmt mehrere Minuten. Ob sie jetzt versuchen, die Nummer, von der ich anrufe, festzustellen? frage ich mich. Endlich eine neue Stimme: «Hier Henri Gaillard. Was für ein Unsinn ist das mit einem Unfall, was soll das?» fragt er aufgebracht.

«Hier spricht ein Freund», sage ich. «Sie sollen festgenommen werden, Monsieur Riedinger. Verlassen Sie das Hotel, und kehren Sie nicht nach Hause zurück.»

Am anderen Ende der Leitung ist es eine Weile still. «Ich weiß nicht, ich verstehe. das nicht», sagt Riedinger und dann ganz leise: «Merci!» Bevor er auflegt, höre ich, wie er Vater Fernand erläutert: «Es handelt sich um meine alte Tante. Sie ist gestürzt.»

Ich entferne mich schnell von der Telefonzelle. Niemand ist in der Nähe. Zum erstenmal seit meinem Eintritt in die Kommandantur habe ich das Gefühl, etwas sehr Nützliches getan zu haben.

Hotelkarriere
an der Riviera

Wochen später erfahre ich durch eine unbedachte Äußerung von Fink, daß der Kellner Gaillard tatsächlich der Festnahme entronnen ist. Wir unterhalten uns über die allgemeine Unzuverlässigkeit der Transportmiliz, als er auf das Kommando der Sicherheitspolizei Toulouse zu sprechen kommt. «Die französischen Hilfskräfte in der Rue Maignac sind vom gleichen Kaliber wie Villadons Truppe», sagt er. «Neulich sollte ein verdächtiger Hotelangestellter vom SD überprüft werden. Aber dazu kam es gar nicht mehr. Er war schon verschwunden. Bilfinger selbst glaubt, seine französischen Vertrauensleute hätten sich wieder einmal als nicht vertrauenswürdig erwiesen.»

Eugen, dem ich meine schnelle Entscheidung, Gaillard-Riedinger anzurufen, erst zwei Tage später mitteilen kann, billigt nachträglich mein Verhalten, obwohl es nicht ohne Risiko war. Mir verschafft das Bewußtsein, einem Mitkämpfer vielleicht Folter und Deportation erspart zu haben, große Befriedigung. Obwohl ich wenig von ihm weiß, fühle ich mich mit dem Kellner in der Offiziersmesse auch deshalb verbunden, weil ich selbst einmal diesen Beruf ausgeübt habe, allerdings nur für kurze Zeit und in recht untergeordneter Stellung.

Als sich im Juni 1940 die deutsche Wehrmacht der französischen Hauptstadt näherte, packte ich meinen Rucksack und verließ Paris, zusammen mit Hunderttausend Franzosen, die vor den Eindringlingen in den Süden des Landes flüchteten. Der Eisenbahnverkehr war völlig unterbrochen. Über die Straßen nach Orléans und Lyon ergoß sich ein unaufhaltsamer Strom von überladenen Autos und Lastwagen, Pferdefuhrwerken und Fahrrädern. Die meisten aber gingen zu Fuß wie ich. Viele trugen Koffer, Pakete und Reisetaschen oder schoben Kinderwagen. Hunderte Kilometer weit. Ganz Frankreich schien auf den Beinen zu sein.

Die Städte und Dörfer, durch die wir kamen, waren wie ausgestorben. Geschäftstüchtige Händler verkauften am Straßenrand altbackenes Brot und sogar Flaschen mit Leitungswasser zu horrenden Preisen. Auf einer Loirebrücke wurde die Kolonne, in der ich mich befand, von französischen Militärpolizisten kontrolliert. Überrascht prüfte ein Unteroffizier meinen Personalausweis: 1923 in Berlin geboren, Staatsangehörigkeit: Aus Deutschland stammender Flüchtling. «Müßten Sie nicht interniert sein?» fragte der Militärpolizist streng. Ich sagte ihm wahrheitsgemäß, ich sei noch nicht ganz siebzehn Jahre alt und falle deshalb nicht unter das Gesetz, das alle Emigranten aus Deutschland in die Sammellager getrieben hatte. Mißtrauisch gab er mir die Papiere zurück. «Passen Sie auf», sagte er, ohne zu erklären, was er damit meinte.

Als ich Vichy durchquerte, erfuhr ich von der Kapitulation der französischen Regierung unter Marschall Pétain und daß es in Zukunft eine besetzte und eine unbesetzte Zone in Frankreich geben würde. Da ich nun einmal auf dem Weg war, beschloß ich, bis zur Riviera weiterzuwandern. Das Mittelmeer kannte ich nur von Reiseplakaten oder aus literarischen Schilderungen. Es gehörte zur unbesetzten Zone, und ich stellte es mir als eine vom Krieg unberührte schöne Ferienlandschaft vor.

Das alles schien sich zu bestätigen, als ich Ende Juni in Cannes ankam. Die letzte Strecke war sogar ein Zug gefahren, der die Flüchtlinge ohne Fahrkarten mitnahm. Auf der Croisette, der eleganten Strandpromenade, brannte die Sonne auf bunte Markisen, die über Restaurants und

Cafés gespannt waren. Im Yachthafen schaukelten Luxusboote. Davor standen schwere amerikanische Wagen, deren Besitzer offensichtlich noch über Benzin verfügten. Im warmen Mittelmeer tummelten sich Badende. Alles sah aus wie auf einem Werbeprospekt für die schöne Côte d'Azur.

Ich konnte mich jedoch nicht so richtig daran erfreuen. Kurz vor Cannes hatte ich meinen letzten Franc für ein Pfund Brot ausgegeben. Mir war ganz schwindlig vor Hunger, während ich auf der Croisette an den Restaurants vorüberging, aus denen mir der Duft von Marseiller Fischsuppe in die Nase stieg. Am Abend entdeckte ich ein verlassenes Tomatenfeld auf den Hügeln über der Stadt. Aber schon bei der dritten Frucht wurde ich als Felddieb von einem jungen Mann überrascht, der mir von hinten die Hand auf die Schulter legte und streng fragte, was ich da mache. Ich bekam einen gewaltigen Schreck, worüber mein Entdecker sich köstlich amüsierte. Er war auch ein Flüchtling aus Paris, der sich ebenfalls seine Abendmahlzeit zusammenpflückte. Schon drei Tage lebte er so. «Lange halte ich das nicht mehr durch», sagte er. «Morgen früh klappere ich die Hotels ab. Ich habe gehört, sie suchen Hilfspersonal.»

Nach einer Nacht, im Schlafsack am Strand verbracht, nahm ich meinen Rucksack auf und ging an der Rückseite der großen Hotels entlang. Alle Küchenjungen, Kellner, Gemüse-, Fisch- und Fleischlieferanten, die Körbe, Kisten, halbe Rinder und ganze Kälber in die Hintereingänge schleppten, schienen äußerst beschäftigt und nicht ansprechbar. Ein Junge in meinem Alter antwortete nicht einmal, als ich ihn nach Arbeit fragte. Ein dicker Koch schüttelte nur bestimmt den Kopf. Doch dann entdeckte ich an der Einfahrt, die zu den Nebengelassen des Grand Hotels führte, ein Schild mit der Aufschrift: «Küchenjunge für sofort gesucht. Vorzustellen von den Eltern, von 9 bis 12.» Die Uhr der nahen Kirche hatte gerade zehn geschlagen, und ich beschloß, mein Glück zu versuchen.

Im Personalbüro fragte mich ein Angestellter zwischen zwei Telefongesprächen in etwas ärgerlichem Ton, was ich wolle. Auf meine Antwort studierte er einen Plan und sagte kurz angebunden: «In der Küche wird ein Lehrjunge gebraucht. Lohn gibt es nicht, aber essen können Sie mit in der Küche, und eine Pritsche unter dem Dach wird auch noch da sein.»

Er erklärte mir, wie man zur Küche kommt, wo ich mich bei Monsieur François zu melden hätte, und begann ein neues Telefonat. Als ich schon aus der Tür war, rief er mich zurück: «Wo sind Ihre Eltern?»

Ich beeilte mich, ihm zu versichern, sie würden in den nächsten Tagen in Cannes eintreffen und natürlich sofort bei ihm vorsprechen.

«Na gut», sagte er besänftigt. «Aber nicht vergessen.» Nach Papieren hatte er nicht gefragt.

Eine solche Küche hatte ich noch nicht gesehen. Groß wie ein Tanzsaal, alles mit weißen Fliesen gekachelt, auch die Decke, und blitzsauber. In der Mitte stand eine Batterie von riesigen blanken Kesseln auf Gasflammen. Gegenüber befand sich die Fleischküche, direkt neben den eingebauten Kühlschränken, die eine ganze Wand einnahmen. Für Fische und Meeresfrüchte gab es eine besondere Abteilung. Ein langes Holzbrett mit unzähligen Vertiefungen unter einer Hülle aus Plexiglas entpuppte sich als Geschirrspülmaschine – damals noch eine Seltenheit. In einer Ecke war ein durch Glaswände abgeteilter Raum mit Teppichen ausgelegt. Er enthielt nur einen bequemen Ledersessel und einen Schreibmaschinentisch. Der Zweck dieses merkwürdigen Appartements in einer Küche sollte mir erst später klarwerden.

François, ein dicker, gemütlicher Mann, Mitte Vierzig, der die hohe weiße Konditormütze trug, empfing mich sehr freundlich. «Du willst also das Küchenhandwerk erlernen», stellte er fest. «Gute Idee. Aber am Anfang werden sie dir hier alles aufbürden. Laß dir nicht auf die Füße treten. Mach deine Arbeit und sonst nichts. Am besten fragst du mich, wenn einer von dir Nachtschicht oder Überstunden verlangt. Ist nämlich für Minderjährige verboten.»

Er gefiel mir gleich großartig, besonders als er mich fragte, ob ich schon gefrühstückt hätte und nach meiner negativen Antwort einem Kühlschrank Kostbarkeiten entnahm, die ich schon seit Wochen nicht mehr gesehen hatte: kaltes Fleisch und Pastete, eine Büchse Sardinen und verschiedene Salate, Käse und Kuchen. François war der Leiter der Konditorei und der kalten Küche und gleichzeitig der Stellvertreter des Chefkochs.

Ich verschlang Unmengen und erzählte ihm zwischen zwei Bissen, daß ich die seltsame Staatsangehörigkeit «Aus Deutschland stammender Flüchtling» hätte und meine Eltern nicht, wie ich es in der Personalabteilung gesagt hatte, hierherkommen würden. Die Mutter war noch in Paris, der Vater irgendwo in der Nähe von Marseille interniert.

«Das bleibt am besten unter uns», meinte François. «Erzähl das keinem. Für Ausländer sind neue, verschärfte Bestimmungen erlassen worden. Die Behörden denken sich doch immer wieder etwas Neues aus. Wir müssen zusammenhalten, auch gegen den Küchenchef, Meister Cornel. Ich bin der einzige hier, der ihn nicht fürchtet. Weder Gott noch Herr ...»

Ich hatte verstanden: François war Anarchist. Unter ihnen gibt es die verschiedensten und widersprüchlichsten Geister. Einige träumen von Bomben und Attentaten, andere sind einfach gute Menschen, wie François, die jede Ungerechtigkeit und jeden Zwang ablehnen. Als hervorragender Konditor konnte er sich vieles erlauben, weil seine Torten, Kuchen und Eiskrems, Pasteten und Salate einzigartig waren. Sogar seine Devise «Was für die Geldsäcke im Speisesaal gut ist, ist es für uns schon lange» sah man ihm nach.

In der Tat, wenn François eine besonders ausgesuchte Torte anzufertigen hatte, entstanden stets zwei Exemplare.

Das besser gelungene war immer für uns. Einmal war eine Kremtorte mit Früchten für ein Bankett bestellt worden, das ein bolivianischer Zinngrubenbesitzer in seinem Appartement gab. Wie üblich machte François zwei gleiche zurecht. Als ich das eine Glanzstück zum Speiseaufzug tragen wollte, rutschte ich aus und fiel mit der Torte lang hin. Bekümmert brachte ich das stark ramponierte Exemplar zurück. Die Torte war nicht nur an der einen Seite eingedrückt, sondern hatte sogar etwas Holzkohlenasche abbekommen, die auf dem Fußboden lag. «Jetzt müssen wir das hier essen», stellte ich betrübt fest.

«Du bist wohl nicht gescheit», rief François. «An meinem Tisch wird nichts gegessen, das einmal über die Fliesen gerollt ist. Gib das Ding mal her!»

Geschickt stellte er mit Händen und Spritztüte die Rundung wieder her und versuchte dann, die Asche mit dem Messer abzukratzen. Als das nicht gelang, nahm er kurz entschlossen eine Hand voll Asche vom Boden auf, bestäubte damit den Tortenrand von allen Seiten gleichmäßig und stellte mir das reparierte Stück wieder auf das Tablett. «Ruf zum Kellner hinauf, daß ich die Torte diesmal auf indische Art gemacht habe», sagte er nur.

Es kam keinerlei Beschwerde. Dem Zinnkönig und seinen Gästen hatte das als exotisch angekündigte Gebäck offenbar geschmeckt. Unsere Torte mundete uns auch ganz ausgezeichnet.

Meine Arbeit in der Küche war schwer und nicht immer angenehm. Zehn bis zwölf Stunden am Tag putzte ich Gemüse, scheuerte Kupferkessel so blank, daß der Fleischkoch seine Bartstoppeln darin sehen konnte, bediente die Geschirrspülmaschine, trug schwere Tabletts zum Speiseaufzug, wischte mehrere Male am Tag den Boden, säuberte Fische und zerknackte Hummerschalen mit der Zange. Am Abend wußte ich, was ich getan hatte, und sank todmüde ins Bett.

Vier andere Küchenjungen, zwei Liftboys und ein Kofferträger schliefen mit mir in einer winzigen Kammer, direkt unter dem in Südfrankreich üblichen Zinkdach. Es war Juli und glühendheiß. Unsere Betten standen zu viert übereinander wie in einer Schiffskabine dritter Klasse oder in einer Gefängniszelle. In diesem Luxushotel war alles aufs modernste eingerichtet – in den fünf Stockwerken für die Gäste. Die drei «königlichen Appartements» im ersten Stock hatten sogar eine Klimaanlage, damals etwas ganz Außergewöhnliches. Aber in unserer Etage, wo sich außer drei Kammern gleicher Art nur Abstellräume für Scheuereimer und Besen befanden, war nicht einmal elektrisches Licht gelegt. Wir hatten eine Petroleumlampe, und das Wasser mußten wir im Eimer von der Toilette im Stockwerk unter uns holen.

Trotzdem gefiel mir das Leben hier. Vor allem natürlich wegen des hervorragenden Essens. In einem Restaurant mit Hunderten Gästen fällt für das Küchenpersonal immer genug ab, meist nicht das Schlechteste. Nach einer Woche war mein Heißhunger gestillt, und ich begann, Speck anzusetzen trotz der vielen Arbeit. Mit François hatte ich mich richtig angefreundet, mit den anderen Chefs kam ich in der Regel gut aus, sogar mit dem großen Cornel, dem Herrn über alle Töpfe und Tiegel. Er ließ sich «Meister» nennen wie ein berühmter Künstler. Als solcher fühlte er sich auch.

Cornel, ein kleiner dicker Mann mit Vollglatze, stand in dem Ruf, einer der besten Küchenchefs des Landes zu sein. Er hatte mehrere Jahre lang die Restaurants auf einem Ozeandampfer geleitet. Jetzt, da der Linienverkehr mit New York unterbrochen war, übernahm er die Küche des Grand Hotels mit dem Ziel, aus dem bisher eher faden Restaurant das erste Etablissement Frankreichs zu machen. Seine Arbeitsmethoden und sein Auftreten waren ungewöhnlich. Gegen zehn Uhr vormittags traf er ein, immer im Smoking. Nie habe ich ihn mit weißem Kittel und Mütze gesehen wie andere Chefköche. Er begab sich sofort in den für ihn gebauten Glasverschlag, und da thronte er in einem Klubsessel, vor sich eine Sekretärin, der er Rezepte und Menüs ins Stenogramm diktierte. Seine Anordnungen für Fische und Meeresfrüchte, Fleisch und Gemüse, Salate und Nachspeisen gab er schriftlich an die einzelnen Abteilungen der Küche. Herstellung, Kochzeit, Zutaten – alles war genau vorgeschrieben, bis zum Zehntelgramm für Gewürze.

Kurz vor Mittag und eine halbe Stunde vor dem noch wichtigeren Abendessen machte er die Runde, um zu kosten. Das war kein Abschmecken, das war eine feierliche Zeremonie. Der jeweilige Sektionschef präsentierte ihm auf vorgewärmtem Teller Bissen, Saucen, Fleisch- und Fischstücke, in eisgekühlten Schalen die Soufflés und Krems der Desserts. Hinter dem Meister mußte stets jemand das Kostbesteck tragen, eine besondere Ehre, die mir schon nach dreiwöchiger Arbeit zuteil wurde. In einem flachen Koffer aus Saffianleder waren Gabeln, Löffel, Messer aufgereiht. Bestimmte Sachen kostete Cornel nur auf Teakholz, andere auf Porzellan, auf Glas, auf Silber oder sogar auf Gold. Wenn der Chef den kleinen Löffel oder die Gabel zum Mund führte, mußte in der Küche absolute Ruhe herrschen. Er verharrte unbeweglich, schloß die Augen und gab dann seine Anweisungen «zur Perfektion», wie es hieß. Nie habe ich erlebt, daß er ein Gericht so akzeptierte, wie es nach seinem Rezept angefertigt worden war. Immer fügte er irgend etwas hinzu, oft in mikroskopischen Mengen.

Wenn Cornel auch ein großer Komödiant war, sein Handwerk verstand er zweifellos. Trotz horrender Preise in den Restaurants des Grand Hotels waren die drei Speisesäle stets überfüllt. Seine Vorgerichte, Ragouts, Fischsuppen, Braten und raffinierten Eierspeisen waren in der Tat köstlich. Wir konnten es beurteilen, weil wir von allem essen durften.

Ich hatte mich in der Küche gut eingelebt, als ich versetzt wurde. «Befördert», meinte François. So sicher war ich da nicht. In den Speiseräumen wurde dringend ein Hilfskellner gebraucht, natürlich auch ohne Lohn, aber mit der

Aussicht, weiter aufzusteigen und eines Tages wenigstens Lehrlingsgeld zu bekommen.

Zwischen einem Hilfskellner, der Tische decken und schmutziges Geschirr abräumen muß, und dem servierenden Spezialisten, der Hummer zerlegen, Fleisch schneiden, Wein einschenken, beim Menü beraten und Rechnungen kassieren darf, liegen Welten. Der Oberkellner, Monsieur Meunier, wie wir ihn nennen mußten – die Gäste riefen ihn einfach Alfred –, ließ uns sechs Kulis das spüren. Wir hatten eigentlich pausenlos zu tun, während die Kellner und Oberkellner manchmal lange herumstanden und sich in einem Nebenraum sogar setzen konnten. Ich sehnte mich nach den Fleischtöpfen von Meister Cornel zurück, denn unser Essen wurde uns hier ziemlich knapp zugemessen und bestand bei weitem nicht, wie unten in der Küche, aus den besten Gerichten. Hinzu kam, daß ich die Uniform, die wir tragen mußten, einen weißen Tropensmoking mit schwarzer Hose und Lackschuhen, als eine lächerliche Kostümierung empfand. In diesem Aufzug hatten wir um elf Uhr vormittags im Speisesaal zu erscheinen.

Die Gäste waren vor allem reiche Ausländer aus Lateinamerika, aus den Vereinigten Staaten von Amerika und aus neutralen europäischen Ländern, die meist an der Riviera gewohnt hatten und jetzt, obwohl Frankreich zum größten Teil von der Hitlerwehrmacht besetzt war, in ihrem gewohnten Stil weiterleben wollten, als sei nichts geschehen. Dazu gesellten sich allmählich immer mehr Franzosen, oft aus Vichy, wo sich die Kollaborationsregierung von Marschall Pétain etabliert hatte. Wir Hilfskellner nannten sie unter uns «die Schwarzhändler», obgleich wir ahnten, daß manche von ihnen sich im Dienst der Okkupationsarmee wohl mit noch schlimmeren Geschäften befaßten. Ein Deutscher war auch dabei: Dr. Müller, ein jovialer älterer Herr aus Berlin, der sich auf seinem Meldeschein bei der Rezeption als «Delegierter des Deutschen Roten Kreuzes» ausgewiesen hatte. Doch Lucien, mein Partner in der Servierschicht, berichtete mir flüsternd in einer Arbeitspause, er habe beim Abräumen unter der Smokingjacke Dr. Müllers in der linken Achselhöhle den Knauf einer großkalibrigen Pistole erblickt. Der barmherzige Samariter des Roten Kreuzes gehörte höchstwahrscheinlich zu einem Vortrupp der Gestapo.

Da schleppte ich nun Berge von Tellern, Tabletts mit Gläsern und Bestecks. An den Tischen saßen die Gäste, die es gewohnt waren, auf eine Handbewegung hin bedient zu werden. Mir fiel auf, daß die Männer in der Regel gesetzteren Alters waren, die Frauen oft viel jünger. Damals war die Mode schulterfreier Abendkleider gerade aufgekommen, und wenn ich mich – immer links vom Gast – herunterbeugte, um abzuräumen, schlug mir der Duft der parfümierten Haut entgegen. Praktische Erfahrungen fehlten mir zwar in der Hotelbranche, aber einschlägige Literatur hatte ich gelesen, zum Beispiel Thomas Manns erzählerisches Fragment «Bekenntnisse des Hochstaplers Felix Krull» und den «Roman eines Schwindlers» von Sacha Guitry, Schauspieler, Regisseur und Autor des Pariser Boulevard-Theaters, der jetzt mit den Besatzern liebäugelte. Es hätte mir größtes Vergnügen bereitet, ähnliche amouröse Abenteuer wie die Helden in den beiden Erzählungen zu erleben. Leider beachteten mich die jungen Damen, die ich bediente, kaum und streiften mich selbst dann nur mit einem zerstreuten Blick, wenn ich einen Teller oder ein Besteck fallen ließ. Und doch sollte eine Frau meine Hotelkarriere entscheidend beeinflussen.

Es war beim Abschiedsbankett, das ein hoher Diplomat aus den USA im Restaurant des Grand Hotels für seine französischen Freunde gab. Mit einer Wagenkolonne war er aus Paris gekommen, wo die amerikanische Botschaft aufgelöst worden war. In Begleitung seiner Gattin und eines Gefolges von Sekretären machte er in Cannes Station, um noch einmal Meister Cornels Küche zu genießen, die er schon vom Ozeandampfer her kannte. Spät in der Nacht wollte er mit seinem Anhang zur spanischen Grenze und von dort nach Portugal weiterreisen, wo ihn ein Schiff erwartete.

Mehr als fünfzig Personen saßen im großen Speisesaal an der hufeisenförmigen Tafel. Die Feier hatte am frühen Nachmittag auf amerikanische Art mit eisgekühlten Cocktails begonnen, setzte sich dann mit einem Menü von acht Gängen fort und sollte mit einem Champagner-Souper abgeschlossen werden.

Als Gast macht man sich ja keine Vorstellung, was alles herangeschleppt werden muß, damit ein solches Programm für so viel Personen reibungslos abläuft. Gegen Mitternacht hielten wir Abräumkulis uns nach einem zwölfstündigen Arbeitstag nur noch mit Mühe auf den Beinen. Die Servierkellner, blaß vor Müdigkeit, verschwanden immer häufiger in ihrem Ruheraum. Sogar Monsieur Meunier, unser Chef, gähnte lange und stilwidrig hinter der vorgehaltenen Hand und fluchte leise, sobald er sich vom Tisch entfernt hatte: «Werden die denn überhaupt nicht fertig …»

Als er mich mit einem großen Tablett voll Sektgläser vorbeigehen sah, kam ihm eine Idee: «Ich habe eine halbe Stunde im Nebenraum zu tun. Du sagst mir Bescheid, sobald die Herrschaften Anstalten machen aufzubrechen. Lange kann es ja nicht mehr dauern.» Er überlegte kurz und fügte dann hinzu: «Es soll dein Schade nicht sein.»

Damit verschwand er. Wir wußten, daß im angrenzenden Zimmer eine Couch stand, auf der er manchmal an ausgedehnten Abenden ein Nickerchen machte.

Warum wollte er unbedingt dabeisein, wenn die Tafel aufgehoben wurde? Die Rechnung war bereits beglichen. Das hatte ich gesehen. Wenige Minuten nachdem der Chef verschwunden war, schien es soweit zu sein. Der amerikanische Gastgeber des Banketts hatte den Tisch schon verlassen. Und dann erhob sich auch seine Frau, eine vollschlanke Blondine, vom Hals bis zu den Fingern mit Perlen und Diamanten behängt. Jetzt hätte ich Monsieur Meunier benachrichtigen müssen. Doch ich tat es nicht. Ein Mann aus der Begleitung des Ehepaares brachte die Nerzstola von Madame aus der Garderobe. Aber er hatte offenbar dem Champagner, der am Schluß in Strömen floß, zu sehr zugesprochen. Der Pelz fiel ihm herunter. Als er sich danach bückte, fegte er ein Glas vom Tisch. In diesem Augenblick trat ich hinzu, hob den Pelz auf und legte ihn der Dame um die Schultern. Sie sah sich um, lächelte mich kurz an. Dann öffnete sie ihre Tasche, fuhr einmal mit der Hand darin herum, brachte einen Haufen zusammengeknüllter Scheine hervor und übergab mir den Schatz. Ich überschlug kurz die Summe. Selbst wenn ich mit Lucien teilte, blieben mir mindestens fünfhundert Francs, für mich ein Vermögen.

Jetzt verstand ich, warum Monsieur Meunier unbedingt dabeisein wollte, wenn die Tafel aufgehoben wurde. Das war der Augenblick des letzten Trinkgelds. Im Fall der Amerikaner ging es um Summen, die für sie nichts bedeuteten, für uns aber beträchtlich waren. In wenigen Stunden war ihre Wagenkolonne an der spanischen Grenze. Das französische Geld hatte außerhalb des Landes keinerlei Wert mehr. Es lag nahe, daß die Herrschaften sich der überflüssigen Banknoten beim Oberkellner entledigen würden, der sie verabschiedete.

Ich war noch dabei, das kleine Vermögen in den engen Taschen meiner Smokinghose zu verstauen, als Monsieur Meunier vor mir auftauchte.

«Hat wohl nicht geklappt mit dem Bescheidsagen», meinte er mit schiefem Lächeln: «Gib mal her!»

In diesem Augenblick gingen mir blitzartig eine Reihe von Gedanken durch den Kopf: der freundliche Dr. Müller mit der Pistole, sicher ein Vorbote strenger Kontrollen im Hotel, der Hinweis von der Personalabteilung, den mir Monsieur Meunier am Vortag übermittelt hatte, ich solle mich mit allen Papieren – und natürlich mit den Eltern – dort melden, die Schinderei unter dem Oberkellner, die unbezahlte Arbeit, das Geld, mit dem ich jetzt Cannes und das Grand Hotel verlassen konnte – das alles überdachte ich kurz und sagte dann laut und deutlich: «Nein!»

«Wie?» fragte er erstaunt, «du willst das Geld nicht abgeben?» Er fügte drohend hinzu: «Du weißt doch, daß ich dich dazu zwingen kann.»

Ich antwortete nicht. Rechts und links von mir hatten meine Arbeitskollegen ihre Tabletts abgestellt und sahen Monsieur Meunier an. Sie waren zu dritt und standen offensichtlich auf meiner Seite.

«Ja», sagte der Oberkellner, «wenn Sie alles aufgeben wollen, bitte sehr. Sie sind fristlos entlassen. Die Servierkleidung haben Sie ordentlich zusammengefaltet bei der Kleiderkammer abzuliefern. Wenn Sie um sieben Uhr früh nicht verschwunden sind, lasse ich Sie hinauswerfen.» Zum erstenmal hatte mich Monsieur Meunier gesiezt.

Als ich mich am nächsten Morgen von François in der Küche verabschiedete, holte er eine Flasche weißen Burgunder und getrüffelte Gänseleberpastete aus dem Schrank, in dem er die Kostbarkeiten aufbewahrte, die er von den Bestellungen der reichsten Gäste abzweigte. Zum letztenmal hatte ich teil an einem Frühstück, das eigentlich für einen südamerikanischen Krösus bestimmt war. «Vielleicht», sagte François, als wir anstießen, «ist unser Beruf doch nicht das Richtige für dich.»

So endete meine Hotelkarriere an der Riviera. Ich verließ Cannes damals ohne Bedauern. Zurückgekommen bin ich mehr als dreißig Jahre später. Soeben hatte ich meine Arbeit als Auslandskorrespondent in Paris aufgenommen, als «Technische Tage der DDR» unter Schirmherrschaft der französischen Industrie- und Handelskammer in Marseille stattfanden. In Begleitung meiner Frau fuhr ich nach diesem großen Mittelmeerhafen. Als wir die Berichterstattung beendet hatten, blieben uns die beiden Pfingstfeiertage. Sie wollte ich nutzen, meiner Frau Cannes zu zeigen, wo ich mein so rasch abgebrochenes Debüt als Küchenjunge und Hilfskellner gegeben hatte. An der Croisette, der von Palmen gesäumten Allee am Strand, fuhr ich langsamer. «Warum drehst du denn schon wieder um?» fragte meine Frau.

Ich suchte das Grand Hotel, ein riesiges, sechsstöckiges Gebäude im Gründerstil. So etwas konnte doch nicht einfach verschwinden! Doch es war keine Spur davon zu sehen. Vom Suchen ermüdet, von der Mittelmeersonne erhitzt, gingen wir an den Strand hinunter, um uns zu erfrischen. «Hoffentlich sind deine Erlebnisse von neunzehnhundertvierzig hier realer als das, was von dem Schauplatz zu sehen ist», sagte meine Frau lächelnd. Da fiel unser Blick auf ein diskret am Ufer angebrachtes Schild: «Plage Privée du Grand Hotel» (Privatstrand des Grand Hotels). Es existierte also doch noch! Das alte Gebäude war, wie wir dann feststellten, nach dem Zweiten Weltkrieg abgerissen worden. Hinter einem Palmenhain, der nun den Lärm von der Straße abfing, war ein Hochhaus aus Glas, Beton und Stahl errichtet worden, zweckmäßig und reizlos, das neue Grand Hotel. Davorstehend, dachte ich an den alten, stuckverzierten Bau, in dem ich mich an Glanzstücken der französischen Gastronomie erfreut, aber auch die Ausbeutung am eigenen Leib kennengelernt hatte.

Auf dünner Eisdecke

Güterzug 1011, eingesetzt am 22. November in Grenoble, Richtung Reich, Ladung Getreide. Güterzug 1126, eingesetzt am 19. November in Nîmes, Richtung Reich, Ladung Weinfässer. Zug 1063 mit Viehwagen, eingesetzt am 23. November in Toulouse, Zielort Compiègne bei Paris, Ladung Häftlinge. Personenzug 1015, eingesetzt in Marseille, Richtung Reich, Ladung französische Arbeiter ... Ich sitze an meinem Schreibtisch in der Transportkommandantur und versuche, bei der Übersetzung der Vollzugsberichte der französischen Eisenbahnverwaltung jeden Transport im Gedächtnis zu behalten. Abends in meiner Kammer schreibe ich die rekonstruierte Aufstellung in winziger Schrift auf Zigarettenpapierblättchen, die ich beim nächsten Treff Eugen zustecke. Mein Gedächtnis habe ich so trainiert, daß ich imstande bin, mehr als zehn Transporte zu registrieren.

«Herr Laban, Sie sind ja ganz abwesend. Woran denken Sie eigentlich?» ruft Unteroffizier Fink gelegentlich, wenn er mich anspricht, ohne daß ich reagiere. Ich entschuldige mich dann, mache Anspielungen auf die Bekanntschaft mit Mädchen, gebe dem Gespräch eine Wendung, auf die mein Chef immer gern eingeht. In Wirklichkeit versuche ich, mich an den dritten Transport der soeben an Fink weitergereichten Liste zu erinnern, dessen Einzelheiten mir entfallen sind.

Nach einem halben Jahr Arbeit in der Kommandantur

habe ich gelernt, die einzelnen Kategorien der Wehrmachtstransporte zu unterscheiden: Züge mit Soldaten, Waffen und Munition; Waggons mit geraubten Lebensmitteln und anderen Waren, die «ins Reich» fahren; die immer größere Anzahl der von Gauleiter Sauckels Dienststellen angeforderten Waggons mit französischen Zwangsarbeitern für die deutsche Kriegswirtschaft; Güterzüge mit Baumaterial der Organisation Todt für Bahnhöfe an der Nord- oder Westküste zur Verstärkung des «Atlantikwalls»; schließlich von den Kommandanten der Sicherheitspolizei und des SD eingesetzte Transporte, meist Viehwagen, mit Häftlingen, die nach Compiègne oder Drancy bei Paris rollen – Sammelstellen für die Konzentrations- und Vernichtungslager in Deutschland und Polen. Die Kriegsmaschine, besonders aber der Apparat zur Unterdrückung und Tötung von Menschen, läuft auf Hochtouren.

Ich merke bald, die Informationen, die ich an meinen Verbindungsmann weitergeben kann, sind fragmentarisch und zeigen bei weitem kein vollständiges Bild der Transporte im Süden. Es wird ein Monatsplan der Wehrmacht aufgestellt, der alles enthält und regelmäßig der Eisenbahnverwaltung zugeht, aber der ist streng geheim, und ich bekomme ihn nicht in die Hand. Er wird in deutscher Sprache den deutschen Eisenbahnern ausgehändigt, die einen eigenen Stab bei der französischen Eisenbahndirektion gebildet haben. Die Listen, die ich ins Deutsche zu übersetzen habe, betreffen nur die französische Reaktion auf zusätzliche Anforderungen der Wehrmacht, die im Gesamtplan nicht aufgeführt sind. Eugen, mit dem ich darüber spreche, ermutigt mich: «Natürlich wissen die französischen Kameraden, denen wir deine Informationen übermitteln, daß es sich um Fragmente handelt. Aber es gibt ja sicher noch andere, die für unsere Sache arbeiten, französische Eisenbahner und Genossen von uns in ähnlichen Kommandanturen. Irgendwo kommt schon ein nahezu komplettes Bild zustande. Und überlege nur mal folgendes: Häftlingstransporte sind dir manchmal Tage vorher bekannt. Stelle dir vor, ein solcher Zug wird aufgrund deiner Arbeit von Partisanen aufgehalten, und alle Kameraden können befreit werden.»

Diesen Hinweis vergesse ich nicht. Ich lerne weiter Listen auswendig, versuche, mir Einzelheiten aller Gespräche der Offiziere der Kommandantur mit dem Milizchef Villadon, mit der französischen Eisenbahnverwaltung und anderen Stellen zu merken, bei denen ich zugegen bin. Meist geht es um Dinge, die ich in den von mir übersetzten Berichten schon präziser gelesen habe. Nur einmal, als ich mit Hauptmann Wächtler und Major Stein im Auto unterwegs bin, entschlüpft dem Sicherheitsoffizier eine Information, die mir zum erstenmal einen Hinweis auf die Gesamtsituation der Wehrmachtstransporte in Frankreich gibt. Beide Offiziere haben hinten im großen Wagen von Wächtler Platz genommen, einem luxuriösen Delahaye, mit Trennscheiben zwischen Fonds und Vordersitzen, die ungestörte Gespräche ermöglichen, ohne daß der Fahrer etwas versteht. Doch die Scheibe ist gerade auf meiner Seite – ich sitze neben dem Chauffeur – einen Spalt offen. Es ist in der letzten Novemberwoche. Am Vortag war ein Offizierskasino durch einen Bombenanschlag beschädigt worden. Ein Wehrmachtsangehöriger war dabei umgekommen. Die Offiziere unterhalten sich über das «Terroristen-Attentat», wie es in ihrer Sprache heißt, und Stein meint, auch auf den Eisenbahnstrecken hätten sich die Anschläge sehr vermehrt. Seiner Ansicht nach gebe es jetzt dreimal mehr als im Vorjahr. «Dreimal mehr? Zehnmal mehr als im vergangenen Jahr können Sie fast sagen», entfährt es Wächtler.

Am Abend berichte ich Eugen von diesem Zahlenverhältnis. Er findet es bemerkenswert, daß die Wehrmacht, die einzige Stelle, bei der alle Berichte über Eisenbahnanschläge zusammenlaufen, die Arbeit der Résistance so hoch einschätzt. «Das ist ja fast eine strategische Information», sagt er.

Zwei Jahrzehnte später fand ich in dem Buch «Der Zweite Weltkrieg» (im VEB Verlag Enzyklopädie Leipzig erschienen) die in den Dokumenten der Wehrmacht genannte Zahl der Aktionen gegen das Eisenbahnnetz in Frankreich: 276 für 1942 und 2009 für 1943. Wächtler hatte ziemlich genau geschätzt und mich und meine Freunde richtig informiert.

Zu meinen Aufgaben in der Kommandantur gehört es auch, jeden Abend die privaten Briefe der Kommandanturangehörigen an ihre Familien in Deutschland, die bei Wächtler gesammelt werden – «manchmal macht der Hauptmann Stichproben zur Kontrolle», hatte Fink mir anvertraut –, zur Feldpost zu bringen. Das Feldpostamt ist in der Rue Bayard in einem ehemaligen Laden untergebracht, nur wenige Schritte vom Hotel Victoria entfernt. Ich informiere Eugen darüber, der mich fragt, ob ich vielleicht ein Dutzend Briefe mehr einwerfen könne. Ich sehe keine Schwierigkeiten. In unregelmäßigen Abständen nehme ich jetzt Umschläge mit, die an Feldpostnummern von Wehrmachtsangehörigen in Toulouse und Umgebung gerichtet sind. Sie enthalten unsere Flugblätter und vor allem die Zeitung «Soldat am Mittelmeer». Auch an Soldaten der Transportkommandantur werfe ich mehrmals solche Briefe ein. Einmal, als ich meinen Packen Briefe wie üblich aus der Aktentasche in den Korb für ausgehende Post schütte – wieder waren Kuverts mit unserem Material dabei –, werde ich vom Soldaten, der dort Dienst tut, angefahren: «Moment mal!»

Schnell überlege ich, welche Erklärung ich geben kann, wenn die Briefe geöffnet werden sollten. Ich will behaupten, ein deutscher Offizier, Oberleutnant, habe sie mir soeben am Eingang zur Feldpost mit der Bemerkung in die Hand gedrückt, er habe vergessen, sie einzuwerfen. Ist jetzt der Augenblick der Verhaftung gekommen? Aber der Soldat nimmt nur die Post aus dem Korb und stopft sie in einen Sack, der daneben steht.

«Geht nämlich gleich weg», sagt er.

Ich atme auf. Manchmal denke ich an eine mögliche Verhaftung, meistens jedoch in der Weise, daß dieser Kelch bestimmt an mir vorübergehen wird. Jeden Morgen fahre ich mit der Straßenbahn zum Bahnhof Matabiau. An der Haltestelle vor dem Eingang zum Departementgefängnis Saint Michel, das jetzt zum größten Teil Haftanstalt der Wehrmacht ist, steige ich ein, und wenn ich abends von der Arbeit zurückkomme, trinke ich manchmal ein Glas Rotwein oder Limonade an der Theke des Cafés direkt gegenüber.

Das kleine Bistro hat den eigentümlichen langen Namen «Ici on est mieux qu'en face» (Hier ist man besser als gegenüber). So lautet die Inschrift auf dem Wirtshausschild. Der Besitzer, ein älterer, beleibter Mann, äußert in einem Gespräch: «Früher war es Tradition, daß die Entlassenen zuerst zu mir kamen, und ich spendierte dann einen. Heute gibt es ja keine Entlassenen mehr.»

Ich frage erstaunt, wie das möglich ist. «Heute führen nur zwei Wege aus Saint Michel», erläutert er, «der eine zum Schießplatz Saint Cyprien auf der anderen Seite der Garonne, und davon ist noch niemand lebend zurückgekehrt, der zweite zum Bahnhof in Güterzüge nach dem Osten.» Vorsichtig, sich ähnlich absichernd wie die Soldaten in der Kommandantur, fügt er dann hinzu: «Man darf eben mit den Regeln nicht in Konflikt geraten, das bringt nichts ein.»

Eugen bestätigt die Angaben des Wirtes aus dem Bistro mit dem langen Namen. Wissen die Soldaten der Transportkommandantur, meine täglichen Gesprächspartner, vom Ausmaß der Repression in Frankreich? Diejenigen, die schon an der Ostfront waren, sprechen manchmal von den dort beobachteten Grausamkeiten: Galgen mit Erhängten, niedergebrannte Dörfer, die Bevölkerung ganzer Landstriche, alte Männer, Frauen und Kinder, in Viehwagen verladen und nach Deutschland deportiert. «Gott sei Dank, hier gibt es so etwas nicht», sagen sie dann. Ich muß oft an mich halten, um nicht an die Güterzüge der SS nach Drancy und Compiègne zu erinnern.

Einmal, Anfang Dezember, fahre ich mit Major Stein im Wagen durch Toulouse zu einer Beratung mit französischen Eisenbahnbeamten. An der Kathedrale Saint Etienne ist die Straße durch Feldgendarmerie abgesperrt. Den Wehrmachtswagen mit dem Major neben dem Fahrer lassen sie durch. Offensichtlich findet eine der Razzien statt, die jetzt keine Seltenheit mehr sind. Ein Häuserblock wird durchsucht, und die Festgenommenen werden auf einem bereitgestellten Lastkraftwagen abtransportiert. Aus einem Hauseingang treten zwei «Kettenhunde», wie die Feldgendarmen wegen ihres an einer Kette vor die Brust gehängten Blechschildes von den Soldaten genannt werden, zwischen ihnen ein junger Mann, dessen Hände auf dem Rücken gefesselt sind. Vor der Rampe des Wagens beugt sich der Junge plötzlich zurück und ruft etwas. Da packen ihn die Gendarmen zu beiden Seiten, heben ihn hoch, schleudern ihn mit dem Kopf nach vorn in den Laderaum. Man hört einen Schrei.

«Unerhört», sagt der Major empört, aber gleich darauf: «Dazu ist doch die SS da. Daß die Wehrmacht jetzt für so etwas eingesetzt wird ... wir haben andere Aufgaben!»

Am nächsten Tag spreche ich mit dem Fahrer Weininger über den Vorfall und kritisiere vorsichtig Steins Ausspruch. Doch Weininger nimmt den Major in Schutz: «Er gehört wenigstens zu denjenigen, die sich manchmal ihre eigenen Gedanken machen», meint er. «Wie weit das geht, weiß ich allerdings nicht.»

Wie weit ich mit Weininger gehen kann, weiß ich auch immer noch nicht. Der Automechaniker erwähnt einmal beiläufig, er habe 1938, nach dem Einmarsch der deutschen Truppen in Österreich, eine «schwere Zeit» durchgemacht. «Aber daran will ich jetzt gar nicht mehr denken», fügt er hinzu und bricht das Thema rasch ab. Wochen später erzählt er, daß er Sozialdemokrat und Gewerkschaftsmitglied gewesen war. Die SS hatte ihn vierzehn Tage lang mit Hunderten anderen in einer Schule festgehalten und mißhandelt.

Oberst Horchler, dem Kommandanten, bringt Weininger Hochachtung entgegen. Erst als wir uns schon besser kennen, erfahre ich, warum. Während der Weihnachtsfeier 1942 hatte er, nicht mehr ganz nüchtern, vor mehreren Kameraden vom «Scheißkrieg» gesprochen. Einer hatte bei Wächtler Meldung erstattet. Horchler habe dann das vom NS-Führungsoffizier bereits eifrig betriebene Verfahren, das mit einer Verurteilung wegen «Zersetzung der Wehrkraft» geendet hätte, gestoppt und festgestellt, Weininger habe natürlich die Aktionen der Terroristen in Frankreich gemeint, über die er, Horchler, seine Leute am Tag davor gemäß einer Anordnung des Militärbefehlshabers aufklären mußte. Die Sache war im Sande verlaufen, aber der Fahrer hatte einen Schock davongetragen, der ihm jetzt noch in den Knochen sitzt.

Verbissen wehrt er ab, wenn ich ihn zu klareren Meinungsäußerungen veranlassen will. Gleichzeitig ist er wißbegierig. Was ist über die Kriegslage bekannt? Wie stehen die Franzosen im allgemeinen zu den zahlreichen Anschlägen auf die Wehrmachtstransporte, auf Gruppen von Soldaten oder einzelne Offiziere? Was würde die Bevölkerung tun, wenn die Westalliierten landen sollten? Ich versuche, unverbindlich und trotzdem aufklärend zu antworten. «Einige Franzosen glauben ...», sage ich und erläutere den Standpunkt des fortschrittlichen Teils der Résistance, der Kommunisten. «Ich bin natürlich anderer Meinung», pflege ich zu enden. Weininger lächelt dann und meint: «Ich natürlich auch.»

Doch sein brennendes Interesse an der Situation der Wehrmacht in Frankreich wird offenbar nur von wenigen Soldaten in der Kommandantur geteilt. Die meisten sind vor allem auf Jagd nach seltenen Lebensmitteln für die Pakete in die Heimat und tun alles, um im Dienst nicht anzuecken, damit sie ja nicht auf die Listen für die Verlegung an die Ostfront gesetzt werden. Immer wieder siebt und reduziert die Wehrmacht ihre Truppen in Frankreich, um jeden entbehrlichen Mann dahin zu schicken, wo die eigentlichen Entscheidungen fallen.

Bei der Luftwaffeneinheit in Blagnac hat sich ein Soldat eine Kugel in den Kopf geschossen, als er von seiner plötzlichen Abkommandierung an die Front gegen die Sowjetunion erfuhr. In der Kantine wird darüber diskutiert. Weininger sagt leise zu mir: «Vielleicht ist ihm manches erspart geblieben.» Als dann andere hinzukommen, reagiert er anders. Er flucht über die Dummheit des Jungen, spricht sogar von Verantwortungslosigkeit. Offensichtlich vertraut Weininger mir schon mehr als den eigenen Kameraden. Wenn mir nur genügend Zeit bleibt, um ihn ganz zu gewinnen, denke ich oft.

Der Fahrer hat eine geachtete Stellung unter den einfachen Soldaten, die Transportarbeiten verrichten, Wache schieben und den Wagenpark pflegen. «Im Zivil», wie sie sagen, waren sie fast alle Arbeiter gewesen. «Weininger ist der Schlüssel zu mindestens einem Dutzend anderer Soldaten», schätze ich Eugen gegenüber ein. Doch er mahnt vor allem zur Vorsicht und warnt vor zu offenen Gesprächen. «Wir müssen uns Zeit lassen», rät er. «Vergiß nie, wie dünn die Eisdecke ist, auf der du dich in der Kommandantur bewegst.»

Ich fühle mich verhältnismäßig sicher, überzeugt, den richtigen Ton gefunden zu haben, um mit den Offizieren, mit Fink und anderen umzugehen. Aufpassen muß ich allerdings, den französischen Akzent beizubehalten, wenn ich deutsch spreche. Während einer Unterhaltung mit Fink unterbricht der Unteroffizier mich eines Tages: «Phantastisch, wie Sie Ihre Deutschkenntnisse in den paar Monaten verbessert haben, Herr Laban. Man hört überhaupt nicht mehr, daß Sie Franzose sind.»

Ich erschrecke. Offensichtlich habe ich vergessen, die Vokale langzuziehen, das H zu verschlucken, ch wie sch auszusprechen. Das darf mir nicht wieder passieren, nicht einmal mit Weininger!

Als ich Eugen am nächsten Tag meine Nachlässigkeit gestehe, ist er sehr besorgt. Er erwägt, ob es für mich nicht ratsam sei, jetzt die Transportkommandantur zu verlassen, kommt von diesem Gedanken dann aber ab. Die Genossen, mit denen ich mich in der Regel zweimal in der Woche treffe, schätzen – im Gegensatz zu mir – die Ergebnisse meiner Arbeit in der Kommandantur als wertvoll für unsere Sache ein. Sie befürchten nur, weil sie meine Ungeduld kennen und weil es mir an Erfahrung fehlt, ich könnte die Regeln der Konspiration, diese in vielen Jahrzehnten in der Arbeiterbewegung entstandenen Verhaltensmaßregeln für die illegale Arbeit, nicht strikt einhalten.

Ich fühle mich wohl unter den erfahrenen Genossen, mit denen ich alles besprechen kann, und die Zeit bis zum nächsten Treff erscheint mir immer lang. Bereits jetzt, nach wenigen Monaten der Zusammenarbeit mit Kommunisten, ist mir eine andere politische Bindung kaum noch vorstellbar. Durch ihren konsequenten, hundertfach erprobten Antifaschismus, durch ihre ruhige, souveräne Art, meine Tätigkeit in der Transportkommandantur zu lenken, nicht zuletzt durch das Vertrauen, das sie mir, dem Neuling, entgegenbringen, haben die Genossen in Toulouse damals meinen Eintritt in die Kommunistische Partei Deutschlands ermöglicht.

In diese Zeit meiner Arbeit bei der Transportkommandantur fiel das Wiedersehen mit meinem Vater. Er lebte immer noch mit falschen Papieren als Léon Willer in Cazaubon, einem kleinen Ort in der Gascogne. Wir korrespondieren vorsichtig miteinander, tauschen etwa alle zwei Wochen nichtssagende Briefe in französischer Sprache aus, einfache Lebenszeichen, die keiner Zensur etwas über unser Verwandtschaftsverhältnis, geschweige denn über meine Tätigkeit enthüllen könnten. Ich lasse seine Briefe nicht an meine Adresse kommen, sondern postlagernd, und vernichte sie sofort, nachdem ich sie gelesen habe. Nun können wir uns zum erstenmal seit vielen Monaten in einem Dorfgasthof auf halben Wege zwischen Cazaubon und Toulouse, den wir für unser Beisammensein gewählt haben, aussprechen. Ich erzähle von der Transportkommandantur, und mein Vater ermahnt mich zur Vorsicht, ganz wie die Genossen in Toulouse. Als ich ihm berichte, daß ich mich mit den Kommunisten, mit denen ich zusammenarbeite, eng verbunden fühle, reagiert er spontan: «Eigentlich eine ganz natürliche Entwicklung!»

Mein Vater gehörte zu der Generation, die den Ersten Weltkrieg bewußt erlebt und schon dadurch von allen Aspekten des Chauvinismus Wilhelminischer Prägung geheilt worden war. Eine demokratische Opposition, wie sie etwa von der «Weltbühne» unter Carl von Ossietzky vertreten wurde, entsprach seiner Geisteshaltung. Dem linken Flügel der Sozialdemokratischen Partei Deutschlands gehörte seine Sympathie, ohne daß er sich organisatorisch gebunden hätte. Erst später, in der Emigration in Paris, trat er der Sozialdemokratischen Partei Deutschlands bei, erschreckte aber seine neuen Genossen durch die Mißachtung der antikommunistischen Instruktionen, die vom Emigrations-Parteivorstand in Prag kamen: auf keinen Fall ein Bündnis mit Repräsentanten der Kommunistischen Partei Deutschlands eingehen. Darüber setzte mein Vater sich souverän hinweg. Der Zusammenschluß aller antifaschistischen Kräfte erschien ihm als eine zwingende Notwendigkeit.

Deshalb hatte er die bescheidenen Räume der Buchhandlung und Leihbibliothek LIFA, die er 1934 in Paris, in der Rue Meslay am Place de la République, eröffnete, bereitwillig für Zusammenkünfte zur Verfügung gestellt. Es handelte sich um Initiativen, die vor allem von der Kommunistischen Partei Deutschlands getragen wurden. Professor

Johann Lorenz Schmidt, der Gatte von Anna Seghers, Egon Erwin Kisch und andere hielten Vorträge in unserer Buchhandlung, die bald zu einem Ort der Begegnung zwischen deutschen Emigranten der verschiedensten politischen Orientierungen wurde.

Angeregt durch die bitteren Erfahrungen in Deutschland und die sich in Frankreich entwickelnde Volksfront unterstützte mein Vater immer mehr die Bestrebungen der Zusammenarbeit von deutschen Emigranten verschiedenster weltanschaulicher Richtungen, die dann in dem unter Vorsitz von Heinrich Mann gebildeten «Ausschuß zur Vorbereitung einer deutschen Volksfront» ihren Ausdruck fanden. Die damals geknüpften Verbindungen hatten auch für mich ihre Auswirkungen. Einer meiner Gesprächspartner bei den illegalen Treffs in Toulouse, Willi Knigge, kannte meinen Vater aus dieser Zeit und äußerte sich voller Hochachtung über ihn.

Die Bereitschaft meines Vaters, mit den Kommunisten zusammenzuarbeiten, auch wenn er nicht allen ihren Erklärungen und Aktionen zustimmte, gründete sich auf Erfahrungen und war nicht erst in der Emigration entstanden.

Als Student an der Hochschule für Internationales Recht in Genf hatte er in den Jahren vor dem Ersten Weltkrieg in einem Café Monsieur Uljanow, einen hervorragenden Repräsentanten der russischen Revolutionäre, gemeinsam mit einem Kommilitonen angesprochen. Herr Uljanow, wenige Jahre später unter dem Namen Lenin weltberühmt, hatte freundlich und erschöpfend die Fragen der beiden jungen Leute «in einem perfekten Französisch», wie mein Vater berichtete, beantwortet. In ihrer Ignoranz der russischen Arbeiterbewegung hatten die beiden ihn gefragt, ob er meine, daß Attentate auf zaristische Würdenträger der Sache des Fortschritts nützlich sein könnten. Lenin erläuterte ihnen sehr geduldig den Standpunkt der Bolschewiki: Der Terror könne niemals zum täglichen und gewöhnlichen Kampfmittel für eine revolutionäre Partei werden, im Gegenteil, er zerstöre die unentbehrlichen Verbindungen zu den Massen. Auf der anderen Seite müsse man den Terrorismus in Rußland aber als eine Reaktion auf die grausame Gewaltherrschaft des Zarismus sehen.

Die Persönlichkeit Lenins, «überaus gebildet und sehr feinfühlig», hatte meinen Vater nachhaltig beeindruckt, und er hat es immer abgelehnt, sich irgendwelchen Aktionen gegen den von Lenin gegründeten Staat anzuschließen.

Übrigens war der zweite Student, der an dieser Unterhaltung teilgenommen hatte, ein junger Franzose mit dem Namen Pierre Mendès-France. Nach dem Zweiten Weltkrieg sollte er französischer Premierminister werden. Er hatte den Mut, 1954 den ersten Vietnamkrieg zu beenden. In den dreißiger Jahren war er einer von den jungen, bereits einflußreichen Abgeordneten der Regierungspartei der Radikalsozialisten im Parlament.

Als unsere Familie 1938, nach dem Scheitern der Volksfrontregierung, wie so viele andere mittellose deutsche Emigranten, eine Art Aufforderung zum Verlassen des Landes, das sogenannte Refoulement, erhielt, wandte mein Vater sich an seinen ehemaligen Genfer Kommilitonen. Der erschien gleich am nächsten Tag, kaufte einen guten Teil der Bücher in der Librairie LIFA auf, die sein Chauffeur sofort ins Auto bringen mußte, und machte Vater Vorwürfe, weil er sich nicht längst bei ihm gemeldet hatte. Unsere Angelegenheit regelte er auf der Stelle durch ein Telefongespräch mit dem Innenminister.

Viele Jahre später, zur Zeit der Olympischen Winterspiele in Grenoble 1968, wurde ich Pierre Mendès-France, zu diesem Zeitpunkt Abgeordneter der Alpenstadt, auf einem Empfang der Gesellschaft Frankreich–DDR vorgestellt. Ich dankte ihm für seine Hilfe dreißig Jahre zuvor und erinnerte ihn an die denkwürdige Unterhaltung mit Lenin. «Wir waren damals sehr erstaunt über die geradezu diabolische Gewandtheit des Mannes in der Argumentation», sagte er. Seine Erinnerung daran war also sehr verschieden von der meines Vaters. Er hat auch beileibe nicht dieselben Schlußfolgerungen wie sein Studienfreund aus der Begegnung gezogen. Der französische Politiker traf viele richtige Entscheidungen, doch vom Antikommunismus hat er sich nie befreien können.

Was mich betraf, so bestätigten meine ersten Kontakte mit Kommunisten die literarischen Eindrücke, die ich aus der Lektüre von Maxim Gorki, Willi Bredel, Friedrich Wolf und anderen aus der Leihbibliothek meines Vaters gewonnen hatte. Ich war einer seiner besten Kunden, allerdings ohne zu zahlen. Ziemlich zu Beginn unseres Aufenthaltes in Frankreich nahm ich an einem Sommerzeltlager für Emigrantenkinder teil, das ein Hilfskomitee in der Nähe von Paris organisiert hatte. Im Zelt schlief ich neben dem Sohn von Hans Beimler, dem schon damals legendären Kommunisten, der besonders wegen seiner Flucht aus dem Konzentrationslager Dachau bekannt geworden war. Mein Zeltnachbar, etwas älter als ich, wußte gut über seinen Vater zu erzählen. Er kannte alle Einzelheiten der Flucht, und ich fand seine Schilderungen spannender als alle Abenteuergeschichten, die ich bisher gelesen hatte. Für mich stand fest, ähnlich wie Hans Beimler wollte ich mich eines Tages im Kampf gegen die Nazis bewähren. Nach der Rückkehr aus dem Zeltlager berichtete ich meinen Eltern dieses Erlebnis und schloß unbefangen: «Eigentlich bin ich jetzt Kommunist.»

Wenige Tage später wirkten ganz andere Einflüsse auf mich ein. Alexander Joel, ein Vetter meines Vaters, besuchte uns. Vater bezeichnete Onkel Alexander, Sohn eines deutschen Bankbeamten, der nach Italien ausgewandert und dort zu einem führenden Bankier geworden war, als den «einzigen Krösus der Familie». Er war Aufsichtsratsvorsitzender der italienischen Gesellschaft Cinzano und gleichzeitig Generaldirektor der französischen Perrier-Unternehmen, die damals noch nicht den Umfang des heutigen multinationalen Lebensmittelkonzerns hatten, sondern nur ein renommiertes Tafelwasser herstellten. Nachdem mein Vater aus dem Konzentrationslager Oranienburg entlassen worden war, hatte er sich an Alexander Joel gewandt und die Antwort erhalten, dieser würde ihm und seiner Familie in Paris in jeder Hinsicht behilflich sein. Das war der Grund für die Wahl Frankreichs als Emigrationsland.

Onkel Alexander hatte dann auch die Installierung der Buchhandlung LIFA finanziert und unterstützte uns mit monatlichen Zuwendungen, als sich herausstellte, daß die kleine Librairie, die sich vor allem an deutsche Emigranten – also an arme Leute – wandte, nicht genügend abwarf, um unseren Unterhalt zu sichern.

Der reiche Geschäftsmann lebte jedoch in einer anderen Welt und brachte meine Eltern durch seine Unfähigkeit, sich in unsere Lage zu versetzen, mehr als einmal in Schwierigkeiten. Einige Tage nachdem wir im Herbst 1933 in Paris angekommen waren und in einem sehr bescheidenen Hotelzimmer in der Rue de Lille hausten, überraschte er uns mit einem fürstlichen Geschenk. Der große italienische Dirigent Arturo Toscanini gab ein Gastkonzert in der Pariser Oper, und da Onkel Alexander die Musikliebe meines Vaters kannte, überreichte er ihm lächelnd zwei Karten für Logenplätze. Die hatten ein Vermögen gekostet – mehr, als wir in drei Wochen für unseren Lebensunterhalt ausgeben konnten. Für das Galakonzert waren Frack und Abendkleid vorgeschrieben. Diese Garderobe aber mußten wir in unserem Haus in Rheinsberg zurücklassen. Das Ausleihen von Abendkleidung war teuer, und die Garantiehinterlegung hätte mein Vater sich borgen müssen. Tagelang diskutierten meine Eltern darüber, ob man es wagen könnte, die Karten wieder zu verkaufen. Das Geld dafür hätten wir dringend gebraucht. Doch hatte Alexander nicht angedeutet, daß man sich vielleicht in der Pause im Foyer sehen könnte? Hatte er etwa Plätze in der gleichen Loge oder nebenan? Nach reiflicher Überlegung beschlossen die Eltern, in die Oper zu gehen und die kostspielige Garderobe zu leihen. «Ich habe noch nie mit einem so schlechten Gewissen ein so herrliches Konzert gehört», sagte mein Vater danach.

Onkel Alexander fuhr zu den Besuchen bei uns im Rolls Royce mit Chauffeur in Livree vor, gab sich aber betont fortschrittlich und stimmte meinem Vater in wesentlichen politischen Ansichten zu. Als Vater im Gespräch beiläufig erwähnte: «Mein Sohn ist aus einem Zeltlager mit Emigrantenkindern als Kommunist zurückgekommen», klemmte Onkel Alexander, der ein Monokel trug, das Einglas fester ins Auge und meinte bedeutungsvoll: «Wir alle, mein lieber Wilhelm, werden wohl eines Tages diesen Weg gehen müssen.»

Ironie, Resignation? Ich jedenfalls nahm die Bemerkung ernst als die Erkenntnis sogar eines «Krösus», daß den Kommunisten die Zukunft gehören würde.

Nachhaltig hat mich damals Egon Erwin Kisch mit seiner Freundlichkeit und seinem universellen Wissen beeindruckt. Als er das erstemal zu uns in die Buchhandlung kam, führte er eigens für mich einige seiner virtuosen Zauberkunststücke vor. Münzen, eine Streichholzschachtel verschwanden blitzartig und tauchten an Stellen wieder auf, wo ich sie nie vermutet hätte. Drei Jahre später, ich war inzwischen schon vierzehn Jahre alt, beteiligte ich mich an einem von Kisch geleiteten Kursus über die Geschichte der Französischen Revolution im Rahmen der «Freien Deutschen Hochschule», einer von Johann Lorenz Schmidt geleiteten Institution besonders zur Bildung von Emigrantenkindern. Kisch erzählte die Ereignisse von 1789 wie eine lebendige, packende Reportage. Manches und damit auch etwas von der marxistischen Methode, Geschichte zu betrachten, ist mir bis heute gegenwärtig.

Einmal nahm er seine Schüler – wir waren vier oder fünf, die anderen einige Jahre älter als ich – nach Versailles mit, wo er wohnte. Er zeigte uns im Schloß die Schauplätze der Revolution: Hier sind die aufgebrachten Pariser Marktweiber, die in einem Protestmarsch gegen den Hunger bis nach Versailles gekommen waren, von der zitternden Marie-Antoinette bewirtet worden; hier stand der Thron von Ludwig XVI. Ein Schuster brachte ihn bei der Plünderung des Schlosses mit in seine Werkstatt im Faubourg Saint Antoine. Jahrelang konnten sich seine Kunden in den Prunkstuhl setzen, wenn ihnen Maß genommen wurde. Nicht das Leben der Könige, die Revolten des Volkes beschwor Kisch für uns herauf, als ob es gestern geschehen wäre. Und er verstand es großartig, die dramatischen Entwicklungen in Frankreich Ende des 18. Jahrhunderts mit der Oktoberrevolution in Rußland zu verbinden.

Mein Vater, der nach wie vor meine Anschauungen entscheidend beeinflußte, hatte sich durch seine Erfahrungen als Emigrant den Kommunisten auch ideologisch genähert. Er litt unter den demütigenden Gängen zur Polizeipräfektur, bei der ab 1938 alle sechs Monate um die Verlängerung der Aufenthaltserlaubnis nachgesucht werden mußte. Einmal kehrte er nach stundenlangem Warten total erschöpft zurück. Ein junger Beamter hatte ihm schließlich, hinter einem Schalter sitzend, Fragen über seine Mitwirkung im Heinrich Mann-Ausschuß für eine deutsche Volksfront gestellt. Vater hatte strikt abgelehnt, Auskunft zu geben, und war nun sehr besorgt. Würde man uns die Aufenthaltsgenehmigung verweigern? Wo sollten wir hin ohne Pässe, Visa und Geld? «Man müßte eigentlich alle Akten dieses Hauses im Hof der Präfektur auf einen Haufen werfen, anzünden und ganz neu anfangen», sagte er und fügte hinzu: «Vielleicht entspricht das dem, was die Marxisten Zerschlagung des Staatsapparates nennen.»

Das alles schien mir den Weg zu den Kommunisten zu ebnen. Aber es gab auch andere, entgegenwirkende Einflüsse. Zwar nahm ich an Veranstaltungen der Freien Deutschen Jugend teil, die in Paris von dem klugen Fritz Nickolay geleitet wurden, doch heimisch war ich in den «Faucons Rouges», den Roten Falken, der Kinder- und Jugendorganisation der Französischen Sozialistischen Partei (SFIO) geworden. Unsere Leiter standen, wie nahezu alle Jungsozialisten, zur rechten Führung der SFIO in Opposition. Bei einem Meeting im Pariser Mutualité-Saal, wo wir zu Hunderten im Blauhemd mit dem roten Halstuch der Falken erschienen waren, unterbrachen wir 1937 die Rede des Sozialistenführers und Ministerpräsidenten Léon Blum mit dem Ruf «Flugzeuge für Spanien!». Wir wollten damit gegen seine Politik der Nichteinmischung in den Bürgerkrieg protestieren, die dem republikanischen Spanien die Hilfe westlicher Länder versagte, während Hitlerdeutschland und Italien offen den Faschisten Franco bewaffnen und militärisch unterstützen konnten. Bei den großen Streiks 1936, als fast alle Betriebe in Frankreich durch die Streikenden besetzt waren, sang der Chor der «Faucons Rouges», dem ich angehörte, in der riesigen Montagehalle der Automobilfabrik Renault auf der Seine-Insel Séguin Arbeiterlieder. Tausende spendeten uns Beifall.

Ich hatte durchaus den Eindruck, in einer revolutionären Organisation mitzuwirken, und blieb deshalb nicht unberührt von den sehr kritischen Äußerungen, die unser Leiter über die Sowjetunion machte. Er meinte, nach Lenins Tod habe dort der «Bürokratismus» die Oberhand gewonnen. Mehr noch als diese zumindest nicht ganz klare Kritik belasteten mich die politischen Prozesse in Moskau. Die Meinung meines Falken-Leiters dazu war eindeutig. Für ihn stand die Unschuld der Angeklagten fest. Mein Vater, der in anderen Fragen die Sowjetunion häufig gegen Angriffe zum Beispiel seiner Parteifreunde verteidigte, war der gleichen Überzeugung. Ihn bedrückte, daß mehrere der Angeklagten Kampfgefährten von Lenin gewesen waren. «Ich habe aufmerksam die Prozeßberichte gelesen, auch die in ‹L'Humanité› erschienenen», sagte er. «Als Begründung für die Urteile gibt es ausschließlich die Geständnisse der Angeklagten. Keine Indizien, keine Zeugenaussagen, keine polizeilichen Observationen. Aber ein Geständnis kann höchstens die Beweise der Staatsanwaltschaft bestätigen und abrunden; allein ist es nichts wert – dafür gibt es unzählige Beispiele in der Geschichte der Justiz.» Viele Jahre später, nach dem XX. Parteitag der KPdSU, mußte ich an diese einfache, aber offensichtlich nicht falsche Überlegung denken.

Infolge der sehr unterschiedlichen Einflüsse stand für mich nicht von vornherein fest, welcher Richtung des Widerstandes gegen die Okkupanten ich mich anschließen wollte. Ich wußte nur, daß ich in diesem Kampf nicht abseits stehen wollte und konnte. Allerdings trat man in eine illegale Widerstandsorganisation nicht ein wie in eine Partei oder einen Verband vor dem Krieg. Der Zugang war schwierig, durch zahlreiche Sicherheitsvorkehrungen versperrt. Oft verschaffte der Zufall eine Verbindung.

Das erlebte ich zweimal. Durch einen ehemaligen Schulfreund bekam ich Kontakt zu einer gaullistisch orientierten Gruppe, die keine andere Aufgabe hatte, als die Reisen von Funkern des britischen Geheimdienstes durch Frankreich zu erleichtern. Quartiere, Eisenbahn- und Autobuskarten mußten besorgt, die englischen Beauftragten, die meist schlecht Französisch sprachen, vor Kontrollen abgeschirmt werden. Einer der wichtigsten und sicher auch gefährlichsten Aufträge bestand darin, den Funkern den Koffer zu tragen, der in einem doppelten Boden das Gerät enthielt. Damals war das noch ein schwerer, umfangreicher Apparat, und ein Polizist mußte schon sehr unerfahren oder sehr gutwillig sein, um bei einer Überprüfung nichts davon zu bemerken. Wie dem auch sei, ich betrachtete den britischen Geheimdienst als einen Mitkämpfer in der Antihitlerkoalition, und ich hatte meinem Freund schon im Januar 1943 gesagt, daß ich bereit wäre, in der Gruppe mitzuarbeiten. Meine Kandidatur war an die Leitung weitergegeben worden, und ich wartete auf Antwort.

Damals wohnte ich zusammen mit meinem Vater im Dorf Cazaubon südlich von Toulouse, unter falscher, natürlich französischer Identität. Eine illegale, von Résistance-Kräften der katholischen Kirche gebildete Hilfsorganisation hatte für Emigranten aus Deutschland und Flüchtlinge aus Spanien in dem Ort Quartier besorgt und auch den Lebensunterhalt in bescheidener Form gesichert. Der Bürgermeister des Ortes, ein ehemaliger radikal-sozialistischer Senator, hielt seine schützende Hand über diese Hilfsaktion. Die örtliche Gendarmerie war bestochen. Vor Razzien der Gestapo oder der regionalen Vichy-Polizei waren die in Cazaubon Untergekommenen allerdings nicht geschützt.

Etwa zur gleichen Zeit wartete ich auf Bescheid von einer anderen Organisation: der illegalen Kommunistischen Partei Deutschlands in Frankreich. Heinz Pollak, der Mann meiner Schwester Ilse, arbeitete illegal in Lyon und hatte den deutschen Genossen meinen Wunsch übermittelt, mich dem Widerstand anzuschließen. In ihrem Auftrag besuchte mich Kurt Weber, ein ehemaliger Spanienkämpfer, in Cazaubon. Nach einem längeren Gespräch hinterließ er mir die Möglichkeit, ihn an einem bestimmten Wochentag zur festgesetzten Zeit in Toulouse auf dem Place du Capitole zu treffen, falls ich etwas Neues mitzuteilen hätte, und verabschiedete sich mit den Worten: «Die Genossen werden entscheiden.»

Zuerst meldete sich bei mir ein Mitglied der gaullistischen Gruppe, ein junger Franzose, vielleicht fünf Jahre älter als ich. Er vertraute mir Verbindungsreisen in der Region, besonders nach Toulouse, an. Ich hatte Päckchen in sogenannten toten Briefkästen abzulegen, Leute auf Plätzen und an Straßenbahnhaltestellen zu treffen, um ihnen eine Botschaft, meist einen Code-Satz, zu überbringen. Mir schien, daß die Päckchen nichts enthielten und auch die mündlichen Botschaften nur dazu dienten, mich zu überprüfen. Anfang April 1943 teilte man mir mit, meine Bereitschaft, ständig für diese Gruppe zu arbeiten, sei im Prinzip angenommen. Ich würde in Kürze weitere Mitteilungen über den bevorstehenden Einsatz erhalten.

Das wie auch vorausgegangene Anweisungen war mir in militärisch knapper Form wie Befehle übermittelt worden. Mein «Vordermann», wie es in der Sprache der Illegalen heißt, hatte einmal im Laufe einer Unterredung verlauten lassen, er habe im Juni 1940 nach der Kapitulation seine soeben begonnene Offizierslaufbahn brüsk abbrechen müssen. Als Fähnrich sei er demobilisiert worden. Er bemühte sich, die ihm unterstellte Gruppe von Helfern für britische Funker so zu leiten, wie er es auf der Militärschule für Armee-Einheiten gelernt hatte. Das störte mich nicht weiter. Nur einmal zuckte ich zusammen, als er wie eine Nebensächlichkeit erwähnte, die Mitglieder seiner Gruppe müßten häufig «erneuert» werden, weil die «Ausfälle» hoch seien.

Wenige Tage später traf ich dann Kurt Weber in Toulouse. Er stellte mich Alfred Adolph vor, dem Leiter der Gruppe deutscher Kommunisten in dieser Region. Mit ihm ging ich etwa eine Stunde lang in der Allee Jean Jaurès zwischen dem Südkanal und dem Rathausplatz auf und ab. Die alten Platanen, die wie ein Dach über dem Mittelstreifen der Allee geschnitten sind, schützten vor der schon heißen Aprilsonne. Alfred, der mit seinem kurzen Sommerpaletot, dem grauen Hut und einem kleinen Musterkoffer in der Hand wie ein Geschäftsreisender aussah – er hatte einen entsprechenden Ausweis bei sich –, verlor kein Wort von den Antworten, die ich auf seine Fragen gab. Gleichzeitig behielt er die Passanten, die Fenster der Häuser rechts und links, die wenigen vorbeifahrenden Autos im Auge. Mehr als durch Ermahnungen lernte ich durch sein Verhalten, wie man während eines illegalen Treffs alle auf den ersten Blick unwichtigen Umstände genau beobachtet, um Gefahren rechtzeitig zu entdecken.

Alfred Adolph sah mich zum erstenmal. Mein Vater aber war ihm als Inhaber der Pariser Buchhandlung bekannt, der vor dem Krieg immer bereitwillig den kleinen Verkaufsraum für Veranstaltungen der Kommunisten zur Verfügung gestellt hatte. Alfred wie vorher auch Kurt behandelten mich mit einer Art herzlichen Vertraulichkeit, die mir sofort alle Scheu nahm. Welch ein Unterschied zu der unpersönlichen und distanzierten Art des jungen Offiziers, der mich der gaullistischen Organisation zuführen sollte.

«Nein, die Koffer mit den Sendern für die englischen Funker trägst du nicht», entschied Alfred und bestellte mich nach Toulouse, wo ich wenige Tage später mit der illegalen Tätigkeit beginnen sollte. Am selben Nachmittag machte er mich mit Eugen bekannt, dem ich von nun an bei den meisten Treffs begegnete. So war meine Mitarbeit in einer Gruppe deutscher Kommunisten zustande gekommen, die unter der Verantwortung des illegalen Zentralkomitees der Französischen Kommunistischen Partei politische Arbeit unter den deutschen Wehrmachtsangehörigen leistete. Bestimmend für diese Zusammenarbeit war für mich der konsequente antifaschistische Kampf der Kommunisten. Alle anderen Überlegungen traten zunächst in den Hintergrund. Doch jeder neue Tag in der illegalen Arbeit, jedes Gespräch mit den Genossen brachten neue Erkenntnisse und Erfahrungen.

Besuch
im Morgengrauen

Jeden Morgen weckt mich meine Zimmerwirtin mit einem leisen Pochen an der Tür, bevor sie die Tasse mit dem heißen Kaffee-Ersatz draußen im Flur für mich abstellt. Diesmal klopft sie energisch, immer lauter und ruft: «Monsieur Laban!» Ich schrecke auf, blicke auf die Uhr. Es ist erst halb sechs, eine Stunde früher als üblich. «Monsieur Laban, öffnen Sie, ein deutscher Soldat will Sie sprechen», ruft sie. Ihre Stimme zittert. Einen Augenblick erwäge ich den Fluchtweg über den Garten. Vom Fenster des niedrigen kleinen Hauses kann man in die Gemüsebeete meiner Wirtsleute springen. Doch dann überlege ich … Nur ein deutscher Soldat – das klingt nicht nach Verhaftung. Gestapo oder Angehörige der Feldgendarmerie sind nie allein, wenn sie jemanden abholen wollen. Ihre Furcht vor Widerstand ist zu groß. Ich mache Licht und öffne die Tür. Davor steht Madame im Morgenmantel. Ihre Augen sind weit aufgerissen.

«Ein deutscher Soldat?» frage ich erstaunt.

«Ja, ein deutscher Soldat. Wenn ich ihn recht begreife, behauptet er, ein Freund von Ihnen zu sein. Er wiederholt immer wieder: Monsieur Laban ami, ami. Ich habe ihm gesagt, Sie seien ausgezogen, parti. Das hat er verstanden, aber er läßt sich nicht abweisen.»

Man hört schwere Schritte auf der Treppe, und im fahlen Schein der Glühbirne meines Zimmers erscheint die hohe Gestalt eines deutschen Unteroffiziers. Es ist Weininger.

«Herr Laban, packen Sie schnell Ihre Sachen, und kommen Sie mit», sagt er hastig. «Ich fahre Sie, wohin Sie wollen. Bis sieben Uhr habe ich Zeit. Sie sind in Gefahr. Man will Sie noch heute in der Kommandantur festnehmen.»

Ich frage ihn nach Einzelheiten, während meine Wirtin erschrocken und immer empörter, wie es mir scheint, unserem Wortwechsel zuhört. Was soll sie auch davon halten, daß ihr Untermieter sich so unbefangen mit einem Deutschen in Uniform unterhält und dazu noch in deutscher Sprache. «Machen Sie sich keine Sorgen, Madame», entschließe ich mich zu sagen, «der Herr ist tatsächlich ein Freund von mir. Ich komme gleich und werde Ihnen alles erklären.» Was ich ihr sagen soll, weiß ich keineswegs. Etwas beruhigt geht sie langsam die Treppe hinunter, doch unten höre ich sie erregt mit ihrem Mann sprechen.

Weininger berichtet, er habe wenige Stunden zuvor Oberst Horchler und Hauptmann Wächtler von einem Empfang beim kommandierenden General nach Hause gefahren. Beide sprachen zunächst kein Wort miteinander, hatten offenbar kurz vorher Streit, wie es bei ihnen oft der Fall ist. Vor der Villa Wächtlers war Horchler mit ausgestiegen und hatte auf den Hauptmann eingeredet. Der wehrte mehrmals heftig ab. Beide wurden lauter, und Fetzen des Gesprächs drangen bis zu Weininger, der sich wieder ans Steuer gesetzt hatte. Der Oberst bestand darauf, daß überhaupt keine schlüssigen Beweise vorlägen und es außerdem eine Angelegenheit der Wehrmacht, also der Abwehr sei, nicht des SD. Wächtler entgegnete, der SD habe bereits vorgearbeitet und müsse jetzt «tätig» werden. Dann ging es um den Ort der Festnahme. Horchler wandte sich dagegen, die Verhaftung in der Hotelhalle vorzunehmen, weil es dann sofort die ganze Kommandantur wissen würde. Im Zimmer von Unteroffizier Fink sei es ebenfalls ungünstig, da dort viel Publikumsverkehr, auch von Franzosen, sei. «Na gut, dann bestelle ich diesen Laban gleich früh zu mir», rief Wächtler gereizt.

Der Name war gefallen. Es ging um meine Verhaftung.

«Ich weiß, daß Sie sich bestimmt nichts vorzuwerfen haben, Monsieur Laban», fügt Weininger in seiner bedächtigen Art hinzu. «Aber die Herren von der Gestapo kenne ich leider. Wer einmal bei denen ist, kommt so leicht nicht davon.»

Meinen Dank wehrt der Fahrer ziemlich schroff ab. «Wenn Sie nur Madame davon überzeugen könnten, daß sie nichts von meinem Besuch hier sagt ...»

«Schließen Sie sich mir an, Herr Weininger», kurz entschlossen schlage ich ihm vor, ebenfalls die Kommandantur zu verlassen. «Ich habe Freunde, die Ihnen weiterhelfen können. Warum wollen Sie bei den Kämpfen nach der Landung vielleicht noch zugrunde gehen.»

Doch darauf läßt sich der Unteroffizier nicht ein. Er bringt seinen so oft ausgesprochenen Satz wieder an: «Von so was wollen wir erst gar nicht reden ...»

Den Wagen hat er zwei Straßen weiter geparkt und geht schon vor, um mich dort zu erwarten.

Meine Zimmerwirtin hantiert aufgeregt in der Küche, als ich, schon den Koffer in der Hand, zu ihr trete, um mich zu verabschieden. Wir sind uns in den letzten Wochen nähergekommen. Zunächst waren es vorsichtige Bemerkungen über die Lage, dann einige Gespräche, besonders mit ihrem Mann, dem Bauarbeiter. Wir hatten uns verstanden in der Ablehnung der Vichy-Politik und vor allem der Besatzungsmacht. Und nun entdeckt sie bei ihrem Untermieter, dem sie erst vor kurzem angeboten hat, die abendlichen Sendungen von Radio London im Wohnzimmer mitanzuhören, unklare Beziehungen zu einem Deutschen. Ich übergebe ihr zwei Monatsmieten – der Betrag ist bescheiden –, rate ihr aber, der Feldgendarmerie oder Gestapo, die sich nach mir erkundigen könnten, zu antworten, ich sei weggezogen, ohne den laufenden Monat beglichen zu haben. Auf keinen Fall dürfe man gute oder gar freundschaftliche Beziehungen zwischen mir und meinen Wirtsleuten vermuten. Außerdem bitte ich sie, nichts von dem Besuch des deutschen Soldaten verlauten zu lassen. Ich sei eben abgereist, ohne etwas zu sagen oder mich zu verabschieden.

Diese Erläuterungen scheinen ihre Befürchtungen zu zerstreuen. Sie bittet mich, gut auf mich aufzupassen, und verabschiedet mich, wie es hier unter Verwandten und Freunden üblich ist, mit der Accolade, dem dreifachen Wangenkuß. Ihren Mann will sie informieren und ihn veranlassen, keinem etwas von dem Auftauchen Weiningers zu verraten.

Im Auto, neben dem Fahrer, denke ich an den Kellner Gaillard im Offizierskasino der Transportkommandantur, den ich vor einigen Monaten ebenfalls vor seiner Festnahme gewarnt hatte. Man könnte fast glauben, daß es eine ausgleichende Gerechtigkeit gibt.

Die Straßen füllen sich langsam mit Menschen. Soeben ist die Sperrstunde zu Ende gegangen. Arbeiter radeln auf Fahrrädern zum Betrieb und blicken mißtrauisch auf den Wagen mit den Kennzeichen der Wehrmacht. An den Straßenbahnhaltestellen drängen sich die Wartenden. Vor dem eisernen Tor des Gefängnisses Saint Michel steht eine lange Schlange von Frauen, beladen mit Paketen und Einkaufstaschen. Es ist der Tag, an dem Wäsche für die Häftlinge gebracht werden kann. «Ohne Sie würde ich heute abend in diesem Gebäude Quartier beziehen», sage ich zu meinem Begleiter.

«Hoffentlich kommen Sie da nie hinein», antwortet Weininger. «Ich weiß, was einen dort erwartet. Eigentlich schade, daß Sie jetzt wieder wegmüssen, wir haben uns doch wirklich gut verstanden. Das ist selten in diesen Zeiten.»

Ich biete dem Fahrer noch einmal an, mit mir zusammen zu fliehen. Würde man nach meinem Verschwinden nicht auf ihn kommen, der Zeuge des Gesprächs zwischen Wächtler und Horchler gewesen war? «Sie könnten unsere Hilfe morgen brauchen. Verlassen Sie auf jeden Fall die

Kommandantur, sobald man beginnt, Ihnen Fragen über die Nachtfahrt mit den beiden Offizieren zu stellen.»

Ich gebe ihm einen Eventualtreff, eine bestimmte Zeit an einem festgelegten Wochentag, an dem er den Saint-Sernin-Platz mit einem verschnürten Schuhkarton unter dem Arm als Erkennungszeichen überqueren soll. Erleichtert stelle ich fest, daß er sich erkundigt, wo der Platz ist, und sich offensichtlich die Zeiten merken will. «Ich versuche es vielleicht nur, um zu erfahren, ob für Sie alles gut gegangen ist», schwächt er sofort ab. «Denn, wissen Sie, sonst ...»

Er spricht den Satz wie so oft nicht zu Ende. Selbst jetzt in dieser Lage, nachdem er für meine Freiheit allerhand aufs Spiel gesetzt hat, fühlt er sich noch verpflichtet, sich mit vorsichtigen Wendungen abzusichern.

Ich leite Weininger auf den Weg zum Arbeiterviertel La Fourgette, wo ich das habe, was wir ein Ausweichquartier nennen – eine Adresse der Zuflucht im Notfall. Es ist eine Apotheke, die seit zwei Generationen existiert. Bei dem starken Publikumsverkehr fällt es nicht auf, wenn man hier anläuft. Die Verbindung habe ich vor fast einem Jahr Eugen übergeben. Meine Freunde haben das gastliche Haus genutzt, um Reisende für eine Nacht unterzubringen oder um Mitarbeitern unserer Organisation zu helfen, die kurz untertauchen müssen, um neue Papiere zu bekommen. Ein Nachbar und Freund des hilfsbereiten Apothekers ist mit im Bunde. Er ist deutscher Emigrant jüdischer Herkunft, lebt mit falschen Papieren in Toulouse und schlägt sich als Fotograf durch. In einem primitiven Atelier kann er innerhalb von Stunden Fotos für Personalausweise herstellen.

Das Apothekerehepaar habe ich während meiner Kurierreisen nach Toulouse im Auftrag der gaullistischen Gruppe kennengelernt. Ganz in der Nähe von Cazaubon, wo ich damals noch mit meinem Vater wohnte, lebte ein ehemaliger Funktionär der Sozialdemokratischen Partei Deutschlands, Dr. Karl Mommer, als einfacher Bauer. Er hatte ein kleines Gehöft gepachtet, bestellte einen Weinberg und zog Geflügel auf. Mommer, der nach 1948 Geschäftsführer der SPD-Fraktion im Bonner Bundestag war, hatte sich völlig von früheren politischen Verbindungen zurückgezogen und wartete auf die Befreiung. Ich hatte eine Auseinandersetzung mit ihm, weil ich kein Hehl daraus machte, daß ich mich sobald als möglich an der Résistance beteiligen wollte. Dr. Mommer meinte, nur die Streitkräfte der Antihitlerkoalition könnten eine Entscheidung herbeiführen. Alles andere sei unnötiges Risiko. Auf mehr Verständnis für meine Auffassungen stieß ich bei Mommers Frau, einer Belgierin, die er während seiner Emigrationszeit in Brüssel kennengelernt hatte. Madame Mommers Schwester Madeleine war mit dem Toulouser Apotheker Georges Meunier verheiratet. Auf Bitten von Frau Mommer nahm ich mehrmals Lebensmittelpakete mit Kostbarkeiten aus der kleinen Bauernwirtschaft mit nach Toulouse. Ich gab sie in der Apotheke ab, wurde eingeladen und kam später auch ohne Auftrag vorbei. Besonders als ich in der Transportkommandantur arbeitete, bedeuteten die Abende bei den Meuniers für mich eine wohltuende Entspannung. Hier herrschte die warme Atmosphäre einer Familie mit drei Kindern – das kleinste war noch ein Baby –, hier konnte ich sprechen, ohne bei jedem offenen Wort Denunziation erwarten zu müssen.

Die Meuniers wußten nur, daß ich der Sohn eines deutschen sozialdemokratischen Emigranten war, den ihr Schwager Karl Mommer kannte. Von meiner Tätigkeit sagte ich nichts, sie fragten auch nie nach den Gründen für meine Reisen nach Toulouse, später für meinen Aufenthalt dort. Sicher vermuteten sie illegale Arbeit. Ich hatte das Gefühl, daß Georges ebenfalls für die Résistance tätig war.

Einmal hatte er gleichzeitig mit mir seinen Nachbarn zum Abendessen eingeladen. Bei der Gelegenheit fragte ich den Fotografen, ob ich nicht gelegentlich Freunde von mir, die rasch ein Paßfoto für ihren Ausweis brauchten, zu ihm schicken könnte. Georges meinte, das beste wäre, meine Freunde würden bei ihm anlaufen und er würde sie an den Fotografen weiterleiten. So brachte ich Eugen mit den Meuniers zusammen, und unsere Toulouser Gruppe machte mehrmals von der Möglichkeit Gebrauch, auf diesem Weg rasch Porträtaufnahmen von Mitgliedern anfertigen zu lassen, die eine neue Identität brauchten. Mit Eugen war vereinbart worden, daß ich mich bei Gefahr zu den Meuniers begeben sollte und durch sie ein neuer Kontakt zu ihm hergestellt würde.

Georges und Madeleine nehmen mich herzlich wie immer auf. Sie fragen nichts, auch als ich Madeleine bitte, mit Eugen in Verbindung zu treten. Er erscheint am gleichen Abend, elegant im Kamelhaarmantel, Hut mit steifer Krempe und grauem doppelreihigem Anzug, der wie maßgeschneidert aussieht. Wie stellt er es an, daß er sich wie ein wohlhabender Bürger kleiden kann? «Die Polizei vermutet mit gewissem Recht in jedem Armen, in jedem Proletarier einen Rebellen. Also muß man anders aussehen», pflegt er zu sagen.

Der gelernte Dreher aus Sachsen, von kleiner Gestalt, der schlecht und mit starkem Akzent Französisch spricht, hat das Auftreten eines Grandseigneurs. Ich war nicht erstaunt, von ihm zu hören, er sei schon durch mehrere Polizeirazzien hindurchgeschlüpft, ohne kontrolliert zu werden. Einen solchen Herrn belästigt ein gewöhnlicher Polizist nur, wenn es gar nicht zu vermeiden ist.

Eugen läßt sich ausführlich über den Besuch Weiningers bei mir berichten. Er denkt ebenfalls sofort an den Kellner Gaillard. In der Transportkommandantur werde jetzt eine große Untersuchung beginnen, meint er. Der Fahrer könne verdächtigt werden. Dieser Mann, der solche Gefahren auf sich genommen hat, um mich zu warnen, müßte eigentlich bereit sein, mit uns zusammenzuarbeiten. Eugen will den Eventualtreff mit Weininger selbst wahrnehmen. «Was wir zunächst brauchen, ist ein neues Paßfoto von dir», sagt er.

Dann muß ich ihm aufschreiben, welchen Namen, welches Alter, welchen Beruf ich auf meiner neuen Identitätskarte wünsche. Ich wähle den schönen Namen Jean-Pierre Ariège und mache mich zu einem siebzehnjährigen Büroangestellten. Die Adresse lassen wir offen. Sie wird von meinem nächsten Einsatz abhängen, denn in Toulouse kann ich nicht bleiben.

Georges bereitet den Fotografen auf unseren Besuch vor, und wir gehen kurz darauf über die Straße zu ihm. Er verspricht uns für den nächsten Morgen die Paßfotos. Wir nehmen noch mit dem Apothekerehepaar das Abendbrot ein, bevor Eugen sich wieder auf den Weg macht. Bereits früh am anderen Tag holt er mich ab. Georges hat schon die Lichtbilder beschafft. Meine Freunde haben für mich einen Zufluchtsort ausgewählt. Einige Tage soll ich dort bleiben, bis die neue Identitätskarte fertig ist und ein anderer Einsatz vorbereitet werden kann. Natürlich ist es nicht mehr möglich, direkt in einer deutschen Kommandantur oder Einheit zu arbeiten. Wahrscheinlich wird die Feldgendarmerie eine Fahndung nach mir einleiten.

Wir fahren mit dem Bus, das Stadtzentrum von Toulouse sorgfältig vermeidend, etwa fünfzig Kilometer in den Norden. Dann wandern wir mehr als eine Stunde zu Fuß über kleine Straßen und Feldwege. Eine Baracke am Waldrand ist unser Ziel. Sie steht abseits von Siedlungen, Gendarmeriepatrouillen und anderen Kontrollen und gehört einem Bauern, dessen Hof drei Kilometer entfernt in einem Dorf liegt. Er ist der Bürgermeister des Ortes und Besitzer des Waldes, in dem er das Unterholz schlagen und zu Reisigbündeln verarbeiten läßt. Eine mühselige Arbeit, bei der kaum etwas zu verdienen ist. Vier ehemalige Angehörige der spanischen republikanischen Armee und zwei deutsche Emigranten, auch Spanienkämpfer, schuften hier. Alle vierzehn Tage kommt der Herr Bürgermeister mit einem Fuhrwerk vorbei und holt das Reisig ab. Er zahlt wenig, sicher weit unter Tarif, aber dafür hält er seine schützende Hand über die schlecht oder gar nicht Französisch sprechenden Forstarbeiter, um deren Identität er sich nicht kümmert.

Fast eine Woche verbringe ich hier, in enger Gemeinschaft mit den Forstarbeitern. Zwei der Spanier warten wie ich auf Nachricht, um irgendeine Tätigkeit, über die nicht gesprochen wird, aufzunehmen. Die beiden deutschen Antifaschisten, erfahrene und erprobte Genossen, sind aus verschiedenen Gründen völlig ungeeignet für die illegale Arbeit in den französischen Städten. Der eine, ein ehemaliger Seemann, hat sich als Schiffsjunge während einer langen Reise in tropische Gewässer buchstäblich von Kopf bis Fuß tätowieren lassen. Sogar seine Handrücken tragen Anker, Schoner mit aufgeblähten Segeln und von Pfeilen durchbohrte Herzen. Wie er sich auch anziehen oder geben mag, er fällt auf und ist jederzeit leicht wiederzuerkennen – ein entscheidendes Hindernis für unsere Tätigkeit. Der andere, ein Bergarbeiter aus Essen, hochintelligent, ist außerstande, ein einziges französisches Wort auszusprechen. Selbst als Elsässer, aus dem Grenzgebiet zu Deutschland stammend, könnte man ihn nicht ausgeben. Beide sind wenige Monate später in die von Otto Kühne kommandierte deutsche Partisanengruppe in Südfrankreich eingereiht worden und haben sich dort hervorragend bewährt.

Ich bin bei weitem der jüngste in diesem Kreis und werde brüderlich, man könnte fast sagen, väterlich aufgenommen. Durch meine Dolmetscherdienste können die beiden Deutschen sich erstmalig richtig mit den Spaniern unterhalten, die Französischkenntnisse haben. Nach Einbruch der Dunkelheit sitzen wir bei Kerzenlicht zusammen. Im eisernen Ofen knistern die Holzscheite. Einer der Spanier hat einen Dachsbau entdeckt, das Tier ausgegraben und erlegt. Der Braten schmeckt vorzüglich. Dazu gibt es einen einfachen Landwein der Region, den der Waldbesitzer in einer Anwandlung von Großmut als eine Art Deputat zum Lohn hinzugefügt hat.

Den Aufenthalt in der Baracke am Waldrand empfinde ich wie eine wohltuende Unterbrechung der aufreibenden illegalen Tätigkeit. Fast erscheint es mir zu früh, als Eugen schon nach fünf Tagen wieder auftaucht, um mich abzuholen. Die neuen Papiere hat er mitgebracht. Es ist eine gutgemachte Identitätskarte, ein Lebensmittelstammabschnitt, auf dem allerdings bei genauem Hinsehen radierte Stellen zu bemerken sind, und die Lesekarte einer öffentlichen Bibliothek im Departement Tarn. Die Identitätskarte, im nahen Carcassonne abgestempelt, ist leider nicht im Register des Rathauses eingetragen. Für eine Polizeikontrolle sind die Dokumente ausreichend, einer genaueren Überprüfung halten sie jedoch nicht stand, meint Eugen.

Er nimmt mich mit in sein Zimmer in Toulouse. Das ist zwar gegen die konspirativen Regeln, aber ein anderes Quartier ist an diesem Abend nicht frei. Wir haben also Stunden Zeit, um die neue Aufgabe, mit der ich betraut werde, zu beraten.

«In Castres, hundert Kilometer von hier, liegt eine Garnison besonderer Art», sagt Eugen. Die Naziführung hätte im Widerspruch zu allen internationalen Konventionen Tausende sowjetische Kriegsgefangene durch Hunger, Folter, Drohung mit Exekution und andere Mittel gezwungen, sich in eigens dafür geschaffene Wehrmachtseinheiten einzureihen. Sehr viele dieser Sowjetbürger hätten aber in Polen und besonders in den besetzten Gebieten der Sowjetunion jede Gelegenheit zur Desertion, zum Überlaufen, genutzt. Deshalb sei das Gros dieser Einheiten nach Frankreich verlegt worden, wo sie zur Partisanenbekämpfung eingesetzt werden sollten. Die Ausbildungszeit sei schon mehrmals verlängert worden, weil die deutschen Vorgesetzten an vielen Anzeichen merkten, daß sie eine äußerst unsichere Truppe befehligten. «Mit den Sowjetbürgern in deutscher Uniform hast du nichts zu tun», erklärt Eugen. «Um die kümmern sich jugoslawische Genossen, die bereits gute Verbindungen zu ihnen haben, und ein Deutscher, den du dort kennenlernen wirst. Mehr kann ich dir darüber nicht sagen. Wir sind aber jetzt an einem Punkt angelangt, wo wir unbedingt Stimmungsberichte aus dem Kreis der deutschen Unteroffiziere, vielleicht sogar der Offiziere brauchen, denen die Ausbildung der Gefangenen obliegt. Was denken sie über die Einsatzfähigkeit ihrer Rekruten, wie sind ihre Pläne und Absichten. Wen könnte man für die Bewegung ‹Freies Deutschland› gewinnen ...»

Ergänzend fügt Eugen hinzu, die Arbeit in Castres sei ohne Zweifel schwer, weil es sich um ausgesuchte Wehrmachtsangehörige handele. Größte Vorsicht im Gespräch mit den Offizieren und Unteroffizieren sei am Platze. Es handele sich also um eine äußerst komplizierte Aufgabe. Die Leitung sei aber nach reiflicher Überlegung zu dem Schluß gekommen, ich sei dazu geeignet, die Ergebnisse in der Transportkommandantur sprächen dafür.

Völlig unvorbereitet sei der Boden unter den deutschen Wehrmachtsangehörigen in dieser Stadt nicht. Wie an vielen anderen Orten hätten Mitglieder der Französischen Kommunistischen Partei seit Monaten Flugblätter in deutscher Sprache gestreut, Inschriften mit antifaschistischen deutschen Losungen in der Nähe von Kasernen angebracht. Nur gesprochen habe noch niemand mit den Chargierten, nicht einmal ihre Unterhaltungen belauscht. «In Castres bist du nicht schon durch deine Funktion wie in der Transportkommandantur mit Dutzenden Wehrmachtsangehörigen in Verbindung», erläutert Eugen. «Sie auf der Straße oder in Lokalen anzusprechen, ist auf jeden Fall gefährlich, muß gut überlegt und vorbereitet sein. Du weißt nie, mit wem du es zu tun hast. In der Kommandantur konntest du die Leute wochenlang beobachten, ehe du Kontakt mit ihnen aufnahmst. Wenn du uns nach drei oder sagen wir fünf Wochen berichtest, daß Kontaktaufnahmen nicht möglich sind, ist das viel besser für uns alle als ein Unglücksfall.»

Die Worte Festnahme oder Verhaftung spricht Eugen

nie aus. Ich habe ihm sehr aufmerksam zugehört. Ein neues Tätigkeitsfeld öffnet sich mir mit klaren Perspektiven. Sollte es nicht möglich sein, einen oder mehrere deutsche Unteroffiziere für unsere Bewegung zu werben? Doch das sind im Augenblick noch Träume. Jetzt kommt es darauf an, sich die Anlaufadresse in Castres zu merken, das Losungswort, die Fahrpläne der Autobusse, die mehrmals gewechselt werden müssen. Nichts darf man aufschreiben, und etwas davon vergessen, kann einer Katastrophe gleichkommen.

Soldaten ohne Waffen

Im Vergleich zu Toulouse ist Castres mit seinen vierzigtausend Einwohnern eine kleine Stadt, leicht überschaubar, mit der deutschen Kommandantur wie üblich im Grand Hotel, der Gestapo in einer Villa nahe beim Bahnhof und dem großen Kasernenkomplex «Marie-Louise», benannt nach der österreichischen Gattin Napoleons. In diesen mehr als hundertjährigen Kasernen liegen die sowjetischen Kriegsgefangenen, die für die Wehrmacht ausgebildet werden sollen. Auf den Höfen wird vom Morgengrauen bis zur Dämmerung exerziert. Das Brüllen der Unteroffiziere schallt über die hohen Mauern hinweg. Vorübergehende Passanten hören es.

In der Stadt begegnet man den Kriegsgefangenen in Uniform in kleinen Gruppen, meist zu dritt. Sie tragen keine Pistolen am Koppel, keine Karabiner an Riemen über der Schulter, obwohl es den Wehrmachtsangehörigen in Frankreich schon seit mehr als einem Jahr streng verboten ist, ohne Schußwaffen auf die Straße zu gehen. Anders als die eigentlichen Angehörigen der Okkupationsarmee treten sie auf, verlassen den Bürgersteig, wenn ihnen Einwohner entgegenkommen, scheinen eingeschüchtert zu sein. In mehreren bescheidenen Lokalen der Innenstadt sehe ich sie vor einem Glas mit schalem Ersatz für Alkohol sitzen. Betritt ein deutscher Chargierter den Schankraum, verstummen ihre Gespräche.

Die Ausbilder, vom Unteroffizier bis zum Hauptfeldwebel, haben andere Stammlokale, in denen man für Überpreise Wein und Cognac bestellen kann. Meist sind sie die einzigen Gäste. Nur wenige Franzosen gehen in die Cafés und Restaurants, in denen Angehörige der Besatzungsmacht verkehren. Offiziere sieht man selten auf den Straßen, überhaupt nicht in den Lokalen. Sie fahren in requirierten Autos und haben offenbar ihr eigenes Kasino in einer großen Villa nahe der Kaserne; jedenfalls parken ihre Wagen davor. Das alles sind Entdeckungen und Vermutungen, im Laufe eines mir lang erscheinenden Tages in Castres gesammelt.

Seit zehn Uhr bin ich in der Stadt, aber erst um sieben Uhr abends ist mein erster Treff vereinbart. Ich habe also Zeit, durch die Straßen zu schlendern. Mehreren Unteroffizieren und einem Oberleutnant, etwa vierzig Jahre alt, auffällig, weil er das schneeweiße Haar der Albinos hat, bin ich schon zweimal auf dem Boulevard Henri Sicère begegnet, der zur größten Brücke über den Fluß Agout führt. Es ist mir klar, daß auch sie sich an mich erinnern können, und ich nehme mir vor, die belebtesten Straßen in Zukunft nur zu betreten, wenn es nicht anders geht.

Der Agout, ein schmaler Fluß mit aufgewühltem braunem Wasser und starker Strömung, teilt die Stadt in zwei Hälften. Vier Brücken überspannen ihn, und wer die Stadt durchqueren will, muß eine von ihnen benutzen. Ideale Stellen für Kontrollen und Razzien, denke ich. Tatsächlich sehe ich wenig später, wie sich am Pont Miredames französische Polizisten die Ausweise der jüngeren männlichen Passanten zeigen lassen. Etwa hundert Meter hinter ihnen steht eine Gruppe von Feldgendarmen mit Maschinenpistolen, bereit, die Opfer der Kontrolle zu übernehmen. Die anderen drei Übergänge sind frei. Eine Routinekontrolle.

Einem zweisprachigen Plakat der Besatzungsmacht ist zu entnehmen, daß die seit Oktober vergangenen Jahres eingeführte nächtliche Ausgangssperre, «die nach einer Aktion von Terroristen in der Stadt befohlen werden mußte», seit zwei Tagen aufgehoben ist. Die Kommandantur würde jedoch die Sperrstunde wieder einführen, sobald Partisanentätigkeit in der Stadt bemerkt werde. Von den Aktionen, die seinerzeit die französische Polizei und die deutsche Kommandantur in Aufregung versetzten, hat Eugen mir berichtet. Vor drei Monaten, Ende September 1943, hatten deutsche Antifaschisten, die im Sondergefängnis der Vichy-Regierung in Castres auf ihre Auslieferung an die Gestapo warteten, die Wachen in einem Handstreich überwältigt und waren geflohen. Mit ihnen entkamen alle politischen Häftlinge anderer Nationen. Die Gestapo hatte danach die Legende verbreitet, Partisanen hätten das Gefängnis überfallen, und führte unter anderem das nächtliche Ausgangsverbot ein. Nun scheinen sich die Besatzungsbehörden über den Massenausbruch aus dem Gefängnis wieder beruhigt zu haben. Ein gutes Omen für meine Arbeit.

Noch bleiben mir mehr als zwei Stunden bis zum ersten Treff. Die Wartehalle des Bahnhofs ist wie überall ein von der Polizei besonders gern besuchter Ort. In die Cafés, die offensichtlich streng getrennt sind nach Lokalen für sowjetische Rekruten, deutsche Unteroffiziere und Einheimische, will ich nicht schon wieder gehen, bis ich sie näher erkundet habe. Kurz entschlossen folge ich einem Hinweisschild, das zum Rathaus und zu dem dort untergebrachten Museum der Stadt führt.

Der Park im Innenhof dieser ehemaligen Abtei aus dem 17. Jahrhundert ist vernachlässigt. Einige Reihen mit Kartoffelstauden zwischen verwilderten Hecken und Blumenbeeten erinnern daran, daß der Hunger auch hier zur Ausnutzung jeden Quadratmeters Boden zum Gemüseanbau zwingt. Am Eingang zu den Sälen der Gedenkstätte für Jean Jaurès, den am Vorabend des Ersten Weltkrieges ermordeten Führer der Sozialisten und großen Sohn der Stadt, hängt ein Schild «Bis auf weiteres geschlossen». Doch die Säle mit den prachtvollen Gemälden spanischer Meister kann ich besichtigen. Ein Porträt Philipps IV. von Velásquez, viele herrliche «Caprichos» und Holzschnitte von Goya, Alpträume eines genialen Künstlers, der den Obskurantismus seiner Zeit erschütternd dargestellt hat. Und dann das berühmteste Gemälde der Sammlung, Goyas «Junta der Philippinen».

Beim Betrachten der Kunstwerke verrinnen die Stunden schnell. Bald ist es an der Zeit, vorsichtig, auf Umwegen, alle Gefahren einer Beschattung einkalkulierend, zum Treff zu gehen. Castres, die Textil- und Metallarbeiterstadt, war vor dem Krieg eine Hochburg der Kommunistischen Partei im Departement Tarn. Das Zentralkomitee der Französischen Kommunistischen Partei hatte hier seit mehr als einem Jahr Genossen mit der Verbreitung von antifaschistischen Flugblättern in deutscher Sprache beauftragt. Es waren immer besonders vertrauenswürdige, erfahrene Mitglieder, denen diese gefährliche Arbeit übertragen wurde. Sie erhielten Matrizen von der am nächsten gelegenen Verteilerstelle, in der das illegale Druckmaterial hergestellt wurde, fertigten die Flugblätter selbst an und verteilten sie. Die Hilfe der französischen Freunde war von größter Bedeutung. Viele Wehrmachtsangehörige in Städten, in denen es keine Gruppen deutscher Antifaschisten gab, hatten auf diese Weise von Flugblättern und Zeitungen der Bewegung «Freies Deutschland» gehört oder gar die Aufrufe und Zeitungen gelesen.

In Castres ist die fünfundvierzigjährige Textilarbeiterin Noémie Boussière, von allen Noé genannt, mit der Flugblattarbeit befaßt. Gemeinsam mit ihrem Lebensgefährten, dem aus Paris vor der Verfolgung geflohenen kommunistischen Arbeiter Marcel, stellt sie die Flugblätter in deutscher Sprache her, organisiert ihre Streuung. Noé hatte mit dem zu ihrer Gruppe gehörenden Schuster Tossi, einem Italiener, die aus dem Gefängnis ausgebrochenen deutschen Antifaschisten unterstützt. Die aktive Hilfe für die antifaschistischen Deutschen ist ihre Aufgabe in der Résistance. «Sie ist eine großartige Frau, mutig und verschwiegen», hatte Eugen über sie gesagt. «Vor dem Krieg organisierte sie Streiks der Textilarbeiterinnen ihrer Region. Jetzt hilft sie uns. Sie wird dir alle Schritte in Castres erleichtern und dir ein illegales Quartier beschaffen.»

Das alte Haus, in dem Noé wohnt, liegt direkt am Agout. Die hintere Fassade ist die Ufereinfassung des Flusses. Im Treppenhaus begegnet mir niemand. Im zweiten Stock klopfe ich dreimal kurz, einmal lang an die Tür. Sie wird sofort geöffnet. Noé und Marcel haben offensichtlich auf mich gewartet. «Ich wollte fragen, ob Sie an einem neuen Wörterbuch interessiert sind, das bald im Verlag Hachette erscheint», nenne ich das Losungswort. «Ich habe schon das Wörterbuch von Larousse», antwortet Noé wie vereinbart. Sie schließt leise die Tür, nicht, ohne aufmerksam ins Treppenhaus geblickt zu haben, und umarmt mich gleich, um mit mir die Accolade auszutauschen. «Gut, daß du gekommen bist», sagt sie. «Wie nennen wir dich?» – «Paul.» – «Und das ist Marcel, mein Mann und bester Mitarbeiter.»

Es ist eine typische Arbeiterwohnung mit einer Wohnküche, in die man gleich durch die Eingangstür kommt, und einem kleinen Zimmer daneben, dem Schlafraum des Paares. Die Fenster gehen auf den Fluß hinaus. Auf der gegenüberliegenden Seite des Agout ist das Haus hell erleuchtet.

«Das ist ein Stab der Deutschen», erklärt Noé. «Sie haben sich in einem früheren Hotel eingenistet. Mit Steinen könnte man Flugblätter von hier aus in ihre offenen Fenster werfen. Aber das würde sich bei denen nicht lohnen und wäre wohl auch nicht das richtige. Unsere Kameraden von der gaullistischen Résistance haben herausbekommen, daß es sich um eine Dienststelle der Abwehr handelt. In diesem Gebäude werden sowjetische Kriegsgefangene in Uniform, die ihnen verdächtig erscheinen, vernommen.»

Marcel fügt hinzu: «Sie ahnen nicht, daß wir sie von hier aus sehen können. Willst du mal probieren?» Er reicht mir einen Feldstecher, und ich suche damit die erleuchteten

Fenster ab. In der dritten Etage sind die Vorhänge zurückgezogen. Man kann einen deutschen Offizier am Schreibtisch sitzen sehen. Es ist der Albino, dem ich schon zweimal in der Stadt begegnet bin.

In der Gesellschaft von Noé und Marcel fühle ich mich sofort heimisch. Sie erzählen von Castres. Noé arbeitet am Tag an der Maschine in einer Fabrik und kommt auf ihren Kummer zu sprechen. Die Partei hat ihr, weil sie mit der Unterstützung der deutschen Antifaschisten beauftragt ist, untersagt, sich an gewerkschaftlichen Aktionen in ihrem Betrieb zu beteiligen. «Es ist nicht leicht, Kollegen, die sich an mich wenden, weil sie einen Rat brauchen oder mich ‹gewinnen› wollen, einfach abzuweisen. Hinter meinem Rücken sagt man von mir, ich hätte jetzt wohl Angst, die Gewerkschaft wiederaufzubauen, in der ich vor dem Krieg so aktiv war.»

Marcel legt ihr beruhigend die Hand auf die Schulter. «Wenn ein solcher Ruf doch bis zu den Ohren der Polizei und der Gestapo dringen würde. Das wäre das Beste, was uns passieren könnte.» Er sieht auf die Uhr. «Jetzt hätten wir beinahe London verpaßt.» Mit einer zusammengefalteten Decke dämpft er die Ausstrahlung des kleinen Radioapparats, der auf einem Tischchen im Schlafzimmer steht. Wir setzen uns alle drei dicht davor. Wie es in Hunderttausenden Wohnungen in Frankreich geschieht, hören auch wir die Sendung der gaullistischen Exilregierung. Sie beginnt mit den schrillen Tönen des deutschen Störsenders, dann folgen Informationen über die Kriegslage, Beispiele aus dem Terrorregime der Besatzungsmacht, Auszüge aus einer Erklärung General de Gaulles vor der Assemblée, dem provisorischen Parlament in Algier: «Die Aktionen der Résistance, zur gegebenen Zeit von dem allgemeinen nationalen Aufstand gegen die Eindringlinge unterstützt, werden hervorragende strategische Bedeutung haben.»

«Zur gegebenen Zeit», sagt Noé ärgerlich. «Wann ist die Zeit gegeben? Die zweite Front sollen sie errichten!»

Das ist die allgemeine Stimmung. Die Ungeduld wächst mit jedem Tag, besonders bei den Widerstandskämpfern. Viele sind sicher, daß die Besatzungsmacht dann in der Zange zwischen den vorrückenden Alliierten an der Küste und den Aufständen in den Partisanengebieten und den Städten rasch kapitulieren müßte.

Von der Ostfront hatte Radio London neue Erfolge der Sowjetarmee gemeldet. «Die gehen voran», meint Marcel befriedigt. «Wenn sie nur nicht allein die ganze Last zu tragen hätten.»

Noé berichtet über die sowjetischen Kriegsgefangenen in Castres. Häufig würden sie Kontakt zur Bevölkerung suchen. Man könne jedoch nicht vorsichtig genug sein. Jugoslawische Genossen hätten gute Verbindungen aufgenommen.

«Und die Deutschen?» frage ich.

«Es sind alles Chargierte», antwortet Marcel. Von irgendwelchen Versuchen, die Résistance zu finden, um mit ihr zusammenzuarbeiten, sei nichts bekannt. «Sei behutsam. Nichts übereilen. Zunächst werden wir noch mehr Flugblätter streuen. Wie das wirkt, muß man sehen.»

Wir setzen uns zum Abendessen. Noé hat zur Feier des Tages ein Huhn gebraten. «Eingetauscht bei Bauern gegen Garn aus unserer Fabrik. So trägt der Unternehmer, natürlich ohne es zu wissen, zur Versorgung der Résistance bei, sogar der Deutschen. Jede Spule, die aus dem Betrieb verschwindet, das ist ein feldgrauer Uniformärmel weniger. Mein Chef beliefert die Boussac-Spinnereien in den Vogesen, die Uniformen für die Boches herstellen.»

Wie die meisten Franzosen spricht Noé von den Besatzern nur mit dem Schimpfwort «Boche», ein Begriff, der schon im Ersten Weltkrieg gebraucht worden war. «Deutsche» sind für sie ausschließlich die aktiven Antifaschisten wie Eugen oder ich.

«Jetzt an die Arbeit», sagt Noé, nachdem wir das Huhn mit Genuß verzehrt, seine Qualität und die Kochkunst der

Hausfrau, wie es in Frankreich üblich ist, gebührend gewürdigt haben. Marcel öffnet das Fenster zum Agout. Die Lichter im Haus gegenüber sind alle erloschen. Mit einem Schraubenzieher entfernt er drei Steine, die fest unter dem Fenster zu sitzen scheinen. Ein Hohlraum wird sichtbar, in dem Konservenbüchsen stehen. Die erste enthält die Matrizen für die nächste Ausgabe der Zeitung «Unser Vaterland», Organ des Komitees «Freies Deutschland» für den Westen, die zweite Tinte für den selbstgebastelten Abziehapparat, der im dritten Behälter, in Einzelteile zerlegt, untergebracht ist. Die letzte Büchse bleibt im Versteck. Saugpostpapier befindet sich in einem anderen Loch hinter einem Schrank in der Küche.

Wir bereiten den Druck vor. Die Zeitung enthält Nachrichten über die Kriegslage und Aufrufe, «den hitlerhörigen Vorgesetzten den Gehorsam zu verweigern», sich Kriegsverbrechen zu widersetzen und bei erster Gelegenheit die Waffen zu strecken. Die zentrale Losung des Nationalkomitees «Freies Deutschland»: «Deutschland muß leben – deshalb muß Hitler fallen» steht in einem Kasten auf der ersten Seite der Matrize und über dem Titel auf französisch der Hinweis: «Dieses Flugblatt ist für deutsche Soldaten bestimmt. Verteilen Sie es vorsichtig.»

Jedes einzelne Blatt muß auf die Leinwand der kleinen Druckmaschine gelegt und mit einer Holzwalze gleichmäßig gerollt werden. Die fertigen Seiten werden auf dem Fußboden im ganzen Zimmer zum Trocknen verteilt. «Wenn jetzt unerwartet Besuch kommt ...», sagt Noé, aber mehr im Scherz. «Dann muß ich die letzte Büchse aufmachen», meint Marcel trocken. Er nimmt sie aus dem Versteck, hebt den Deckel ab und zeigt mir den Inhalt. Eine französische Armeepistole liegt zwischen ölgetränkten Lappen.

Fast hundert Exemplare des kleinen Blattes haben wir gedruckt. Schwer lesbare Zettel werden gleich im Küchenofen verbrannt. Die trockenen Seiten legen wir zur Zeitung zusammen. Danach wird alles, einschließlich der in Ölpapier eingewickelten Zeitungen, wieder sorgfältig in die Büchsen getan und im Mauerloch versteckt. «Damit hast du in den nächsten Tagen vollauf zu tun, Paul», sagt Noé.

Nach vollendeter Arbeit sitzen wir am Küchentisch. Noé öffnet eine Flasche Wein.

«Auch gegen Garn getauscht?»

«Nein, die habe ich von Elodie. Ihr Neffe ist Winzer. Du wirst sie morgen kennenlernen. Sie nimmt dich auf. Ein besseres Quartier kannst du nicht kriegen. Bei ihr bist du so sicher wie in Abrahams Schoß.»

Drei Tage später verteilen wir die Flugblätter, die wir in Noés Wohnung abgezogen haben. Vorsichtig nähere ich mich dem Kasernenviertel. Im Mondlicht hebt sich der romanische Glockenturm des Rathauses wie auf einem Scherenschnitt ab. Obwohl es eben erst elf Uhr geschlagen hat, sind die Straßen fast menschenleer. Der kalte Wind, in Südfrankreich Tramontane genannt, hat die Temperatur in die Nähe des Gefrierpunktes fallen lassen. Es ist Mitte Januar. Tagsüber scheint die Sonne warm, nachts aber wird es eisig, und die Einwohner von Castres, durch das erst kürzlich aufgehobene mehr als drei Monate während Ausgehverbot ohnehin daran gewöhnt, ihre Wohnungen nach Anbruch der Dunkelheit nicht mehr zu verlassen, bleiben meist zu Hause.

In den Taschen meines Mantels spüre ich das Gewicht der Flugblätter, einzeln oder auch zu zwei oder drei Exemplaren um Kieselsteine gebunden. Ich will sie an verschiedenen Stellen über die Kasernenhofmauer werfen und in die Vorgärten mehrerer nahegelegener Villen, die von deutschen Unteroffizieren bewohnt sind. Alles ist bei Tag sorgfältig erkundet worden. Die um Steine zusammengelegten und mit Bindfaden verschnürten kleinen Päckchen sind meine Erfindung. Sie lassen sich besser werfen, werden vom scharfen Wind nicht davongeweht und müßten eigentlich die Neugier der Finder wecken.

Fünfzig Meter hinter mir höre ich die Schritte von Marcel, der mir, die Pistole in einer Innentasche seiner Lederjacke, folgt. «Ich bin dein Schutz, wenn etwas passieren sollte. Aber es darf nichts passieren», hatte er gesagt, als wir uns an der Kirche Notre-Dame de la Plate trafen. Der Weg zur Kaserne, die Stellen für die Verteilung, alles ist zwischen uns abgesprochen. Marcel soll kurz fluchen, so, als ob er gestolpert wäre, wenn Gefahr von hinten kommt, ich werde auf die andere Straßenseite wechseln, sobald ich eine Sperre sehe. Bisher ist alles planmäßig abgelaufen. Einmal ist uns eine französische Polizeistreife auf Fahrrädern begegnet. Die «Flics», wie sie von der Bevölkerung genannt werden, haben sich nicht einmal nach uns umgedreht. Häufiger kommen uns deutsche Unteroffiziere entgegen, zu zweit oder in größeren Gruppen. Sie streben den Lokalen in der Innenstadt zu.

An der langen Kasernenhofmauer treffen wir auf die Wache, zwei Soldaten mit Stahlhelm und Karabiner. Wir wissen, daß es nur diesen einen Außenposten gibt, der langsam den Komplex umschreitet. Die beiden Landser unterhalten sich laut über die Tabakzuteilung aus der Kantine, die, wie der eine schimpft, seit drei Tagen fällig ist. Ich habe den Bürgersteig verlassen, bin auf der Straße an ihnen vorbeigegangen und werde nur mit einem mißtrauischen Blick gestreift. Immer noch über den Tabak und den säumigen Kantinenbullen redend, verschwinden die Soldaten um die Ecke. Jetzt sind wir neun bis elf Minuten, wie Marcel gemessen hat, vor ihnen sicher. Ich ziehe einige der Päckchen hervor und werfe sie über die Mauer. Man hört die Steine leicht im Hof aufschlagen. Sonst bleibt alles ruhig.

Nun nehmen wir, stets im Abstand hintereinander, den Weg zu einer Straße mit einstöckigen Häusern, die das Requirierungsschild der Wehrmacht an der Eingangstür haben. Die Fenster sind dunkel. Die Holzläden davor geschlossen. Nur bei einer der kleinen Villen dringt Licht aus einer Balkontür, und Grammophonmusik ist zu hören. Posten gibt es hier nicht. Ich warte, bis ein Liebespaar, das eng umschlungen die Straße herunterkommt, verschwunden ist, und werfe dann meine Päckchen vor die Türen, einige auch in die verwilderten Vorgärten. Fertig.

Durch ein Zeichen verständige ich Marcel, der unter einer Platane stehengeblieben ist, und gehe jetzt rascher auf den Boulevard Carnot zu. Über die Metzbrücke will ich, einen längeren Umweg machend, in mein Quartier zurückkehren. Marcel hat eine andere Route gewählt, die durch die Vorstadt Roquecourbe zum Agout führt.

Die erste Flugblattverteilung ist ohne jeden Zwischenfall verlaufen, denke ich, doch ich weiß, daß dies der weitaus einfachste Teil meiner Aufgabe ist. Meine neue Quartierwirtin ist aufgeblieben, um auf mich zu warten. Sie hat ein Glas Glühwein vorbereitet. Das ist für die Südfranzosen Allheil- und Vorbeugungsmittel zugleich, nicht nur bei Erkältungen.

Elo, eine zierliche Frau mit weißem Haar und lustigen, sehr dunklen Augen, würde man nicht die achtundsiebzig Jahre geben, die sie schon fast vollendet hat. Der Steinmetz Henri Deller, zwischen den beiden Weltkriegen hier ein bekannter Arbeiterführer im Département Tarn, war ihr Mann gewesen. Er hatte 1921 die Kommunistische Partei in Castres aufgebaut und war während der Volksfrontzeit Mitglied des Gemeinderates. Im Herbst 1939 zu Beginn der Illegalität der Partei starb er, und sein Begräbnis war für längere Zeit die letzte Demonstration der Arbeiter von Castres mit roten Fahnen und dem Blasorchester des Bauarbeiterverbandes gewesen.

Ihrem Mann war Elo immer eine gute Gefährtin, selbst aber hatte sie keine hervorstechende Aktivität gezeigt. Als Noé sie gleich nach der Besetzung von Castres angesprochen und um Mitarbeit gebeten hatte, war sie sofort einverstanden. Ihre kleine Wohnung in einem Arbeiterhaus, in dem sie von allen hoch geschätzt wird, ist ein ideales illegales Quartier. Gelegentlich erwähnt sie im Gespräch mit Nachbarinnen, daß sie Besuch von einem weitläufigen Verwandten aus der Familie ihres Mannes hätte. «Wenn man so einsam lebt wie ich, freut man sich über Gesellschaft», pflegt sie zu sagen. «Aber meine Nichten und Neffen haben ja so wenig Zeit und reisen so schnell wieder ab …»

Mehrere Monate lang hatte Elo einige Kisten mit Waffen der Résistance, die aus einem gefährdeten Versteck in Sicherheit gebracht werden mußten, in ihrer Wohnung aufbewahrt, unter Gerümpel in einer Abstellkammer. Sie hatte nicht gezögert, diesen Auftrag zu übernehmen.

«Man kommt sich direkt überflüssig vor, niemand braucht einen», hatte sie zu Noé gesagt, als die gefährliche Ladung bei ihr abgeholt wurde.

Jetzt wurde Elo wieder gebraucht. Sie nahm mich auf, als ob ich ihr Enkelsohn wäre. Und obwohl Noé ihre alte Freundin beschworen hatte, nicht die gesamte Verpflegung zu übernehmen – ich konnte ja sehr gut in Restaurants essen gehen –, läßt Elo es sich nicht nehmen, ihren Gast zu verwöhnen, soweit das bei der schwierigen Lebensmittellage überhaupt möglich ist.

Es gibt nur eine einzige Schwierigkeit, meint Elo: «Meine Nichte, Céline, ein sehr nettes Kind, hat ihre Berufsschule in Albi beendet und wohnt jetzt wieder bei ihren Eltern in der Nähe von Castres. Sie besucht mich einmal in der Woche. Aber da wird mir schon etwas einfallen.»

Die Nichte kommt, ein hübsches Mädchen in meinem Alter, mit den lebhaften schwarzen Augen von Elo. Sie ist erfreut, bei der alten Tante einen jungen Verwandten vorzufinden. «Das ist dein Cousin Paul, Céline», sagt Elo. «Er ist der Sohn von Marie, der Schwester meines Mannes, die in Marseille lebt und die du nicht kennst. Ihr seid also Cousin und Cousine. Paul wird noch für einige Wochen hier bleiben, weil er vielleicht zum Arbeitsdienst nach Deutschland muß», erklärt Elo. «Er muß sich eine neue Bleibe suchen, um dem zu entgehen. Am besten ist es, du sagst keinem etwas davon, daß er hier wohnt. Es ist ja auch nur für kurze Zeit.»

Céline verspricht Stillschweigen, stolz, in ein Geheimnis eingeweiht zu sein. Wir verstehen uns gleich, als ob wir uns schon lange kennen würden. Wie fast alle französischen Jugendlichen ihres Alters hat sie einen festen Standpunkt zur Besatzungsmacht und zur Vichy-Regierung. Man lehnt alles ab, was von dort kommt. Ich erschrecke sie einmal, als ich im Laufe des Gesprächs plötzlich frage, ob sie mich auch gern haben könnte, wenn ich Deutscher wäre. «Nein, nein, das weiß ich nicht, was für eine dumme Frage. Du bist doch mein Cousin», entscheidet Céline.

Ihre Besuche, die jetzt in kürzeren Abständen als früher erfolgen, sind für Elo und mich besondere Tage. Die Tante macht dann Crêpes, die dünnen französischen Pfannkuchen aus Weizenmehl, man öffnet eine Flasche Wein von Elos Winzerneffen, spricht über Familienmitglieder, die mir bald so bekannt sind, daß ich wie ein echter «Deller» mitreden kann. Elo trifft unsere Stimmung, als sie eines Abends meint: «Wenn wir drei zusammen sind, ist das fast so, als ob schon Frieden wäre.»

Aber es ist noch kein Friede. In der Stadt ist am selben Tag ein Auto der Gestapo beschossen worden. Der mißlungene Versuch einer Gefangenenbefreiung, vermute ich. Feldgendarmerie und französische Polizei haben wahllos Verhaftungen in der Avenue Albert Premier vorgenommen, in der das Auto angegriffen worden war. Man spricht von Deportationen, von einem schwer verletzten französischen Agenten der Besatzungsmacht. Die deutschen Unteroffiziere und Soldaten haben Ausgehverbot. Noé weiß noch nichts Genaues. Ihr nächster Treff mit dem Verbindungsmann von der französischen Résistance ist erst in der folgenden Woche.

Danach berichtet sie, ein Kamerad von der gaullistischen Armée Secrète habe die Schüsse abgegeben. Er stand als Wache vor einem Haus, in dem ein Treffen von verantwortlichen Résistance-Leuten des Departements stattfand. Das Auto der Besatzungsmacht war in die Straße eingebogen und hatte das Tempo plötzlich verlangsamt. Der Posten dachte an eine Aktion der Gestapo und schoß, um seine Freunde in einer Wohnung im zweiten Stock zu warnen. Alle, auch der Schütze, konnten entkommen.

Drei Tage dauert die Ausgangssperre für die Angehörigen der Besatzungsmacht. Für mich ist es eine Pause in meinen Streifzügen durch die Lokale, in denen die Unteroffiziere verkehren. Es ist nicht allzu schwer, mit ihnen ins Gespräch zu kommen. In Castres sprechen die Einwohner nicht mit den Deutschen, auch nicht mit denen, die einige Brocken Französisch verstehen. Man wirft ihnen vor, die russischen Kriegsgefangenen unbarmherzig zu schinden und zum Kriegsdienst zu zwingen. Die Rekruten, meist sehr junge Menschen, werden im allgemeinen mit vorsichtiger Sympathie betrachtet.

«Die sind durch Hunger und Mißhandlungen gezwungen worden, die Uniform ihrer Feinde anzuziehen», heißt es in der Bevölkerung. Man weiß, daß einige der Kriegsgefangenen in deutscher Uniform ziemlich offen ihre Absicht bekundet haben, bei der ersten Gelegenheit zu desertieren.

Die deutschen Ausbilder fühlen sich völlig isoliert und reagieren im allgemeinen erfreut auf meine Versuche, mit ihnen ins Gespräch zu kommen. Für viele ist es der erste Kontakt mit einem «Einheimischen».

Ich finde sie in mehreren Lokalen, besonders aber in einem Bistro in der Rue Gambetta in der Nähe des Theaters. Einige Steinstufen führen in den Keller, der außer der üblichen Theke dunkel gebeizte Holztische und Bänke enthält. Er ist ab acht Uhr abends immer überfüllt. Der Wirt, ein geschäftstüchtiger älterer Mann, steht hinter seiner Theke und gibt Getränke aus. Zu Überpreisen bietet er Rotwein aus der Dordogne an und Armagnac, einen scharfen aromatischen Weinbrand aus der Provinz gleichen Namens. Auch die französischen Beamten des nahen Polizeikommissariats verkehren hier, und der Wirt scheint mit seiner Schwarzmarktware von ihnen gedeckt zu sein.

Bald habe ich herausgefunden, daß es zwei Gruppen unter den deutschen Unteroffizieren gibt. Die einen, die sich durch besonders gepflegte Uniformen und selbstbewußtes Auftreten auszeichnen, waren früher zusammen in einer Einheit gewesen, die sie «Division Brandenburg» nennen und die sich mit «Spezialaufgaben» befaßt. Mehr sagen sie darüber nicht. Sie sprechen unter sich von gemeinsamen Erlebnissen, aber eher von Trinkgelagen und Plünderungen als von Kriegshandlungen. Diese Leute fühlen sich als Berufssoldaten. Auf meine vorsichtigen Fragen antworten sie in der Regel mit Parolen aus den letzten Berichten des Oberkommandos der Wehrmacht.

Das ist der «Stamm» – so bezeichnen sie sich selbst. Im Laufe der Zeit und bedingt durch die Lücken, die der Krieg gerissen hat, sind jedoch viele andere zu ihnen versetzt worden, meist Verwundete, die nicht mehr fronttauglich sind. Zwischen dem «Stamm» und den «Neuen» gibt es Spannungen. «Die Brandenburger reißen alle Druckposten an sich», höre ich, oder: «Wie die Brandenburger mit den ‹Hiwis› umgehen, das ist ja nicht mehr feierlich.»

«Hiwis» ist eine Abkürzung für Hilfsfreiwillige. Oft sagen die Unteroffiziere auch einfach «Iwans». Ich sammle Material, das ich in einem besonderen Flugblatt für die deutschen Ausbilder verwenden will. Man könnte darin von den Gegensätzen zwischen dem «Stamm» und den «Neuen» sprechen und beide Gruppen darauf aufmerksam machen, daß ihre Beihilfe, bei dem Versuch, Kriegsgefangene zum Wehrdienst zu zwingen, im Widerspruch zur Genfer Konvention und zum Völkerrecht steht.

Aber soweit ist es noch nicht. Meist höre ich aufmerksam zu. Einmal vernehme ich ein Gespräch über meine Flugblätter. Es sind offensichtlich keine vom «Stamm», die sich darüber unterhalten. «Jetzt dringen sie sogar schon in unsere Unterkünfte vor», sagt ein Feldwebel.

«Wer denn?»

«Na, die Terroristen!»

Diese Bezeichnung wird allen Résistance-Kämpfern gegeben.

«Wieso?»

«Vor unserem Quartier haben wir gestern morgen Flugblätter entdeckt. Sie müssen in der Nacht hingelegt worden sein, waren sogar auf deutsch geschrieben.»

«Was stand denn da drin?» fragt ein etwa dreißigjähriger Unteroffizier, ein mittelgroßer Mann mit dunklen Haaren, der den Winterkampforden derjenigen trägt, die an der Ostfront eingesetzt waren. «Gefrierfleischorden» nennen ihn die Landser. Über den Inhalt des Flugblatts kann oder will der Feldwebel keine Auskunft geben, auch nicht, als sein Gesprächspartner die Frage wiederholt.

Ich finde es bemerkenswert, daß sich der Unteroffizier für den Inhalt meiner Flugblätter interessiert, und nehme mir vor, ihn bei nächster Gelegenheit anzusprechen, wenn er allein ist. Doch er scheint zufällig in das Bistro geraten zu sein und läßt sich dort nicht mehr sehen. Die deutschen Stammgäste in dieser Kneipe haben sich an meine Anwesenheit gewöhnt. Meist kreisen die Gespräche mit ihnen um die Themen Wetter, die Gegend, die Lebensmittelzuteilung für die Bevölkerung und die Überpreise für die Schwarzmarktgetränke des Wirtes. Einmal, als man zu später Stunde in der kleinen Stube hinter dem Schankraum zusammensitzt, fragt mich ein Hauptfeldwebel, der seine Flasche Rotwein schon fast ausgetrunken hat: «Und wenn es hier mal zu Ende gehen sollte, ich meine, wenn wir mal abziehen müssen – was wird dann die Bevölkerung Ihrer Ansicht nach machen, Monsieur?»

Es ist still geworden in der Runde. Alle schauen gespannt auf mich. Ich zögere mit der Antwort. Wie weit kann ich gehen? «Das hängt von vielen Dingen ab», sage ich vorsichtig.

Plötzlich sprechen alle aufgeregt durcheinander. Offenbar beschäftigt sie dieses Thema weit mehr als vor ein paar Monaten die Soldaten der Transportkommandantur in Toulouse. Es ist Ende Januar 1944. An der Ostfront hat die Wehrmacht weitere Niederlagen erlitten.

«Die Amis werden nicht landen», meint ein Oberfeldwebel, der die Befestigungen am Ärmelkanal und am Atlantik gesehen hat. «Da kommt keiner durch. Wir sitzen hier noch Jahre.»

Doch die Mehrheit denkt anders. «Viel wichtiger ist, was dann die Hiwis machen», wirft ein anderer ein.

«Wenn die ruhig bleiben, ist alles in Ordnung.»

Damit sind wieder zwei Unteroffiziere nicht einverstanden. Das Hauptproblem seien die Terroristen. Sie erzählen, wie sie bei einer Übung in der Umgebung von Castres plötzlich Maschinengewehrfeuer von einem nur hundert Meter entfernten Felsen erhalten hatten. Als daraufhin ein Zug von hinten die Höhe stürmte, hatten nur Patronenhülsen am Boden gelegen. Die Partisanen schienen wie durch Zauber verschwunden.

«Sie haben unterirdische Gänge, die aus der Zeit der Schlösser stammen», wirft einer ein. Doch das glaubt niemand. Man kommt auf Partisanenüberfälle in der Sowjetunion und in Jugoslawien zu sprechen, und obwohl die Weinflasche kreist, ist die Stimmung plötzlich gedrückt.

Die deutschen Besatzungssoldaten haben Angst vor der Landung der Engländer und Amerikaner, vor Partisanenangriffen, vor der Bevölkerung, denke ich. Man müßte in einem Flugblatt genaue Verhaltensmaßregeln geben für den Fall einer Landung der Alliierten, eines allgemeinen Aufstandes gegen die Besatzungsmacht. «Bedingungslose Kapitulation bei der ersten Gelegenheit. Rettet das Leben und sichert die Heimkehr nach Deutschland» – vor mir sehe ich schon das Flugblatt «An die deutschen Ausbilder in Castres». Den Entwurf will ich Eugen bei nächster Gelegenheit zukommen lassen.

Noé hat einen jungen Arbeiter aus der Möbelfabrik als

Kurier eingesetzt. Er hat einmal in der Woche Kaninchenställe – das ist die einzige Produktion des früher renommierten Betriebes – mit einem holzgasgetriebenen Lastwagen nach Toulouse zu fahren. Noé gibt ihm Berichte an die deutschen Genossen mit und erhält über diesen Weg Antwort.

Über die Offiziere in Castres habe ich noch nichts berichten können. Ich weiß noch nichts über sie, wenn man davon absieht, daß der Albino-Oberleutnant wahrscheinlich für die Abwehr tätig ist. Welche Möglichkeit gibt es, mit ihnen in Kontakt zu kommen?

Begegnung bei Goya

Am späten Abend ist eine neue Flugblattverteilung vorgesehen. Mit Marcel will ich mich an einer Agoutbrücke treffen. Er bringt zum erstenmal die kleinen Flugblätter mit, die nach meinen Angaben besonders auf die deutschen Ausbilder in Castres zugeschnitten sind. Eugen in Toulouse hat einen Abschnitt hinzugefügt, mit dem die Offiziere angesprochen werden sollen. Bis zur Begegnung mit Marcel bleibt noch Zeit, die ich verwenden möchte, um noch einmal die Bilder von Goya im Museum anzusehen.

Wie bei meinem ersten Besuch ist der Teil des Rathauses, in dem die Kunstwerke aus Spanien untergebracht sind, menschenleer. Bei den Radierungen fällt mir diesmal ein Capricho auf, das ich damals nicht beachtet hatte: «Die Strafe der Vergüenza». Das Bild, von atemberaubender Intensität, zeigt eine von der Inquisition Bestrafte mit der hohen, spitzen Ketzermütze, die mit gefesselten Händen und dem hölzernen Halsjoch auf einem Esel reitend durch die Menge getrieben wird. Das Gesicht des Opfers drückt nur Leiden aus, bis zum Verzicht auf das Leben. Ungeheuerlich sind die Fratzen der Richter und Büttel des hohen kirchlichen Gerichts an der Seite der Delinquentin: bornierte Unmenschlichkeit, Dummheit, Grausamkeit. Beklommen stehe ich vor der Radierung und begreife ihre zeitlose Anklage.

Bisher waren nur die Schritte des Wächters in dem zu den Radierungen führenden Gang zu hören. Daher horche ich auf, als ein Besucher die steinerne Wendeltreppe heraufsteigt. In einem zwischen zwei Fenstern in die Wand gelassenen Spiegel sehe ich ihn auftauchen. Es ist der Unteroffizier mit dem «Gefrierfleischorden», der sich so eindringlich nach dem Inhalt meiner Flugblätter erkundigt hatte.

Jetzt nichts falsch machen, denke ich. Soll ich warten, bis ich angesprochen werde, oder die Initiative ergreifen? Im Saal der Radierungen sieht sich der Unteroffizier kurz um. Dann geht er wieder in den Gang hinaus und spricht den Wächter an. Wie alle, die nur eine Sprache beherrschen, glaubt er, der Museumsangestellte müßte ihn besser verstehen, wenn er gebrochen in seiner eigenen Sprache redet und alle Verben im Infinitiv gebraucht. «Ölgemälde, groß, Goya, wo sein, hier, da …», höre ich den Unteroffizier sagen. Der Wächter antwortet im gleichen Stil auf französisch: «Moi, pas comprendre allemand, ici Musée Goya …» (Ich Deutsch nicht verstehen, hier Goya-Museum).

«Kann ich Ihnen vielleicht helfen?» frage ich und trete auf die beiden zu.

«Na so was», staunt der Unteroffizier. «Sie sprechen ja Deutsch!»

«Ein wenig», antworte ich, bemüht, die französische Aussprache zu betonen. Ich führe meinen Begleiter in den Raum, in dem Goyas Gemälde hängen. Wir bleiben vor der «Junta der Philippinen» stehen. Das 1816 entstandene Bild zeigt den unter dem Vorsitz des Königs tagenden Rat, der über die Kolonie in Südostasien zu entscheiden hat. Die Minister, der König selbst scheinen gelangweilt, fast im Halbschlaf. Die Gesichter drücken nichts als Leere aus. Wie unbeteiligt sitzen die Junta-Mitglieder im Hintergrund an einem langen Tisch, von den hohen Mauern des Saales umgeben. Den Mittelpunkt des Gemäldes bildet das Licht der Sonne, das durch ein schmales Fenster fällt und einen Teil des Teppichs erhellt.

«Ich bin eigentlich enttäuscht», sagt der Unteroffizier.

«Im Fremdenführer habe ich gelesen, das soll das bedeutendste Goya-Bild – oder eine Kopie davon – in Castres sein.»

Ich versuche dem Unteroffizier zu erklären, was ich selbst beim Betrachten des Gemäldes empfinde: «Goya hat offensichtlich den Auftrag gehabt, ein Protokollbild über den mächtigen Rat zu malen, mit allen Orden und Ehrenzeichen seiner Mitglieder. Er hat aber die Wirklichkeit erfaßt und die Belanglosigkeit der Sitzung festgehalten. Man kann eben nicht in Madrid über das Schicksal der Philippinen entscheiden. Mit anderen Worten: Man kann fremde Völker nicht auf die Dauer unterdrücken.»

«Donnerwetter!» entfährt es dem Unteroffizier. «Sind Sie Kunstsachverständiger oder vielleicht sogar Politiker?» Der Spott ist unverkennbar.

«Weder noch», antworte ich. Ich erzähle beiläufig, daß ich angefangen hatte, Germanistik zu studieren, allerdings aufhören mußte, weil mir die Mittel fehlten. Dann hätte ich mich als Büroangestellter durchgeschlagen. Jetzt sei ich in Castres bei Freunden meiner Familie und versuche, in der Textilindustrie Arbeit zu finden. Doch das sei nicht leicht.

«Haben Sie nie daran gedacht, als Dolmetscher in der Kommandantur unterzukommen?» fragt mich der Soldat. «Wir brauchen hier eigentlich mehr Übersetzer für Russisch. Vielleicht könnte ich aber mal mit einem Freund reden, der in der Schreibstube des Kommandanten sitzt.»

«Nein», sage ich entschieden, «daran habe ich überhaupt noch nicht gedacht, und das kommt auch für mich nicht in Frage.»

«War ja nur so eine Idee», lenkt der Unteroffizier ein. «Ich wollte Ihnen damit in keiner Weise zu nahe treten. Möglicherweise sehen Sie die Deutschen so, wie Goya die Junta-Mitglieder gemalt hat ...»

«Könnte sein», antworte ich. «Aber es gibt einen wesentlichen Unterschied.»

«Welchen denn?»

«Die Herrschaft der Spanier über die Philippinen dauerte

146

fast bis zum Ende des neunzehnten Jahrhunderts, also noch achtzig Jahre, nachdem das Bild gemalt worden war.»

«Sie meinen, wir müßten Frankreich bedeutend schneller verlassen?»

«Das haben Sie gesagt, Herr Unteroffizier!»

Der Soldat lacht. «Nicht schlecht, unter Umständen nicht einmal falsch. Übrigens heiße ich Günther Wegener.»

Auch ich stelle mich vor mit dem Namen, der auf meinen falschen Papieren steht, Jean-Pierre Ariège.

«Schwer auszusprechen, aber wir werden es schon schaffen», meint Wegener.

«Was halten Sie davon, wenn wir jetzt gemeinsam zu Abend essen?» fragt er.

Mein neuer Bekannter bittet mich, ihm ein Lokal zu zeigen, und ich führe ihn in ein kleines Restaurant in der Altstadt, in dem man zu Schwarzmarktpreisen verhältnismäßig gut essen kann. Hier verkehren kaum Angehörige der Besatzungsmacht. Für die Unteroffiziere ist es zu bescheiden, für die Rekruten zu teuer. Wir sprechen zunächst über Castres und seine Umgebung, über das Museum und Goyas Bilder. Wegener, der gern zu lachen scheint, amüsiert sich köstlich über das Schild, das er vor den Jean Jaurès gewidmeten Räumen des Museums gesehen hat: «Bis auf weiteres geschlossen». «Hinzu kommt, daß bis auf weiteres auf französisch, ‹jusqu' à nouvel ordre› heißt», sage ich. «Und ‹nouvel ordre› bedeutet zugleich neue Ordnung, neue Macht.»

Damit sind wir wieder bei der Gegenwart. Im Gegensatz zu den bisherigen Gesprächspartnern in der Transportkommandantur oder auch in Castres scheint es mir, als ob Wegener nach Worten sucht, um sich vom Nazismus zu distanzieren. Er stammt aus einer Breslauer Handwerkerfamilie. Vater und Mutter haben ihn katholisch erzogen. In der Hitlerjugend war er natürlich ebenso wie alle, dann war der Krieg gekommen, der Fronteinsatz in Rußland, die Verwundung, ein Lungendurchschuß, der ihm zur Versetzung nach Frankreich verholfen hatte. «Aber sie kämmen schon wieder alles durch, keiner von uns weiß, ob er nicht morgen an die Ostfront muß. Wenn die Scheiße doch bald zu Ende sein könnte ...»

Nur nicht zu früh einstimmen, denke ich. Ich erinnere mich an die Vorsichtsregeln, die Eugen mir eingeschärft hat. Heute lasse ich Wegener reden. Wenn er es nicht ehrlich meinen sollte, werde ich es schon merken.

«Es gibt Dinge», sagt Wegener, «die es gar nicht geben dürfte. Wenn ich Ihnen berichten würde, was ich in Rußland gesehen habe, manchmal schämt man sich, deutscher Soldat zu sein ...»

Ich lenke auf ein anderes Thema, erzähle Anekdoten von der Universität, lustige Mißverständnisse, die Kommilitonen im ersten Studienjahr bei der falschen Aussprache deutscher Wörter hervorgerufen hatten. Nicht zu schnell, denke ich, nicht zu schnell.

Beim Nachtisch sprechen wir schon wie alte Bekannte miteinander.

«Ich glaube, ich bin der erste deutsche Unteroffizier in Castres, der das Museum besucht hat. Meine Kameraden sind weniger daran interessiert. Aber ein Oberleutnant hat mir davon erzählt. Er ist direkt besessen von Bildern und Statuen. Überall besucht er die Museen. Aus Rußland hat er sich Ikonen mitgebracht, drei kleine Bilder, sehr alt und ganz großartig gemalt. Das ist überhaupt ein merkwürdiger Kerl, dieser Oberleutnant. Im Dienst hart, im Privaten der umgänglichste Mensch. Übrigens ein Albino.»

Den habe ich schon mehrmals gesehen, denke ich, sage aber nichts. Es beunruhigt mich etwas, daß Wegener den Offizier kennt, den Marcel mir auf der anderen Seite des Agout in einem Büro gezeigt hatte, das von einer Stelle der Abwehr besetzt ist. Aber schließlich ist die Garnison in Castres klein, die Deutschen zählen vielleicht einige Dutzend. Warum sollten sie sich nicht alle mehr oder weniger kennen?

«Sie werden es nicht glauben, heute habe ich den besten Abend verbracht, seitdem ich in diesem gottverfluchten Castres bin», meint Wegener, als wir aufbrechen.

Wir trennen uns fast wie Freunde und verabreden uns für drei Tage später im gleichen Lokal. Wegener sagt mir, wo er einquartiert ist. Zwei- bis dreimal in der Woche habe er dienstfreie Abende. Er verwalte als gelernter Schlosser eine Waffenkammer. Ich verspreche, Theaterkarten für das Schauspielhaus zu besorgen. Am Wochenende gastiert das Ensemble der Toulouser Capitole-Oper. Wegener ist nicht ungebildet.

Auf Umwegen gehe ich zu meinem Treff. Marcel hat alles fertig mitgebracht. Er erzählt stolz von einer neuen Tinte, die er in einem kleinen Laden in der Altstadt entdeckt hat. «Die Buchstaben sind jetzt wie gestochen. Kein Verwischen der Schrift mehr, alles mühelos zu lesen.»

Vor Wegeners Quartier, einer requirierten Villa in der Nähe der Kasernen, lege ich ein Flugblatt direkt vor die Haustür. Alle Fenster sind dunkel. Vielleicht schläft der Unteroffizier schon. Wir streuen unsere kleinen Päckchen, die um Kieselsteine gewickelten Flugblätter, diesmal auch in die Nähe des Kasinos der Unteroffiziere. Marcel hatte über Noé erfahren, daß die Offiziere ihren Speisesaal im nördlichen Flügel der Kaserne haben. Dort werfe ich einige Päckchen über die Mauer.

Elo und Céline haben auf meine Rückkehr gewartet. Sie sitzen in der kleinen Küche, nahe beim Ofen. «Hast du vielleicht noch eine Flasche von deinem Neffen?» frage ich. Das Treffen mit Wegener hat mich in Hochstimmung versetzt.

Elo lächelt und macht den Schrank auf, in dem sie ihre Vorräte aufbewahrt.

Wir stoßen an – auf die Kommandoaktion, die von den Engländern in der vergangenen Nacht in einem kleinen Hafen an der Kanalküste durchgeführt worden war. Die Landung ist das wohl noch nicht, aber vielleicht ein günstiges Vorzeichen. Céline erzählt, daß wieder drei Jungen aus ihrem Dorf verschwunden sind. «Die gehen alle in die Berge zu den Partisanen.»

Nein, es kann nicht mehr lange dauern, davon sind wir alle drei überzeugt.

Wegener sehe ich jetzt mindestens zweimal in der Woche. Meist essen wir zusammen in dem kleinen Lokal wie am ersten Abend. Wir gehen in die Oper und sehen «La Tosca». Ich habe Karten für verschiedene Reihen genommen, um mich nicht in aller Öffentlichkeit und vor vielen anderen Deutschen mit meinem neuen Bekannten zusammen zu zeigen. Im letzten Akt, als die Tosca vor dem von ihr erstochenen Gouverneur steht und ihr schrilles «Davor hat nun Rom gezittert» singt, gibt es einen Zwischenfall. Von der obersten Galerie, von den durch Studenten und Oberschüler eingenommenen Stehplätzen, ruft eine Stimme laut: «Und vor wem zittert Castres?»

Das Licht geht an, der Vorhang wird heruntergelassen.

«Faucher, Faucher», erschallt es vom Rang. Es ist der Name eines französischen Milizkommandanten in der Stadt. Nach einer Weile tritt der Direktor im Frack auf die Bühne und erläutert weitschweifig, daß die Vorstellung auf Anordnung der Polizei nicht fortgesetzt werden dürfe, weil jede Form von Zwischenrufen streng verboten sei. Pfiffe, Buh-Rufe aus dem Parkett begleiten seinen Abgang. Nur zögernd verlassen die Zuschauer das Theater. Die deutschen Offiziere und Unteroffiziere zwischen ihnen scheinen beunruhigt und bahnen sich mit unsanften Stößen den Weg zum Ausgang.

Meinen Unteroffizier treffe ich wie verabredet in einer Seitenstraße. Wir schlagen den Weg zu unserem Restaurant ein. Wegener ist über den Vorfall erregt. «Das ist ja ein Hexenkessel hier. Die Feindseligkeit merkt man auf Schritt und Tritt. Ist das überall so? Was wird aus uns werden, wenn die Alliierten tatsächlich landen? Wir stehen ja so tief im Süden …»

Noch nie hat ein Angehöriger der Besatzungsmacht sich

so offenherzig mir gegenüber geäußert. Ich zögere mit der Antwort. «Das sind alles Dinge, die man sorgfältig überlegen muß. Wir sollten einmal in Ruhe darüber sprechen.»

Im Restaurant holt Wegener, nachdem er um sich geblickt hat, ein kleines Faltblatt aus der Tasche seines Waffenrocks, das ich auf den ersten Blick erkenne. Es ist eines meiner Flugblätter, die ich einige Tage zuvor auch vor das Quartier des Unteroffiziers gelegt hatte. «Lesen Sie sich das mal durch. Was meinen Sie dazu?»

Ich lasse mir Zeit, bevor ich das Blatt zurückgebe. «Das scheinen mir ganz vernünftige Gedanken zu sein. Was sagen die anderen Unteroffiziere in Ihrer Umgebung dazu?»

«Die anderen geben es einfach ab, an den Abwehroffizier, wie vorgeschrieben. Keiner spricht darüber. Und ich will mich ebenfalls mit niemandem darüber unterhalten.»

Umständlich erläutert Wegener, meine eigenen Beobachtungen bestätigend, daß es im großen gesehen zwei Gruppen von unteren Chargen in Castres gebe. Da seien die von der ehemaligen Division «Brandenburg», Zwölfender, wie die Berufssoldaten wegen ihrer zwölfjährigen Dienstverpflichtung meistens genannt wurden, stur, übervorsichtig, manchmal auch unkameradschaftlich. Die anderen würden in der Regel von der Ostfront kommen und fürchteten sich, wieder dorthin kommandiert zu werden. Jeder hoffe auf sein privates Glück. Das Ende des Krieges könnten sich die meisten gar nicht vorstellen, wollten es auch nicht. An den Sieg glaube niemand mehr.

Wir werden durch einen Oberfeldwebel unterbrochen, der die Tür zum Lokal aufstößt, auf die Theke zugeht und dort einen Kognak bestellt. Als er sich umdreht und den Tisch erblickt, an dem wir sitzen, verzieht sich sein Gesicht zu einem erstaunten Lächeln. «Wegener», ruft er, «was machst du denn hier?» Er kommt auf unseren Tisch zu. Wegener stellt vor.

«Oberfeldwebel Hansen, Jean-Picre Ar... verdammt, ich kann mir doch Ihren Namen so schlecht merken.»

«Ariège», helfe ich.

«Sie sprechen deutsch», sagt der Oberfeldwebel, offensichtlich, ohne eine Antwort abzuwarten.

«Setz dich doch zu uns», lädt Wegener ihn ein, aber ohne Wärme.

«Kann nicht, muß gleich zurück in die Unterkunft, Nachtwache.» Er verabschiedet sich schnell, trinkt sein Glas in einem Zug aus, zahlt und geht. Wegener scheint besorgt.

«Morgen fragt er mich bestimmt nach Ihnen. Er ist in meiner Einheit, ein ‹Brandenburger›.»

«Sie können ihm ja genau erzählen, wie wir uns kennengelernt haben», beruhige ich ihn. «Was ist schon dabei?»

Das stimmt. Bisher ist von mir kaum ein Wort gefallen, das als «Zersetzung der Wehrkraft» ausgelegt werden könnte. Ich nehme mir vor, es so zu belassen, bis ich Antwort von Eugen erhalten habe, dem ich schriftlich über die Begegnung und die Gespräche mit Wegener berichtet hatte. Allerdings, die Verbindung nach Toulouse ist wegen der immer stärkeren Kontrollen in Autobussen und Zügen nicht mehr wöchentlich, sondern vierzehntägig. Noémie hat das angeordnet, nachdem ihr Kurier nur mit Mühe einer Überprüfung durch die Polizei entgangen war.

Von Eugen ist inzwischen nur eine kurze Mitteilung eingetroffen, die er Noé mündlich bei einem Treff in Toulouse übermittelt hatte. Er kündigt seine Ankunft für die nächste Woche in Castres an und rät, bis dahin äußerste Vorsicht mit dem Unteroffizier walten zu lassen.

Aber was ist äußerste Vorsicht? Ich bin der Meinung, daß ich mich bisher äußerst, wenn nicht allzu vorsichtig verhalten habe. Bei den Begegnungen mit Wegener halte ich mich nach wie vor zurück, lasse den Unteroffizier reden, der sein Herz gern ausschüttet. Höchstens einmal ein verständnisvolles Nicken, wenn mein Gesprächspartner über die Naziführung, die Offiziere, den «Scheißkrieg» flucht. An der Ostfront, eigentlich im Hinterland, hatte Wegener mehrere Male Ortschaften gesehen, die durch «Partisanenbekämpfungsaktionen» völlig zerstört worden waren. Einmal in einem Dorf hockte mitten in den verkohlten Trümmern ein vielleicht dreijähriges Kind und weinte. Wegener hatte den Geländewagen angehalten und war abgesprungen, um das Kleine zu holen. Er war von seinem Leutnant, der neben ihm saß, daran gehindert worden. «Lassen Sie das Balg da, dafür haben Sie keinen Befehl», hatte der Offizier geschrien.

Wegener hat gesehen, wie Männer, Frauen und Kinder im Schneesturm zu den Viehwagen zur Deportation getrieben wurden. «Wie die Tiere», sagt er tonlos. Aber gleich darauf: «Gott sei Dank, daß es das hier nicht gibt.»

Diesmal spreche ich doch vorsichtig von den Kriegsverbrechen in Frankreich. Ich erzähle von den Exekutionen von Geiseln und zum Tode Verurteilter in der Festung Mont Valérien in Paris, auf dem Schießplatz im nahen Toulouse, von den Deportationszügen, die mit Widerstandskämpfern, mit jüdischen Männern, Frauen und Kindern in deutsche Konzentrationslager rollen. «Das weiß hier jeder Einheimische. Vielleicht kennen nur die deutschen Wehrmachtsangehörigen diese Fakten nicht, viele wollen sie bestimmt auch nicht zur Kenntnis nehmen.»

Wegener scheint beeindruckt. «Mein Gott, wie wird das bloß enden ...»

«Haben Sie denn niemand unter Ihren Kameraden, mit dem Sie darüber sprechen können?» frage ich. «Ich glaube, die deutschen Soldaten können viel tun, um das Schlimmste zu vermeiden.» Bin ich schon zu weit gegangen? Wegener jedenfalls antwortet darauf nicht.

Zwei Tage später ist wieder eine Begegnung mit ihm vereinbart. Eine Stunde vorher gehe ich in der Küche von Elo hin und her. «Du machst einen ja ganz nervös, setz dich doch hin, trink eine Tasse Kaffee mit mir», sagt meine Wirtin. «Was hast du denn, Sorgen?» Doch darauf kann ich ihr keine Antwort geben.

Von Eugen ist ein dünnes Päckchen mit einigen Exemplaren des neuesten Flugblattes der Bewegung «Freies Deutschland» gekommen. Es ist ein Aufruf «An die deutsche Wehrmacht an der Westfront». «Die letzte Stunde hat begonnen», heißt es im Text. Die Soldaten werden aufgefordert, die Waffen gegen die Nazis zu richten. Ein ganzer Abschnitt ist den faschistischen Verbrechen in der Sowjetunion, in Polen, auch in Frankreich gewidmet, und an die Wehrmachtsangehörigen ergeht der Appell, «die Ehre wieder reinzuwaschen» durch mutige Taten gegen den verbrecherischen und verlorenen Krieg.

Das ist genau das, was Wegener braucht, denke ich. Wenn ich ihm das Flugblatt geben würde … Ich könnte ja sagen, ich hätte es gefunden, wüßte nicht, woher es kommt. Mit der einen Fläche der kleinen Zeitung streiche ich über den heißen Ofen. Rußflecke setzen sich ab. So könnte es auf der Straße gelegen haben. Wenn sich die Gelegenheit ergibt, überreiche ich es Wegener, denke ich. Aber ich mache es nur, wenn er selbst wieder von dem Problem anfängt. Sonst behalte ich es einfach bei mir. Ich verabschiede mich von Elo, um zu meinem Treff zu gehen.

Der Unteroffizier scheint guter Stimmung zu sein. Er scherzt, erzählt einen deftigen Landserwitz, macht sich über den deutschen Hauptmann lustig, der sein direkter Vorgesetzter ist und den man immer gegen zehn Uhr morgens wecken muß, weil er die Nächte mit der Frau eines französischen Milizoffiziers verbringt. «Ihr Mann verhört in der Zeit Gefangene im französischen Gefängnis», sagt Wegener. «Geschieht ihm recht.»

Wir gehen in das kleine Lokal, das ich in der Nähe des Rathauses entdeckt habe. Hier verkehren keine deutschen Soldaten. Es gibt zwar weder Wein noch Kognak, aber man ist ungestört. Der Wirt, ein alter Mann mit Backenbart und blauer Schürze, behandelt uns mit betonter Unhöflichkeit. Das ist gewiß kein Kollaborateur, denke ich. Wir bestellen ein markenfreies Essen, eine Art Steckrübenragout. Inzwischen ist Wegeners gute Laune verflogen. Er ist jetzt sehr unwillig. Unser Gespräch wird schleppend. Wegener sieht häufig auf die Uhr hinter dem Schanktisch, zerbröckelt sein Brot nervös auf dem Tischtuch aus fleckigem Papier. Ich denke an das Flugblatt in der Innentasche meines Jacketts. Wenn ich mich bewege, knistert das Papier leise, und es scheint mir, Wegener müßte es wie ich hören.

Nein, irgendwie ist mein Bekannter heute nicht bei der Sache. Ich wäge wieder einmal das Für und Wider eines offenen Gesprächs mit ihm ab. Vorsichtige Zurückhaltung oder in die Offensive gehen? Wenn ich so weitermache, kommt das Kriegsende eher als mein Entschluß, mit diesem Mann offen zu reden, denke ich unlustig. Ich muß an eine Szene aus meiner Kindheit denken. Ich war elf, vielleicht zwölf Jahre alt, als ich auf dem Fünfmeterturm des Pariser Schwimmbads Molitor stand. Unter mir schien das Wasser in endloser Tiefe zu liegen, gefährlich, unerreichbar. Einige Schritte hinter mir stand ein junger Mann am Geländer, dessen Kunstsprünge von allen bewundert wurden. «Du traust dich ja doch nicht», sagte der Ältere verächtlich. In diesem Augenblick war ich losgesprungen, meinen Wagemut in der gleichen Minute verfluchend, in der die Luft an mir vorbeipfiff, bis ich ins Wasser tauchte mit den ausgestreckten Armen und dem Kopf zuerst, ohne jede Schwierigkeit.

Ich werfe mich ins Wasser.

«Als wir uns das letztemal trafen, haben Sie gefragt, wie das alles enden soll. Ich habe da gestern eine Zeitung gefunden, in der das gleiche Problem behandelt wird.»

Wegener hört aufmerksam zu, sagt aber nichts.

«Es ist in deutscher Sprache», füge ich hinzu.

«Haben Sie die Zeitung bei sich?» fragt Wegener.

«Ich kann sie Ihnen unter dem Tisch geben. Aber lesen Sie sie nicht hier, sondern in Ruhe.»

Wegener denkt nach. «Warten Sie noch etwas damit, vielleicht nachher.»

Kurz darauf öffnet sich die Eingangstür, und herein tritt ein uniformierter Deutscher. Er wirft einen kurzen Blick auf den Tisch, an dem wir sitzen, und geht, ohne Wegener auch nur mit einem Kopfnicken zu begrüßen, an die Theke, an die er sich mit dem Rücken lehnt. Ich erkenne den Oberfeldwebel Hansen, der schon einmal in der vergangenen Woche zu einem meiner Treffs mit Wegener gestoßen war. Wie kommt der hierher? frage ich mich. Ist er Wegener gefolgt? Warum sagt er nichts? Ich habe plötzlich den Eindruck einer unmittelbaren Gefahr. Wegener schweigt und blickt wie gebannt auf die Tür. Sein Gesichtsausdruck ist merkwürdig angespannt.

Nur weg hier, denke ich. «Ich glaube, wir verschieben unser Gespräch auf ein anderes Mal», sage ich und ärgere mich über meine tonlose, stockende Stimme. Ich stehe auf, schiebe meinen Stuhl zurück. Da wird die Tür zur Straße aufgerissen. Drei deutsche Soldaten im Stahlhelm, mit der Kette und dem Schild der Feldgendarmerie auf der Brust, die Maschinenpistolen schußbereit im Arm, steigen polternd die Stufen zum Schankraum herab. Eine Streife, denke ich fast erleichtert. Sie werden die Ausweise kontrollieren. Doch die Feldgendarmen gehen direkt auf unseren Tisch zu, und ihr Anführer sagt nicht das bekannte «Ausweise, carte d'identité», sondern: «Sie sind festgenommen, kommen Sie mit. Wenn Sie versuchen, zu fliehen, werden Sie erschossen.»

Ich sehe wie durch einen Schleier den Schankwirt hinter der Theke, der mit offenem Mund auf die Szene starrt, und die Uhr an der Wand, deren Minutenzeiger in diesem Augenblick einen Sprung macht. «Schnell, schnell, raus!» ruft einer der Feldgendarmen und stößt mich zur Tür.

Die Straße ist menschenleer. Fünfzig Meter weiter rechts stehen zwei schwarze Citroën mit dem Kennzeichen der Wehrmacht. Die Motoren laufen. Ich werde in den Fond des ersten Wagens gestoßen. Rechts und links von mir setzen sich Feldgendarmen. Ich beobachte noch, wie Wegener und Hansen zum anderen Auto geführt werden. Die Wagen fahren rasch los.

Über mich ist jetzt eine seltsame Ruhe gekommen. Die fieberhafte Erregung, die mich seit der ersten Begegnung mit Wegener beherrscht hatte, ist beendet. Ich muß an einen Ausspruch des populären Pariser Schriftstellers und Stückeschreibers Tristan Bernard denken, der in der französischen Bevölkerung erzählt wird. Bernard, schon ein sehr alter Mann, und seine Frau, beide jüdischer Herkunft, waren in Paris festgenommen und in ein Lager geschafft worden. Sie warteten auf die Deportation. «Bisher», hatte in dieser Situation der Schriftsteller zu seiner Frau gesagt, «haben wir in der Furcht gelebt, von nun an leben wir in der Hoffnung.» Tristan Bernard war durch die Intervention von Theaterleuten, die mit den Deutschen kollaborierten und schon Alibis für die Nachkriegszeit suchten, besonders von Sacha Guitry, freigekommen. Seine Hoffnung, am Leben zu bleiben, hatte sich erfüllt.

Aber wie stehen die Chancen für mich? Ich denke an das Flugblatt, das ich in der Innentasche meines Jacketts trage, an meine falschen Papiere, die keiner ernsthaften Überprüfung standhalten, daran, daß ich nicht sagen kann, wo ich in Castres wohne.

Ich weiß, daß die Gestapo ihre Opfer quält, um sie zu zwingen, ihre Gefährten preiszugeben. Gefoltert wird mit Elektrizität, mit dem Eintauchen des Kopfes in kaltes Wasser bis zum Ersticken, mit glühenden Eisen. Wenn es doch nur schon vorbei wäre! Aber wenn ich an das Ende der Qualen und an das Hinrichtungskommando denke, vor dem ich dann stehen würde, legt sich die Furcht vor dem Tod wie eine kalte Hand um mein Herz.

Was wird Wegener sagen? Ich nehme mir vor, den Gesprächen mit dem Unteroffizier einen völlig harmlosen Inhalt zu geben. Worüber hatten wir geredet? Über Goyas Bilder im Museum, über französische Küche und Weine, über die Landschaft im Departement Tarn. Über den Krieg, ja, vielleicht gelegentlich, aber nur im Zusammenhang mit den Berichten des Oberkommandos der Wehrmacht, den einzigen in den Zeitungen abgedruckten Informationen über die Entwicklung der Kämpfe.

Konnte nicht irgendein Ereignis den Lauf der Dinge unterbrechen? Die Sowjetarmee stößt im Osten so schnell vor, daß die Front dort in kurzer Zeit völlig zusammenbricht, male ich mir aus. Aus den besetzten Gebieten ziehen die Nazitruppen überstürzt ab. Oder die Landung der Alliierten erfolgt endlich, und sofort setzt ein Aufstand des Volkes in allen französischen Städten ein. Als erstes werden natürlich die Gefängnisse gestürmt, die Häftlinge befreit ...

Ich werde aus meinen Gedanken gerissen, als die Wagen dicht hintereinander vor dem Eingangstor der Kaserne «Marie-Louise» stoppen. Ein kurzes Kommando, und sie fahren langsam in den Hof, halten vor einem zweistöckigen Gebäude. «Los, raus», rufen die Feldgendarmen an der offenen Wagentür.

Ich werde in ein Wachlokal geführt. An der Wand stehen Gewehre hinter einem Eisengitter. Soldaten warten auf Bänken, an einem Schreibtisch sitzt ein Leutnant, der leise mit dem Oberfeldwebel Hansen und dem Chef der Feldgendarmerieabteilung spricht. Neben ihnen steht Wegener. Er hat ja noch seine Pistole! Tatsächlich, an seinem Koppel hängt das Lederfutteral mit der Pistole. Man hatte sie ihm nicht abgenommen, also war der Unteroffizier nicht verhaftet worden. Er hat mich verraten, denke ich bitter. Richtig, es ist Wegener, der den Telefonhörer abnimmt, die Kurbel dreht und betont ruhig in die Muschel spricht: «Herr Oberleutnant, wir haben ihn.»

Zwei der Gendarmen durchsuchen mich mit deutscher Gründlichkeit. Die Aufschläge an Jacke und Hose werden sorgfältig abgetastet, die Taschen geleert und umgestülpt. Auf dem Tisch neben mir sammeln sich Portemonnaie, Brieftasche mit den falschen Papieren, Taschentuch, ein Stadtplan von Castres, eine Autobusfahrkarte mit dem Aufdruck der Station Toulouse – was man doch alles vergessen kann, wenn man nicht ständig an die mögliche Verhaftung denkt –, Zigaretten, Streichhölzer und schließlich der Briefumschlag mit dem Flugblatt.

«Was ist da drin?» fragt einer der Gendarmen.

«Das weiß ich nicht. Ich habe den Umschlag auf der Straße gefunden und noch nicht geöffnet», lautet meine wenig überzeugende Antwort.

Mit den Gedanken bin ich ganz woanders: Beim ersten Verhör, das jetzt folgen muß, denn meine Habseligkeiten, in ein Handtuch gewickelt, werden die Treppe zum oberen Stockwerk hinaufgetragen. Wenige Minuten später gehe ich den gleichen Weg zwischen zwei Wächtern, die jede meiner Bewegungen mißtrauisch verfolgen. Sie klopfen an eine Tür, warten das «Ja» von innen kaum ab und stoßen mich in den Raum. Hinter dem Schreibtisch unter einer Bürolampe mit grünem Schirm sitzt der Albino. Er hat den Inhalt meiner Taschen vor sich ausgebreitet. Das aus dem Umschlag genommene Flugblatt hält er in der Hand.

«Wieviel Geld bekommen Sie dafür?» fragt der Oberleutnant schneidend.

Ich hatte eine ganz andere Frage erwartet, und vor Wut wird es mir schwarz vor den Augen. Ohne zu überlegen, schleudere ich heraus: «So etwas macht man nicht für Geld.»

«Sondern?»

«Aus Überzeugung!»

Der Offizier schaut mich aufmerksam an. Die Antwort scheint ihn zu überraschen. Ich sehe die roten Augen, die weißen, dünnen, sorgfältig gescheitelten Haare, ein intelligentes Gesicht mit kaltem Ausdruck. Sofort denke ich, ich muß meine Antworten besser überlegen. Soeben habe ich mich schon zur illegalen Arbeit bekannt. War das jetzt bereits notwendig? Keinerlei Angaben, die meine Genossen gefährden, hinhaltende, verzögernde Antworten geben, nehme ich mir vor. Zeit ist nun mein bester Verbündeter.

Der Albino schiebt mir Zigaretten und eine Streichholz-schachtel über den Tisch. «In Ihrer Lage raucht man doch gern.» Und gleich darauf, während ich langsam ein Streich-holz anzünde: «Wir müssen Sie natürlich hierbehalten. Da brauchen Sie eine Zahnbürste, etwas Wäsche. Wo wohnen Sie in Castres?»

«Das kann ich Ihnen nicht sagen. Die Leute, bei denen ich wohne, haben absolut nichts mit diesem Flugblatt zu tun. Aber ich weiß, daß Sie ihnen das nicht glauben wür-den. Auf keinen Fall werde ich sie in Gefahr bringen.»

«Dann muß man andere Mittel anwenden», sagt der Oberleutnant, doch, wie es mir scheint, ohne Nachdruck. Die beiden Feldgendarmen, die an der Wand stehen, treten einen Schritt vor.

«Nein, bleiben Sie, wo Sie sind», werden sie angewiesen.

«Ich dachte bisher, daß nur die Gestapo foltert, um Aus-sagen zu erzwingen», bemerke ich.

Der Albino verliert einen Augenblick die Fassung. Er setzt sich gerade auf: «Ich bin ein deutscher Offizier, der sonst sein Vaterland mit der Waffe in der Hand verteidigt.»

Eine deutliche Distanzierung von der Gestapo, denke ich und bekomme langsam den Eindruck, diese erste Ver-nehmung wird vielleicht nicht so schlimm verlaufen, wie ich befürchtet habe. Der Oberleutnant versucht es jetzt auf andere Weise: «Sie haben sicher eine Waffe. Die müssen wir unbedingt finden. Wenn die Leute, bei denen Sie die Pistole versteckt haben, nichts davon wußten, und das ist doch bestimmt so, geschieht denen gar nichts – darauf gebe ich Ihnen mein Offiziersehrenwort.»

«Ich habe keine Waffe», sage ich nur, «hab' nie eine be-sessen.»

«Ihr Ausweis», setzt der Offizier die Vernehmung fort, «ist wahrscheinlich falsch. Im übrigen haben wir das inner-halb von wenigen Stunden nachgeprüft. Wie ist Ihr richti-ger Name?»

Ich beschließe, andere französische Personalien anzugeben. Auf der Identitätskarte kann ich nicht beharren. Hoffentlich merke ich mir das, denke ich und gebe den Namen Gérard Lebert an, geboren am 8. Juni 1926 in Paris, Oberschüler. Die Eltern seien in Algerien, und seit der Landung der Alliierten in Nordafrika hätte ich keine Verbindung mehr mit ihnen.

«Aber wie sind Sie denn mit dieser», der Oberleutnant sieht auf das Flugblatt, «Bewegung ‹Freies Deutschland› für den Westen in Kontakt gekommen? Da müssen Sie doch Anhaltspunkte, Namen, Adressen kennen.»

«Ganz einfach», antworte ich, «Treffs auf der Straße.»

«Immer mit demselben Mann, oder war es eine Frau?»

«Immer mit demselben Mann.» Ich beschreibe eine Person, die der völlige Gegensatz zu Eugen und meinen anderen Gesprächspartnern ist: klein, dunkelhaarig, Glatze. Er hätte sich Maurice genannt. «Aber ich glaube nicht, daß das sein richtiger Name war», füge ich hinzu.

Der Oberleutnant lacht. «Der Große Unbekannte, natürlich.» Er geht zu einer anderen Frage über. Wie lange denn Monsieur Lebert – übrigens auch ein typisch französischer Name, genau wie Ariège – in Deutschland gelebt habe.

Ich erschrecke. Habe ich meinen französischen Akzent nicht genug betont? Auf meine Antwort, ich sei nie in Deutschland gewesen, reagiert der Oberleutnant nur mit einem «Merkwürdig».

Er fragt dann nach den Flugblättern, die seit mehreren Monaten in Castres verteilt worden sind. Diesmal erhält er eine klare Antwort. Eine Flugschrift des Komitees «Freies Deutschland» oder hundert, der Unterschied liegt nur in der Quantität, sage ich mir. Der Oberleutnant hat eine Liste von Orten, an denen Flugblätter gefunden worden waren. Sie ist sehr unvollständig, merke ich mit Erleichterung. Eine ganze Reihe von Soldaten und Unteroffizieren hat demnach die kleinen Zettel nicht abgegeben.

Sorgfältig registriert der Offizier meine Antworten. «Die Flugblattverteilungen wären restlos aufgeklärt», stellt er befriedigt fest. «Demnach sind Sie also mehr als sechs Monate in Castres. Aber offen bleiben völlig Ihre Hintermänner, die Adresse Ihrer Wohnung. Was soll das Gericht von Ihnen denken, wenn Sie diese Haltung beibehalten?»

Ich antworte mit einer Gegenfrage: «Werden Sie mich der Gestapo übergeben?»

Der Oberleutnant läßt sich Zeit mit der Antwort. «Das glaube ich nicht, aber es hängt nicht nur von mir ab. Meiner Ansicht nach werden Sie vor ein Wehrmachtskriegsgericht kommen. Das hier scheint mir eine reine Wehrmachtsangelegenheit zu sein, und ich sehe nicht, was andere Dienststellen damit zu tun haben sollten.»

Wieder die Distanzierung von der Gestapo.

«Haben Sie sonst noch etwas zu sagen?»

Das ist nicht der Fall. Auf einen Wink ihres Vorgesetzten nehmen die beiden Feldgendarmen ihren Gefangenen wieder in die Mitte, führen ihn die Treppe hinunter, quer über den Hof zu einem einstöckigen Gebäude mit vergitterten kleinen Fenstern hoch über dem Boden, dem Gefängnis der Kaserne. Sie schließen eine der Eisentüren auf.

Ich will hineingehen, da trifft mich der Faustschlag des einen Gendarmen so in den Rücken, daß ich nach vorn auf den Steinboden der Zelle falle. Bevor ich mich aufrichten kann, steht der andere über mir und tritt mich mit seinen Stiefeln in die Seiten. Ich ringe nach Luft und schütze wenigstens den Kopf mit den Armen, als in den anderen Zellen ohrenbetäubender Lärm beginnt: Schreien, Rufen, Scheppern von Blech, wahrscheinlich Kochgeschirre, die auf Wände und Türen geschleudert werden.

«Wenn ich noch einen Laut höre, schieße ich in eure Flohkisten!» brüllt einer der Gendarmen. Von mir haben sie abgelassen. Sie treten mit den Stiefeln gegen die anderen Zellentüren. Wer sind die Mitgefangenen, die meine Mißhandlung durch ihren Protest unterbrochen haben? Einer meiner Bewacher schreit schrill: «Seid ihr endlich still, ihr russischen Schweine.»

Nur langsam ebbt der Lärm ab. Hinter mir fällt die Tür zu. Der Schlüssel wird zweimal herumgedreht, noch ein Riegel vorgeschoben. Allein. Die Zelle ist winzig. Unter dem Fenster nimmt eine schmale Holzpritsche die ganze Wand ein. Davor ist höchstens ein halber Meter Raum bis zur Tür. Betonfußboden. Auf den Planken des Bettes liegt eine vor Schmutz starrende Pferdedecke, die den Geruch von Hunderten Gefängnisnächten ausströmt. Ein Marmeladeneimer als Kübel ergänzt die Einrichtung. Ich muß an die Bemerkung des französischen Gendarmen denken, der mir meine erste Zellentür geöffnet hatte, als ich im Rahmen der Massendeportationen jüdischer Bürger im Sommer 1942 in die Maschen der Vichy-Polizei geraten war. «Sehen Sie sich das genau an», hatte der Gendarm gesagt. «Sie werden noch oft eine Zelle von innen sehen. Wer einmal drin gewesen ist, kommt immer wieder rein.» Er sollte recht behalten.

Damals hatte ich in einem Heim für jüdische Kinder und Jugendliche aus Deutschland bei Limoges im Schloß Montintin nahe Château-Chervix Unterschlupf gefunden. Die Eltern der meisten Heiminsassen waren in französischen Lagern interniert. Es gab Deutschunterricht bei einem emigrierten Literaturwissenschaftler, einem glühenden Anhänger von Stefan George, der eigene Sonette im Stil seines Meisters verfaßte. Mathematik hatten wir Älteren bei einem aus Österreich stammenden Gymnasiallehrer, der seine Heimat verlassen hatte, um seine jüdische Frau in die Emigration zu begleiten. Biologiestunden erteilte ein deutscher Arzt russischer Herkunft, Dr. Selly Hirschmann, ein hervorragender Kommunist. Seine Art, zum Beispiel den Blutkreislauf zu erklären, war eigentlich eine Einführung in die Dialektik der Natur und letzten Endes in die materialistische Philosophie. Er hat mich stark beeinflußt und meine spätere Hinwendung zu den Kommunisten erleichtert. Heute noch stehe ich in freundschaftlicher Verbindung zu ihm und seiner Frau Trude, die mir damals geduldig die komplizierte politische Lage erläuterte. Beide leben in Paris.

Es war im Juli 1942. Ein herrlicher Sommer. In der lieblichen Provinz Limousin mit ihren großen Laubwäldern fühlte ich mich wohl. Unter gleichaltrigen Heiminsassen hatte ich gute Freunde gefunden und genoß die Freundschaft mit den Hirschmanns wie den Unterricht, der an die Schule in Paris erinnerte. Vor allem aber war ich zum erstenmal seit meiner Kindheit, seit dem Aufenthalt im Krankenhaus des Enfants Malades, verliebt – in eine österreichische Betreuerin der jüngeren Kinder. Wir trafen uns nach Einbruch der Dunkelheit auf den Waldwegen, die das Schloß von allen Seiten umgaben, und vergaßen in diesen Stunden des Beisammenseins alle Gefahren der Gegenwart. Es erschien mir wie eine Art Urlaub vom Krieg, wie eine Ruhepause in der bedrohlichen Zeit der Naziokkupation. Noch war der Teil Mittelfrankreichs, in dem wir lebten, nicht von der Wehrmacht besetzt. Das sollte allerdings schon vier Monate später geschehen.

In die Idylle von Montintin schlug die erste große Aktion in der unbesetzten Zone des Landes zur Deportation der jüdischen Männer, Frauen und Kinder wie eine Granate ein. Die Pétain-Regierung in Vichy hatte zugestimmt, den Besatzungsbehörden Zehntausende Menschen auszuliefern, nur, weil sie nach den wahnsinnigen Nürnberger Rassegesetzen als Juden galten. Zuerst sollten die Nichtfranzosen erfaßt werden, die Bürger des Landes kamen später an die Reihe. Gendarmen waren Tag und Nacht im ganzen Land unterwegs, um alle, die der jüdischen Herkunft verdächtig schienen, aufzugreifen und in Sammellager zu stecken. Von dort wurden Transporte über Paris, wo die SS die Internierten übernahm, nach Deutschland zusammengestellt.

«Sie werden zum Bau von Straßen und Befestigungen im Osten eingesetzt», pflegten die Gendarmen zu sagen, wenn sie nach dem Schicksal der Deportierten gefragt wurden.

Vielleicht hätte man ihnen geglaubt, wenn nur die arbeits-
fähigen Männer mitgenommen worden wären. Aber Stra-
ßen- und Fortifikationsarbeiten mit Frauen, Greisen und
Kindern?

Gendarmen und Polizisten in Zivil fielen an einem
Nachmittag wie eine Horde von Landsknechten in Montintin ein. Sie hatten den Schloßpark umzingelt, griffen Erwachsene auf und jagten die verängstigten Kinder, die versuchten, in den Wald zu entkommen. Es gelang nicht
wenigen, aber auch von ihnen sollten später viele den Hä-
schern in die Hände fallen. Ich sah das alles aus einem Versteck in einem der hohen Schloßtürme, vorsichtig durch
die Dachluke spähend. Der Chef der Aktion, ein Major der
Gendarmerie, stand in seiner dunklen Uniform in der von
riesigen Rhododendronbüschen gesäumten Allee vor dem
Portal. Er schrie Kommandos, als ob er ein Gefecht kom-
mandieren müßte. Seine Leute, wie bei einer Treibjagd
durch die Büsche brechend, ergriffen sich wehrende Kinder und schleppten sie zu einem Autobus, der in der Nähe
stand.

Die furchtbare Szene erinnerte mich an das Gemälde von
Pieter Brueghel dem Jüngeren «Massaker der Unschuldi-
gen», das ich als Kind 1933 im Königlichen Museum für
schöne Künste in Brüssel gesehen hatte, als ich mit meinen
Eltern auf der Flucht aus Deutschland dort einen kurzen
Aufenthalt hatte. Das Bild hatte mich tief beeindruckt. Es
zeigt aus der Vogelperspektive, ähnlich, wie ich es vom
Schloßturm in Montintin sah, wie eine Horde wallonischer
Schergen in einem niederländischen Dorf die Kinder den
Müttern entreißt, in den Straßen auf sie Jagd macht, um sie
zu töten. Es handelt sich nicht um eine der vielen Räuber-
szenen, die Pieter Brueghel, auch Höllen-Brueghel genannt, im Stil seines Vaters malte, sondern unverkennbar
um die Strafexpedition einer Truppe, die man heute wohl
als regulär bezeichnen würde. Die Helme, die Brustpanzer
und die kurzen Schwerter der Landsknechte kennzeichnen

sie als vom gleichen Kriegsherrn bewaffnet. Im Mittelpunkt des Bildes sitzt ein Mann in voller Rüstung mit einer langen Lanze auf einem Pferd, mit wichtiger und zugleich unbewegter Miene, offensichtlich der Anführer. Im Vordergrund rechts ist das Gesicht eines Soldaten deutlich zu erkennen. Er trägt ein Kleinkind auf dem Arm und hat das Schwert schon gezogen, bereit zum tödlichen Schlag. Sein Gesicht drückt dümmliche Ergebenheit, aber auch einen gewissen Stolz über die Erfüllung seiner schwierigen Pflicht aus. Dieses Gesicht war es, das mich an die Miene der französischen Gendarmen in Montintin erinnerte.

Alles ist im Grunde verschieden: Bei Brueghel ist es eine Winterlandschaft, der Anführer trägt keine schwarze Uniform, sondern eine silbern schillernde Rüstung, und doch verschwimmen für mich, seit ich das Gemälde in Brüssel sah, beide Bilder miteinander, die Massakerszene aus dem 16. und die Gendarmerieaktion aus dem 20. Jahrhundert. Entsetzt auf die Schloßallee hinunter blickend, wehrte ich mich allerdings gegen den Gedanken, daß die Deportation den Tod auch für die Kinder bedeuten könnte. Ich hatte von solchen Gerüchten gehört, wies sie allerdings von mir, weil ich darin bei aller Grausamkeit der deutschen Faschisten kein rationelles Interesse für sie erkennen konnte. Was wollen sie mit den Kindern machen? grübelte ich. Für Befestigungsarbeiten schieden die Kleinen bestimmt aus. Aber gab es nicht andere Formen ihrer Ausbeutung? In dem Buch «China geheim», dem ersten, das ich von meinem verehrten Geschichtslehrer in der «Freien Deutschen Hochschule» in Paris, Egon Erwin Kisch, gelesen hatte, wird von den Kindersklaven in den Spinnereien von Shanghai berichtet. Die kleinen Mädchen arbeiteten an eigens für ihre Größe konstruierten Maschinen, in England hergestellt. Diese Industrie, von Fachleuten «childsize machinery» genannt, produzierte nicht nur für chinesische Textilbetriebe. Jahrzehntelang waren diese Miniatur-Spinnmaschinen in England selbst eingesetzt gewesen, bis man dort die Kinderarbeit verbot. Dann wurden die Apparate nach Amerika geliefert, nach New England und in die Sklavenhalterstaaten des Südens, und erst in unserem Jahrhundert nach China. Kindersklavenarbeit erwies sich also als ein Merkmal des Kapitalismus. Und da der Hitlerfaschismus für mich ein legitimes Kind des deutschen Kapitalismus war, schloß ich die Ausbeutung der geraubten und verschleppten jüdischen Kinder durch deutsche Kapitalisten nicht aus. Wie ich später erfahren sollte, hatte ich recht und unrecht zugleich. Die unglaubliche Regel war die Vergasung der Kindertransporte gleich nach der Ankunft in Auschwitz. Es gab aber auch einen regelrechten Handel der SS und anderer Stellen mit den deportierten Kindern, die an die Rüstungskonzerne in Deutschland vermietet wurden. Ich selbst konnte nach dem Krieg einen Hunderte sowjetische und polnische Kinder betreffenden Fall im IG-Farbenkonzern aufdecken.

1942 im Schloß Montintin hatten wir alle nur undeutliche Vorstellungen vom Zweck der Deportation. Jedenfalls befürchtete ich, die Gendarmen würden mich den deutschen Behörden ausliefern, und ich war entschlossen, alles zu tun, um das zu verhindern. Obgleich mein augenblickliches Versteck einen guten Beobachtungsstand abgab, so konnte es doch einer gründlichen Durchsuchung des Schlosses nicht standhalten. Meine ideenreiche Freundin bereitete eine andere Zuflucht für mich vor: ein Zelt im Wald, im Zentrum eines schwer zugänglichen Dickichts, nahezu unentdeckbar für Fremde. In der Nacht siedelte ich dorthin über, von meiner Freundin ausreichend mit Lebensmitteln versorgt. Das Campingleben hätte ich gern länger ausgehalten, wenn nicht einen Tag später einer der Dauerregen eingesetzt hätte, dem die Region Limousin ihre immergrünen Weiden verdankt. Das Zelt, schon Jahrzehnte alt und in einer Rumpelkammer des Schlosses entdeckt, ließ erst Tropfen, bald ganze Wasserfluten durch. Ein anderes illegales Quartier wurde notwendig.

Meine Freundin verhandelte mit einer Bauernfamilie in der Umgebung und trieb eine neue provisorische Bleibe für mich auf: einen Heuschober, trocken, warm und weitab vom Gehöft.

Als wir in der Dämmerung zur neuen Zuflucht gingen, begegnete uns kurz vor dem Ziel in einem Hohlweg ein Mann, das Jagdgewehr im Arm, zwei Hasen über die Schultern gebunden. Ein Wilderer, denn es war mitten in der Schonzeit. Er erschrak, als er uns erblickte, und erwiderte unseren Gruß nicht. Ich wußte noch nicht, daß größere und kleinere Kriminelle oft Informanten der Polizei sind, und maß deshalb dem Zusammentreffen keine Bedeutung bei. Eine Stunde später hörten wir Schritte um unsere neue Unterkunft. Eine Gruppe Gendarmen, vom Wilddieb begleitet, hatte den Heuschober bereits umstellt.

Für Flucht war es jetzt zu spät. Die Lichtkegel von Taschenlampen richteten sich auf uns. Der Chef der Gendarmen verglich den Namen in meinem Personalausweis mit einer Liste, die er bei sich trug. Darin war ich offensichtlich nicht aufgeführt. «Warum haben Sie sich hier versteckt?» fragte er streng. Meine Antwort, er habe nur ein amouröses Rendezvous gestört, ließ er nicht gelten. Ich hatte ja einen Rucksack mit all meinen Sachen bei mir. Darum sagte er: «Der Kommissar in Nexon wird schon wissen, was er mit Ihnen machen soll.»

In Nexon war das Sammellager, in dem französische Polizeibeamte eine erste Selektion für die Deportation vornahmen. Eine Handfessel schnappte um mein linkes Handgelenk. Im Grunde gutmütig und weil sie wohl wußten, daß sie keinen Übeltäter vor sich hatten, erlaubten mir die Gendarmen einen langen, innigen Abschied von meiner Freundin. Der mit mir Zusammengefesselte entfernte sich dabei so weit, wie es die Kette erlaubte, und schaute diskret zur Seite.

Es war zu spät, um die zehn Kilometer nach Nexon zu marschieren. Über eigene Fahrzeuge verfügte die Gendarmerie damals nicht. So wurde ich zum Revier in Château-Chervix, der nächsten etwas größeren Ortschaft, geführt. Unterwegs auf der Straße hielt ein von Polizisten bewachter Autobus, vollgeladen mit soeben festgenommenen Männern und Frauen. Ich blickte in die grauen, verängstigten Gesichter der Verhafteten, und plötzlich durchfuhr mich der Gedanke, sie könnten doch dem Tod geweiht sein. Eine jüngere hübsche Frau schaute mit vor Schreck weit aufgerissenen Augen auf die Gruppe der Gendarmen, in deren Mitte ich stand. Mir war die Vorstellung unerträglich, daß sie mich für einen der Schergen halten könnte, und langsam hob ich die gefesselte linke Hand, bis sie die Kette sehen konnte. Sie verstand, erkannte mich als Leidensgefährten und lächelte mir fast unmerklich zu.

Über mein eigenes Schicksal war ich eigentlich nicht sehr besorgt, auch nicht, als der Leiter des Reviers die einzige Zelle seiner Station vor mir öffnete und mich in das schmutzige, übelriechende Loch mit einem verfaulten Strohsack auf der Holzpritsche schloß. Er war es, der zu mir sagte: «Wer einmal hier drin gewesen ist, kommt immer wieder rein.» Trotzdem war ich im Grunde zuversichtlich. Wenn die Deportation nur jüdische Bürger betraf, so hatte ich einen Trumpf in der Brieftasche. Und wenn sie mich doch an die SS übergeben sollten, war ich entschlossen, bei erster Gelegenheit zu fliehen. Immer konnten sie mich ja nicht in Handschellen legen oder in eine Zelle sperren. Als ich den Autobus mit den Festgenommenen auf der Straße aufmerksam betrachtet hatte, war mir aufgefallen, daß die Gendarmen es sich alle auf den Sitzen hinter dem Fahrer bequem gemacht hatten. Ein beherzter Mann hätte zur Tür stürzen und vielleicht hinausspringen können. Ich schlief gut in meiner ersten Gefängnisnacht.

Am nächsten Morgen wurde ich wieder gefesselt, von zwei Gendarmen in die Mitte genommen und zum Sammellager in Nexon gebracht. Meine Bewacher führten mich sofort zu einer Baracke, vor der Hunderte Männer und

Frauen warteten. Wie ein Schild an der Tür besagte, amtierte hier ein Kommissar der «Renseignements Généraux», des politischen Dienstes der Polizei. Wir gingen an der langen Schlange vorbei bis ins Zimmer des allmächtigen Beamten. Hinter seinem Schreibtisch musterte er mich teilnahmslos und befahl den Gendarmen, die Handfessel zu lösen. Meinen Ausweis betrachtete er mit gerunzelter Stirn und sagte verächtlich: «Aus Deutschland stammender Flüchtling. Wann sind Sie nach Frankreich gekommen?»

«Neunzehnhundertdreiunddreißig.»

«Das müssen Sie mir beweisen.»

Wie konnte ich das. Meinen Ausweis hatte ich erst im Alter von vierzehn Jahren erhalten, also 1937. Das war das Ausstellungsdatum. Vorher war ich als Kind in den Identitätskarten meiner Eltern eingetragen. Ruhig hörte mich der Beamte an, um dann festzustellen: «Für mich sind Sie also neunzehnhundertsechsunddreißig in Frankreich eingereist und fallen damit unter die Kategorie der zu Internierenden.» Das Wort Deportation vermied er. «Sie sind Jude», sagte er dann mehr feststellend als fragend.

«Nein.»

«Das müssen Sie mir beweisen», wiederholte er.

Diesmal konnte ich ein Papier aus meiner Brieftasche ziehen. Ich hatte es mir schon vor Monaten durch meine Mutter, die immer noch in Paris lebte, besorgt. Es war ein Taufschein, ausgestellt von der Kirchengemeinde am Lietzensee in Berlin. Als die ersten Deportationen von Juden begannen, hatte ich meine Mutter darum gebeten. Der Taufschein wies mich als evangelisch getauft und Vater und Mutter ebenfalls als der evangelischen Religion angehörig aus. Nach den Nürnberger Rassegesetzen war ich allerdings «Mischling ersten Grades».

Der Kommissar nahm das Papier gleichmütig in die Hand und gab es seinem Dolmetscher am Nebentisch. «De religion protestante, de père et de mère protestantes», übersetzte der.

«Da wird mir», polterte der Kommissar, «ein Jugendlicher in Handschellen vorgeführt, der nicht einmal den erforderlichen Merkmalen entspricht. Sofort entlassen!»

Das Freilassungszertifikat in der Hand, ohne Gendarmen und Fesseln konnte ich damals das Sammellager Nexon verlassen, das Vorzimmer zur Deportation in den Tod. Die Bescheinigung, die mir die Tore öffnete, hatte meine Mutter ohne Schwierigkeiten beschafft, doch die Übersendung war nicht ganz einfach gewesen. Der erste Taufschein, den sie mir in einem Brief mit der Post geschickt hatte, kam nie bei mir an. Zwischen der besetzten und der unbesetzten Zone des Landes wurde von den Besatzungsbehörden eine strenge Briefzensur wahrgenommen, und die Sendung von amtlichen Dokumenten war ausdrücklich verboten.

Nachdem meine Mutter erfuhr, daß ich nichts erhalten hatte, besorgte sie sofort einen neuen Schein und buk ihn, eingehüllt in Pergamentpapier, in einen Kuchen ein. Dieses Päckchen erreichte mich unversehrt. Wenige Wochen später erschien ein Beamter der Gestapo in der Wohnung meiner Mutter in Paris. Mit strenger Miene zückte er den ersten Taufschein. «Sie haben sich strafbar gemacht, indem Sie ein amtliches Dokument in die unbesetzte Zone schicken wollten. Das können Sie nur wiedergutmachen, wenn Sie Ihren Sohn auffordern, sich unverzüglich bei den deutschen Behörden in Paris zu melden, was er eigentlich längst hätte tun müssen», sagte er drohend.

Meine Mutter sah ihn ruhig an. Diese sehr sanfte, immer liebenswürdige Frau konnte ungeahnte Energien entwickeln, wenn es darum ging, ihre Familie gegen Gefahren zu verteidigen. «Dann kommt das alte Seefahrerblut bei ihr durch», meinte mein Vater in Anspielung auf ihren Vorfahren Barents. Als er 1933 nach den Wochen der Haft krank aus dem Konzentrationslager Oranienburg zurückkehrte und sein Auslandspaß beschlagnahmt worden war, hatte sie resolut die Dinge in die Hand genommen. «Wir müssen mit oder ohne Papiere Deutschland sofort verlassen», entschied sie und überzeugte meinen Vater, die angebotene Hilfe seines Freundes für den illegalen Grenzübergang nach Belgien in Anspruch zu nehmen. Jetzt wollte ein Gestapobeamter ihrem Sohn zu Leibe: «Wenn das so ist, freue ich mich, daß mein Sohn eine zweite Bescheinigung, die ich ihm eingebacken in einen Kuchen schickte, erhalten hat», entgegnete meine Mutter.

Dem Gestapobeamten verschlug es die Sprache. «Was, das haben Sie gemacht und streichen es auch noch heraus? Das wird Sie teuer zu stehen kommen.»

Einige Monate später verurteilte ein Nazikriegsgericht in Paris meine Mutter zu vier Wochen Gefängnis, «zu verbüßen unmittelbar nach Beendigung des Krieges». Gleichzeitig verfügten die Nazibehörden, sie und meine Schwester Edith, die mit ihr zusammen in Paris lebte, hätten sofort nach Deutschland zurückzukehren. Sie mußten Frankreich verlassen und in das von Bombenangriffen heimgesuchte Hamburg ziehen, wo meine Großmutter wohnte.

Damals war ich dank der Fürsorge meiner Mutter durch die Maschen geschlüpft und der Deportation entgangen. Jetzt, hier in Castres, sieht es schlimmer für mich aus. Ich strecke mich auf der Pritsche aus und decke mich mit dem übelriechenden Lappen zu. Ich habe Zeit nachzudenken. Die Tatsache, daß der Albino beim ersten Verhör nicht versucht hat, mit Gewalt Namen aus mir herauszupressen, erfüllt mich mit Hoffnung. Vielleicht würde es nicht zu weiteren Mißhandlungen kommen. Der Offizier mußte wissen, daß die ersten Stunden nach der Verhaftung die wichtigsten waren, wenn man Aussagen erzwingen wollte. Am nächsten Tag konnten schon viele Spuren verwischt sein.

Elo und Céline warten bestimmt in der kleinen Wohnküche auf mich. Am frühen Morgen wird Elo sicher zu Noé gehen, um zu berichten. Werden die beiden Wohnungen geräumt? Damit kann ich nicht rechnen. Die Adressen müssen dem Albino oder wer ihn auch immer bei den Verhören ablöst, verschwiegen werden. Wenn das gelingt –

und es muß gelingen –, werden wenigstens keine anderen hineingezogen.

Eigentlich weiß ich viel zuviel über unsere Arbeit und die leitenden Genossen, stelle ich mit Unbehagen fest. Das Prinzip des Kontaktes mit nur ein oder zwei Personen ist in meinem Fall nicht eingehalten worden. Weil ich in einer wichtigen Kommandantur arbeitete und viel zu berichten hatte, vielleicht auch, weil ich in den Augen der älteren ein Vertreter des Nachwuchses war, haben sich zahlreiche Mitglieder der Leitung mit mir innerhalb eines Jahres in Toulouse und in Castres getroffen: Kurt Weber, Alfred Adolph, Werner Schwarze, Eduard Korthaus, Willi Knigge, Ernst Buschmann und Heinz Schürmann. Selbst wenn ich von ihnen nur den Decknamen kannte, so würde ich sie doch alle beschreiben können. Ich erschrecke, als mir einfällt, daß Eugen – Werner Schwarze – mich sogar für eine Nacht in sein illegales Quartier mitgenommen hat. Wenn man doch wunschgemäß vergessen könnte! Aber die Straße, die Hausnummer, das Stockwerk von Eugens Adresse in Toulouse ist mir, der sonst Mühe hat, solche Einzelheiten zu behalten, wie mit Flammenschrift ins Gedächtnis gebrannt. Ich nehme mir fest vor, unter keinen Umständen, wenn die Qualen auch noch so unerträglich erscheinen sollten, irgendwelche Angaben zu machen, die zur Festnahme anderer führen können. Alles weitere ist nicht wichtig. Ob ich nur eine Flugblattverteilung oder ein Dutzend zugebe, kommt wohl auf dasselbe heraus.

Was hatte ich eigentlich mit meiner Tätigkeit erreicht? Nicht viel, denke ich. Ich weiß nicht einmal, ob Weininger inzwischen ganz gewonnen ist. Und welche Wirksamkeit hatten die Flugblätter, die ich verteilt oder verfaßt habe? Waren die Berichte an die französische Résistance über das Transportwesen der Wehrmacht in Südfrankreich von Bedeutung? Das alles erscheint mir recht bescheiden im Vergleich zur immer noch großen Macht der Kriegsmaschine, die mich jetzt in ihrer Gewalt hat.

Es ist mir klar, daß ich Fehler gemacht habe, ich bin zu schnell vorgegangen, ich war nicht wachsam genug, besonders gegenüber dem Unteroffizier Wegener. War er von Anfang an ein Spitzel der Abwehr, oder ist er durch den Oberfeldwebel Hansen gezwungen worden, mich preiszugeben? Und was wird Eugen über meine Festnahme denken? Ich wollte ihn einige Tage später mit der Nachricht überraschen, eine erste Tür zu den deutschen Militärs in Castres sei aufgestoßen. So kurz vor der Befreiung bin ich den Okkupanten doch noch in die Fänge geraten, denn daß es sich um die letzten Monate des Krieges in Frankreich handelt, davon bin ich überzeugt. Wenn die Landung der Engländer und Amerikaner rechtzeitig kommt, kann sich alles zum Guten wenden. In meine jetzt schon mehr optimistischen Überlegungen drängt sich jedoch die Erinnerung an Goyas Capricho «Die Strafe der Vergüenza», das ich im Rathaus von Castres gesehen hatte, kurz bevor Wegener, mein Verräter, auftauchte. In gewisser Weise fühle ich mich verbunden mit der Ketzerin, die, von den Bütteln begleitet, durch die Menge getrieben wird.

Von einem nahen Kirchturm schlägt es zwölf Uhr. Der Vollmond, durch die Gitter in Scheiben geschnitten, erhellt jetzt die dunklen, von eingeritzten Inschriften übersäten Wände der Zelle. «A bas l'armée» (Nieder mit der Armee), hat einer geschrieben. Das stammt offenbar aus der Zeit, als die «Marie-Louise» noch eine französische Kaserne war. Doch darüber sind kyrillische Buchstaben zu erkennen, sicher von bestraften sowjetischen Kriegsgefangenen, die hier zur Ausbildung gezwungen werden. Einer hat ein russisches Bauernhaus in die Wand geritzt, von Bäumen umgeben, ein richtiges Bild, Erinnerung an die Heimat. Jetzt sind auch Geräusche in den Nebenzellen zu hören, Husten, Räuspern, Flüstern. Ich bin nicht allein, denke ich, und meine sowjetischen Häftlingskameraden haben mir schon in den ersten Augenblicken der Gefangenschaft geholfen. Erst in den Morgenstunden kann ich einschlafen.

Hinter den Mauern
von Saint Michel

Ich werde von den ersten Sonnenstrahlen aufgeweckt, die durch das verstaubte Fenster auf die Pritsche fallen. Der Himmel, oder das Stück, das ich sehen kann, ist wolkenlos, und in dem kleinen, eiskalten Raum wird es bald wärmer. Aus den Nachbarzellen dringen Geräusche zu mir. Man schüttelt wahrscheinlich Decken. Unterhaltungen in russischer Sprache. Jetzt werden Riegel mit Krach zurückgeschoben, Türen drehen sich quietschend in den Angeln, Blechgeschirr scheppert. Auch meine Zelle wird geöffnet. Ein Unteroffizier, neben dem ein Soldat mit einer großen Kanne steht, wirft mir wortlos ein rechteckiges Stück Kommißbrot zu, vielleicht zweihundert Gramm. Sein Gehilfe füllt einen tiefen Blechteller mit einer grauen Flüssigkeit, wohl der Kaffee. Die Tür wird zugeschlossen, der Riegel vorgeschoben, die Schritte der beiden entfernen sich. Das Brot schmeckt mir köstlich, seit dem Mittag des vorangegangenen Tages habe ich nichts gegessen. Den übelriechenden Kaffee-Ersatz schütte ich gleich in den Kübel.

Was wird der neue Tag bringen, weitere Vernehmungen? Es hat keinen Sinn, darüber zu grübeln. Andere, der Albino, vielleicht dessen Vorgesetzte, entscheiden über mich. Die Hauptsache bleibt, die Adressen nicht preiszugeben. Nach dem ersten Verhör am Vorabend, das merkwürdigerweise ohne schwere Mißhandlung abgelaufen ist, hoffe ich, daß es nicht allzu schlimm kommt.

Aus einer Nachbarzelle klingt Gesang. Es sind schöne,

volle Stimmen. Einer fängt mit einer Melodie in Moll an, die anderen fallen ein. Im Gefängnis, denke ich, müßten eigentlich die besten Elemente unter den zum Kriegsdienst Gezwungenen sein, die Rebellen, die sich auf die eine oder andere Weise gegen den Drill gewehrt haben.

Es wird an meine Zellenwand geklopft. Versuchen die anderen Gefangenen, mit mir in Kontakt zu kommen? Ich klopfe zurück. Jetzt höre ich eine Stimme, leise, fast flüsternd: «Steig auf das Bett, wir können dann sprechen», sagt mein unsichtbarer Partner in gebrochenem Deutsch mit russischem Akzent. Ich klettere auf die Pritsche. So reicht mein Kopf an das kleine Fenster, in dessen einer Ecke das Glas herausgebrochen ist. Offensichtlich ist das in der Nebenzelle ähnlich.

«Du verstehst Deutsch?»

«Ja.»

«Warum bist du hier?»

«Ich weiß nicht, es muß ein Irrtum sein», antworte ich vorsichtig.

«Franzose?»

«Ja.»

«Um zwölf Uhr Mittagessen. Wir sind dann alle im Hof und können sprechen», unterrichtet mich der unsichtbare Zellennachbar und: «Behalte Brot bis Abend. Ration für ganzen Tag. Mittags nur Suppe.»

So bekomme ich die ersten Informationen über das Leben im Kasernengefängnis, wenn es auch nicht gerade erfreuliche Nachrichten hinsichtlich der Verpflegung sind. Tatsächlich werden gegen Mittag die Zellentüren wieder aufgeschlossen. Es gibt warmes Wasser, in dem einige Stücke Kohlrüben schwimmen, in die Blechteller. Der Unteroffizier und sein Gehilfe ziehen sich zurück, lassen die Zellentüren, die direkt zum Hof führen, offen. Die Gefangenen können die hier im Süden schon warme Februarsonne genießen.

Meine Mithäftlinge stecken alle in zerschlissenen Uniformen, bestrafte Zwangsrekruten. Einer von ihnen, hochgewachsen, breitschultrig, mit gutmütigem Gesicht, spricht mich an. Ob ich etwas von meinem Brot aufbewahrt hätte für den Abend, die schlimmste Hungerzeit. Ohne eine Antwort abzuwarten, nimmt er mich am Arm, drängt in meine Zelle und zieht unter der Jacke eine ganze Ration Brot hervor, legt sie auf die Pritsche. «Von den Kameraden. Wir haben gesammelt», sagt er und: «Ich heiße Pjotr.»

Ein anderer, ein sehr junger Kriegsgefangener, der seinem Aussehen nach aus dem asiatischen Teil der Sowjetunion stammt, kommt hinzu und dreht für mich eine Zigarette aus Machorka und Zeitungspapier. Der Tabak schmeckt würzig und scharf. Meine neuen Kameraden klären mich auf, daß die Freistunde im Hof dreißig Minuten dauert, der Unteroffizier, der das Essen verteilt, nicht der schlechteste sei, man sich aber vor dem Soldaten, der ihn begleitet, in acht nehmen müsse.

Ich frage Pjotr nach dem Albino: «Was für ein Mensch ist das, der Oberleutnant mit den weißen Haaren und den roten Augen, der mich vernommen hat?»

Pjotr läßt sich Zeit mit der Antwort. «Er ist Abwehr», sagt er dann. «Manchmal gibt es Streit, Schwierigkeiten mit SS und Gestapo, manchmal für Positionen, manchmal für Politik. Beide sind aber manchmal für dasselbe, wenn auch anders.» Eine klare Einschätzung, offenbar ein Genosse.

Erst am darauffolgenden Tag werde ich wieder zum Oberleutnant geführt. Er befiehlt diesmal den beiden Unteroffizieren, draußen vor der Tür zu warten. Ich bin mit dem Albino allein. «Warum haben Sie nicht gleich gesagt, daß Sie in der Transportkommandantur Toulouse fast ein Jahr beschäftigt waren?» fragt er.

«Ich hatte nicht die Absicht, das zu verschweigen», lautet meine wenig überzeugende Antwort.

Der Offizier blättert seufzend in den Papieren, die vor ihm auf dem Schreibtisch liegen. «Was mich dabei bedrückt, ist die Tatsache, daß Sie Flugblattverteilungen auf

Ihre Kappe genommen haben, die während dieser Zeit hier in Castres erfolgt sind.»

Darauf bin ich vorbereitet. «Um neunzehn Uhr fährt ein Autobus von Toulouse nach Castres. Den konnte ich gut nach Beendigung meiner Arbeitszeit in der Kommandantur erreichen. Mit dem Frühzug war ich dann wieder zurück, reichtzeitig zum Arbeitsbeginn.»

«Das wäre möglich», sagt der Offizier erleichtert. Er macht sich Notizen. Es scheint ihm immer noch um die Aufklärung der Flugblattverteilungen in seinem Bereich zu gehen. Nach Adressen in Castres fragt er nicht mehr. Ich versuche, das Schriftstück mit seinen für mich auf dem Kopf stehenden Buchstaben zu entziffern, das der Albino vor sich liegen hat. Es ist ein Bericht über mein erstes Verhör. Der letzte Absatz, durch einen Strich von dem übrigen Text getrennt, beginnt so: «Zwei verschärfte Vernehmungen haben keine neuen Anhaltspunkte ergeben.» Was ist das? Der Abwehroffizier hat offensichtlich den vorgesetzten Dienststellen vorgetäuscht, daß zwei Vernehmungen mit Mißhandlungen stattgefunden und zu keinen Aussagen geführt hätten. Meint er die paar Tritte und Schläge am Abend der Verhaftung? War die Angelegenheit der Adressen damit erledigt, oder wird man mich an die Gestapo weiterreichen? «Ich kann Ihnen jetzt sagen, daß Ihre Angelegenheit, wie ich es vermutet hatte, innerhalb der Wehrmacht bleiben wird», informiert der Oberleutnant, als ob er meine Gedanken lesen könnte. «Persönlich halte ich das für das beste. Ob es das beste für Sie ist, bleibt dahingestellt.»

«Wie meinen Sie das?» frage ich.

«Sie werden morgen nach Toulouse gebracht und dort einem Kriegsgerichtsrat zugeführt, der Ihre Aussagen protokolliert. Dann folgt eine Verhandlung vor dem Kriegsgericht.» Er macht eine Pause, fährt dann fort: «Vielleicht wird das Urteil nicht das Schlimmste sein. Aber das kann man schwer voraussagen. Ich habe einen Freund dort beim

Gericht. Das heißt, nicht direkt beim Gericht. Auf jeden Fall habe ich ihn informiert.»

«Welches Urteil muß ich erwarten?» frage ich, durch seinen merkwürdigen Hinweis auf den Freund ermutigt.

«Das ist schwer zu sagen», antwortet der Albino und nach einer erneuten Pause: «Einen gewissen Idealismus kann man Ihnen ja wohl nicht absprechen.»

«Das wird die Richter sicher sehr beeindrucken», entfährt es mir. Ich erinnere mich, was Eugen und auch der Genosse Adolph mir vom Kriegsgericht Toulouse berichtet haben. Der Vorsitzende, ein noch jüngerer General, gelte als fanatischer Nazioffizier. Bei ihm gebe es fast nur Todesurteile.

Der Albino ist mit meiner Bemerkung unzufrieden: «Ich würde Ihnen nicht raten, in diesem Ton mit dem Kriegsgerichtsrat oder gar vor Gericht zu reden», sagt er belehrend. «Haben Sie mir noch andere Enthüllungen zu machen, etwa über Ihre Zeit in der Transportkommandantur Toulouse?» fragt er, aber ohne Schärfe.

Ich schüttele den Kopf. Er stellt keine weiteren Fragen. Der Oberleutnant blättert stumm in den Papieren, die vor ihm liegen. Mehrere Minuten vergehen so. Kommt er jetzt auf die Adressen in Castres zurück, ruft er die Feldgendarmen zur brutalen Vernehmung herbei? Nichts dergleichen geschieht. Nach einer ganzen Weile sagt er nur: «Sie brauchen nicht zum Verräter an Ihren Kameraden zu werden. Aber dieser Bewegung, der Sie sich angeschlossen haben, würden einige von uns gern etwas unter die Röcke gukken.»

Das ist mit keiner Frage verbunden, und ich äußere mich nicht dazu. Der Oberleutnant erwartet das wohl auch nicht. Er drückt auf einen Knopf vor seiner Schreibtischunterlage, die Tür öffnet sich sofort, und die beiden Feldgendarmen erscheinen.

«Der Mann wird in seine Zelle zurückgebracht», befiehlt der Albino.

Auf meiner Pritsche ausgestreckt, versuche ich, mir ein klares Bild von dem Offizier zu machen. Der Mann scheint voller Widersprüche. Er hat mir die Mißhandlungen erspart, sogar mit einer Lüge für seine Vorgesetzten. Gleichzeitig legt er großen Wert darauf, die Flugblattverteilungen in seinem Bereich restlos aufzuklären. Von der Gestapo distanziert er sich. Was für ein «Freund» ist das, den er am Kriegsgericht in Toulouse haben will? Und was bedeutet der letzte Satz, den er sagte? Wer sind diejenigen, die gern mehr über die Bewegung «Freies Deutschland» für den Westen wissen möchten?

Ich weiß noch nicht, daß dies die letzten Tage der «Abwehr» sind. Knapp zwei Wochen später, Mitte Februar, wird der Geheimdienst der Wehrmacht im wesentlichen aufgelöst beziehungsweise in den nun allmächtigen SD, den Spionage- und Repressionsapparat der SS, integriert. Der Chef der Abwehr, Admiral Canaris, der zu den Verschwörern des 20. Juli 1944 zählt, wird im Konzentrationslager Flossenbürg ermordet werden. Es gab also ernsthafte Widersprüche zwischen Abwehr und SS. Auswirkungen davon habe ich im Kasernengefängnis von Castres gespürt. Sicher wäre der SD ganz anders mit mir verfahren als die Abwehroffiziere, von denen einige wenigstens seit der Niederlage der Hitlertruppen bei Stalingrad sich mehr auf die Durchkreuzung von Hitlers Kriegsplänen als auf die brutale Unterdrückung jeden Widerstands konzentrierten. Ich jedenfalls ziehe aus dem merkwürdigen Verhalten des Oberleutnants neue Nahrung für meinen Optimismus. Es muß Lücken geben im Netz, in das ich geraten bin. Wenn man nur das Kriegsgerichtsverfahren hinauszögern könnte. Habe ich vielleicht die Flugblattverteilungen zu schnell zugegeben?

Indessen geht der Gefängnisalltag weiter. Wieder öffnen sich die Zellentüren, und die Steckrübensuppe wird verteilt. Im Hof wartet Pjotr auf mich.

«Neues Verhör?» fragt er und prüft aufmerksam mein Gesicht. «Aber nicht schlimm?»

«Nein, nicht schlimm. Ich werde morgen früh nach Toulouse transportiert, zum Kriegsgericht.»

«Wie, mit Auto, mit Zug?»

«Ich weiß nicht.»

«Augenblick warten», sagt Pjotr. Er geht in eine Ecke des Hofes und wechselt dort einige Sätze mit seinen Kameraden. «Nichts zu machen», meint er traurig, als er wiederkommt. «Wenn Transport in drei oder vier Tagen …»

«Was wäre dann?» frage ich gespannt, doch Pjotr antwortet darauf nicht. Er legt noch einmal eine Brotration auf meine Pritsche. «Krieg bald zu Ende», tröstet er, fügt aber gleich hinzu: «vielleicht», und: «Alles kann gut gehen.» Er zieht ein kleines Stück Papier und einen Bleistift aus seiner Tasche und gibt mir beides. «Du kannst kleinen Brief für Mutter in Castres schreiben», sagt er.

Auf dem Kassiber, den Pjotr hinausschaffen will, müßte eine der Adressen stehen, die ich den Nazis unbedingt verschweigen will. Kann ich Pjotr und seinen Genossen so weit trauen? Obwohl sie heute in Opposition zur Wehrmacht stehen, haben sie doch einmal eingewilligt, wenn auch nach unmenschlichem Druck, die Uniform des Feindes anzuziehen.

Pjotr merkt mein Zögern und streckt die Hand aus: «Falls nicht möglich, gib mir Papier wieder.»

In diesem Augenblick entscheide ich mich. Ich schreibe Noémies Adresse auf das Papier und setze auf französisch einige Zeilen hinzu: «Bin in eine Falle geraten. Ich habe nichts gesagt und werde nichts sagen. Werde nach Toulouse überführt zum Kriegsgericht. Paul.»

Am gleichen Tag ist der Kassiber bei Noémie Boussières abgegeben worden. Russische Soldaten hatten in der Straße, in der sie wohnte, spielende Kinder angesprochen, ihnen den Zettel übergeben und sie gebeten, ihn gleich hinaufzubringen. Noémie war nicht allein. Sie beriet mit dem deutschen Genossen Heinz Schürmann gerade die Folgen meiner Verhaftung. Als er erfuhr, Soldaten in deutscher Uniform hätten den Zettel gehabt, stürzte er die Treppe hinunter auf die Straße, um mit ihnen zu sprechen. Die Leitung in Toulouse hatte ihn beauftragt, auf jeden Fall zu versuchen, mit mir in Verbindung zu treten. Doch die Soldaten waren bereits verschwunden.

Mein Kassiber jedenfalls bestärkte die Genossen in der Entscheidung, die mir bekannten Wohnungen in Castres nicht zu räumen. Auch Eugen blieb in seinem Quartier. Das alles erfuhr ich Monate später, zu einem Zeitpunkt, als mir ein Partisanenoffizier in Toulouse schon mitgeteilt hatte, daß sich die Garnison von Castres ohne einen Schuß abzufeuern Ende August den Streitkräften der Résistance Wochen vor dem Eintreffen alliierter Truppen ergeben hatte. Ein beträchtlicher Teil der zum Kriegsdienst gezwungenen sowjetischen Kriegsgefangenen war schon vorher bewaffnet zur Résistance übergelaufen. Das hatte offenbar die deutschen Ausbilder veranlaßt, kampflos zu kapitulieren.

Meine Erfahrungen mit einigen Angehörigen der von der Wehrmacht gebildeten Einheiten sowjetischer Kriegsgefangener will ich nicht verallgemeinern. Ich weiß, daß es unter den Sowjetbürgern, die sich in deutsche Uniform pressen ließen, auch verbrecherische Elemente gab, die ihrem Land großen Schaden zufügten. Pjotr und seine Kameraden jedoch sind mir als Kampfgenossen begegnet. Sie waren die ersten Sowjetbürger, die ich kennenlernte, und obwohl die Bedingungen ungewöhnlich waren, bestätigten sie in gewisser Weise die Vorstellungen, die ich als junger Kommunist von der Sowjetunion hatte.

Schon im Morgengrauen des nächsten Tages holen sie mich ab: ein Feldwebel, von einem Soldaten begleitet, der einen Karabiner trägt. Der Feldwebel fesselt meine Hände auf dem Rücken mit Handschellen. Im Kasernenhof steht ein schwarzer Citroën mit Wehrmachtsnummer, ein Soldat am Steuer. Ich muß mich in den Fond setzen, neben mir nimmt der Soldat Platz. Der Feldwebel vorn an der Seite des Chauffeurs zeigt mir seine Waffen. Außer einer Pistole im Lederetui am Koppel hat er einen großkalibrigen Revolver in der Hosentasche. «Beim geringsten Vorfall habe ich Befehl zu schießen», sagt er, «zuerst auf Sie.»

Meine Bewacher schweigen während der ganzen Fahrt. Als wir auf der Landstraße von einem Motorradfahrer mit Beiwagen überholt werden, zieht der Feldwebel die Pistole schußbereit aus der Tasche und starrt wie gebannt aus dem Fenster. Die achtzig Kilometer bis Toulouse bewältigt der Citroën auf den fast leeren Straßen in einer knappen Stunde. Nur bei der Fahrt durch Lavaur, ein kleines malerisches Städtchen mit winkligen Gassen aus dem 14.Jahrhundert, auf halber Strecke, müssen wir einige hundert Meter im Schritt hinter einem Leichenzug fahren. Vor uns gehen die letzten Reihen der Trauernden, die sich ängstlich nach dem Wagen mit dem Wehrmachtskennzeichen umsehen. «Hupen Sie doch, Mann, wir müssen vorbei», schreit der Feldwebel den Fahrer an. Der drückt pausenlos auf das Signalhorn, gibt Gas, rast mit den linken Rädern auf der Bordsteinkante an den erschreckt zur Seite springenden meist älteren Männern und Frauen in schwarzer Kleidung vorbei.

In Toulouse sind die Straßen schon voller Menschen. Gespannt schaue ich nach beiden Seiten aus den Fenstern. Vielleicht kann ich ein bekanntes Gesicht erblicken. «Kopf geradeaus», schnauzt der Feldwebel.

Das rote Backsteingebäude des Gefängnisses Saint Michel mit seinen Wachtürmen und dem großen Portal taucht auf. Wieder stehen mehrere hundert Frauen in langer Schlange davor, um Pakete für die Häftlinge abzugeben. Der Feldwebel steigt aus, reicht ein Papier durch die Luke; der Wagen rollt in den Hof.

In der Wachstube gibt der Feldwebel meine in Packpapier eingewickelten Habseligkeiten, den Inhalt meiner Taschen, ab. Ich werde unter dem Namen Gérard Lebert, französischer Staatsangehöriger, eingetragen. Nachdem mir die Handschellen abgenommen worden sind, unterschreibe ich im Register. Zwei Unteroffiziere durchsuchen mich wieder einmal gründlich. Es ist nichts zu finden. Ich erhalte eine Decke, einen Blechteller und einen Löffel.

«Mitkommen.»

Zum erstenmal sehe ich ein größeres Gefängnis von innen. Es ist sternförmig gebaut, mit eisernen Treppen, die zu den Galerien von zwei Stockwerken führen. Viermal muß sich der Wärter Eisengitter aufschließen lassen, die hinter uns wieder verriegelt werden. Ich versuche, mir den Weg zu merken. Der Unteroffizier, der offenbar meine gespannte Aufmerksamkeit beobachtet hat, sagt: «Hier ist noch keiner ohne unseren Willen herausgekommen.» Es ist ein älterer Mann mit graumeliertem Haar, der nach dem ersten Stockwerk zu keuchen beginnt. «Was haben Sie gemacht?» fragt er ohne Feindseligkeit.

«Nichts», antworte ich. «Es muß ein Irrtum sein.»

«Woher können Sie Deutsch?»

«In der Schule gelernt.»

«Da haben Sie aber gut aufgepaßt», sagt der Mann anerkennend. Und nach einer Weile: «Wenn es ein Irrtum ist, wird er sich schon aufklären. Man muß nur nicht ungeduldig sein.»

Zu den schlimmsten scheint dieser Scherge nicht zu gehören. Er schließt eine Zellentür auf. «Charlie», sagt er freundlich, «du bekommst Gesellschaft.» Hinter mir fällt die Tür ins Schloß und wird verriegelt.

Von einem Strohsack, der zu ebener Erde vor dem Fenster liegt, erhebt sich ein baumlanger junger Mann mit dunklem Vollbart. Er hat ein sonnengebräuntes offenes Gesicht mit lustigen Augen. Seine Bekleidung ist grotesk: Hosen, die nur bis zu den Waden reichen, eine verschlissene, aus allen Nähten platzende Windjacke über einer verschmutzten Bluse, die offenbar einst für eine Dame gedacht war. Lächelnd streckt er mir die Hand hin: «Charles Marshall, prisoner of war.»

184

«Sie sind britischer Kriegsgefangener?» frage ich und versuche, mich an meine englischen Schulkenntnisse zu erinnern.

«Amerikaner.»

Er ist Oberleutnant der US-Luftwaffe, über Hamburg abgeschossen. Nach einem Jahr Kriegsgefangenschaft im Rheinland war er geflüchtet, über Belgien nach Frankreich.

«Stellen Sie sich so ein Pech vor: Alles ist großartig gelaufen, drei Monate lang war ich unterwegs. In Sichtweite der spanischen Grenze, in den Pyrenäen haben sie mich geschnappt.»

Charlie war nur nachts gewandert, nach Landkarten und Kompaß, durch Wälder und Felder, alle Städte umgehend. Nur im Notfall erlaubte er sich, und das auch erst nachdem er deutschen Boden verlassen hatte, eine Ortschaft zu betreten, meist Dörfer, wegen der Verpflegung. Er handelte dabei nach einem System, Summe der Erfahrungen von Hunderten anderen Kriegsgefangenen, die entwichen und wieder festgenommen worden waren und ihren Kameraden über ihre Erlebnisse berichtet hatten. «Zunächst versuchte ich es immer im Pfarrhaus, das meist direkt neben der Kirche liegt. Die Geistlichen helfen nicht allein mit Brot, Käse, Wein. Mehrmals bin ich dort auch zum Abendessen eingeladen worden. Ich brauchte mich nur zu zeigen und amerikanisch zu sprechen. Sie wußten meist sofort, was los war, und fragten nichts mehr. In den schlimmsten Fällen schlugen sie die Tür wieder zu, sobald sie mich sahen. Verraten hat mich keiner. Wenn es mit dem Pfarrhaus nicht klappte, habe ich mir einfach das bescheidenste Haus am Dorfeingang oder -ausgang ausgesucht. Die Armen haben immer etwas für einen übrig, und bei ihnen ist man in der Regel sicher. Kameraden von mir sind im vergangenen Jahr schon in Belgien hochgegangen, weil sie an der Tür einer vornehmen Villa geklingelt hatten.»

«Was wird jetzt mit Ihnen werden?» wollte ich wissen.

«Ich bin Kriegsgefangener, und im Prinzip muß man

mich dementsprechend behandeln. Ich werde wohl zu mehreren Wochen oder Monaten Gefängnis verurteilt, vielleicht zur Arbeit in einem Straflager. Aber die Erfahrungen, die ich jetzt habe, sind unschätzbar. Bei der nächsten Gelegenheit geht es wieder los – in Richtung Pyrenäen.»

Der Amerikaner erzählt begeistert von belgischen Kohlekumpeln polnischer Herkunft, die ihn von einer Bergarbeitersiedlung zur anderen bis nach Nordfrankreich weitergereicht hatten. «Mehrere Wochen lang habe ich in richtigen Häusern schlafen können, oft sogar in Betten. Und zu essen gaben sie mir viel mehr, als sie sich selbst leisten konnten.» Er überlegt einen Augenblick, ob er mir so ein Geheimnis anvertrauen darf, sagt dann leise: «Ich glaube, viele unter ihnen waren Kommunisten.»

Charlie muß jetzt im Gefängnis in Toulouse warten, bis ein größerer Transport von Kriegsgefangenen zusammengestellt werden kann, die in der Region in die Fallen der SS und der Feldgendarmerie geraten sind. «Nach unseren Schätzungen gehen zwei Drittel der entflohenen Kriegsgefangenen noch auf deutschem Boden hoch», erläutert er. «Von dem Rest erreicht einer von fünf die spanische Grenze. Der Weg ist zu weit.» Und doch ist er entschlossen, es bei erster Gelegenheit wieder zu versuchen. Unter Umständen sogar schon auf dem Transport nach Deutschland, noch in Frankreich. «Und was ist mit dir?» fragt Charlie.

Ich berichte, daß ich unter dem Verdacht stehe, einer Résistance-Organisation anzugehören, und wahrscheinlich vor ein Kriegsgericht kommen werde.

«Das ist schlecht», sagt Charlie mitfühlend. Aber vielleicht würde der Krieg nicht mehr so lange dauern. «Wenn diese Hundesöhne sich doch endlich zur Landung in Frankreich entschließen könnten», meint er wenig respektvoll vom Oberkommando seiner Armee. «Manchmal denke ich, sie kommen erst, wenn die Russen schon in Berlin sind.»

Er gefällt mir sehr. «Was für ein Glück, daß sie uns zusammengelegt haben», stelle ich fest. «Ich ergänze mit deiner Hilfe mein Schulenglisch, und du kannst von mir wahlweise Französisch oder Deutsch lernen.»

«Französisch», entscheidet Charlie.

«Warum?»

«Weil die Regionen, in denen Französisch gesprochen wird, auf dem Fluchtweg länger sind als die, in denen man Deutsch braucht. Und in Belgien und Frankreich kann sich ein ausgebrochener Kriegsgefangener an die Bevölkerung wenden, in Deutschland ist das zu gefährlich.»

Wir fangen gleich an, die Gegenstände in der Zelle zu bezeichnen, auf englisch und französisch: der Strohsack, der Kübel, das Fenster, die Gitterstäbe, die Tür, der Teller, der Löffel. Damit sind wir schnell fertig.

Ich habe mich auf ein längeres Zusammensein mit Charlie eingerichtet und weiß noch nicht, daß man in einem großen Gefängnis nie in der Zelle bleibt, in die man zunächst eingeschlossen wird. Schon nach wenigen Stunden holt der alte Unteroffizier mich wieder ab. «Decke, Napf und Löffel mitnehmen», sagt er. Es tut mir leid, mich so bald von Charlie verabschieden zu müssen.

Die neue Zelle, in die ich geführt werde, ist im Vergleich zum Verlies, das ich einige Stunden mit dem sympathischen Amerikaner geteilt habe, fast komfortabel. Rechts und links befinden sich an den Wänden je zwei übereinandergebaute Bettgestelle aus Holz mit prallen Strohsäcken. Im Gang dazwischen steht ein Tisch, an dem man sitzen kann, wenn man auf den unteren Pritschen Platz nimmt. Allerdings muß man sich zum Fenster am Tisch vorbei durchschlängeln. Das Fenster ist so groß wie in einem normalen Zimmer, nur vergittert. Es ist sogar zu öffnen. Doch das Licht kommt nur von oben durch, da vor dem Fenster eine Blende aus Holz angebracht ist.

In der Zelle befinden sich drei Männer, die gerade am Tisch Karten spielen, als ich hereingebracht werde. Sie schauen kaum auf, weisen mir eines der unteren Betten zu. «Kannst du Belote spielen?» fragt einer sofort, der mich offenbar zum französischen Skat einladen will. Ich muß verneinen. Für Kartenspiele habe ich mich nie interessiert.

«Mit was man hier nicht alles zusammenkommt», seufzt ein anderer, «kann nicht mal Belote spielen ...»

Die drei sind zwischen vierzig und fünfzig, auffallend elegant gekleidet, wenn auch ohne Krawatte: Maßanzüge aus bestem Tuch, seidene Hemden. Einer hat sogar Schuhe aus Krokodilleder auf seiner Pritsche stehen. So etwas habe ich bisher nur im Schaufenster eines feudalen Schuhgeschäfts auf den Champs-Élysées in Paris gesehen. Was für Häftlinge sind das? Sie spielen ruhig zu Ende, vielleicht eine Stunde lang. Dann zieht einer von ihnen eine Zigarettenschachtel aus der Tasche, bietet allen an, auch mir. Ein Streichholz und eine Reibfläche holen sie aus einem Versteck unter einem Strohsack. Wie können sie das alles durch die Kontrolle bringen? wundere ich mich.

«Mein erstes Gefängnis ist das nicht», erklärt einer nicht ohne Stolz.

«Ich bin», sage ich, um das Gespräch in Gang zu bringen, «offenbar in eine Luxuszelle geraten.»

«Luxus», stößt der Älteste von ihnen aufgebracht hervor. Er ist offensichtlich der Wortführer und wird René genannt. «Ja, Luxus habe ich mir immer so vorgestellt.»

Auf die Frage, warum ich hier bin, antworte ich, es müsse sich um einen Irrtum handeln.

«Natürlich, ein Irrtum ist die Verhaftung immer – für den Festgenommenen.» Alle drei lachen kurz und wollen wissen, was man mir vorwerfe.

«Ich stehe unter dem Verdacht, mit der Résistance gearbeitet zu haben.»

«Schön blöd, wenn du's gemacht hast», ist die verächtliche Antwort. Meine neuen Mitgefangenen sehen mich spöttisch an. Sie, so erfahre ich, haben sich nichts vorzuwerfen, den Deutschen gegenüber schon gar nicht. Es würde auch nicht mehr lange dauern, bis sie freikämen. Man habe schließlich seine Verbindungen. «Einer meiner besten Freunde ist Mitarbeiter der Gestapo, mit Ausweis und Pistole», teilt René stolz mit. «Ich Idiot! Vor einigen Wochen hat er mir angeboten, in seine Gruppe einzutreten. Ich habe nicht sofort ja gesagt. Wenn ich damals zugestimmt hätte, wäre ich heute nicht hier.»

Nein, die drei eleganten Männer haben nichts zu verbergen, weder vor der Gestapo noch vor mir. Sie waren Barbesitzer in Marseille. Aber ihre Aktivität beschränkte sich offenbar nicht auf den Ausschank von Getränken. Sie unterhalten sich über Geschäfte, die ihnen jetzt, da sie in Saint Michel festsitzen, entgehen: Prostitution, Schwarzhandel. Und wer wird die Animiermädchen in den Bars während ihrer Abwesenheit überwachen? «Von zweien weiß ich, daß sie mir das Geld, das sie einnehmen, ehrlich abliefern, wenn ich wiederkomme. Aber da gibt es drei andere, die versuchen, mich sogar übers Ohr zu hauen, wenn ich hinter der Theke stehe», klagt René.

Sie sprechen über ihre früheren Aufenthalte in Gefängnissen. René hat sechs Jahre im Zuchthaus von Rennes verbracht. Warum mußte der dumme Kerl von Nachtwächter auch anfangen zu schreien, gerade als sie mit der Beute – den Lohngeldern – aus dem Büro der Direktion eines Betriebes verschwinden wollten. Ein Komplice hatte dem Wächter eins über den Schädel gegeben, mit dem Brecheisen. Wohl etwas zu hart zugeschlagen. Er war draufgegangen. Das waren die sechs Knastjahre von René.

Ein anderer, der Bob genannt wird und blaurote Tätowierungen auf beiden Armen aufweist, hatte jahrelang in Marseille gesessen, im Gefängnis Les Baumettes. «Das war in den zwanziger Jahren. Ich war noch unerfahren», sagt er nur.

Den dritten hatte man sogar nach Cayenne auf die Teufelsinsel deportiert. Jetzt besaß er eine Bar wie die anderen. Zur Polizei hätten sie gute Beziehungen, behaupten sie, sogar zur deutschen. «Bei mir verkehrt die Geheime Feldpolizei», brüstet sich Bob. «Sie nennen mich beim Vornamen. Wenn die wüßten, daß ich hier festgehalten werde ...»

Aber sie wissen es nicht, denn wie alle anderen Häftlinge sind die drei seit ihrer Festnahme völlig von der Außenwelt abgeschnitten. Als ich frage, warum sie überhaupt verhaftet worden sind, erfahre ich, sie wären ganz unbeteiligt in eine Schießerei geraten. «Wir saßen friedlich in einer Bar in der Innenstadt von Toulouse und verhandelten über unsere Geschäfte, als eine Streife der Feldgendarmerie, sechs Mann, hereinkam und begann, die Papiere der Gäste zu kontrollieren», erzählt René. Ein alltäglicher Vorgang im besetzten Land. «An der Bar hielt sich ein Mann auf, groß, breitschultrig, mit dunklem Schnurrbart. Plötzlich drehte sich der Unbekannte um, sprang von seinem Hocker, zog aus der Achsel eine Pistole, mindestens Kaliber elf Millimeter, und schoß auf die Feldgendarmen. Drei stürzten sofort zu Boden, einer war tödlich getroffen, die zwei anderen verletzt. Die übrigen gingen in Deckung. Als sie ihre Maschinenpistolen entsichert hatten, war der Mann schon draußen. Auf der Straße schoß er noch auf den Wagen der Gendarmen, verletzte den Fahrer und verschwand. Sicher so ein Gaullist», sagt René verächtlich.

Bob meint, es könne auch ein Kommunist gewesen sein. Aber da sei wohl kein großer Unterschied.

«Minuten später war eine ganze Kompanie SS vor der Bar», fährt René in seinem Bericht fort. «Der Häuserblock wurde abgeriegelt, alle Wohnungen durchsucht. In der Bar ließ man die Gäste vier Stunden lang mit erhobenen Händen an der Wand stehen. Sie wurden befragt, ob sie den Schützen gekannt hätten.»

Bei diesen Vernehmungen verlor Bob vier Zähne, René wurde der Arm ausgekugelt, und der dritte klagt noch heute, drei Wochen danach, über Schmerzen in den Rippen. Aber das alles schaffte den Mann an der Bar nicht wieder her. Alle, die zufällig im Café gesessen hatten, Stammgäste und Passanten, Männer und Frauen, wurden sofort ins Gefängnis Saint Michel gebracht. Hier warteten sie nun wahrscheinlich auf ihre Deportation. «Eine verdammte Geschichte», schimpft René. «Da kann man mal sehen, wohin diese Résistance führt.»

Bob sagt hoffnungsvoll: «Aber sie müssen doch bald merken, daß der Mann mit uns nichts zu tun hatte. Zum Milieu gehört er jedenfalls nicht.» Er meint natürlich das Milieu der Kriminellen.

Ich hatte schon in Toulouse von Eugen und Noémie in Castres von der Zusammenarbeit zwischen Kriminellen und der Gestapo gehört. Die Polizei der Besatzung brauchte Mitarbeiter in der Bevölkerung. Nur ein Teil der Beamten hatte sich den Okkupanten zur Verfügung gestellt. Das Reservoir der faschistischen Verbände und Milizen, die in Frankreich nie eine große Rolle gespielt hatten, war begrenzt. So wurde im Laufe der Jahre das Verbrechermilieu zum Hauptverbündeten von SD und Sicherheitspolizei. Überall suchte die Gestapo nach Vorbestraften, ging sogar in die Gefängnisse, um Mörder, Diebe und Zuhälter, die oft zu langen Haftstrafen verurteilt waren, zu werben. Hohe SS-Offiziere und Verbrecher arbeiteten überall Hand in Hand. Es gab unter den zahllosen Vorbestraften, die für die Gestapo tätig waren, Handlanger und sogenannte Caïds, Gangsterchefs, die über eigene Folterkeller und Leibgarden verfügten und die manchmal sogar, wie der berüchtigte Lafont in Paris, zu Offizieren der SS gemacht wurden und die deutsche Staatsbürgerschaft erhielten. René spricht von ihm als «Le patron», dem Chef. Allerdings ist diese Tätigkeit, wenn sie in kurzer Zeit auch ein Vermögen einbringen kann, nicht ohne Gefahr. Spirido, der korsische Gangsterchef und Leiter der französischen Gestapo in Marseille, ist erst kürzlich bei einem Attentat umgekommen.

Die drei bedauern, noch nicht zum Kreis der Auserwählten zu gehören, die ihre SD-Karte erhalten haben und eine Pistole tragen dürfen. Wer das erreicht hat, bekommt Kopfgelder für jüdische Männer, Frauen und Kinder, die er für die Gestapo aufspürt. Noch höhere Beträge gibt es für Angehörige der Résistance, wenn man sie den Behörden ausliefert. Einen Teil der Habe der Verhafteten dürfen die «Vertrauensmänner», wie sie von den Gestapooffizieren genannt werden, für sich behalten.

Die Kriminellen, mit denen ich die Zelle teilen muß, ähneln in keiner Weise den Gangstern, wie sie oft in Kriminalfilmen gezeigt werden: rauhe Burschen, die ein goldenes Herz unter der harten Schale haben und die mutig unter den Kugeln der Polizei am Schluß des Films fallen.

Die drei, mit denen man mich zusammengesperrt hat, sind primitiv, gewissenlos, ängstlich, zu allem fähig, wenn ein hoher Gewinn winkt. Sogar hier im Gefängnis versuchen sie, Spitzeldienste für die Wärter zu leisten. René hat in der Nacht ein Gespräch von einem Zellenfenster zum anderen zwischen zwei Gefangenen belauscht. Es ging um Verbindungen der Résistance. Er würde den deutschen Unteroffizieren gern darüber berichten. «Wenn ich mich nur verständlich machen könnte, aber die Wärter verstehen ja kein Wort Französisch», sagt er bedauernd. «Sprichst du vielleicht etwas Deutsch?» fragt er mich.

«Kein Wort.» Nein, dabei kann ich ihm wirklich nicht helfen.

Was meiner Meinung nach mit ihnen geschehen würde, fragen sie mich. Ich habe kein Verlangen, ihre Angst zu beschwichtigen. «Ihr könntet vielleicht als Geiseln eingestuft werden», antworte ich. «Oder man sperrt euch einfach in einen Zug zur Deportation in ein deutsches Konzentrationslager.»

Schöne Aussichten! Was würde aus ihren Bars werden, und wie viele Gelegenheiten, zu Geld zu kommen, waren jetzt verpaßt. Für die drei war die Okkupation bisher eine goldene Zeit gewesen, mit der Aussicht, sogar als Helfer

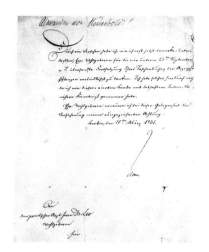

Brief Alexander von Humboldts an den Urgroßvater des Autors, den praktischen Arzt Dr. med. Julius Leo (1793 bis 1855) in Berlin

Mit diesem Schreiben erklärte Dr. Julius Leo sein Einverständnis mit dem Jurastudium seines Sohnes Friedrich Philipp (1834 bis 1888), dem Großvater des Autors, und seine Bereitschaft, die Kosten zu übernehmen

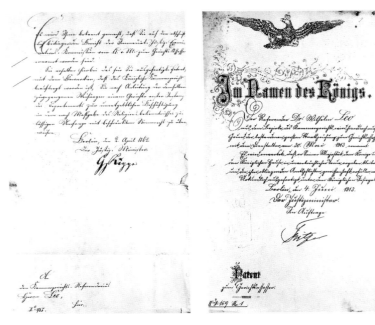

Am 2. April 1862 wurde Friedrich Philipp Leo durch den Justizminister zum Gerichtsassessor ernannt «in dem nach Maßgabe des Religionsbekenntnisses zulässigen Umfange mit beschränktem Stimmrecht»

Im Namen des Königs erhielt Dr. Wilhelm Leo (1886 bis 1945), Vater des Autors, am 4. Juni 1913 sein Patent zum Gerichtsassessor

Beglaubigte Abschrift.

Kirchen= Buch der St. Nikolai = Gemeine zu P e r n a u
----
in Livland . Vol.IIII. pag. 51. Nr. 41.

Heinrich Peter B a r e n d s ,
----

ehelicher Sohn des Schiffs-Capitains Berend B a r e n d s
und seiner Ehefrau Rike geb. Backers, ist am 7/19. September

des Jahres Ein Tausend Acht Hundert Vierzehn geboren und
am 13/25.September e.a. (eodem anno) getauft worden.

Zeugen: Hofrath v.Harder hielt den Täufling,
Rathsherr Franck, Hans Diedrich Bock.
Frau Wittwe Ober-Pastor Scipio,
Jungfer Dorothea Eberhardt.

Vorstehendes Attestat ist aus dem Taufregister obiger Quelle
sub fide pastorali; ausgefertigt worden zu Pernau in Livland
am 3o/April 12/Mai 1835.

(Siegel der St.Nikolai
kirche zu Pernau)   gez.Carl Heinrich Wolleydt
Ober=Pastor zu St.Nikolai.

Daß vorstehende Abschrift mit dem Original übereinstimmt,
bescheinigt.
Rummelsburg i.Pom,den 2.März 1942.
Evangelisches Pfarramt.
J.A.

Kirchenbuchführer

Der Urgroßvater mütterlicherseits, der Schiffskapitän Heinrich
Peter Barends, führte seinen Ursprung auf den holländischen
Seefahrer Barents zurück, nach dem die Durchfahrt zum Nord-
pol, die Barentssee, benannt worden ist

Unbeschwerte Kindertage in Rheinsberg. Gerhard Leo als Vier
jähriger im Garten am Haus der Eltern

Als Zwölfjähriger am Place de la République in Paris

Die Eltern des Autors: Frieda Leo im Jahre 1943 und Wilhelm Leo 1945

In einen Kuchen eingebacken erreichte Gerhard Leo die von der Mutter besorgte Taufbescheinigung. Sie rettete ihn vor der Deportation in ein Todeslager

Entlassungsschein aus dem Internierungslager Nexon

Nom / Name	*LEO*
Prénoms / Vorname	*Gérard*
Nationalité / Staatsangehörigkeit	*allemande*
né le / geb.	*8 juin 1923*
à / zu	*Berlin (Allemagne)*
Profession / Beruf	*étudiant*
Domicile / Wohnort	*Paris III*
Rue / Strasse	*43, rue Volta*
Date d'admission / Datum der Aufnahme	*15. 9. 1944*

SIGNALEMENT
PERSONALBESCHREIBUNG

Taille / Grösse	*1,70*	Cheveux / Haare	*chât. clair*
Bouche / Mund	*moyenne*	Yeux / Augen	*marron*
Visage / Gesicht	*oval*	Teint / Gesichtsfarbe	*clair*
Signes particuliers / Besondere Kennzeichen		*néant*	

Signature du Titulaire.

Le porteur de cette carte est adhérent au mouvement « Allemagne Libre ». Ce mouvement a participé depuis sa fondation à la Résistance Française.

The holder of this certificate is an adherent of the movement « Free Germany ». This movement is taking part since its foundation in the struggle against hitlerism in France.

Der Träger dieses Ausweises ist Anhänger der Bewegung « Freies Deutschland ». Diese Bewegung nimmt, seit ihrer Gründung, an dem Kampf gegen den Hitlerismus in Frankreich teil.

Pour le Comité « Allemagne Libre » pour l'Ouest.
Für die Bewegung « Freies Deutschland » für den Westen.

Paris 15.9. 1944

Signature.

COMITÉ « ALLEMAGNE LIBRE »
POUR L'OUEST

KOMITEE « FREIES DEUTSCHLAND »
FÜR DEN WESTEN

•

C. A. L. P. O.

•

Carte d'Adhérent
Anhängerkarte N° *540*

•

Président : **Niebergall-Florian**, Sarrebruck, Membre dirigeant du front anti-hitlérien de la Sarre de 1935, Chef du T. A. et de la Résistance des allemands anti-hitlériens en France depuis 1940 • Vice-Présidents : **F. Kümmel**, Député catholique, Dresde • **P. Klein**, Dirigeant du Syndicat des Jeunes Mineurs, Cologne • **K. Hoppé**, Conseiller Municipal, Secrétaire Général de l'Union Fédérale des Mutilés et Veuves de guerre de la Sarre, Sarrebruck • **Arno Müller**, Dr ès-lettres, Adjudant Chef, Breslau • **H. Heisel**, Sergent, Organisateur des groupes de résistance dans l'armée, Leverkusen, Délégué au Front du C. A. L. P. O. • **H. Hauser**, Mouvement des étudiants anti-hitlérien, Berlin, Secrétaire Général du C. A. L. P. O.

Ausweis des Komitees «Freies Deutschland» für den Westen

Luftbild des Gefängnisses Saint Michel in Toulouse. Die Aufnahme zeigt nicht mehr die mit Maschinengewehren und Scheinwerfern bestückten Wachtürme an den fünf Ecken, die von den deutschen Okkupanten errichtet worden waren

Der Bahnhof von Allassac 1984. Das Gebäude ist unverändert

Brief Dr. Wilhelm Leos, geschrieben in der Illegalität sofort nach Erhalt der Nachricht von der Befreiung seines Sohnes Gerhard in Allassac. Der Brief sollte unter Verwendung von Decknamen (unser Freund ist Dr. W. Leo; unser junger Freund Gerhard Leo; Großmama Frieda Leo) die Mutter beruhigen, der – nach Hamburg «repatriiert» – von der Gestapo gesagt worden war: «Ihr Sohn wird wohl nicht mehr lange leben.»

Vater Bouillaguet und seine Frau vor ihrem Bauernhaus in La Chapoulie. Er wurde nach der Befreiung Bürgermeister des Ortes

Leider blieb dem Autor nur ein schlechtes Paßfoto als Erinnerung an Oberleutnant Michael: Edouard Chauvignat

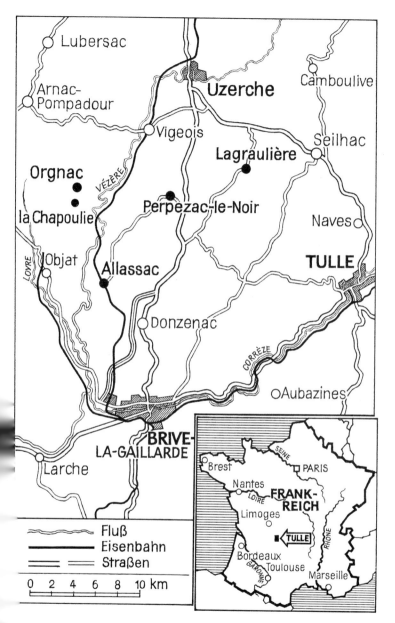

Operationsgebiet des 2. Bataillons der Francs-Tireurs et Partisans
Français, in deren Reihen Gerhard Leo mitkämpfte

SS-General Lammerding, einer der Hauptverantwortlichen fü die Verbrechen an der Bevölkerung in Oradour-sur-Glane un Tulle

Strafantrag

ANTRAG

auf Einleitung eines Ermittlungsverfahrens wegen dringenden Verdachtes
des Mordes (N.S. - Gewaltverbrechen)

gegen: Karl-Theodor Molinari, geb.
am 7. Februar 1915 in Bonn,
z. Zt. Generalmajor der Bundeswehr und Befehlshaber
des Bundeswehrbereiches IV
Mainz / Hessen / Rheinland-Pfalz / Saarland.

Der Vorgenannte wird beschuldigt, gemeinschaftlich handelnd, französische
Bürger in der Zeit Mai / Juli 1944 in den Ardennen (Frankreich) aus niedrigen Beweggründen heimtückisch und grausam getötet zu haben.

Verbrechen, strafbar nach §§ 211, 47 StGB

                       unterzeichnet
                       Dr. J.C. Rossaint

Komitee Freies Deutschland für den Westen

Auszug aus dem Protokoll der Tagung des
"Komitee Freies Deutschland für den Westen"
(CALPO) am 28.9.1944, Boulevard Montmartre

Pkt. 2) Betr.: Kriegsverbrechen der Gestapo,
der SS, des SD und der Ge -
heimen Feldgendarmerie in
Frankreich, Belgien, Luxem -
burg und anderen besetzten
Ländern.

Der Bericht des Präsidenten wird gebilligt.
Die juristisch-völkerrechtliche Ergänzung
der Mitglieder des Komitees, der Herren
Staatsanwalt Dr. Meerheim und Rechtsanwalt
Dr. Leo wird zur Kenntnis genommen.

Die Delegationen des Komitees in Belgien
und Luxemburg werden ersucht, nach folgenden
Kriegsverbrechern zu fahnden,
ebenso die Gebietsdelegationen Lyon, Toulouse
und Marseille.

Alle Frontdelegierten und Lagerbeauftragten
sind zu veranlassen, ihre besondere Aufmerksamkeit auf die nachfolgenden Personen zu
richten:

Olberg,   Karl Albrecht
          höherer SS- und Polizeiführer in
          Frankreich
          Sitz am 1o.8.1944: Paris, Boulevard
          Lannes 52

          Alter: ungefähr 47 Jahre
Verantwortlich für Kriegsverbrechen
an französischen, deutschen Antifaschisten und Patrioten anderer Na -
tionen.

Knochen,   Dr. Helmut
          SS-Standarten-Führer
          Verantwortlich für die Gestapo und
          SD in Frankreich
          Sitz am 1o.8.1944: Avenue Foch 72
          Geboren: im März 191o in Magdeburg
          Kriegsverbrecher in Polen und Frank-
          reich
          Verantwortlich für die Killer- und
          Sonderkommandos .

Lammerding,   Bernhard
          General der SS, Kommandeur der SS-
          Division "Das Reich"
          Kriegsverbrecher in Südfrankreich
          Einer der Hauptverantwortlichen für
          die unerhörten Verbrechen an der Be-
          völkerung in Oradur,Sur Glane und
          Toule.

Thomas   Höherer Polizeiführer für Belgien
          und Frankreich
          Wurde im Mai 1942 von Olberg in
          seiner Funktion abgelöst.

ahndung des Komitees «Freies Deutschland» für den Westen,
em auch der Rechtsanwalt Dr. Wilhelm Leo angehörte, nach
riegsverbrechern, unter ihnen SS-General Bernhard Lammer-
ng

Gerhard Leo als Leutnant der Französischen Streitkräfte des Innern im September 1944

Comité "Allemagne Libre" Paris, den 13.11.45
 pour l'Ouest
11, Bd. Montmartre, Paris 2e
Telefon: GUT.91-92

Liebe Freunde,

 Erschüttert steht unsere Organisation am Grabe eines ihrer treuesten und eifrigsten Mitarbeiter. Mitten aus seiner segensreichen Arbeit wurde unser Freund, Dr. Wilhelm Leo, in der Pariser Métro von einem Herzschlag ereilt.

 Ein Leben voll Mühe und Arbeit und Pflichterfüllung fand so ein tragisches Ende - umso tragischer, als Dr. Leo nach 12 Jahren der Emigration begründete Aussicht hatte, binnen kurzem wieder in seine deutsche Heimat zurückzukehren und seine Frau, von der er seit 6 Jahren getrennt war, sowie seinen tapferen Sohn Gerhardt wiederzusehen.

 Wilhelm Leo war 1886 in Magdeburg geboren. Nach dem Besuch des Gymnasiums wandte er sich dem Studium der Rechtswissenschaften zu. Er wurde ein geschätzter Rechtsanwalt und Notar in Berlin, später in Rheinsberg. Dr. Leo erwarb sich besondere Verdienste bei der Verteidigung aufrechter Demokraten, die bereits vor der Hitlerzeit von der reaktionären deutschen Justiz verfolgt wurden.

 Wegen dieser Tätigkeit und als bekannter Antifaschist wurde Dr. Leo von den zur Macht gekommenen Nazis verfolgt und misshandelt. Nach längerer "behutsaft" gelang es ihm, nach Frankreich zu fliehen.

 In Paris gründete Leo die antifaschistische Buchhandlung "Lifa". Jeder, der in dieser Zeit mit ihm zu tun hatte, schätzte in ihm nicht nur den erfahrenen Fachkenner, sondern den freundschaftlichen Berater, der für Arbeiten zur Bekämpfung des Faschismus unter grösster Mühe einschlägiges Material beschaffte.

 Von 1940 bis Januar 1943 erfüllte Dr. Leo seine Pflicht als prestataire in Chambaran (Isère), später in Montauban und Septfond. Vor der Befreiung Frankreichs verbrachte Dr. Leo etwa ein Jahr in dem von Abbé Glasberg gegründeten Centre d'Accueil du bégué in Cazabon (Gers).

 Seit September 1944 wieder in Paris schloss sich Dr. Leo der U.D.I.A. und der Bewegung "Freies Deutschland" an. Sie werden von anderer Seite hören, welche Aktivität er im Rahmen der UDIA und des Deutschen Kulturkreises entwickelte.

 Wir von der Bewegung "Freies Deutschland" beklagen in Dr. Leo den aufrechten antifaschistischen Kämpfer und den erfahrenen feinsinnigen Juristen, der unser Berater war und ausserdem als Leiter unserer Juristen-Kommission grundlegende Arbeiten für eine Neugestaltung des deutschen Rechtswesens durchführte. Eine dieser Arbeiten ist bereits in einem Verwaltungsbereich der französischen Militärbehörde im besetzten Deutschland als Grundlage für die Betreuung der Hitleropfer benutzt worden.

 Das Bild der Persönlichkeit Dr. Wilhelm Leos wäre unvollständig, wenn wir von ihm nur als politischem Kämpfer und als hervorragendem Juristen sprächen. Wer Dr. Leo kannte, schätzte in ihm vor allem den edlen Menschen, den hilfsbereiten Freund, der ständig wirkte und dabei seine Person in fast rührender Bescheidenheit stets in den Hintergrund stellte.

 Unvollständig wäre das Bild Wilhelm Leos auch, wenn wir seiner nicht als Familienhaupt gedächten. Seine Kinder sind kämpferische Antifaschisten geworden. Sein Sohn Gerhard wurde, nachdem er wegen seiner Tätigkeit als Bevollmächtigter der Bewegung F.D. unter der Wehrmacht von der Gestapo festgenommen wurde, aus dem fahrenden Zug von den F.F.I. befreit. Er wurde von Kampfgenossen des Maquis aufgenommen, die ihn, den 19 jährigen deutschen Antifaschisten in ihre Gruppe einreihten und ihm den Namen "Rescapé" verliehen. Der junge Kämpfer wurde zum Leutnant der F.F.I. befördert. Er wirkt heute in Deutschland an verantwortlicher Stelle.

 Rührend war es zu sehen, wie Leo sein Enkelkind, die liebliche dreijährige Susi behütete. Keiner von uns wird vergessen, wie die kleine hinter ihrem Grossvater hertrabte, wenn sie gerne bei seinen Gängen mit an seine Arbeitsstelle mitführte.

 Dr. Wilhelm Leo ! Treuer Freund und aufrechter Kämpfer ! Wir werden Dein Andenken in Ehren halten. Du hast Deine tiefe Sehnsucht nicht erfüllen können, Du hast das von den Nazipest befreite Deutschland nicht wiedergesehen. Doch Dein Name wird nicht vergessen sein. Du bleibst in unseren Reihen als einer der besten Streiter für ein neues, demokratisches Deutschland!

Im Namen des Direktions-Komitees der
Bewegung F.D. für den Westen

 N.B. Wir bitten unsere Anhänger Tag und Stunde der Beisetzung im Büro der Calpo zu erfragen und unserem treuen Freund das letzte Geleit zu geben.

Nachruf des Komitees «Freies Deutschland» für den Westen für sein Mitglied Dr. Wilhelm Leo, den Vater des Autors

Brief des ehemaligen Mithäftlings in der Zelle 7 des Gefängnisses in Toulouse, Polizeikommissar Vigoureux, und sein Porträt

Bagnères-de-Bigorre, den 27. Juni 1945

Teurer Freund,
diesmal ist es Ihr alter Kamerad aus der Zelle Nummer 7 von Saint Michel, der Ihnen selbst antwortet. Ein wieder zum Leben Erweckter? … Es ist beinahe so, und sogar aus Dachau!

Ich habe oft an Sie gedacht und war überzeugt, Sie nie wieder zu sehen. Ihnen meine Freude, meine Bewegung zu schildern, als ich am 27. April, da ich in mein Heim zurückkam, Ihr Foto als Offiziersanwärter sah, ist kaum möglich.

Meine Frau hat mir immer wieder Ihre liebenswürdigen und rührenden Briefe vorgelesen, und die Erinnerung, die Sie an mich behalten haben, hat mich tief berührt. Ich war sehr beeindruckt von Ihrer Feinfühligkeit und Ihrem Großmut.

Jetzt bin ich schon bald zwei Monate zu Hause. Ich habe so viel von Ihnen erzählt, und wir sind jetzt etwas besorgt, keine Nachrichten von Ihnen zu haben.

Ich werde nichts von meiner Geschichte schreiben, da wir ja bald die Freude haben werden, Sie in Bagnères zu begrüßen. Ich erwarte diesen Tag mit Ungeduld!

Im Monat Juli werden wir für vierzehn Tage nach Paris reisen (vom 9. bis 25.). Ich muß dort zum Innenministerium gehen, um mich endgültig zu entscheiden. Bei meiner Durchfahrt durch die Hauptstadt am 24. April hatte man mir die Wahl gelassen zwischen einem bedeutenden Posten in der Polizei oder in der präfektoralen Verwaltung.

Wir werden Ihnen unsere Adresse in Paris mitteilen, damit wir für Ihre Reise nach Bagnères in Verbindung bleiben.

Ich übermittle Ihnen beste Grüße meiner Frau und meiner Kinder und versichere Sie meiner herzlichen und unverbrüchlichen Freundschaft.

gez. Vigoureux

Olive, Hauptmann Henri Valette, entlarvte Oberst Reichmann als Kriegsverbrecher

Ausweis der französischen Regierung über die Teilnahme Gerhard Leos am Kampf gegen die faschistische Okkupation

Bataillonskommandeur Hauptmann Jo, Pierre Guérin, stellte Gerhard Leo dieses Zeugnis aus

Bescheinigung

Ich Unterzeichneter, Guérin, Pierre, Pseudonym Jo, wohnhaft 402, Rue Jean Jaures, 19130 Objat, demobilisiert als Hauptmann am 18. April 1947 unter der Nummer DM 9001/FFCI Nr. 39572, Ausweis als freiwilliger Kämpfer der Résistance Nr. 11786, als Kriegsteilnehmer Nr. 39572, ehemaliger Kommandant des 2. und des 21. Bataillons des Sektors B der 3. Militärregion der Freischärler und Partisanen (FTPF), versichere bei meiner Ehre, daß Herr Gerhard Leo, Korrespondent des «Neuen Deutschland» (DDR), wohnhaft 12, Rue Félix Faure in 75015 Paris, durch Kräfte des 2. Bataillons des Sektors B der 3. Militärregion FTPF unter folgenden Umständen befreit wurde:

Am 4. Juni 1944 gegen 3 Uhr 30 schlossen sich die 232. und die 235. Kompagnie des 2. Bataillons in Allassac (19) zusammen, mit dem Ziel, Waffen in der Gendarmerie zu erbeuten und die Deutschen in zwei Hinterhalte zu locken. Als wir durch einen Eisenbahner, der der Résistance angehörte, erfuhren, daß ein Zug im Bahnhof von Allassac durch eine Gleissprengung bei Estivaux blockiert war, und daß ein Wagen Feldgendarmen transportiert, beschlossen wir, diesen Zug anzugreifen. Das Gefecht begann mit den Feldgendarmen, die heftigen Widerstand entgegensetzten. Nachdem zwei Bazooka-Granaten auf den Waggon der Feldgendarmen abgeschossen wurden, stellten diese den Widerstand ein, und es gelang ihnen zu fliehen. In einem von einer Granate beschädigten Wagen fanden wir einen jungen Mann, der am Ohr und an der Schläfe verwundet war und die Arme durch Handschellen auf dem Rücken gefesselt hatte. Nachdem wir seine Wunden versorgt und ihn von den Handschellen befreit hatten, erfuhren wir, daß der Gefangene Gerhard Leo hieß, daß er deutscher antinazistischer Widerstandskämpfer ist und für das Komitee «Freies Deutschland» für den Westen tätig war. Nach seiner Verhaftung hatten die Feldgendarmen den Auftrag erhalten, ihn nach Paris zum Obersten Kriegswehrmachtgericht zu bringen, wo er verurteilt werden sollte.

Gerhard Leo wurde sofort unter dem Namen Rescapé in die Gruppe Jean Robert der 235. Kompagnie eingereiht, und er hat an allen von diesem Kommando durchgeführten Aktionen teilgenommen:

am 7. und 8. Juni 1944 am Angriff auf die deutsche Garnison von Tulle (19),

am 9. Juni 1944 am Kampf mit einem deutschen Panzer in Perpezac-le-Noir (19),

am 16. Juni 1944 bei einem Angriff der Deutschen und der Miliz auf das Lager des Kommandos Jean Robert in den Schluchten des Weisse (Orgnac) (19) ist er am Schenkel verwundet worden. Trotz seiner Verwundung zieht er sich kämpfend zurück, leert das Magazin seiner Waffe auf seine Verfolger und verwundet einen von ihnen am Kopf,

im Juli 1944 nimmt er an zahlreichen Sabotageanschlägen auf die Eisenbahnlinie Paris – Toulouse teil.

am 14., 15., 16. August 1944 an der Umzingelung der deutschen Garnison von Tulle (19) und an der Befreiung dieser Stadt.

Gerhard Leo hat auch danach in der Résistance bis zur Befreiung der Corrèze gedient.

Die vorliegende Bescheinigung ist für rechtskräftige Verwendung bestimmt.
Ausgestellt in Objat am 4. Oktober 1984
Unterzeichnet Guérin
(Beglaubigte Unterschrift durch den Bürgermeister)

Das Andenken der gefallenen Résistancekämpfer wird in Ehren gehalten. Während einer Gedenkzeremonie in Le Lonzac

Im Museum für Geschichte in Montreuil bei Paris. Von rechts:
Kurt Hager, Mitglied des Politbüros des ZK der SED, Gerhard
Leo, Jacques Duclos, hervorragender Führer der französischen
Arbeiterklasse und Begründer des Museums

Fernand Germain (rechts) und André Brun, Zeugen des tragischen Endes von Willi Münzenberg auf der Flucht vor den deutschen Okkupanten

Die Grabstätte Willi Münzenbergs auf dem Friedhof des Dorfes
Montagne im Departement Isère

Wiedersehen mit Kampfgefährten aus der Corrèze 1969 in Paris.
Von rechts: Oberleutnant Michel Lissansky, Verantwortlicher
der Front National in der Haute-Corrèze, Baptiste Touron, Mitglied des Kommandos Jean Robert, und Gerhard Leo

der Gestapo anerkannt zu werden. Die Stimmung meiner Mithäftlinge ist auf dem Tiefpunkt. Nicht einmal Karten spielen wollen sie mehr. Sie schwärmen zwischen zwei mageren Steckrübenmahlzeiten von Schlemmerlokalen, in denen sie Stammgäste gewesen waren, von getrüffelter Gänseleberpastete, Austern und alten Burgunderweinen. Das ist nun vorbei.

Wenn die Gesellschaft meiner Zellengenossen auch langweilig, manchmal widerwärtig ist, ich wünsche hierbleiben zu können bis zur Befreiung. In meiner Vorstellung bricht der Aufstand des Volkes, von der Résistance geführt, in allen Städten am Tag der Landung der Alliierten an der französischen Küste los. Als erstes würden sicher die Gefängnisse gestürmt. Was könnte das Kriegsgerichtsverfahren, das mir der Albino in Castres angekündigt hatte, verzögern? Nichts war unmöglich. Zum Beispiel konnte der Gerichtsoffizier, der meine Akten bei sich hat, von Widerstandskämpfern angegriffen und getötet werden. So etwas hatte es schon gegeben. Der Wagen, in dem er fährt, brennt aus, und von meiner Akte bleibt nur ein Häuflein Asche! Niemand würde sich mehr um mich kümmern ...

Vielleicht gibt es auch eine Gelegenheit, während eines Transports zu einer Vernehmung außerhalb des Gefängnisses zu fliehen. Was macht man nur mit den auf dem Rücken gefesselten Händen, kann man damit schnell rennen? Die Bevölkerung wird mich bestimmt decken.

Nur manchmal drängt sich mir der Gedanke an die Erschießung auf. Das sind schlimme Augenblicke. Im Gegensatz zu der Zeit vor der Festnahme fürchte ich jetzt den Tod mehr als die Folter.

Das Leben im Gefängnis läuft mit eintöniger Regelmäßigkeit ab. Früh um sechs Uhr betätigt der diensthabende Unteroffizier in der Halle seine durchdringende Trillerpfeife und brüllt dann: «Aufstehen!» Man hat den Strohsack zurechtzuschütteln, die Decke zu falten und ans Fußende zu legen. Dann kommt das Frühstück: ein Eßnapf voll Kaffee-Ersatz, ein graues Gebräu, und der Höhepunkt des Tages, ein Stück Kommißbrot, klebrig und voller Schrot, aber köstlich für den, der ständig Hunger hat. Mittags gibt es einen Napf voll Steckrübensuppe, in der manchmal sogar einige Fasern Fleisch schwimmen. Abends entweder noch einmal die gleiche Brühe oder ein kleines Stück Margarine oder Ersatzkäse. Am Vormittag wird man in einen der zahlreichen Innenhöfe geführt für genau fünfundzwanzig Minuten. Man kann sich dort an den Wasserhähnen notdürftig waschen und die Sonne genießen, die jetzt jeden Tag mehr wärmt.

Die Wärter versehen ihren Dienst eher gleichgültig als brutal. Es sind alles Unteroffiziere der Wehrmacht. Ich vermeide es, mit ihnen zu sprechen, schon, damit ich von meinen Mithäftlingen nicht als Dolmetscher in Anspruch genommen werden kann. Abends, nach dem Einschluß für die Nacht, wenn die Riegel vor die Türen geschoben worden sind, wird leise von Zellenfenster zu Zellenfenster gesprochen. Das ist zwar streng verboten, aber fast alle Häftlinge tun es. Ich habe trotz des heftigen Protestes der drei Barbesitzer Kontakt mit einem jungen Mann aufgenommen, der in einer Einzelzelle über uns liegt. Es ist ein Arbeiter aus Toulouse. Er war bei einer Razzia mit einem Paket Flugblätter gefaßt worden. «Ich habe ihnen gesagt, das geschlossene Paket hätte ich eine halbe Stunde vorher gefunden, ohne es aufzumachen. Ich hoffte, daß vielleicht Schwarzmarktware darin wäre. Aber sie glauben mir nicht.»

Raymond, so heißt er, hat ein paar schlimme Tage im Keller der französischen Gestapo in Toulouse erleiden müssen. «Für das Kriegsgericht reicht mein Fall nicht aus», sagt er. «Dahin kommen nur die Fälle, bei denen die Deutschen genau wissen, daß der Prozeß mit einem Todesurteil endet.» Mir läuft es kalt über den Rücken. «Ich werde nach Deutschland in ein Lager deportiert werden», fährt Raymond fort. «Die wenigen Monate bis zum Kriegsende wird man das wohl überstehen können», meint er guten Mutes.

Von ihm, der wiederum Kontakt zu einer Zelle mit jungen Kommunisten im oberen Stockwerk hat, erfahre ich mehr über die Wärter. Einige ältere waren Zuchthaus- oder Gefängniswächter in Deutschland gewesen. Nach der Einberufung hatte man sie gleich wieder in ihrem Beruf beschäftigt. «Viele von ihnen waren früher Sozialdemokraten, und sie sind bestürzt darüber, so viele anständige Leute bewachen zu müssen, die nichts anderes getan haben, als für ihr Land einzutreten», berichtet Raymond. «Die jüngeren Wärter sind in der Regel Schwerverletzte, oft von der Ostfront, die nur noch diesen Dienst versehen können. Vor vielen dieser jungen Leute muß man sich in acht nehmen. Die alten Zuchthausbeamten dagegen drücken häufig ein Auge zu, warnen sogar manchmal vor ihren jungen Kameraden, die besonders scharf sind.»

Erst am fünften Tag werde ich aus der Zelle geholt. «Vernehmung», sagt der Unteroffizier, ein grauhaariger kleinerer Mann. Er läßt mich vor sich hergehen, über Gänge und Treppen.

«Verstehen Sie Deutsch?» fragt er leise. Die Wärter dürfen mit den Häftlingen nicht sprechen, hatte mir Raymond mitgeteilt. Nach meiner zustimmenden Antwort flüstert der Alte: «Es wird so schlimm nicht werden mit dem Verhör. Solange es hier im Gefängnis ist …» Er zögert einen Augenblick, fügt dann hinzu: «Schlimm wird es manchmal, wenn man euch nach draußen führt …»

Der Unteroffizier stößt die Tür zu einer großen Zelle auf. Hinter einem Tisch sitzt Hauptmann Wächtler, der Sicherheitsoffizier der Transportkommandantur. Rechts und links neben ihm stehen zwei baumlange Kerle in feldgrauer Uniform. Sie haben den Adler nicht wie die Wehrmachtsangehörigen auf der linken Brustseite ihrer Jacken, sondern am Ärmel. Sie gehören zur SS. Einer hat die Buchstaben SD auf dem linken Jackenärmel. Ihre Schirmmützen, die auf dem Hocker neben dem Tisch liegen, tragen ein silbernes Abzeichen: den Totenkopf mit den darunter gekreuzten

Knochen. Das alles nehme ich wie durch einen Schleier wahr. Ich fühle, wie mir die Angst den Atem nimmt. Nichts von den Adressen sagen, geht es mir durch den Sinn. Ich denke daran, daß ich mich durch den Kassiber in Castres doppelt zum Schweigen verpflichtet habe.

Der Unteroffizier zeigt dem Hauptmann einen Klingelknopf auf der Tischplatte. «Wenn Sie fertig sind, rufen Sie mich bitte herein, aber in einer halben Stunde muß der Mann wieder eingeschlossen werden, Herr Hauptmann.»

«Das lassen Sie meine Sorge sein, Unteroffizier», antwortet Wächtler schroff.

«Zu Befehl, Herr Hauptmann.»

Wächtler wartet, bis der Wärter die Tür hinter sich verschlossen hat.

«Hätten Sie nicht gedacht, daß wir uns so bald wiedersehen?» sagt er dann leise, fast freundlich, und: «Setzen Sie sich.» Doch ich sehe, wie der eine der beiden SS-Männer schwarze Lederhandschuhe aus einer Tasche seiner Uniformjacke nimmt und langsam überstreift. Der Hauptmann verändert plötzlich seinen Gesichtsausdruck, seine Augen ziehen sich zusammen. «Wie heißen Sie eigentlich?» fragt er und sieht auf einen Zettel vor sich. «Gérard Laban bei uns in der Transportkommandantur, in Castres gleich zwei Namen, Jean-Pierre Ariège und Gérard Lebert. Na, wie ist der richtige?»

«Gérard Lebert», sage ich und ärgere mich, daß meine Stimme dabei zittert.

«Das glauben Sie wohl selbst nicht.»

«Einer muß es ja glauben», fährt es mir heraus.

In diesem Augenblick trifft mich ein erster Faustschlag des behandschuhten SS-Mannes am Kopf. Mir scheint, daß mein Schädel zerspringt. Es wird mir schwarz vor Augen. Wie bin ich vom Stuhl auf den Boden gekommen?

«Aufstehen!» brüllt Wächtler.

Ich erhebe mich mühsam und werde sofort von einem zweiten Schlag in den Magen nach hinten geworfen. Und jetzt tritt der zweite SS-Mann in Aktion, ich erhalte einen Schlag in den Nacken, der mich wieder zu Boden gehen läßt. Blutgeschmack im Mund, aber das schlimmste ist die Atemnot. Die Schläge kommen nun von allen Seiten. Ich liege gekrümmt am Boden, spüre Fußtritte in den Rippen. Sie werden mich jetzt töten, denke ich. Doch der größte Schreck ist, als ich wieder aufblicke und Wächtler sehe, der, rot vor Wut, den Mund aufreißt und wieder schließt. Er spricht oder schreit, aber ich höre ihn nicht mehr. Sie haben mich taub geschlagen. Dann plötzlich vernehme ich den Hauptmann wieder. Er brüllt: «Sagen Sie alles, was Sie wissen. Es hat keinen Zweck zu leugnen. Der Mann hat ausgesagt. Wir haben ihn. Alle kriegen wir wieder.»

Die beiden SS-Leute heben mich auf und lassen mich auf einen Stuhl fallen. Und jetzt kommt erst der Schmerz. Er fährt wie mit Messern durch den Kopf und den ganzen Körper. Von wem spricht Wächtler? Wen haben sie?

«Gaillard», brüllt der Hauptmann, «hat uns alles erzählt. Sie haben ihn zu seiner verbrecherischen Tätigkeit in der Kommandantur verleitet. Der Mann hat eine Stinkwut auf Sie, erzählt alles. Das wird ihm übrigens das Leben retten.»

Mir fällt ein Stein vom Herzen. Es geht nicht um die Adressen. Das hatte ich ganz vergessen, Wächtler geht es um den Kellner Gaillard. Ich sehe wieder die Telefonzelle vor mir, von der aus ich das Gespräch mit dem Kellner geführt hatte, nachdem ich in Finks Unterlagen seinen Namen gelesen hatte. Ich weiß, daß er damals jedenfalls nicht festgenommen worden ist. Wächtler hat auch kein Wort davon gesagt, daß ich ihn gewarnt hätte. Sie haben ihn sicherlich gar nicht verhaftet, überlege ich.

«Ich kenne keinen Gaillard, noch nie von ihm gehört.» Ich spreche den Namen auf deutsche Weise aus genau wie der Hauptmann.

Der mit den Handschuhen holt wieder aus. Ich will den Kopf zur Seite drehen und merke erschrocken, daß ich ihn nicht mehr bewegen kann. Aber Wächtler hält den neuen Schlag mit einer Handbewegung auf. Er setzt sich auf eine Ecke des Tisches, nimmt langsam ein Etui aus der Tasche, zieht eine Zigarette heraus und zündet sie an. «Ich bin kein Unmensch», sagt er jetzt in einem ganz anderen, ruhigen Tonfall. «Aber man darf mich nicht zum Äußersten reizen. Mein Arm reicht weit, das wissen Sie. Ich könnte viel für Sie tun. Doch Sie müssen auch ehrlich zu mir sein. Von wem hat Gaillard erfahren, daß wir ihn vernehmen wollten? Sie brauchen nichts zu sagen. Ich nenne Ihnen eine Reihe von Namen. Wenn der richtige kommt, brauchen Sie nur zu nicken. Sie haben dann nichts gesagt. Verstanden? … Verstanden?» brüllt er dann wieder.

Wächtler fängt an: «Major Stein, Oberleutnant Wagner, Unteroffizier Fink …» Er macht eine längere Pause. «Oberst Horchler …»

Ich erinnere mich. Das waren die Namen der Verteilerliste auf dem Brief des SD-Kommandanten. Das sind die Angehörigen der Transportkommandantur, die außer Wächtler von der bevorstehenden Verhaftung des Kellners Gaillard gewußt haben. Ich bin erleichtert, obwohl ich das Gefühl habe, daß alles an mir wund ist, ohne schützende Haut von Kopf bis zu den Füßen. Er weiß nichts und interessiert sich offenbar gar nicht für die Adressen in Castres.

«Oberst Horchler», sagt Wächtler noch einmal und gleich darauf erneut schreiend: «Wenn Sie nicht wollen, bitteschön, wir können auch anders.»

Er gibt dem Mann mit den Handschuhen ein Zeichen. Ich bin wieder auf dem Fußboden. Diesen Schlag hatte ich nicht kommen sehen, nur der Kopf machte sich plötzlich selbständig und fiel herunter.

«Aufstehen!» brüllt der Hauptmann.

Die Schläger ziehen mich hoch auf den Stuhl, doch ich sehe langsam den Betonboden wieder auf mich zukommen. In diesem Augenblick wird die Tür aufgerissen. In ihrem Rahmen steht der Unteroffizier, neben ihm ein junger Oberleutnant.

«Ich habe nicht geklingelt, wir sind mit dem Mann noch nicht fertig», sagt Wächtler ungehalten.

«Herr Hauptmann», vernehme ich den Oberleutnant, «Herr Hauptmann, das dürfen Sie hier nicht machen. Ich erklärte Ihnen doch, daß wir hier feste Regeln haben. Verschärfte Vernehmungen gibt es nur außerhalb des Gefängnisses, und dazu brauchen Sie eine Sondergenehmigung.»

«Die werde ich mir beschaffen», antwortet Wächtler wütend. «Das ist eine Kleinigkeit für mich. Sie wissen offenbar nicht, mit wem Sie es zu tun haben. Aber jetzt lassen Sie mich gefälligst wieder allein, Oberleutnant!»

«Das darf ich nicht, ich habe meine Befehle. Der Mann muß sofort wieder eingeschlossen werden.»

«Sie werden noch von mir hören!» schreit Wächtler. «Ich denke nicht daran, jetzt die Vernehmung abzuschließen. Der Mann war gerade dabei, weich zu werden. So etwas kenne ich. Für die Folgen der Unterbrechung mache ich Sie persönlich verantwortlich.»

Doch er nimmt gleichzeitig seine Mütze vom Tisch, setzt sie ruckartig auf, zieht die Handschuhe an. Auf einen Wink des Oberleutnants hilft der Unteroffizier mir vom Boden auf, stützt mich und schiebt mich langsam aus der Zelle. Überstanden, denke ich verschwommen. «Bringen Sie den Mann in eine untere Zelle und den Sanitäter zu ihm», höre ich den Oberleutnant.

Dann geht es wieder über Gänge, über Treppen weiter nach unten, bis ins Kellergeschoß. Der Unteroffizier schließt eine Tür auf. Es ist eine winzige Zelle mit nur einem Strohsack und einem kleinen Fenster, hoch oben an der Wand, durch das etwas Licht hereinkommt. Der Wärter läßt mich behutsam auf den Strohsack gleiten. «Laß dich anschauen», sagt er leise. «Sieht nicht gut aus, aber ich habe schon Schlimmeres gesehen, viel Schlimmeres. Wenn sie die Leute von draußen wieder reinbringen. Ich hole dir jetzt deinen Teller und deine Decke. Dann kannst du Wasser trinken, den Krug fülle ich.»

Er nimmt eine Zigarette aus der Tasche, zündet sie an und gibt sie mir in die Hand. Ich mache einen Zug, aber es schmerzt zu sehr, den Rauch in die Lungen zu ziehen.

Auf meinem Strohsack habe ich den Eindruck, auf einem hin- und herwogenden Schiff zu liegen. Die Wände schwanken, doch ich kann alle Glieder bewegen, wenn auch die Schmerzen jetzt heftiger sind. Sicher hat der alte Unteroffizier dennoch recht: Es gab Schlimmeres im Gefängnis Saint Michel als das, was mir geschehen war. Ich habe später Häftlinge getroffen, die durch die Folterkeller der Gestapo in der Rue Maignac geschleift worden waren. Sie alle hatten unvergleichlich mehr zu ertragen als ich.

Partisanen im Gefängnis

Sechs Tage bleibe ich in der kleinen Zelle im Keller. Hier werden die Häftlinge isoliert, die durch die Vernehmungen «markiert» sind, wie ich die Wächter sagen höre. Ich habe einen Kalender in die Wand über dem Strohsack geritzt und hake ihn jeden Morgen ab. Jeder Strich – ein kleiner Sieg über Wächtler, dem es wohl doch nicht so leicht fällt, die Genehmigung zum Verhör außerhalb des Gefängnisses zu bekommen. Auch der Kriegsgerichtsrat scheint sich Zeit zu lassen. Um so besser.

Es gibt nicht mehr die tägliche halbe Stunde in einem Innenhof mit den anderen Gefangenen. Der alte Unteroffizier, der einzige Mensch, den ich sehe, führt uns hier einzeln zu einem Waschraum im Keller. Ich bin erschrocken, als ich in den kleinen zerbrochenen Spiegel blicke, der über dem Wasserhahn hängt. Mein Gesicht ist verquollen, mit blauen und gelben Flecken, mit Beulen und aufgeschürften Stellen bedeckt. Auf der Stirn entdecke ich zum erstenmal zwei Falten. Drei Zähne im oberen Gebiß sind abgebrochen. Doch die Schmerzen in den Gliedern gehen allmählich zurück.

Das Essen bringt der Unteroffizier selbst. Bis hierher dringen keine Kalfaktoren. Mir scheint, daß die Portionen Brot und Suppe reichlicher sind. Oder gewöhne ich mich an die Hungerrationen? Zweimal schon hat der Alte mir ein Stück Brot zusätzlich gereicht. Eigentlich bin ich nicht unglücklich in meiner Zelle im Keller. Wenn man mich nur hier vergessen würde, fern von Vernehmungen und dem Kriegsgericht – bis zur Befreiung.

Ich langweile mich selten. Auf dem Strohsack sitzend oder die drei Schritte bis zur Wand und zurück gehend, fliegen meine Gedanken durch Gitter und Mauern in die Freiheit. Oft stelle ich mir Szenen des Aufstandes der Bevölkerung vor. Oder ich lausche einer imaginären Musik, Klavierkonzerten. Das Repertoire meines Vaters – meist Schumann und Beethoven – kenne ich auswendig. Hinzu kommen die Etüden und Walzer, Mazurkas und Polonaisen von Chopin, die ich von Victor Gilles gehört habe. Mein Vater hatte mich in das Haus dieses großen französischen Pianisten mitgenommen, der jeden Donnerstagnachmittag ein Konzert für seine Freunde in seinem Pariser Palais gab. Irgend jemand hatte uns dort eingeführt. In der ersten Stunde spielten Schüler von Gilles, auch Gäste, wie mein Vater. Dann setzte sich der Meister an den Flügel. Er war ein kleiner, dicker Mann mit aufgeschwemmtem Gesicht und merkwürdig plumpen Händen, der immer einen blauseidenen, verschlissenen Schlafrock trug. Sobald aber seine Hände über die Tasten glitten, vergaß man seine Gestalt. Ich habe nie wieder so kraftvoll und nuanciert zugleich romantische Musik spielen hören. Mein Vater hielt Gilles für den größten lebenden Chopin-Interpreten. «Wenn er nicht so unermeßlich reich wäre und mehr öffentliche Konzerte geben müßte – die ganze Welt würde ihn kennen», sagte er.

Der Pianist verabscheute es, «vor Fremden» zu spielen, und bestritt trotz vieler Angebote nur ein öffentliches Konzert im Jahr in Paris. Tourneen in Frankreich, Gastspiele im Ausland lehnte er grundsätzlich ab. Sein Haus, ein kleines Palais im vornehmen 16. Arrondissement, vollgestopft mit Louis-Seize-Möbeln, Gemälden aus dem 18. Jahrhundert und Vitrinen mit kostbaren Porzellanfiguren, war eine Sehenswürdigkeit für sich.

Empfangen wurde man in der Halle von Joseph, dem

Portier und Diener. Joseph, ein schnurrbärtiger Hüne, der ständig Pullover und Socken strickte, war ein ehemaliger Pariser Verkehrspolizist. Victor Gilles hatte ihn auf dem Place de la Concorde entdeckt, als er den weißen Verkehrsstab schwang, und ihn «wegen seiner so überaus harmonischen Bewegungen», wie er sagte, auf der Stelle als Faktotum engagiert. Der Pianist war nur männlichem Charme zugänglich, und er legte Wert darauf, das zu betonen.

Die wirkliche Pariser Gesellschaft war Gilles wohl wegen seiner offen zur Schau getragenen Homosexualität trotz seines ererbten Reichtums und seiner großen Kunst verschlossen. Er litt offensichtlich darunter und machte deshalb mit Phantasie und einem Schuß liebenswürdiger Hochstapelei seinen Salon am Donnerstagnachmittag zum Treffpunkt glanzvoller Persönlichkeiten mit klingenden Titeln. Seine Gäste, die meist aus einfachen Verhältnissen stammten, wurden auf wunderbare Weise befördert, emporgehoben. Die Witwe eines kleinen Hauptmanns der Kolonialinfanterie wurde bei ihm zur «Generalin». Eine seiner Schülerinnen, die den gutbürgerlichen und in Frankreich weit verbreiteten Namen Mercier trug, galt als die «junge Marquise». Mein Vater war für ihn «der Baron». Der so Angesprochene, der sonst jede Gespreiztheit haßte, nahm nachsichtig lächelnd die Exzentrizitäten des Pianisten hin. Die Stunde, in der Gilles spielte, entschädigte für alles.

«Greifen Sie Decke, Napf und Löffel, Sie werden in eine andere Zelle verlegt», sagt der Unteroffizier, als er am siebenten Tag die Tür aufschließt.

«Wieder zu den drei Männern im zweiten Stock?»

«Nein, woandershin. Der Oberleutnant, der Stellvertreter des Kommandanten, hat gemeint, das sei nicht die richtige Gesellschaft für Sie. Sie kommen zu jungen Leuten in Ihrem Alter.»

So, der Oberleutnant macht sich über meinen Umgang Sorgen, denke ich belustigt. Es geht über Treppen und Gänge in einen anderen Flügel des Gefängnisses. Im zweiten Stockwerk schließt der Wärter eine Zelle auf, ähnlich wie die, in der die Barbesitzer gesessen hatten. Drei junge Männer stehen am Fenster. «Übrigens, der Hauptmann wird nicht mehr hierherkommen», bemerkt der Alte noch.

«Er hat wohl die Sondergenehmigung nicht bekommen?»

«Das weiß ich nicht. Der Oberleutnant hat es mir nur so gesagt. Aber bitte, von mir wissen Sie nichts.»

«Sie können ohne Sorge sein, von mir erfährt niemand etwas», beruhige ich ihn.

Ich lege Decke, Napf und Löffel auf eines der unteren Betten, das frei ist, und begrüße meine neuen Zellenkameraden. Georges ist ein großer, kräftig gebauter Junge, etwa zwanzig Jahre alt, mit dichtem schwarzen Haar und einem merkwürdig unsymmetrischen, aber sympathischen Gesicht. Die Nase ist schief, in der Mitte gebrochen; er hatte als Amateur geboxt, sollte ich später erfahren. Die Augen scheinen nicht auf der gleichen Höhe, der Gesichtsausdruck ist offen und energisch. Maurice ist blond, schmächtig und vor allem freundlich. Er lächelt ständig. Henri, untersetzt, mit brauner Gesichtsfarbe, scheint vom Lande zu kommen, sein rollendes R verrät den Bauerndialekt aus der Aquitaine. Ich habe mich unter dem Namen Gérard Lebert vorgestellt und stoße auf offene Feindseligkeit bei den dreien. Keiner wechselt ein Wort mit mir. Richtig, ich hatte ja deutsch mit dem Unteroffizier gesprochen. Glauben sie vielleicht, daß man ihnen einen Spitzel in die Zelle gelegt hat? «Ich spreche zwar Deutsch, habe aber mit der Besatzungsmacht nichts im Sinn», will ich erklären.

Doch das scheint die Sache nur noch schlimmer zu machen. Nicht einmal Maurice lächelt mehr. Georges sieht kaum auf, als er sagt: «Das interessiert uns nicht. Und damit du gleich Bescheid weißt: Es ist nicht ungefährlich, hier im Gefängnis mit den Wärtern zu sprechen. Da war einer im ersten Stock, der hat das immer gemacht; als man ihn zum Spaziergang auf den Hof führen wollte, ist er plötzlich über die Brüstung gefallen. Er war sofort tot.»

Das kann ja heiter werden. Der Tag verläuft eintönig und will kein Ende nehmen. Keiner spricht. Manchmal flüstern die beiden anderen mit Georges. Meine Versuche, Gespräche in Gang zu bringen, scheitern alle. Das Gesicht von Georges kommt mir bekannt vor. Wo habe ich den Jungen schon gesehen? Vielleicht einmal, als ich mit deutschen Offizieren der Transportkommandantur in Toulouse unterwegs war, denke ich erschrocken. Das wäre allerdings schlimm. Das würde nicht verstanden werden.

Abends nach dem Einschluß liegen wir alle vier schweigend auf unseren Betten. Georges beginnt zu pfeifen. Diese Melodie kenne ich doch. Jetzt erinnere ich mich: Es ist das Lied, das 1936 bei einem großen Zeltlager der sozialistischen Roten Falken in Villeneuve-Saint-Georges bei Paris entstanden war: «Republik der Roten Falken, rote Kinderrepublik, Freundschaft ist die große Losung ...» Woher kennt Georges das Lied? Er bricht nach ein paar Takten ab, und ich führe die Melodie weiter, pfeife das Lied zu Ende. Den Refrain wiederhole ich. Georges hat sich aufgestützt und sieht zu mir herunter. «Woher kennst du das?»

«Villeneuve-Saint-Georges», antworte ich. «Neunzehnhundertsechsunddreißig, da war einer mit dem Akkordeon, beim ersten Lagerfeuer. Wir haben das sofort alle gelernt und mitgesungen.»

«Wer hatte die Lagerleitung?» fragt Georges.

«Bernard Rudet, ein Freund aus Lyon.»

«Wo war das Lager genau?»

«In einer Oberschule am Stadtrand mit einem großen Park daneben. Die Schule ist nach Henri Barbusse benannt.»

«Wie war der letzte Abend?»

«Wir hatten wieder ein großes Feuer gemacht, und es war ein internationaler Abend. Ein Junge aus Österreich erzählte vom Schutzbund und dem Karl-Marx-Hof in Wien. Und ich habe über die Antifaschisten in Deutschland gesprochen», antworte ich.

«Ich war dort», sagt Georges. «Ja, ich kann mich jetzt erinnern. Irgendwie kamst du mir bekannt vor. Hast du während der Verhöre ausgesagt?»

«Nein, allerdings haben sie noch gar nicht nach den Dingen gefragt, die mir wichtig erscheinen.»

«Warum bist du hier?»

«Ich werde verdächtigt, in einer deutschen antifaschistischen Résistance-Gruppe gearbeitet zu haben.»

«Bist du der Meinung, daß man den Widerstand auch im Gefängnis fortsetzen muß?»

«Natürlich!»

Georges steht auf. «Kameraden», sagt er feierlich, «ich berufe eine Versammlung ein. Gérard hier können wir aufnehmen. Ich bürge für ihn.»

Wir setzen uns um den Tisch. Alles ist wie umgewandelt. Unter der Leitung von Georges haben die Jungen die «Gruppe der Partisanen und Freischärler Saint Michel 2. Stock, Flügel B» gebildet. Die genaue Bezeichnung stammt von Georges, der mehrere Monate bei den Partisanen im Limousin war und dort gelernt hatte, daß Einheiten mit Nummern bezeichnet werden. Partisanen im Gefängnis! Ich bin begeistert, zu ihnen zu gehören.

Für die Gruppe ist gegenseitige solidarische Unterstützung selbstverständlich. Sie hat sich die Aufgabe gestellt, Fluchtpläne auszuarbeiten, vorzubereiten und durchzuführen. Georges, der vor mehreren Wochen bei einer Razzia in Toulouse festgenommen worden war, leitet das Unternehmen in knapper und militärischer Weise. Doch die Fluchtpläne erscheinen mir alle irreal.

Plan A ist der Ausbruch über den Dachboden. Wir befinden uns ja im höchsten Stock. Die Decke soll angeblich leicht zu durchbrechen sein. Von da führt eine Luke zum Blitzableiter. Daran könne man sich herablassen und so in einen Innenhof gelangen. Für die Überwindung der beiden Außenmauern ist ein Seil, aus einer Decke angefertigt, in einem Strohsack versteckt. Die zusätzliche Decke haben sie gegen Brot eingetauscht. Sie brauchen noch einen Haken, um das Seil an der Mauerbrüstung festzumachen. So etwas ist im Gefängnis schwer zu bekommen. Georges hat schon versucht, den Haken aus einem Löffel anzufertigen. Aber der hält kein Gewicht aus.

Plan B ist «mit etwas größerem Risiko verbunden», wie Georges sagt. Vom Schemel, auf dem der Wasserkrug steht, sind zwei Beine gelöst und notdürftig wieder angebracht worden. Damit könnte man den diensthabenden Unteroffizier niederschlagen, wenn er sich über einen Zelleninsassen beugt, der den Kranken spielt. Dann habe man ein Schlüsselbund für alle Zellen im Gang und gleich zwei Pistolen. Eine tragen die Wärter im Lederfutteral am Koppel, eine andere in der Hosentasche. Mit den Schlüsseln öffnet man dann alle Zellen im Gang, und mit den Pistolen sei es möglich, die Wärter zu entwaffnen und sich den Weg zum Haupttor freizukämpfen.

«Aber was geschieht, wenn die anderen Zelleninsassen, die wir ja vorher nicht einweihen können, nicht mitmachen wollen, und wie überwindet man das Maschinengewehr, das ich in der runden Halle gesehen habe, zu der alle Flügel führen?» frage ich.

«Das ist eben das Risiko», meint Georges. Plan B komme nur in Frage, wenn bei einem Rückzug der Deutschen aus Toulouse die Gefahr der Ermordung aller Häftlinge durch die SS bestehe.

Plan C dagegen scheint einfach und aussichtsreich zu sein, wenn er auch nicht in die Freiheit führt. Beinahe jede Woche werden Transporte für die deutschen Konzentrationslager zusammengestellt. «Wer zuerst von uns auf Transport geht, das bestimmen wir, nicht die Nazis», sagt Georges. Der Junge, für den die Gefahr am größten ist, vors Kriegsgericht zu müssen, gehe als erster und melde sich einfach auf den ersten Namen, der in der Zelle aufgerufen wird. Da die Wärter in der Regel die Namen der Häftlinge nicht kennen, sei das ohne weiteres möglich.

Jetzt ist es der kleine Maurice, der dafür in Frage kommt. Er hatte im Auftrag einer Gruppe, die für den englischen Nachrichtendienst arbeitete, das Quarzstück eines Senders in eine Wohnung bringen sollen. Als er dort klingelte, nahm ihn die Gestapo in Empfang. Sie war eine Stunde vorher eingedrungen. Die Bewohner standen mit erhobenen Händen an der Wand. Maurice behauptete, er habe überhaupt nicht gewußt, was er transportierte. Ein Mann habe ihn in der Wartehalle des Bahnhofs angesprochen und eine gute Belohnung – mindestens ein Pfund Butter! – in Aussicht gestellt, wenn er das Päckchen an die genannte Adresse bringe. Er habe gedacht, es handele sich um Schwarzmarktware. Der Funker und zwei andere, die in der Wohnung verhaftet worden waren, sollten vor ein Kriegsgericht kommen. Ob Maurice dazu gehören würde, stand noch nicht fest.

Henri war zusammen mit seinem Vater festgenommen worden, der beschuldigt wurde, als Bauer eine Gruppe des Maquis versorgt zu haben. Der Vater war schon vor einer Woche deportiert worden. Henri konnten sie nichts nachweisen. Von Georges, der in einer Razzia mit mangelhaft gefälschten Papieren erwischt worden war, wußte die Gestapo nichts, wenn sie ihn auch verdächtigte.

Ich berichte über meinen Fall. Für mich sei zwar das Kriegsgericht vorgesehen, aber der vernehmende Offizier habe sich noch nicht sehen lassen. «Vielleicht», meint Georges, «setzen wir dich als ersten auf die Liste für die Transporte. Aber warten wir erst mal diesen Offizier ab.»

Er erscheint wenige Tage später. Es ist ein kleiner, schmächtiger, hagerer Mann mit einer randlosen Brille und harten Gesichtszügen. Wahrscheinlich Staatsanwalt oder Richter im Zivilberuf, denke ich. Der Kriegsgerichtsrat im Rang eines Majors führt die Vernehmung betont forsch. Neben ihm sitzt eine junge Sekretärin, die stenografische Notizen nach den Angaben des Majors aufzeichnet. Ähnlich wie Wächtler fängt er mit meinen drei Decknamen an:

Laban, Ariège und Lebert. «Welcher vierte Name ist nun der richtige?» fragte der Offizier scharf. «Ich mache Sie darauf aufmerksam, daß ich eine Sondergenehmigung für verschärfte Verhöre bekomme, wenn Sie Ihren richtigen Namen nicht preisgeben.»

Ich überlege. Warum soll ich eigentlich nicht meinen Namen nennen? Ich nehme mir vor, auszusagen, daß mein Vater schon vor einem Jahr verstorben sei. Die Adresse meiner Mutter in Deutschland kenne ich nicht. Wenn man einen ganzen Lebenslauf erfinden muß, bricht das bei der ersten Überprüfung zusammen. Es ist schwierig genug, keinerlei Angaben zu machen, die aufschlußreich für die Feinde sind und andere Genossen in Gefahr bringen können. Die glatte Aussageverweigerung hebe ich mir für die Adressen in Castres auf. Ich verrate ihm also meinen Namen, gebe das Datum unserer Flucht aus Deutschland an und erwähne die Oberschule in Paris.

«Warum haben Sie das nicht gleich gesagt, jetzt ist Ihre Akte voller Widersprüche», herrscht mich der Major an. «Ich habe den Eindruck, daß Sie alles tun, um Ihre Hintermänner zu decken, und ich werde nicht ermangeln, das dem Gericht mitzuteilen.»

Die junge Sekretärin sieht mich mit erschrockenen Augen an. «Schwerverbrecher» hatte mich der Major mehrmals genannt. Bei jeder Gelegenheit spricht er von der Todesstrafe, die mich erwarten würde.

Der Albino in Castres hatte vor allem die Aufklärung der Flugblattverteilungen in seinem Bereich im Sinn gehabt. Wächtler interessierte sich nur für die Entdeckung eines «Komplotts» in der Transportkommandantur, wenn irgend möglich, unter der Leitung von Oberst Horchler. Der Kriegsgerichtsrat ist wiederum von einer anderen Idee besessen: zusätzliche Anklagepunkte gegen mich zu sammeln. Er ist in höchster Erregung, wenn er glaubt, eine neue Straftat entdeckt zu haben und wird dann fast freundlich.

«Sagen Sie mal, als die Wehrmacht im Herbst neunzehnhundertzweiundvierzig in die bisher unbesetzte Zone Frankreichs einmarschiert ist, wurden in allen Städten Plakate angebracht, auf denen die männlichen deutschen Staatsangehörigen aufgefordert wurden, sich innerhalb von vierundzwanzig Stunden bei der nächsten Kommandantur zu melden. Das haben Sie doch offensichtlich nicht getan.»

Nein, das hatte ich nicht getan.

Der Offizier ist begeistert. «Das ergibt zur vorsätzlichen Zersetzung der deutschen Wehrkraft noch die Entziehung vom Wehrdienst. Das hätten Sie nicht erwartet, nicht wahr?»

Mir ist das ziemlich gleichgültig. Ich weiß inzwischen, daß schon einer dieser Anklagepunkte für das Exekutionskommando ausreichen würde. Die Zelle, in der ich jetzt bin, liegt über dem Stockwerk, in dem deutsche Wehrmachtsangehörige gefangengehalten werden. Mit zwei von ihnen habe ich abends nach dem Einschließen leise sprechen können. Einer, er ist erst achtzehn Jahre alt, hatte sich mit nur vier Tagen Verspätung bei seiner Einheit nach einem Urlaub zurückgemeldet. Er hatte auf der Durchreise in Paris eine junge Wehrmachtshelferin kennengelernt und war bei ihr geblieben. Gegen ihn war ein Todesurteil gefällt worden, das nur noch der Bestätigung durch den die Region kommandierenden General bedurfte.

Ein anderer hatte, als er die Nachricht von zu Hause bekam, daß seine Mutter bei einem Bombenangriff umgekommen war, zu Kameraden gesagt, der Krieg habe jetzt doch wohl lange genug gedauert. Es sei Zeit, damit Schluß zu machen. Denunziert, war er verhaftet worden und erwartete ein Kriegsgerichtsverfahren. Der ihn vernehmende Offizier hatte ihm die Erschießung wie etwas bereits Feststehendes angekündigt.

Ein dritter Häftling, in einer Einzelzelle direkt unter meinem Fenster, schaltet sich eines Abends in das Gespräch mit ein. Bisher hatte er beharrlich geschwiegen. Jetzt drängt es ihn, von sich zu erzählen. Es sind die letzten Tage seines Lebens. Ein SS-Kriegsgericht hatte ihn am Nachmittag zum Tode verurteilt. Morgen soll er nach Strasbourg transportiert werden, um dort vor seiner Einheit, einem SS-Regiment, erschossen zu werden.

Was er mir anvertraut, ist so ungewöhnlich, daß ich zunächst skeptisch bin, weil er der besonders verhaßten, zu allen Verbrechen herangezogenen Truppe angehört hat. Er überzeugt mich jedoch durch die Aufrichtigkeit seiner Darstellung. Er ist Elsässer, also Franzose, und stammt aus einer katholischen Familie in Strasbourg. Als 1940 die Nazis die Provinz annektierten, hatte er gerade mit dem Ingenieurstudium an einer Fachschule begonnen. Er schloß sich einer Gruppe von Jugendlichen an, die kleine Sabotageakte verübte: Telefonleitungen der NSDAP-Führung und der Gestapo wurden unterbrochen, die Reifen von Lastwagen der Wehrmacht durchschnitten. Nur der Leiter hatte eine lose Verbindung zu einer Gruppe ehemaliger französischer Berufsoffiziere. Mein Gesprächspartner, einsfünfundachtzig groß, blond, blauäugig, aktiver und erfolgreicher Leichtathlet, fiel dem Nazistudentenführer, einem SS-Angehörigen, auf. Äußerlich entsprach er völlig dem Ideal dieses Haufens. Ein Beauftragter des Nazigauleiters drängte ihn, sich doch der SS anzuschließen. Er würde auf die Offiziersschule der SS geschickt werden.

Mehr belustigt als besorgt sprach er darüber mit seinen Freunden der Widerstandsgruppe. Wenige Tage später erhielt er den Besuch eines Agenten des britischen Geheimdienstes im Elsaß, der ihn beschwor, das Angebot anzunehmen. Für sein Land, Frankreich, für die Sache der Alliierten könne er wichtige Aufgaben erfüllen, wenn er innerhalb des Offizierskorps der SS für die Résistance arbeite. Schließlich ließ er sich überzeugen und sagte zu. Doch noch während der Grundausbildung wurde er festgenommen. Ein vor ihm verhafteter Beauftragter des britischen Geheimdienstes hatte unter der Folter seinen Namen preisgegeben.

Ich bin erschüttert – nicht nur, weil mein Gesprächspartner in einer Lage ist, in die ich in Kürze kommen kann. Ich denke daran, mit welchen Gefühlen ich ihm begegnet wäre, wenn ich ihn mit den schwarzen Kragenspiegeln und der SS-Rune in den Straßen von Toulouse getroffen hätte. Dabei ist er doch offenbar ein authentischer Widerstandskämpfer. Die Résistance in Frankreich ist eben sehr breit und umfaßt auch viele Grenzfälle, wie meinen Häftlingskameraden, den ehemaligen SS-Angehörigen. Und wenn mir Pjotr und seine Freunde nicht im Kasernengefängnis von Castres begegnet wären, würde ich ohne Zögern ein negatives Pauschalurteil über die sowjetischen Kriegsgefangenen in deutscher Uniform fällen.

Wenige Wochen später sollte ich im Gefängnis Saint Michel einen hohen französischen Polizeibeamten als Häftling der Gestapo kennenlernen. Auch sein Fall war sicher zwielichtig und paßte in keine Schablone. Ich komme noch darauf zurück.

Mein Kriegsgerichtsrat erscheint jeden Vormittag und stellt mir unzählige Fragen, oft zu unwesentlichen Einzelheiten. Über die Adresse in Castres geht er ziemlich schnell hinweg. «Ich gebe Ihnen fünf Minuten, um mir Ihre Wohnanschrift dort zu sagen», erklärt er und legt demonstrativ seine Taschenuhr auf den Tisch. Als die Zeit um ist, ohne daß ich mich zu Wort gemeldet habe, bemerkt er drohend: «Jetzt haben Sie sich die Folgen selber zuzuschreiben.» Doch es folgt nichts.

Merkwürdig, über meine Tätigkeit in der Transportkommandantur stellt er nicht eine einzige der Fragen, die für Wächtler so wichtig waren. Er begnügt sich mit meiner Behauptung, ich sei von dort weggegangen, weil kein einziger der Offiziere oder Unteroffiziere für die Mitarbeit im Komitee «Freies Deutschland» in Frage gekommen wäre. Für das Flugblatt über die Zustände in der Kommandantur interessiert er sich dagegen sehr. Er hat ein Exemplar davon in seinen Akten. Wächtler war gar nicht dazu gekommen, danach zu fragen. Ich sage, daß mir davon überhaupt nichts bekannt wäre.

Für meine illegalen Kontakte habe ich einen Mann erfunden, der keinem meiner zahlreichen Partner auch nur in etwa gleicht. Ich hätte den Mann immer auf der Straße getroffen und sonst niemanden gekannt. «Sie haben keine Freunde, keine Verwandten, kennen niemanden. Glauben Sie, daß Ihnen das Gericht das abnehmen wird?» herrscht mich der Kriegsgerichtsrat an.

Nach einer Woche bringt er das Protokoll der Vernehmung mit und gibt es mir zu lesen. Zusammengefaßt erscheinen meine Erklärungen völlig unwahrscheinlich, ohne Beziehung zur Wirklichkeit. Es fehlt jede konkrete Angabe über die Organisierung der illegalen Arbeit, über Kontakte. Mehrere Male ist zu lesen, daß ich Antworten auf präzise Fragen ausgewichen sei. Ich bemängele auf jeder Seite Ungenauigkeiten, halte mich an Kleinigkeiten fest, bestehe auf Änderungen. Der Offizier schimpft, droht mit verschärften Vernehmungen, mit dem Zorn des Kriegsgerichts, nimmt aber schließlich die Akte bekümmert wieder mit. Alle fünf Seiten des Protokolls müssen neu geschrieben werden. «Glauben Sie, wir hätten nichts anderes zu tun?» schreit der Kriegsgerichtsrat.

Ich beabsichtige, auch das nächste Protokoll zu beanstanden. Das ist jetzt die einzige Möglichkeit, das Kriegsgerichtsverfahren und damit das Urteil hinauszuzögern. Einen Tag gewonnen oder mehrere? Der Prozeß rückt trotzdem näher. Georges, der sich über jede Vernehmung berichten läßt, hat angeordnet: «Du meldest dich sofort auf den ersten Namen von uns, der zum Transport aufgerufen wird.»

Der Fall von Maurice, der das Quarzstück für den Sender transportiert hatte, ist von dem des Funkers abgetrennt worden. Maurice hatte auch keine weiteren Vernehmungen gehabt. Ich erscheine jetzt von allen als am meisten gefährdet.

Schon zwei Tage später beginnt gleich nach dem Wecken der Lärm in den unteren Stockwerken, der auf die Zusammenstellung eines neuen Transports in die deutschen Konzentrationslager schließen läßt. Riegel werden krachend zurückgeschoben, Türen geöffnet, man hört Namen rufen und immer wieder die gebrüllten Worte: «Decke und Eßnapf nehmen, raus, schnell, na, wird's bald!» Schritte poltern über die Eisentreppe von Stockwerk zu Stockwerk.

«Ein größerer Transport», sagt Georges sachkundig. Er sitzt am längsten von uns in Saint Michel. Ich wiederhole im stillen die Namen meiner Zellenkameraden. Man muß nur sehr aufpassen, weil die Wärter alle französischen Namen nach deutscher Weise aussprechen. Ich bin erregt. Was werden sie mit mir machen, wenn herauskommt, daß ich mich auf einen anderen Namen gemeldet habe? Schlimmer als das Kriegsgericht kann es auf keinen Fall sein.

Georges kramt in seinem Strohsack und holt ein Taschenmesser hervor, ziemlich solide, mit metallenem Griff. «Für den Waggon», sagt er und erklärt, die Viehwagen, in die man gepfercht wird, hätten in der Regel feste Bohlen als Fußboden, aber in Mannshöhe sei es nicht unmöglich, ein Brett zu lösen, das nächste dann herauszunehmen, sei eine Kleinigkeit. Abspringen sollte ich, während das Tempo in einer Steigung verlangsamt würde, immer in Fahrtrichtung, und mich gleich zusammenrollen. Am besten wäre es, während der Nacht zu fliehen, wegen der Maschinengewehre, die hinter der Lokomotive und am Ende des Zuges installiert seien. Es sei auf jeden Fall besser, nicht bis ins Sammellager Compiègne bei Paris zu kommen. Dort erfolgen neue Überprüfungen.

Die Wärter sind schon auf unserem Stockwerk. Es gibt eine Unterbrechung, weil ein Häftling nicht aus der Zelle gehen will. «Ich habe nichts getan, ich will nicht deportiert werden!» brüllt er. Man hört Schreie, klatschende Schläge. «Raus, schnell!» In zwei Zellen rechts von uns sind alle vier Insassen aufgerufen worden, und jetzt wird auch unsere

Zelle geöffnet. Im Türrahmen steht der Oberfeldwebel, der die Aufsicht über die Wärter in diesem Flügel hat, mit einer Liste in der Hand, hinter ihm zwei Unteroffiziere. Er brüllt einen Namen: «Putzarguss.» Ich zögere. Was war das? Diesen Namen hatte keiner von uns. Da gibt Georges mir einen Stoß in den Rücken. «Los, das ist doch noch viel besser so», flüstert er. Ich trete vor.

«Können Sie sich nicht ein bißchen beeilen?» schreit der Oberfeldwebel.

«Decke, Eßnapf und raus.» Ich bekomme einen Faustschlag in den Rücken, als ich an den Wärtern vorbeigehe, spüre ihn aber nicht, der Beginn der Flucht beherrscht alle meine Sinne. Der Unteroffizier, der mich jeden Morgen zum Verhör abgeholt hat, ist nicht dabei. Der erste Teil von «Plan C» ist also geschafft. Ich sehe noch, wie die Kameraden mir ermutigend zulächeln, dann wird die Zellentür zugeknallt, und ich stelle mich in die lange Reihe der Ausgesonderten, die unter Brüllen und Schlägen nach unten getrieben werden. Es geht in eine Massenzelle im Erdgeschoß, ohne Betten oder Strohsäcke. Wie viele sind wir hier? Vielleicht schon hundertfünfzig oder zweihundert. Wir aus dem zweiten Stock sind offensichtlich die letzten gewesen. Die Tür wird hinter uns zugesperrt.

Die große Zelle ist gerammelt voll. Schon haben sich die ersten Gruppen gebildet von Freunden, von Kampfgefährten, die sich seit der Verhaftung zum erstenmal wiedersehen. Manche umarmen sich, sprechen flüsternd miteinander. In einer Ecke holen drei jüdische Häftlinge, würdige ältere Männer, Gebetsriemen hervor, die sie irgendwie durch die vielen Leibesvisitationen geschmuggelt haben, wickeln sie um die Arme und beginnen leise und melodisch zu singen. Sie beten. Nahe bei der Tür sehe ich die drei Barbesitzer aus Marseille. Ich vermeide es, mich ihnen zu nähern.

Wenn ich nur wüßte, wie sich der Name schreibt, den der Feldwebel gebrüllt hat: Putzarguss, das klingt nicht französisch. Hoffentlich sprechen die anderen Wärter das auch so aus. Ich nehme ein Stück abgebröckelten Beton vom Boden und schreibe Putzarguss an die Wand hinter mir, so klein wie möglich. Dann setze ich mich davor.

Neben mir stehen zwei sehr junge Männer. Ich spreche sie an. Sie hatten als Lehrlinge in der Munitionsfabrik in Toulouse gearbeitet und waren verhaftet worden, weil sie Pulver aus dem Betrieb für die Résistance mitgenommen hatten. «Sobald ich wiederkomme, ist mein erster Weg nicht nach Hause, sondern zum stellvertretenden Direktor, der uns an die Feldgendarmen ausgeliefert hat», sagt einer von ihnen zornig. Sie wissen nicht, wohin man sie transportiert. Ich kläre sie auf. Die Frage, ob es in den deutschen Lagern sehr schlimm ist, beantworte ich ausweichend. «Es ist auf jeden Fall besser als ein Exekutionskommando», antworte ich nur.

Wir beschließen, zusammenzubleiben, wenn möglich, in den gleichen Waggon zu kommen. Von meinem Messer und dem Fluchtplan während des Transports verrate ich zunächst nichts. Ich hoffe, daß sie mit mir kommen wollen. Zu dritt ist es bestimmt leichter, sich durchzuschlagen, vielleicht bis zu den Partisanen in den Bergen.

Die Zellentür wird geöffnet. Es gibt «Marschverpflegung», wie der Oberfeldwebel brüllend verkündet. Normal sprechen kann der wohl überhaupt nicht. Ein Ende Kommißbrot und ein kleines Stück Wurst, das muffig riecht, aber ganz würzig schmeckt. Wir drei beschließen, die Hälfte unserer Ration sofort zu essen. Wie alle jungen Häftlinge leiden wir mehr als die anderen unter ständigem Hunger.

Nach einer halben Stunde erscheinen die Wärter erneut. Der Schreihals hat wieder eine Liste in der Hand. Er ruft jeweils fünf Namen auf. Nach einer Weile kommen die ersten zurück. Sie waren in ein Büro geführt worden, wo man ihnen ihre Papiere ausgehändigt hat, auch Koffer und Taschen, soweit sie Gepäck bei ihrer Festnahme mitnehmen konnten, was bei den wenigstens der Fall ist. In einem Register muß man den Empfang durch Unterschrift bestätigen. Wenn ich nur den merkwürdigen Namen erkenne, sobald er aufgerufen wird, denke ich besorgt.

«Duhrant, Meunier, Putzarguss!» schreit der Oberfeldwebel.

Ich reihe mich als dritter ein. Wir werden einen Gang entlanggeführt in die Kanzlei. Auf einem Tisch liegt ein aufgeschlagenes Kontobuch, offenbar das Register des Gefängnisses. Einer nach dem anderen geht heran, unterschreibt, erhält eine Brieftasche, eine Geldbörse. Ich erkenne sofort meinen neuen Namen, Pouzargues, so geschrieben doch französisch. Der Vorname ist Adrien. Ich sehe die Unterschrift, die bei der Einlieferung ins Gefängnis geleistet worden ist, und mache sie daneben, so gut ich es vermag, nach. Der Wärter, der hinter dem Register sitzt, schiebt mir eine abgegriffene Brieftasche zu, die ich rasch einstecke. In der Zelle, neben meinen neuen Freunden, untersuche ich den Inhalt und erschrecke. Adrien Pouzargues, dessen Personalausweis mit Foto bei den Papieren liegt, ist achtundvierzig Jahre alt, Bauarbeiter aus Agen, einsneunundsiebzig groß, mit Glatze und dunklem Schnurrbart. Überhaupt keine Ähnlichkeit mit mir. Ich sondere alles aus, was Foto, Alter, Personenbeschreibung enthält. Übrig bleiben ein Ausweis: «Berechtigung zur Benutzung eines Fahrrades», eine Lesekarte für die Städtische Bibliothek in Lyon – warum Lyon? – und ein Anglerschein. Die anderen Papiere zerreiße ich in kleine Fetzen und lasse sie so unauffällig wie möglich im Kübel verschwinden.

Wieder bin ich in meinem Fluchtplan ein Stück weitergekommen. Was kann jetzt noch passieren? Einige wollen wissen, in sehr kurzer Zeit, vielleicht schon in einer halben Stunde, würde es auf Lastkraftwagen in Ketten und schwer bewacht zum Bahnhof gehen. Andere erzählen, erst kürzlich hätten die zur Deportation Vorgesehenen vier Tage in der Massenzelle gewartet, weil die Eisenbahnstrecke nach

Paris mehrere Male durch Sprengungen unterbrochen war. Die Tatsache, daß schon Reiseverpflegung ausgegeben worden ist, spricht für unseren Abtransport noch am selben Tag.

Plötzlich steht der Oberfeldwebel wieder in der offenen Tür, hinter ihm mit Karabinern bewaffnete Wärter. «Oberkörper frei machen und raus!» brüllt er.

Im Gang müssen wir uns unter Stößen und Schlägen in einer Reihe aufstellen. Es ist die «ärztliche Visite». Ein Oberstabsarzt, eine Zigarre rauchend, geht gelangweilt an den Häftlingen vorbei, spricht dann einige Worte zum Chefwärter. Der schreit: «Wer glaubt, nicht transportfähig zu sein, einen Schritt nach vorn.»

Ein Häftling, der erklärt, Deutsch zu verstehen, übersetzt. Es treten fünf Mann vor, darunter ein Greis mit weißem Vollbart und erschreckend magerem Oberkörper. Einer schiebt sein linkes Hosenbein hoch und zeigt eine Prothese. Zwei haben tiefe eiternde Wunden auf dem Rükken, Spuren der Vernehmungen. Ein weiterer ringt mühsam nach Luft.

«Alle transportfähig», sagt der Stabsarzt nur und zieht genießerisch an seiner Zigarre.

«Wieder in die Zelle zurück!» brüllt der Oberfeldwebel. Unter den Häftlingen, die sich auf den Boden der Zelle gekauert haben, werden flüsternd Informationen über die Lager in Deutschland ausgetauscht. Genaues weiß niemand.

«Im Lager ist man doch den ganzen Tag an der frischen Luft», sagt einer hoffnungsvoll. Niemand antwortet. Erst nach Minuten meint ein anderer: «Sie deportieren seit neunzehnhundertvierzig. Aber bisher ist noch keiner von dort zurückgekommen.»

Es gibt Mittagessen, die übliche Steckrübenbrühe. Kurz nach der Essenverteilung geht die Tür wieder auf. «Sitzenbleiben», kommandiert der Oberfeldwebel, als die ersten, wie es hier üblich ist, aufstehen. Neben ihm erkenne ich den Kriegsgerichtsrat, der mich fast jeden Tag vernommen hatte. Beide blicken suchend auf die Köpfe. Ich stecke dem Jungen, der neben mir sitzt, das Messer zu. «Ein Brett im Waggon an der Seite lösen, in der Nacht in Fahrtrichtung abspringen», kann ich noch rasch flüstern.

«Da ist er ja», ruft der Kriegsgerichtsrat erfreut und zeigt auf mich.

«Aufstehen, herkommen!» schreit der Oberfeldwebel. Ich gehe langsam auf die Tür zu. Alles war umsonst. Auf dem Gang, sobald die Tür geschlossen ist, holt der Oberfeldwebel mit der Faust aus.

«Lassen Sie das, wir regeln das später.» Hinter dem Kriegsgerichtsrat steht der junge Oberleutnant, der stellvertretende Kommandant, der mich aus dem Verhör bei Wächtler herausgeholt hatte. Bedauernd läßt der Feldwebel seinen Arm wieder sinken. Sie führen mich in eine Vernehmungszelle.

«Sie wollten sich also erneut dem Zugriff der Wehrmacht entziehen», frohlockt der Kriegsgerichtsrat. «Das kommt alles in die Akten.»

Er hat das Protokoll der Vernehmungen mit allen Korrekturen, sauber abgeschrieben, mitgebracht. Fünf Schreibmaschinenseiten. Auf dem Aktendeckel steht: «Strafsache Gerhard Leo, alias Gérard Laban, alias Lebert, alias Jean-Pierre Ariège». Ob sie den Adrien Pouzargues auch noch dazuschreiben werden? Ich lese das Protokoll durch. Die Buchstaben verschwimmen mir vor den Augen. Ich fühle mich todmüde. Wenn ich nur schlafen könnte. Die Kraft, mit dem Kriegsgerichtsrat wieder über Einzelheiten zu diskutieren, habe ich nicht mehr. Ich unterschreibe.

«Lange werden Sie auf die Verhandlung nicht warten müssen», sagt der Major schneidend. «Dafür sorge ich.» Und zum Oberleutnant: «Wenn man den Mann zum Gericht führt, hoffe ich, daß man ihn nicht erst zwei Stunden suchen muß wie heute. Das könnte der General sehr übelnehmen.»

«So etwas passiert uns zum erstenmal, Herr Major. Wir

werden Vorkehrungen treffen, damit es nicht wieder vorkommt.»

Sobald der Kriegsgerichtsrat den Raum verlassen hat, fragt der Oberleutnant: «Wie haben Sie das gemacht, wer hat Ihnen dabei geholfen?» Ich überlege.

Eigentlich habe ich nichts zu verbergen. «In meiner Zelle ist der Name Pouzargues aufgerufen worden, den es dort gar nicht gibt. Da ist mir plötzlich der Gedanke gekommen, mich zu melden. Einfach so.»

«Einfach so», wiederholt der Oberleutnant. «Wir werden dafür sorgen, daß so etwas in Zukunft unmöglich ist.» Und an den Oberfeldwebel gewandt: «Der Mann kommt in Einzelhaft nach unten, drei Tage lang fesseln, und mit dem Essen machen wir es etwas langsamer.»

Die neue Zelle im Keller gleicht dem Verlies, in das ich nach dem ersten Verhör gebracht worden war. Doch es steht ein Bett aus Eisen darin mit einer alte Matratze anstelle des Strohsacks. Das kleine Fenster, direkt unter der Decke, geht nicht auf einen Hof, sondern auf einen richtigen kleinen Garten, mit einem Brunnen in der Mitte, mit Obstbäumen, Sträuchern und hoch wucherndem Gras. Wenn man das Bett hochkant an die Wand stellt, kann man daran emporklettern bis zu den Gitterstäben. Das Fenster läßt sich nach einigen Anstrengungen öffnen, und jetzt kann ich den Duft der Sträucher, der Blätter und des Grases genießen. Nur die Handschellen sind beim Hinaufsteigen hinderlich. Doch sie werden schon nach einem Tag wieder abgenommen. Warum so rasch? Hat das der Oberleutnant angeordnet, oder ist es eine Initiative des Wärters, eines nicht unfreundlichen älteren Mannes? «Was wirft man Ihnen eigentlich vor?» fragt er am ersten Tag.

«Wenn ich das wüßte», antworte ich vorsichtig.

«Na, dann kann es ja nicht so schlimm werden», sagt er ermutigend.

Das Essen ist nur am ersten Tag eingeschränkt worden. Brot gab es, aber die Steckrübensuppe blieb bei mir aus.

Am nächsten Tag ist alles wieder normal. Das Brot scheint sogar reichlicher zu sein. Trotz der abgekürzten Fesselstrafe bin ich zum erstenmal seit der Vernehmung durch Wächtler tief niedergeschlagen. Was kann mich noch vor dem Kriegsgericht und der Erschießung retten? Immer wieder rechne ich in Gedanken auf, was ich im Widerstand erreicht habe. Da waren der Kellner Gaillard, das Flugblatt in der Kommandantur, die Informationen über das Transportwesen der Wehrmacht für die Résistance, die Stimmungsberichte aus Castres, die Flugblattverteilungen mit Marcel. Und Weininger? War er nun für die Bewegung gewonnen? Das alles war recht wenig für ein Leben.

Diese Gedanken kommen mir vor allem, nachdem ich mit meinen Zellennachbarn Kontakt aufgenommen habe. Es scheint mir, sie haben alle viel mehr als ich erreicht. Da der Gang, der zu den Kellerverliesen in diesem Flügel führt, durch eine schwere Eisentür vom übrigen Gefängnis abgetrennt ist, kann man sich ungestört unterhalten. Wenn man an der Tür spricht, hören es die in den Nachbarzellen. Das Schließen an dem Portal auf dem Gang zeigt rechtzeitig das Kommen des Wärters an.

Einer meiner Zellennachbarn ist ein Weinbauer aus der Provinz Armagnac, der offenbar einer Partisanenabteilung angehört hat. Ein anderer, Student aus Aix-en-Provence, hatte als Kurier für eine weitverzweigte Organisation gearbeitet, die politische und militärische Nachrichten für die provisorische Regierung unter General de Gaulle in Algier sammelte. Ein dritter, ehemaliger aktiver Offizier, war Polizeikommissar in einer Stadt in den östlichen Pyrenäen gewesen. Er sagt nichts über seine Tätigkeit, aber alle verstehen, was ein hoher Beamter der Vichy-Behörden in diesen Zeiten für die Résistance tun kann.

Die Tage schleppen sich dahin. Abends nach dem Einschließen, wenn die Aufseher die Korridore verlassen haben, warten wir auf die Sendung von «Radio Saint Michel». In den Stockwerken über den Kellerverliesen ist das Frauengefängnis untergebracht. Fast jeden Abend kommt eine helle Frauenstimme von dort: «Achtung, Achtung, hier spricht Radio Saint Michel.» Zuerst werden Nachrichten gegeben. Vielleicht sind sie optimistisch gefärbt, aber was tut es, der ganze Block hört gespannt und hoffnungsvoll zu. An der Ostfront habe die Sowjetarmee nach einer siegreichen Offensive weitere Fortschritte gemacht. In Italien sei die Einnahme von Rom durch die USA-Truppen nur noch eine Frage von Tagen oder Stunden. Die zweite Front in Frankreich stehe unmittelbar bevor. Und dann singen die Frauen, mehrstimmig. «La victoire en chantant», das wunderbare Lied der Freiwilligen des Jahres II, aus der Großen Französischen Revolution, die aus dem ganzen Land kamen, um die Eindringlinge über die Grenze zurückzuwerfen, mit der pathetischen Aufforderung an die Feinde: «Tyrannen, steigt in die Gruft hinab.» Das Lied erhält regelmäßig Beifall aus vielen Zellen, aber auch das andere, das sie in ihrem Repertoire haben: Das Moorsoldatenlied, auf französisch. Der Refrain heißt: «Oh frères de détresse, il nous faut donc sans cesse, piocher, piocher.» 1933 im Konzentrationslager Börgermoor entstanden, war es über deutsche Emigranten und Spanienkämpfer in viele andere Länder getragen und zu einer Art Marseillaise des antifaschistischen Widerstandskampfes geworden.

Im Jahre 1950 sollte ich den Komponisten dieses berühmten Liedes, Rudi Goguel, in Düsseldorf kennenlernen. Er war mit der Familie meiner Frau befreundet. Ihr Vater, Dagobert Lubinski, von den Nazis schon im Februar 1933 verhaftet, hatte die Entstehung des Liedes im Börgermoor miterlebt. Rudi Goguel freute sich sehr, als ich ihm berichtete, wie im Mai 1944 junge Französinnen im Gefängnis von Toulouse sein Lied gesungen hatten. Wir waren jahrzehntelang eng befreundet. An seinem Grab in Berlin-Friedrichsfelde erinnerte ich 1976 in meiner Trauerrede daran, daß das von ihm im Konzentrationslager komponierte Lied auch bis in die Reihen der französischen Résistance gedrungen war und dort vielen Widerstandskämpfern neuen Mut gegeben hatte.

Ich kippe jedesmal mein Bett ans Fenster und klettere hinauf, um den Stimmen näher zu sein, sobald sich «Radio Saint Michel» meldet. Einmal spreche ich die Frauen an. Eine von ihnen, sie nennt sich Cécile, antwortet. Sie erkundigt sich, warum ich verhaftet worden bin. Ich erzähle ihr, daß ich als Sohn eines politischen Emigranten aus Deutschland verdächtigt werde, mit einer Résistance-Organisation zusammengearbeitet zu haben.

«Achtung, jetzt kommt die Wache im Rundgang wieder an die Stelle, wo sie uns hören können», sagt sie warnend.

Von oben kann man das beobachten. Wie mag Cécile sein? Sicher jung, schön, mutig. Ich sehe sie vor mir, als ob ich sie kennen würde. Wenige Tage später, als ich in den Waschraum geführt werde, ist da eine junge blonde Frau, die den Boden wischt. Sie trägt das graue Sackkleid der weiblichen Häftlinge, die im Gegensatz zu den Männern Anstaltskluft tragen müssen. Aber an einer Seite ist der Ausschnitt tiefer und man erblickt einen Teil der linken Schulter. So wirkt die Gefängniskleidung fast elegant. Die sie überwachende Aufseherin unterhält sich kichernd mit dem Unteroffizier, der mich hierher begleitet hat und mich nun im Gang warten läßt, bis fertig geputzt ist. Ob sie es ist? «Cécile?» frage ich leise.

«Ja, du bist wahrscheinlich Gérard», antwortet sie flüsternd. Ich nicke.

«Wenn ich das gewußt hätte, hätte ich Kekse mitgebracht. Wir haben ein Paket vom Roten Kreuz bekommen. Jetzt habe ich nur einen angebissenen bei mir. Ich lege ihn hier unter das Waschbecken auf das Wasserrohr.»

Es ist ein kleines Stück mit einer dünnen Schicht Margarine, und im Aufstrich ist der Abdruck von Céciles Lippen zu erkennen. In meine Zelle zurückgekehrt, kann ich mich trotz des Hungergefühls lange nicht entschließen, das Geschenk der jungen Frau aufzuessen. Ich komme mir ein bißchen wie Schwejk vor, als ich sie bei einem unserer abendlichen Gespräche durch die Zellenfenster frage, ob wir uns nach dem Krieg wiedersehen könnten. Sie überlegt, sagt dann: «Kennst du das Bistro direkt gegenüber dem Gefängnis, es heißt ‹Hier ist man besser als gegenüber›. Der Wirt kann dir Auskunft geben.»

Ich bin tatsächlich dort gewesen, einige Wochen nach der Befreiung von Toulouse. Das Café mit dem langen Namen war geschlossen. Der Wirt sei noch kurz vor dem Abzug der Deutschen abgeholt worden, sagten mir Nachbarn, das Ehepaar, das den Laden daneben betrieb. Von wem der Cafébesitzer festgenommen worden war, wußten sie nicht.

Diesmal dauert mein Aufenthalt in der Einzelzelle nur vier Tage. Kurz nach der Ausgabe des Frühstücks kommt der Wärter wieder in meine Zelle und fordert mich wie üblich auf, Decke, Teller und Löffel mitzunehmen. «Ich bringe Sie in die Nebenzelle, wo schon zwei andere sind», sagt er. «Der Oberleutnant hat das angeordnet.»

Es sind zwei Häftlinge, mit denen ich bereits mehrmals durch die Türen gesprochen habe. Der eine ist der Winzer aus der Armagnac, ein freundlicher, stiller Mann. Der andere, hochgewachsen mit breiten Schultern, gehört zu den prominenten Gefangenen von Saint Michel; es ist Charles Vigoureux, der Polizeichef von Bagnères de Bigorre. Hohe Beamte der Vichy-Polizei sind nicht oft unter den von der Besatzungsmacht Verhafteten zu finden.

Vigoureux, der gern aus seiner Vergangenheit erzählt – er war aktiver Offizier und hatte in den Kolonien gedient, bevor er sich bei der Polizei bewarb –, ist sehr schweigsam, wenn es um die Gründe seiner Verhaftung geht. Er sei bis heute von niemandem vernommen worden, berichtet er. Vor sechs Wochen sei er in seinem Polizeikommissariat von der Gestapo festgenommen und nach drei Tagen Haft in einem Kellerverlies nach Saint Michel in Toulouse transportiert worden. «Sicher macht sich meine Frau große Sorgen und glaubt, ich würde gequält, wie das ja üblich ist», sagt er. «Wenn ich ihr nur eine kurze Botschaft zukommen lassen könnte.»

Das scheint seine Hauptsorge zu sein. Vigoureux ist ein angenehmer Zellenkamerad. Er trägt sein Schicksal mit Würde, verhält sich zu den anderen Häftlingen solidarisch, und man kann mit ihm über weit mehr als über das Gefängnisessen reden. Er erzählt spannend kuriose Fälle aus seiner mehrjährigen Amtszeit in Bagnères, Begegnungen mit raffinierten und naiven Straftätern, die durchaus in einem Pitaval erscheinen könnten. Immer handelt es sich um Kriminelle. Nur einmal kommt er auf ein Erlebnis im Zusammenhang mit der Résistance zu sprechen.

«Als ich eines Morgens – es sind höchstens zwei Monate her – wie immer zu Fuß in mein Kommissariat gehe, sehe ich, wie ein Mann aus der Tür stürzt und die Straße hinabrennt. Hinter ihm laufen zwei meiner Beamten, ältere Leute, die den Flüchtling nie erreicht hätten. Ich habe meine Pistole gezogen, auf den Mann angelegt und abgedrückt. Lungendurchschuß. Er kam sofort in die geschlossene Abteilung des Krankenhauses, und ich hoffe, daß er überlebt hat, denn erst im Kommissariat habe ich erfahren, daß es sich um einen jungen Kommunisten handelte, der verdächtigt war, Flugblätter verteilt zu haben.»

Ich bin empört. «Wie konnten Sie zu dieser Zeit einfach auf einen Menschen schießen, der aus Ihrem Kommissariat flüchtet? Haben Sie denn keinen Augenblick daran gedacht, es könnte sich um einen Résistance-Angehörigen handeln?»

Nein, dieser Gedanke sei ihm nicht gekommen, und es sei auch alles so schnell gegangen. Als wir einmal von der Deportation reden, die ja sicher die meisten von uns erwartet, erwähne ich die Möglichkeit, Bretter aus dem Viehwaggon zu lösen und während der Fahrt abzuspringen. «Nein, das würde ich nie machen. Wenn es schiefgeht, stellt die SS sicher sofort alle Insassen an die Wand. Das ist mir viel zu gefährlich», sagt Vigoureux entschieden.

Mehr als zwanzig Jahre später werde ich durch ein Buch über einen der letzten Deportationszüge, der am 2. Juli 1944 vom Lager Compiègne zweitausend französische Häftlinge nach Dachau brachte, an jene Gespräche erinnert. Christian Bernadac läßt in seinem hervorragenden Reportagebuch «Le train de la mort» (Der Todeszug, Verlag Pressespocket, Paris 1970) aus diesem Transport den bekannten Widerstandskämpfer Gabriel Rykner berichten: «Plötzlich bricht eine heftige Auseinandersetzung (in unserem Waggon) aus. Meine Freunde von der Gruppe Lamirault versuchen, eine Wand zu durchbrechen. Sie werden heftig zur Rede gestellt. Es gibt Leute, die nicht fliehen wollen oder Angst haben, erschossen zu werden. Sie erinnern sich an die Warnung, die uns bei der Abfahrt gegeben wurde. Ein gewisser Polizeikommissar ist unter den heftigsten Gegnern des Ausbruchsversuchs. Er wird von Häftlingen beschuldigt, die ihn erkannt haben. Er soll einen Résistance-Kämpfer bei seiner Verhaftung erschossen haben. Er streitet das ab, behauptet, es sei ein Dieb gewesen. Er hätte in Selbstverteidigung geschossen und es habe sich nicht um einen Angehörigen der Résistance gehandelt.»

Doch, es war wirklich ein junger Kommunist, wie es mir Vigoureux in Saint Michel gesagt hatte und wie es mir nach der Befreiung französische Genossen aus den Pyrenäen bestätigt haben. Der «gewisse Polizeikommissar» aus dem Buch «Der Todeszug» ist Vigoureux, erfuhr ich von Überlebenden dieses Deportationstransportes, bei dem mehr als fünfhundert Häftlinge noch vor der Ankunft im Konzentrationslager durch Ersticken, Durst und Hitze umgekommen waren.

Vigoureux hat Dachau überlebt. Er kam im Juni 1945 nach Bagnères de Bigorre zurück und fand dort bei seiner Frau mehrere Briefe vor, die ich ihr gleich nach der Befreiung Ende August 1944 geschrieben hatte. Der Polizeikommissar hatte den Winzer aus Armagnac und mich gebeten, wenn wir – durch welche Umstände auch immer – befreit

würden, so rasch wie möglich seiner Frau zu schreiben, vor
allem, um ihr mitzuteilen, daß wir ihn im Toulouser Gefängnis bei guter Gesundheit angetroffen hätten und daß er
nicht gefoltert worden sei.

Mir sandte Vigoureux nach seiner Heimkehr einen fast
überschwenglichen Dankesbrief, der mich erst Monate später in Deutschland erreichte. «Ich fahre morgen nach Paris,
um eine leitende Position im Polizeidienst oder in der Ko-
lonialverwaltung zu übernehmen», teilte er mir mit.

Unsere Wege haben sich nicht mehr gekreuzt. Er wurde
ein führender Beamter der Sicherheitsbehörden seines Landes, ich war Redakteur bei einer kommunistischen Zeitung
in Düsseldorf. Wir hätten uns wohl kaum noch etwas zu sagen gehabt. An die gemeinsame Zeit in der Zelle Nummer
sieben in Saint Michel denke ich jedoch nicht ungern zurück. Wir kamen aus ganz verschiedenen Richtungen, waren kurze Zeit durch die Repression, die sich auf alle Nazi-
gegner erstreckte, auf engem Raum zusammengepfercht.
Aber die Résistance war eben kein Schmelztiegel. Wenn es
nach wie vor ein Zusammengehörigkeitsgefühl zwischen
vielen gibt, die daran teilnahmen, so sind doch die Gegen-
sätze dadurch nicht ausgelöscht worden.

Gruß vom Albino

Nach meinem Kalender an der Zellenwand ist es der 14. Mai, als zwei mit Maschinenpistolen bewaffnete Feldgendarmen mit dem Blechschild an der Kette um den Hals in meine Zelle kommen. Der eine hat die Handschellen schon aus der Tasche genommen. «Dreh dich rum», sagt er nur und fesselt mir die Arme auf dem Rücken, wie es bei ihnen üblich ist. Hatte Wächtler doch eine Genehmigung zur verschärften Vernehmung erhalten?

«Wohin führen Sie mich?» frage ich.

«Der spricht ja Deutsch», wundert sich einer der Gendarmen, ohne meine Frage zu beantworten.

Der Unteroffizier, der die Tür aufgeschlossen hat, sagt: «Nicht zur Vernehmung. Es geht zum Kriegsgericht.»

Ich übersetze es meinen Zellenkameraden. Vigoureux wünscht mir alles Gute, doch sein «Bonne chance» klingt gezwungen, als ob er selbst nicht daran glaube.

Im Hof des Gefängnisses wartet eine schwarze Limousine mit einem Soldaten am Steuer. Die Gendarmen setzen sich rechts und links von mir auf den Rücksitz. Der Wagen fährt langsam durch den dichten Verkehr über die Rue de Languedoc und die Rue Alsace Lorraine. Es ist herrliches Wetter, sommerlich warm. Die Sonne scheint auf junge Mädchen und Frauen in leichten Kleidern. Vor den Cafés am Carmes-Platz sind alle Stühle auf den Terrassen besetzt. Das Leben draußen geht einfach weiter, stelle ich mit leichtem Unbehagen fest.

«Nach vorn sehen, nicht zur Seite», herrscht mich einer der Feldgendarmen an, genau wie der Feldwebel auf der Fahrt von Castres nach Toulouse. Das scheint zu ihrer Ausbildung zu gehören.

In wenigen Stunden werde ich mein Schicksal kennen. Ich mache mir keine Illusionen über das Urteil. Doch die Erschießung muß der Verhandlung nicht unmittelbar folgen, hatte ich inzwischen erfahren. Einer meiner Zellennachbarn, Garagenbesitzer, der in einem seiner Schuppen Sprengstoff für die Résistance versteckt hatte, war schon Anfang Januar zum Tode verurteilt worden. Er hatte gehört, daß die Wehrmacht oft aus Gründen, die wohl nur das Oberkommando kannte, verurteilte Häftlinge leben ließ. Der Garagenbesitzer meinte, im Flügel D des Gefängnisses sitze immer noch ein Mann, der bereits vor sieben Monaten zum Tode verurteilt worden war. Andere seien einfach auf die Deportationslisten für die Konzentrationslager gesetzt worden. «Vielleicht veranlaßt sie die Kriegslage, die Gewißheit, daß sie Frankreich nach der Landung der Alliierten räumen müssen, zur Vorsicht», hatte der Zellennachbar gesagt. Ein Argument, das ich nur zu gern aufgenommen hatte. Doch jetzt lähmt mir die Furcht vor dem Todesurteil die Gedanken.

Es geht zum Capitole, dem Rathaus, einem prächtigen Gebäude aus dem 18. Jahrhundert, das an seiner Südseite einen noch aus dem Mittelalter stammenden massiven Schloßturm aufweist. Auf dem Platz davor habe ich mich oft mit dem Genossen Kurt Weber getroffen. Das Kriegsgericht Toulouse tagt im Saal, in dem vor der Okkupation das Friedensgericht der Stadt amtierte. Dieser Flügel ist vom übrigen Teil des Rathauses abgetrennt, mit spanischen Reitern und durch bewaffnete Posten gesichert.

Im Innenhof hält der Wagen vor einem Portal, über dem noch die Inschrift «Justice de Paix», Friedensgericht, in den Stein gemeißelt ist. Ein junger Leutnant nähert sich dem Wagen. Er trägt nur auf einer Schulter ein schmales silbernes Dienstgradabzeichen, Sonderführer. Zivilisten, die in bestimmte Stellungen zur Armee abkommandiert worden sind, ohne eigentlich zum Offizierskorps zu gehören, werden so genannt. «Lassen Sie den Mann aussteigen, und nehmen Sie ihm die Fesseln ab», befiehlt er kurz den Gendarmen.

Der Leutnant stellt sich mir als mein Offizialverteidiger vor. «Ich habe erst gestern abend Ihre Akte einsehen können», sagt er. «Sieht nicht gut aus. Warum haben Sie auch nicht einmal auf die Fragen des Kriegsgerichtsrates geantwortet, ob Sie Ihre Taten bereuen, und mußten Sie denn gleich dreimal politische Erklärungen abgeben? Darauf kommt es doch hier nicht an! Als Sohn eines Kollegen müßten Sie das doch wissen.»

Der Anwalt hat ein offenes, sympathisches Gesicht. Er hat mich als Sohn eines Kollegen angesprochen. Aber worauf will er hinaus? Ich ziehe es vor, nicht zu antworten.

«Und warum haben Sie nicht gesagt, daß Sie gar kein Reichsdeutscher mehr sind, sondern schon – sagen wir neunzehnhundertfünfunddreißig – mit Ihrer gesamten Familie ausgebürgert worden sind?»

«Das höre ich zum erstenmal.»

«Denken Sie mal scharf nach. Hat Ihnen Ihr Vater nicht damals erzählt, Sie waren doch immerhin schon zwölf Jahre alt, im ‹Reichsanzeiger› habe der Ausbürgerungsbeschluß für die ganze Familie Leo gestanden? Das ist doch Hunderten Emigranten so gegangen.»

«Was würde das am Prozeß ändern?» frage ich.

«Alles und vielleicht nichts. Aber die Akte müßte geändert werden. Zur Zeit ist es die Strafsache gegen den Reichsdeutschen Leo, dann wäre es die Strafsache gegen den Staatenlosen Leo. Und der Anklagepunkt ‹Entziehung des Wehrdienstes› würde wegfallen. Ehe das alles umgeschrieben, neu registriert und genehmigt ist, können Monate vergehen.»

«Jetzt erinnere ich mich tatsächlich», sage ich. «Natürlich, wir sind neunzehnhundertfünfunddreißig ausgebürgert worden.»

«Sehen Sie, so kommen wir schon weiter», meint der Verteidiger zufrieden. «Und dann ist da noch ein anderer Punkt. Ich saß gestern abend beim Essen im Kasino zufällig neben dem Ankläger in Ihrem Prozeß, einem Oberst. Er hat die Berichte von diesem Unteroffizier Wegener in Castres gelesen, die mir nicht zugänglich waren. Und er ist der Auffassung, diese Berichte seien voller Widersprüche. Mit anderen Worten: Er wittert ein neues Opfer. Nun haben Sie diesem Mann ja schließlich Ihre Festnahme zu verdanken. Eine Frage: Hat er Ihnen nie etwas gesagt über Verbindungen zur Résistance, die er hatte, bevor Sie selbst nach Castres gekommen sind?»

«Richtig, eine solche Bemerkung ist einmal gefallen.»

«Na, das ist doch wieder etwas», stellt der Leutnant fest. «Das sage ich meinem Kameraden noch vor Prozeßbeginn. Dieser Wegener ist nämlich nicht greifbar. Er ist einen Tag nach Ihrer Festnahme aus Sicherheitsgründen nach Deutschland versetzt worden. Heute ist er vielleicht längst an der Ostfront, unter Umständen sogar tot. Ehe man den gefunden hat, können wieder Monate vergehen.»

«Warum machen Sie das alles?» entschließe ich mich zu fragen.

«Ich bin Rechtsanwalt im Zivilleben. Für die Leute, die ich hier zu verteidigen habe, kann ich im Grunde gar nichts tun. Doch dafür sorgen, daß alles korrekt vor sich geht und die Akten stimmen, das kann ich. Dafür hat der Herr General, der den Vorsitz führt, ein Ohr. Es macht ihm gar nichts aus, mehrere Todesurteile an einem Tag zu fällen. Aber die Akten müssen stimmen, haargenau. Und im übrigen: Ein Freund meiner Familie, der zufällig in Castres dient, hat mir über Sie geschrieben. Ich soll Ihnen einen Gruß von ihm bestellen.»

«Der Albino», entfährt es mir.

«So nennen Sie ihn», sagt der Leutnant lachend, «Albino

ist er und ein anständiger Kerl, der es, soweit das in dieser Zeit möglich ist, bleiben will.» Nach einer Pause fügt er hinzu: «Wie einige andere auch.»

Das ist also der «Freund» des Abwehr-Oberleutnants in Castres, der Freund, der beim Gericht tätig ist, ohne es eigentlich zu sein. Die trüben Gedanken, die mich während der Autofahrt quälten, machen neuer Hoffnung Platz. Warum sollte er nicht ehrlich sein und mir wirklich helfen wollen? Eigentlich bin ich seit meiner Festnahme mehrmals Unteroffizieren und Offizieren begegnet, die sich mir gegenüber anständig verhalten haben.

«Noch etwas», nimmt der Anwalt wieder das Wort. «Man kann natürlich nicht ausschließen, daß Sie heute verurteilt werden. In diesem Fall wird der Oberst an Sie herantreten mit einem Formular, ein Gnadengesuch an den kommandierenden General der Region, von Schubert. Sie müssen sich energisch weigern, das zu unterschreiben.»

«Warum sollte ich das tun?»

«Das sind einfach Erfahrungswerte. Von Schubert ist ein ... na, sagen wir, sehr bewußter Offizier. Er hat bisher alle Gnadengesuche innerhalb von Stunden negativ entschieden. Dann wird die Exekution schnell anberaumt. Andere hingegen, die schon lange zum Tode verurteilt wurden und die sich nicht an ihn gewandt haben, leben noch.» Er zögert, spricht dann weiter: «Aber das alles habe ich Ihnen nicht gesagt. Nur nach der Ausbürgerung habe ich Sie gefragt und über diesen merkwürdigen Wegener, der offenbar ein Doppelspiel getrieben hat.»

«Auf jeden Fall danke ich Ihnen für die Hinweise.»

«Nicht zu früh», meint der Leutnant sorgenvoll. «Sie haben keine Ahnung, wovon ein Urteil abhängen kann. Manchmal ist es ein schlecht verdautes Frühstück ... Einen Moment.»

Der Anwalt tritt schnell auf ein Auto zu, das vor dem Portal gehalten hat, und spricht mit dem Oberst, der ausgestiegen ist. Mein Ankläger, denke ich. Der höhere Offizier ist ein beleibter Mann in den fünfziger Jahren mit einem dicken Gesicht. Die beiden lachen miteinander. Der Oberst klopft dem jüngeren freundschaftlich auf die Schulter, bevor sie sich trennen.

Der Verteidiger kommt zu mir zurück. «Der Oberst will Ihre Gegenüberstellung mit Wegener beantragen», sagt er erfreut. Er denkt nach, rät dann: «Wenn Sie gefragt werden, ob Sie den Ausbürgerungserlaß selbst im ‹Reichsanzeiger› gelesen haben, verneinen Sie das. Und am besten ist es, keine Jahreszahl zu nennen. Sagen Sie einfach, Sie wüßten genau, daß es vor neunzehnhundertneununddreißig gewesen ist ... Die Verhandlung beginnt gleich. Ich sehe Sie im Gerichtssaal wieder.»

Die Feldgendarmen nehmen mich in die Mitte und führen mich über einen breiten Korridor mit Bänken zu beiden Seiten in den Gerichtssaal. Es ist ein dunkler, holzgetäfelter Raum, in dem sogar jetzt im Mai die elektrischen Kronleuchter brennen. Ich muß mich auf die Anklagebank vorn setzen, zwischen die Gendarmen. Hinter mir hat der Verteidiger auf einem Sessel Platz genommen. Das Gericht erscheint, und alle erheben sich. Unter den fünf Richtern, die an einem langen Tisch auf einem Podium an der Stirnseite des Saales Platz nehmen, sind drei Generale mit goldenen geflochtenen Schulterstücken und roten Biesen an den Hosen. Einer von ihnen ist der Vorsitzende, der die Verhandlung eröffnet. Er hat ein hageres Gesicht mit einer dünnen Hakennase, sieht einem Geier ähnlich und trägt – so etwas gibt es tatsächlich noch – ein Monokel wie auf einer antimilitaristischen Karikatur der Kaiserzeit.

Als erster bekommt der Staatsanwalt das Wort, der Oberst. Er verliest eine kurze Anklage mit drei Punkten: Vorsätzliche Zersetzung der deutschen Wehrkraft, Entziehung des Wehrdienstes und Hochverrat. Der Angeklagte, liest der Oberst mit eintöniger Stimme, habe sich aus freien Stücken einer hochverräterischen Organisation angeschlossen, der Bewegung «Freies Deutschland» für den Westen, die sich auf ein in der Sowjetunion gebildetes Komitee berufe und in praktisch allen von der Wehrmacht besetzten Gebieten wie auch im Reich selbst ihre höchst gefährliche Aktivität betreibe. Der Angeklagte sei geständig, habe sich aber hartnäckig geweigert, irgendwelche Angaben zu machen, die zur Ergreifung seiner Hintermänner führen könnten. Es handele sich um einen klaren Fall fortgesetzter, über Monate hinweg organisierter Tätigkeit zur Schädigung der Kriegsanstrengungen Deutschlands mit dem Ziel, die Reichsregierung zu stürzen und den Kapitulationsforderungen der Feinde zu entsprechen. Dabei habe sich der Angeklagte gefälschter, von illegalen Organisationen hergestellter Ausweise bedient und unter Täuschung der Behörden eine Stellung als Dolmetscher in einer bedeutenden Kommandantur erlangt. Die Verteilung von Flugblättern, für Wehrmachtsangehörige bestimmt, in denen zum Aufruhr gegen das Oberkommando der Wehrmacht aufgerufen wurde, habe er wiederholt selbst vorgenommen. Der Schaden, den der Angeklagte den deutschen Kriegsanstrengungen zugefügt habe, sei außerordentlich.

So gesehen, erscheint meine Tätigkeit, an deren Wirksamkeit ich selbst immer wieder zweifle, äußerst gefährlich für das Naziregime. Sie werden mich heute verurteilen, denke ich entmutigt. Vom Tisch der Richter her blitzt mich der General feindselig mit seinem Monokel an. Auch die anderen Offiziere starren haßerfüllt auf mich.

Der General beginnt, mir Fragen zu stellen. «Sagen Sie mal, als was fühlen Sie sich eigentlich, als Franzose oder als Deutscher?»

«Ich fühle mich als Deutscher. Aber ich bin in diesem Land aufgewachsen und liebe die Franzosen. Ich könnte niemals etwas tun, was sich gegen die Interessen des französischen Volkes richtet.»

Hinter mir flüstert der Verteidiger aufgeregt: «Meine Güte, Sie geben ja schon wieder Erklärungen ab. Warum haben Sie nicht gesagt, als Staatenloser ...»

Er wird von der donnernden Stimme des Generals übertönt. «Haben Sie denn immer noch nicht begriffen, daß der Franzose unser Erbfeind ist? Aus welchen Gründen haben Sie sich denn dieser ...», er sucht in den Papieren, «Bewegung ‹Freies Deutschland› für den Westen angeschlossen?»

«Ich bin der Überzeugung, der Krieg muß beendet werden, damit Deutschland in Frieden mit seinen Nachbarn leben kann», antworte ich und höre wieder hinter mir meinen Verteidiger beschwörend flüstern: «Keine politischen Erklärungen. Hören Sie um Gottes willen damit auf!»

Doch es ist der General, der die Befragung abbricht. «Ich glaube, wir wissen genug von diesem Verbrecher. Hat einer der Herren doch noch eine Frage?» Niemand meldet sich am Richtertisch.

Der Verteidiger steht auf. «Wenn ich mir erlauben darf, Herr General ...»

«Bitte sehr!» brüllt der Vorsitzende.

«Im Gespräch hat mir der Angeklagte eröffnet, daß er, natürlich mit seiner ganzen Familie, schon seit Jahren ausgebürgert sei, die deutsche Staatsangehörigkeit verloren habe. Demnach ...»

Der General unterbricht ihn. «So, das ist aber ärgerlich. Warum steht davon nichts in den Akten? So geht das doch nicht!»

Jetzt steht der Ankläger auf. «Sie haben wohl auch noch was?» wird er angeherrscht.

«Herr General, bei der Durchsicht der Anlagen zum Protokoll der Vernehmung des Angeklagten bin ich auf flagrante Widersprüche bei den Aussagen des Zeugen Wegener gestoßen. An der Schuld von Leo im vollen Umfang der Anklage kann gar kein Zweifel bestehen, wohl aber an der Rolle, die dieser Wegener gespielt hat. Ich bin verpflichtet, dem nachzugehen, und beantrage eine Gegenüberstellung dieses Mannes mit dem Angeklagten.»

«Auch das noch. Soll das heißen, daß wir fast eine Stunde verloren haben?» regt sich der General auf. Er ist offenbar gewohnt, seine Verfahren bis zum Todesurteil in Windeseile abzuwickeln. «Das Gericht berät, Verteidiger und Anklagevertreter bleiben hier, der Angeklagte wird rausgeführt», befiehlt er.

Im Hof zwischen den Feldgendarmen schaue ich auf den blühenden Kastanienbaum an der Mauer, erblicke eine Meise, die auf einen Ast geflogen ist. Vielleicht sehe ich das alles zum letztenmal, den blauen Himmel, von weißen Wolken durchzogen, die hoch über dem Hof strahlende Sonne, Efeu, das die alten Mauern hinaufklettert. Ich hatte gehört, man transportiere diejenigen, die aus dem Gefängnis zur Erschießung geführt werden, nachts und richtet sie noch vor Anbruch des Tages auf dem Schießplatz in einem alten Fort vor den Toren der Stadt hin. Aus Sicherheitsgründen. Ein Lastkraftwagen mit Verurteilten war vor einigen Monaten in den Straßen von Toulouse am hellichten Tag angegriffen worden. Mehrere Gefangene konnten befreit werden. Deshalb werden die Exekutionen seither in der Zeit der nächtlichen Ausgangssperre durchgeführt. Die Vorstellung, nachts erschossen zu werden, ohne das Tageslicht noch einmal zu sehen, bedrückt mich merkwürdigerweise besonders. Jetzt kommt ein Offizier vor das Portal und macht den Feldgendarmen ein Zeichen. Sie führen mich wieder in den Saal.

Der General fängt sofort an, die Entscheidung des Gerichts zu verlesen: «Das Kriegsgericht Toulouse beschließt: Das Verfahren wird ausgesetzt, bis die Staatsangehörigkeit des Angeklagten festgestellt ist und bis der Zeuge Wegener an seinem neuen Standort kommissarisch vernommen werden konnte. Außerdem wird geprüft, ob der Prozeß nicht wegen der Schwere der Verbrechen und der weiten Verzweigung der staatsfeindlichen Organisation, der der Angeklagte angehörte, vor einem höheren Gericht geführt werden muß.»

Gerettet, denke ich. Der quälende Druck auf dem Magen, den ich seit Stunden gespürt hatte, ist plötzlich verschwunden. Ich sehe zu meinem Verteidiger hinüber und muß in diesem Augenblick wohl gelächelt haben.

Das mißfällt dem General außerordentlich. «Machen Sie sich keine Illusionen», brüllt er, «für das, was Sie getan haben, kann es nur die Todesstrafe geben.» Und zu den Gendarmen: «Der Mann wird sofort wieder gefesselt!»

Im Hof kommt der Verteidiger auf mich zu. «Lassen Sie mich einen Augenblick mit dem Mann sprechen», sagt er zu den Feldgendarmen, die sich in den Schatten der Mauer zurückziehen. «Entscheidend war der Hinweis des Oberst, daß kürzlich zwei andere Fälle, einer in Bordeaux, der zweite in Marseille, die ebenfalls Ihre Organisation betrafen, wegen der besonderen Allgemeingefährlichkeit der Straftaten an den Volksgerichtshof in Berlin verwiesen wurden. Auf jeden Fall halte ich eine Übertragung an das oberste Kriegsgericht für Frankreich und Nordbelgien in Paris für möglich. Bis dahin», fügt er leise hinzu, «kann viel Wasser die Garonne hinunterfließen.»

«Wir müssen fahren, Herr Sonderführer», ruft der eine der Feldgendarmen.

Ein zweiter schwarzer Citroën rollt in den Hof. Zwischen seinen Wächtern steigt ein deutscher Soldat im Drillichanzug aus, die Hände ebenfalls auf dem Rücken gefesselt. «Bei ihm werden sie nicht zögern», sagt der Anwalt resigniert. «Drei Wochen unerlaubte Entfernung von der Truppe, und er will nicht sagen, wo er gewesen ist. Ich bin auch sein Verteidiger.» Er sieht auf seine Uhr. «Es reicht noch bis zum Todesurteil vor dem Mittagessen ... Falls Sie noch einmal hier im Capitole vorgeführt werden sollten, werde ich versuchen, vorher eine Besuchserlaubnis im Gefängnis zu bekommen.»

Er nickt mir kurz und, wie es mir scheint, ermutigend zu und geht zu dem jungen Soldaten, der abwesend auf den Baum an der Mauer starrt.

Die Rückfahrt erfolgt wieder über die belebten Straßen der Innenstadt. An einer Kreuzung blickt ein junger Arbeiter im blauen Overall von seinem Fahrrad in den Fond des Wagens, entdeckt mich und lächelt mir zu. Nervös nimmt der Feldgendarm am Fenster seine Maschinenpistole hoch. Wenn es jetzt einen Verkehrsunfall gäbe und die Gendarmen wären für einen Augenblick benommen ... Ob die Menge mich schützen würde? Es passiert nichts. Einige Minuten später öffnet sich das schwere Tor des Gefängnisses vor uns.

Wieder in meiner Zelle, berichte ich Vigoureux über die Kriegsgerichtsverhandlung und die überraschende Vertagung. «Die Anschuldigungen sind sehr ernst, aber Sie haben Zeit gewonnen», meint der Polizeikommissar sachkundig.

Der Winzer ist nicht mehr da. Er wurde eine halbe Stunde nach mir abgeholt, sehr wahrscheinlich zu einem Deportationstransport. Er sei guten Mutes gewesen, berichtet Vigoureux, weil er sich vorstellte, als Winzer würde er zur Landarbeit eingesetzt werden. «Am Rhein haben sie gute Weißweine. Da können sie sicher einen Fachmann wie mich gebrauchen», hatte er gemeint. Vigoureux hatte nichts getan, um ihm seinen Optimismus zu nehmen. Er fragt mich nach den Zuständen in deutschen Konzentrationslagern. Ich erzähle von der Verhaftung meines Vaters, von Berichten aus dem «Braunbuch», an die ich mich erinnere. Mein Zellenkamerad ist niedergeschlagen. Er braucht eine ganze Zeit, bis er sagt: «Das war in der ersten Zeit ihres Regimes. Vielleicht haben sich inzwischen die Verhältnisse in den Lagern einigermaßen normalisiert.»

Darauf antworte ich nicht.

In die Zelle, die unmittelbar neben unserer liegt, wird am nächsten Tag ein neuer Häftling eingeliefert. Man hört ihn ruhelos die vier Schritte von einer Wand zur anderen machen, stundenlang. Am Abend kommt der Sanitäter zu ihm und bleibt längere Zeit. Als er geht, höre ich ihn in der offenen Zellentür auf deutsch sagen: «So wird es sich jedenfalls nicht infizieren.» Der neue Kamerad ist offenbar schwer mißhandelt worden. Nachdem der Unteroffizier seinen letzten Kontrollgang gemacht hat, spreche ich den Neuen an. Leise erkundigt er sich, ob die Wärter die Gespräche hören können. Nach der beruhigenden Antwort stellt er eine Reihe von Fragen über das Gefängnis. Die erstaunlichste ist, in welcher Stadt er sich befinde.

«Wo kommen Sie her?» frage ich.

«Aus London», lautet die Antwort. Er ist Belgier, Oberst der Luftwaffe seines Landes und im Mai 1940 in seinem Jagdflugzeug nach England geflohen, am gleichen Tag, da der belgische König vor der Wehrmacht kapituliert hat. «Da die Gestapo es auch weiß, kann ich es Ihnen ruhig sagen. Ich bin von meinem Oberkommando über Spanien nach Frankreich geschickt worden, um Flugplätze in der Nähe der Nordküste zu inspizieren. Wir wissen nicht genug über den derzeitigen Zustand der Militär- und Zivilflugplätze, die wir sofort nach der Landung brauchen. Der Vertrauensmann des Intelligence Service, der mich mit seinem Wagen wenige Kilometer nach Überschreiten der französischen Grenze aufnehmen und nach Biarritz fahren sollte, hat offensichtlich seit längerer Zeit nach beiden Seiten gearbeitet. Er hat mich direkt der Gestapo ausgeliefert mit allen meinen Unterlagen. Da er meine Mission kannte, wissen es die Deutschen jetzt auch.»

«Haben Sie eine Ahnung, für wann die Landung der Alliierten geplant ist?» möchte ich begierig erfahren.

«Ich glaube zu wissen, daß die Landung in der ersten Juniwoche in der Normandie erfolgt, wenn das Wetter einigermaßen ist, und bei jedem Wetter in der zweiten Juniwoche», sagt der Oberst.

«In der Normandie», staune ich. «Bis dahin ist der Seeweg über den Ärmelkanal doch dreimal so weit wie bei einer Landung im Pas de Calais.»

«Es ist aber so», bestätigt der Oberst nur.

«Wissen die Deutschen das auch?»

«Ja, sie wissen es, und nicht nur aus meinen Unterlagen,

die diesen Schluß zulassen, aber sie sind überzeugt, ich sei nach Frankreich geschickt worden, um ihnen in die Hände geliefert zu werden, damit sie glauben sollen, die Landung sei für die erste Juniwoche und in der Normandie geplant. Die Gestapo von Biarritz, die mich vernommen hat, stand in ständiger Verbindung mit dem Chef des SD und der Sicherheitspolizei in Paris. So ist die Gestapozentrale in Berlin sofort über meine Verhaftung und die bei mir gefundenen Dokumente informiert worden. In Berlin sind sie davon überzeugt, meine Mission diene ausschließlich ihrer Irreführung. Sie meinen, die Landung könne, wenn überhaupt, nur an der schmalsten Stelle des Ärmelkanals erfolgen und die Alliierten würden vor dem Herbst nicht mit den Vorbereitungen fertig.»

Ich bin aufs äußerste erregt. Das sind, so scheint es mir, Informationen von unschätzbarem Wert. Vigoureux, der das Gespräch mit angehört hat, zeigt sich skeptisch. Aber ich gehe zu meinem Kalender, den ich in die Wand geritzt hatte, und kratze die Zahlen nach dem 15. Juni aus. Von dem großen Ereignis trennen uns noch drei, höchstens vier Wochen. Bis dahin müßte sich auch für mich alles entschieden haben, glaube ich. Meine Stimmung ist seit Monaten nicht so optimistisch gewesen.

Nach Einbruch der Dunkelheit spreche ich Cécile in der Zelle über uns an und teile ihr die Neuigkeit mit. Sie ist sofort Feuer und Flamme. «Das gibt eine großartige Sendung von ‹Radio Saint Michel› morgen abend, vielen Dank. Und bestelle dem belgischen Kameraden, daß wir fest an seiner Seite stehen, er soll nicht den Mut verlieren! Nur noch wenige Wochen bis zur Landung … Wir können alle überleben!»

Am nächsten Morgen ist «Rasiertag», ein Augenblick der Qual für diejenigen, die einen starken Bartwuchs haben. Die Wärter geben in jede Zelle einen Rasierapparat mit einer Klinge und warten an der Tür, bis man sich mit dem kalten Wasser das Gesicht benäßt und die Stoppeln abgekratzt hat. Die Klingen stammen aus dem beschlagnahmten Gepäck der Häftlinge und scheinen seit Jahren nicht gewechselt worden zu sein. Der alte Unteroffizier, der mir schon mehrmals ein Stück Brot zusätzlich gebracht hat, bietet mir an: «Wenn Sie wollen, können Sie sich bei Ihrem Nachbarn rasieren. Der hat Krem und einen Apparat aus London mitgebracht. Das haben wir in seinem Koffer gefunden.»

Er hält ein Reisenecessaire aus Leder in der Hand. Erfreut gehe ich neben dem Wärter die zwei Schritte bis zur Tür der Nebenzelle. Der Unteroffizier schließt auf. Ich bin erstaunt, einen jungen Mann vor mir zu sehen, etwa Mitte dreißig, mit vollem, braunem Haar, der mich lächelnd begrüßt. Er trägt einen dunklen Anzug mit weißen Nadelstreifen, der zwar zerknittert ist, aber doch den Londoner Maßschneider verrät. «Ich lass' euch jetzt allein, aber nicht miteinander sprechen», raunzt der Unteroffizier betont barsch.

Er schließt die Tür hinter sich, und wir hören seine Schritte sich im Gang entfernen. Der Oberst packt langsam das Rasierzeug aus, einen Apparat aus Chrom mit schwarzen Kunststoffbeschlägen, wie man ihn in Frankreich noch nicht kennt, eine Tube Rasierkrem, ein unangebrochenes Päckchen Gillette-Klingen.

«Der Unteroffizier ist ein feiner Kerl», berichte ich. «Natürlich weiß er, daß wir uns jetzt unterhalten werden. Wir haben gestern abend kurz miteinander gesprochen. Wann sind Sie aus London abgereist?»

«Vor drei Tagen», antwortet er. «Vom Flugplatz in Madrid bin ich sofort in einem Wagen der britischen Botschaft zur Grenze gefahren worden.»

«Hat man Sie in Biarritz mißhandelt?»

Der Offizier winkt mit der Hand ab, als ob das nicht wichtig wäre, und fragt wieder eindringlich nach den Verhältnissen im Gefängnis. Hatte es Fluchtversuche gegeben, wie sind die Flügel der Gebäude angeordnet, wie hoch sind die Außenmauern, werden die Hände jedesmal mit Handschellen auf dem Rücken gefesselt, wenn es zum Verhör geht? Er denkt offensichtlich an Flucht.

Ich gebe alle Informationen und Erfahrungen, die ich gesammelt habe, weiter, spreche auch von der Möglichkeit, aus dem Waggon zu entkommen, wenn man nur ein Messer hat. Der Oberst wählt aus seinem Necessaire eine starke Nagelfeile mit Perlmuttgriff und versteckt sie im Strohsack. «Sie haben allerdings behauptet, daß ich erschossen würde», stellt er betont ruhig fest.

«Das sagen sie allen. Aber in der Regel bedarf es dazu eines Kriegsgerichtsverfahrens, wenn man erst bei der Wehrmacht eingeliefert ist, und das scheint für Sie zuzutreffen. Bei der Entscheidung Prozeß oder Deportation herrscht offensichtlich völlige Willkür. Als ich noch in einem anderen Flügel dieses Gefängnisses saß, habe ich jedenfalls gehört, ein französischer Offizier, der, aus London kommend, mit dem Fallschirm abgesprungen und in ihre Hände gefallen war, sei deportiert worden. Alles ist möglich. Und – es sind ja die letzten Wochen.» Ich spreche von der Hoffnung, am Tage der Landung, vielleicht vierundzwanzig Stunden später, aus dem Gefängnis befreit zu werden.

Der Oberst dämpft meine Hochstimmung. «Aufstände nach der Landung in den großen Städten sind ein schwieriges, wenn nicht unmögliches Unterfangen. Die Partisanentätigkeit wird zweifellos sehr verstärkt werden, besonders in bergigen Regionen. Vielleicht werden Verkehrswege unterbrochen. Aber die noch gut bewaffneten Garnisonen, wie in Toulouse zum Beispiel, könnten sehr wahrscheinlich Aufstände blutig niederschlagen, und sie werden nicht zögern, das zu tun.»

Er fragt, warum ich festgenommen worden bin. Ich erzähle, daß ich im Verdacht stehe, für die Bewegung «Freies Deutschland» für den Westen gearbeitet zu haben. «Über diese Bewegung habe ich in London einen Bericht gelesen.

So etwas gibt es auch in Belgien», sagt er und läßt sich ausführlich die Kriegsgerichtsverhandlung schildern. «Das alles hört sich eigentlich recht hoffnungsvoll an», meint er. «Und mit Ihrem Pflichtverteidiger haben Sie offenbar großes Glück gehabt.»

Der Oberst kennt die Kriegslage genau. Die Alliierten sind jetzt in Italien in der Nähe von Rom. An der Ostfront ist eine neue Offensive der Roten Armee im Gange, unter schweren Opfern. Seine Informationen sind weniger optimistisch als die von «Radio Saint Michel», aber an neuen Siegen der Antihitlerkoalition zweifelt auch er nicht.

Ich muß mich als erster rasieren. Die Creme ist wohltuend, die neue Klinge gleitet mühelos über den Bart. Es ist herrlich, wie ein Vorgriff auf die Freiheit. Erst nach einer Stunde kommt der Unteroffizier zurück. «Na, ihr seid stumm wie die Fische geblieben, wie ich euch kenne», sagt er schroff, doch man sieht ihm an, daß er Wert darauf legt, mit den Häftlingen auf gutem Fuß zu stehen.

Am Morgen des 1. Juni kippe ich mein Bett ans Fenster, klettere hinauf. Das Stück Himmel in meinem Blickfeld ist blau, die Sonne scheint. Im kleinen Garten bewegen sich die Gräser nur leicht unter einem lauen Wind. Herrliches Wetter. Doch wie mag es an der Küste sein, fast neunhundert Kilometer weiter nördlich? «Die meteorologischen Verhältnisse hier geben leider keinerlei Aufschluß auf die Lage in der Normandie», meint der belgische Oberst, dem ich meine Beobachtungen mitteile. «Für die Flugzeuge ist es besser, wenn der Himmel frei ist. Sie können dann zwar ihre Ziele gut erkennen, aber die Flak sieht sie ebenfalls. Im wesentlichen kommt es auf den Seegang an, wegen der Landungsboote.»

Das gute Wetter hält an, wenigstens hier in Toulouse, trotzdem gibt es keinerlei Nachricht von der Landung. Cécile, die durch einen Neuankömmling über die letzten Informationen verfügt, muß das leider bestätigen. Auch an der Haltung der Wärter ändert sich nichts. Wahrscheinlich wissen sie nicht, wie sehr jedes ihrer Worte und jede Bewegung von uns beobachtet werden. Läßt etwas auf die große Operation an der Küste schließen? Der Gefängnisalltag geht weiter. Seit mehr als zwei Wochen hat es keine Deportationen mehr gegeben. Ist das ein gutes oder ein schlechtes Zeichen? Deutet das die Nähe der Landung an, weil alle Züge für den Nachschub an die Küste benötigt werden, oder glaubt die Wehrmacht, daß sie noch viel Zeit hat und die französischen Gefängnisse in Ruhe leeren kann, bevor die Alliierten kommen? Die Meinungen der Häftlinge darüber sind geteilt. Seitdem der Oberst vom Datum der Landung gesprochen hat, kreisen alle Gespräche in den Zellen auf unserem Gang um das große bevorstehende Ereignis.

Ich klammere mich an diese Hoffnung, die ich mehr als in den vergangenen Wochen brauche, denn ich habe inzwischen erfahren, daß sie mich auch ohne neue Verhandlung vor einem Gericht nachts zum Erschießen führen können. Einem Häftling auf unserem Gang ist es vor wenigen Tagen so ergangen. Sein Prozeß war ebenfalls ohne Urteil auf einen späteren Zeitpunkt vertagt worden. Das Exekutionskommando hat ihn aus der Zelle geholt. «Sie wollen mich jetzt erschießen!» hatte er gerufen. Alle auf dem Gang sind aufgewacht. Einer hat angefangen, mit dem Blechteller an die Tür zu schlagen, es wurden immer mehr. Unsere Wärter, die sonst jeden Lärm ahnden, haben getan, als hörten sie nichts. Am nächsten Tag erfahre ich vom Zellenkameraden des zur Hinrichtung Geführten, daß die Kriegsgerichte «wegen Überlastung» nicht noch einmal in Gegenwart der Beschuldigten tagen, wenn es eine Vertagung gegeben hat. Das Urteil wird dann in Abwesenheit des Angeklagten gefällt. Das hätte der Gefängnisgeistliche, ein protestantischer Pfarrer in Wehrmachtsuniform, dem Verurteilten gesagt, als er abgeführt wurde.

Jetzt schrecke ich nachts oft aus dem Schlaf auf. Ich glaube, die Knobelbecher der Feldgendarmen auf dem Gang gehört zu haben. Doch wenn ich wach bin, ist alles still. Ich warte auf den Morgen mit seinem fahlen, durch die Holzblende schimmernden Licht. Erst wenn ich die Kannen auf dem Gang scheppern höre, bin ich einigermaßen beruhigt: Wieder eine Nacht vorbei, ohne daß sie mich geholt haben.

Auf der Fahrt
nach Paris

Nicht in der Nacht, wie ich es befürchtet hatte, am Nachmittag des 3. Juni kommen sie zu dritt in unsere Zelle – der Wärter des Kellerverlieses und zwei andere Unteroffiziere –, um mich abzuholen. Neue Vernehmung, oder erwartet der General mit dem Geiergesicht mich wieder im ehemaligen Friedensgericht, im Capitole? Ich frage, wohin ich gebracht werde, und bekomme Auskunft von dem Mann, der mir gerade die Arme mit Handschellen auf den Rücken fesselt: «Es geht nach Fressness zum Obersten Kriegsgericht.»

An die Art der deutschen Soldaten, französische Namen auf ihre Weise auszusprechen, habe ich mich schon gewöhnt. Es handelt sich ohne Zweifel um Fresnes, Frähn ausgesprochen, ein großes Gefängnis im Süden von Paris, das jetzt von der Wehrmacht verwaltet wird. Der Sonderführer, mein Offizialverteidiger, hat also recht behalten. Das ist die Überweisung an das höchste Militärgericht der faschistischen Wehrmacht in Frankreich. Es ist gelungen, etwas Zeit zu gewinnen.

Während sich die Stahlspangen um meine Handgelenke schließen, überlege ich: Auf jeden Fall ist man in Paris der Nordküste, wo in diesen Tagen die Landung stattfinden wird, wesentlich näher als in Toulouse. Es wird also eine neue Verhandlung geben. Wie wird der Transport vor sich gehen? Vielleicht mit anderen Häftlingen zusammen in einem Güterwagen. Ich bin entschlossen, bei der ersten Gelegenheit die Flucht zu wagen, und bedauere jetzt, das Messer weggegeben zu haben.

Mein Zellenkamerad, der Polizeikommissar Vigoureux, sucht sichtlich nach Abschiedsworten, die auch für einen einige Worte Französisch verstehenden Gefängniswärter unverfänglich wären. Er findet wieder nur sein «bonne chance», hat jedoch ein fürstliches Geschenk für mich bereit, das er mir in die Hände hinter meinem Rücken schiebt: seine ganze Brotration. Einer der Unteroffiziere nimmt mir das Stück wieder ab und wirft es auf Vigoureux' Bett: «Wir haben hier kein Lebensmittelgeschäft», schnauzt er.

Vigoureux sieht mich traurig an. «Wenn es geht, vergessen Sie nicht ...»

Ich weiß, er will an die Nachricht für seine Frau erinnern, und ich nicke ihm versprechend zu.

«Das genügt jetzt», entscheidet einer der Wärter und drängt mich auf den Gang.

In der Effektenkammer werden meine Brieftasche, mein Portemonnaie und meine Armbanduhr vor mir hingelegt. Ich muß im Registrierbuch, das ich schon kenne, den Empfang quittieren, bekomme aber nichts ausgehändigt. Einer der Bewacher steckt alles in seine Kartentasche. Vor dem Ausgangstor in der Wachstube des letzten Innenhofes erhalten die beiden Unteroffiziere, die mich abführen, Maschinenpistolen. Wieder wartet ein schwarzer Citroën auf uns, diesmal mit SS-Runen anstatt des Wehrmachtszeichens WM. Der Fahrer ist ein SS-Scharführer, mit dem Totenkopf und den gekreuzten Beinknochen an der Schirmmütze. Er schlägt den Weg zum Bahnhof Matabiau ein, über die Rue Alsace-Lorraine am Capitole-Platz vorbei, wo das Kriegsgericht getagt hatte, in die Rue Bayard. Die Strecke kenne ich gut, es war mein täglicher Weg zur Transportkommandantur.

Merkwürdig, wir stoppen nicht an dem Eingang, den sich die Wehrmacht vorbehalten hat und der zu den Militärzügen führt, sondern an jenem für die französischen Reisenden. Meine Begleiter, die mich links und rechts an den Armen führen, drängen durch die Menge zum fahrplanmäßigen Schnellzug nach Paris, der schon in die Halle eingefahren ist. Wollen sie mich tatsächlich in einem normalen Zug transportieren? Wir gehen an Waggons vorüber, die bereits wie üblich bis zum Bersten überfüllt sind. Reisende, mit Koffern und Paketen beladen, blicken nur kurz auf die beiden Soldaten mit dem Gefangenen in der Mitte. Am besten ist es, so etwas nicht zu sehen. Aber zwei Jugendliche mit Rucksäcken, die uns entgegenkommen, lächeln mir ostentativ zu, und ich erwidere ihren stummen Gruß.

Ein Wagen mit der Aufschrift «Nur für Wehrmacht» ist in der Mitte des Zuges angekoppelt. Ich erinnere mich, in der Transportkommandantur einen Bericht gelesen und an Eugen weitergegeben zu haben, in dem Oberst Horchler eine Anregung des Militärbefehlshabers in Frankreich erwähnte, einzelne Wagen für die Wehrmacht in fahrplanmäßige Züge der Zivilbevölkerung einzureihen. Die sich von Monat zu Monat steigernden Anschläge auf Militärtransporte hatten zu dieser Überlegung geführt, weil auf normale Züge mit französischen Passagieren nur ganz selten Attentate verübt wurden. In einem solchen Wagen werde ich jetzt befördert. Die Möglichkeit eines Anschlages der Résistance, der meine Flucht erleichtern könnte, wird dadurch sehr gering, denke ich enttäuscht.

Das vordere Abteil ist mit fünf Feldgendarmen besetzt. Ihnen übergeben mich die beiden Gefängniswärter. Sie erhalten dafür die Unterschrift unter eine Empfangsbestätigung. Ordnung muß sein. «Na endlich», sagt der Hauptfeldwebel, der die Gendarmen anführt. Die Wärter reichen ihm noch einen dicken Umschlag hinauf, den er in seiner Ledertasche unterbringt. Wahrscheinlich meine Prozeßakte. Ich bekomme einen Platz zwischen zwei Gendarmen auf einer der Holzbänke angewiesen. «Später können wir ihm ja die Spangen abnehmen», meint einer von ihnen.

Der Hauptfeldwebel ist aber ganz anderer Meinung. «Dem legen wir höchstens noch ein paar Ketten zusätzlich an», sagt er feindselig.

Meine Feldgendarmen sind die einzigen Uniformierten im Wagen. Die Abteile sind nur durch die Holzbänke und die darüber angebrachten Gepäcknetze voneinander getrennt; so kann ich die anderen Reisenden sehen und hören. Aus ihren lauten Gesprächen entnehme ich, daß sie in einem Autobus vom Gefängnis Saint Michel hierher transportiert worden sind. Alle befinden sich im Alter des Zwangsarbeitsdienstes. In verschiedenen Razzien waren sie der französischen Polizei in die Hände gefallen, die sie den Besatzungsbehörden übergeben hat. Da man ihnen nichts anderes vorwerfen konnte als das Versäumnis, sich für die Arbeit in Deutschland zu melden, werden sie jetzt abtransportiert. Sie sind nicht gefesselt und haben Koffer und Pakete bei sich.

Ich spreche einen Mann, der ganz in meiner Nähe auf dem Gang steht, leise an: «Kommen Sie auch aus Saint Michel?»

Der dreht sich langsam um. Er ist in den Vierzigern mit hartem Gesichtsausdruck. Sein eleganter Anzug erinnert mich an die Garderobe der drei Barbesitzer in der Gefängniszelle. «Nein», sagt er nur. In seinem Hosenbund vorn steckt eine o8-Pistole griffbereit. Die Jugendlichen werden offenbar von französischen Helfern der Gestapo bewacht.

«Sie haben hier mit niemandem zu sprechen», herrscht mich der Hauptfeldwebel an.

Kurz danach rollt der Zug aus der Bahnhofshalle. «Schon zwei Stunden Verspätung, und wir sind noch nicht einen Kilometer vorangekommen», seufzt einer der Gendarmen. Die Fahrt nach Paris hat begonnen. Ich habe Zeit, alle Möglichkeiten einer Flucht zu überdenken. Eingezwängt zwischen den beiden Feldgendarmen, mit auf dem Rücken gefesselten Händen, vier oder fünf Schritte von der Tür entfernt, sind die Chancen, die Tür öffnen und abspringen zu können, gleich Null. Wenn ich mich unbemerkt unter die Arbeitsdeportierten mischen könnte, wären die Aussichten viel besser. Ich sehe, daß die drei französischen Bewacher ihre Gefangenen sogar an den Türen sitzen lassen und ihre Aufgabe offensichtlich nicht so ernst nehmen wie meine Gendarmen. Vielleicht ergeben sich nach Einbruch der Dunkelheit neue Gelegenheiten. Ich rechne auch mit der Landung der Alliierten in der Normandie, die nach den Informationen des belgischen Obersts jede Stunde erfolgen kann. Das könnte die Situation auf den Eisenbahnstrecken wesentlich verändern.

Nur selten fährt der Zug mit normaler Geschwindigkeit. Immer wieder muß er das Tempo verlangsamen, sogar im Schritt fahren, an Gruppen von Arbeitern mit Schaufeln und Hacken vorbei, die unter der Bewachung von französischer Polizei oder Miliz offensichtlich dabei sind, beschädigte Geleise zu reparieren. Bei Montauban, nur sechzig Kilometer nördlich von Toulouse, gibt es erneut einen Aufenthalt von fast einer Stunde. Ein deutscher Eisenbahner in blauer Uniform kommt am Zug entlang. Der Hauptfeldwebel ruft ihn an, um nach den Ursachen des langen Stillstandes zu fragen. «Die Strecke ab Cahors ist noch nicht frei», teilt der Eisenbahner mit. «Terroristentätigkeit …»

Cahors, das weiß ich, ist der letzte größere Bahnhof, bevor man die Provinz Limousin erreicht, eine zum Teil sehr bergige Region mit dichten Laubwäldern, wie geschaffen für Partisanenaktionen. Dort soll sich die stärkste Konzentration bewaffneter Einheiten der Résistance befinden. Ich erinnere mich an die Karte hinter dem Vorhang im Büro von Major Stein in der Transportkommandantur. Die meisten roten Fähnchen, Anschläge der Widerstandsbewegung auf Eisenbahnanlagen kennzeichnend, steckten zwischen Cahors und Limoges.

Die Feldgendarmen schlafen abwechselnd. Mindestens zwei von ihnen sind aber immer wach und haben mich im Auge. In Montauban bekomme ich etwas zu essen, Weißbrot mit einem Stück Wurst und Wasser. Während des Essens nimmt mir der Hauptfeldwebel die Handschellen ab, legt sie aber sofort danach wieder an und vergewissert sich, daß sie auch fest genug sitzen.

Cahors passieren wir erst am späten Nachmittag. Es ist herrliches Wetter. Der Zug fährt an Weiden vorbei und durch ausgedehnte Wälder. Die Berge werden häufiger, steiler, und rötlich gefärbte, in der Sonne wie Marmor glänzende Felsen aus Granit ragen empor. Das ist schon das französische Mittelgebirge, das Massif Central.

Wieder ein kleiner Bahnhof. Der Zug hält. Nach wenigen Minuten erschallt eine Stimme vom Bahnhofsgebäude: «Allassac, alles aussteigen, der Zug endet hier.» Sofort öffnen sich die Türen aller anderen Wagen, und ein Strom von Reisenden, Männer, Frauen und Kinder, mit ihrem Gepäck, ergießt sich auf den Bahnsteig, drängt durch die Sperre.

Die Wächter der Arbeitsdeportierten kommen zu den Feldgendarmen. «Vertrauensmänner» werden sie von den Deutschen genannt. Einer von ihnen radebrecht deutsch und erklärt, was gerufen worden ist. Der Bahnsteig ist jetzt leer. «Verdammte Scheiße», schimpft der Hauptfeldwebel. Er raucht nervös: «Mitten in der Banden-Gegend!»

Einer der älteren Feldgendarmen hantiert nervös an seiner Maschinenpistole. «Du gehst», sagt der Verantwortliche zu ihm, «mit einem der Vertrauensmänner zum Bahnhofsgebäude, und der soll sich genau erkundigen, wann es weitergeht.» Der ältere, beleibt und nicht gerade wie ein Krieger aussehend, setzt langsam seinen Stahlhelm auf, lädt die Maschinenpistole durch, steigt vorsichtig auf das Trittbrett und hinunter auf den Bahnsteig. Ihm folgt der «Vertrauensmann», der seine Pistole aus dem Hosenbund genommen hat. Kurz darauf hört man Schüsse aus der Richtung, in die sie gegangen sind, eine Salve und ein Einzelschuß. Keuchend rennen die beiden zum Waggon zurück, klettern hoch und lassen sich auf die Bank fallen. «Man hat auf uns geschossen», berichtet der Feldgendarm atemlos. «Zwei habe ich gesehen, mit Maschinenpistolen bewaffnet. Im Bahnhofsgebäude ist niemand, und die Telefondrähte sind aus dem Kasten herausgerissen.»

«Hast du wenigstens zurückgeschossen?» schreit ihn der Hauptfeldwebel an.

Der Gendarm zieht es vor, nicht zu antworten. Er wischt sich das schweißbedeckte Gesicht mit dem Taschentuch ab. «Ich geschieß, Herr Offizier», sagt der Gestapohelfer und zeigt auf den Lauf seiner Pistole. «Aber nix treffen.»

Partisanen im Bahnhofsgebäude! In mir singt etwas, und mein Herz schlägt schneller. Der Hauptfeldwebel, der mich in diesem Augenblick ansieht, poltert los: «Sie machen sich mal keine Hoffnungen! Ehe wir hier raus müssen, kriegen Sie eine Kugel in den Kopf. Sie ...»

Er wird von dem Krachen einer Explosion unterbrochen, ganz nahe. Wieder muß der ältere Feldgendarm mit dem Gestapohelfer auf den Bahnsteig gehen, um zu erkunden, was vorgefallen ist. Der Kessel der Lokomotive sei gesprengt worden, das Wasser laufe auf die Geleise, berichten sie kurz darauf. Aus der Stadt Allassac ist jetzt ein heftiges Feuergefecht zu hören. Maschinenwaffen, lange Salven, einzelne Schüsse, dann eine starke Explosion.

«Panzerfaust», sagt einer der Gendarmen.

«Aber nicht unsere», meint der Hauptfeldwebel besorgt.

Der Gefechtslärm ist plötzlich beendet. Der Anführer der Gendarmen holt aus seiner Ledertasche eine Landkarte, studiert sie mit gerunzelter Stirn. «Allassac, das gottverdammte Nest liegt nicht an der Hauptstraße», stellt er fest. «Der nächste Ort ist Donzenac. Da gehen Sie hin.» Er zeigt einem der Gestapohelfer den Weg auf der Karte. «Immer südwestlich durch die Wälder, Straßen vermeiden. Sind höchstens acht Kilometer. Da muß es doch einen Bürgermeister geben oder besser noch einen Milizposten. Sie laufen dorthin und rufen die Wehrmacht oder den SD in Tulle oder in Brive an. Sie sollen sofort Verstärkung schicken, wenn möglich Panzerfahrzeuge. Ohne Hilfe kommen wir hier schwer raus.»

Der «Vertrauensmann» zögert. «So allein, die Region unsicher …»

«Sie gehen sofort los, das ist ein Befehl!» wird er angeschrien.

Der Abkommandierte verhandelt noch im Nebenabteil mit seinen Kumpanen, will eine zweite Pistole haben, bekommt keine, steigt aus und rennt über die Geleise zum nahen Wald.

«Wenn wir den wiedersehen, fresse ich einen Besen», sagt der Hauptfeldwebel leise. «Uns bleibt nichts übrig, als abzuwarten.» Er hat seiner Stimme einen betont ruhigen Klang gegeben. «Die Kameraden lassen uns hier nicht sitzen, ist doch klar!»

Die Stimmung unter den Feldgendarmen ist alles andere als zuversichtlich. Einer fängt an, von Gefechten mit Partisanen in Jugoslawien zu sprechen, hört aber bald davon auf. Zwei sichern das Fenster zu den Geleisen, zwei andere die Seite zum Bahnsteig. Man hört die Arbeitsdeportierten aufgeregt miteinander flüstern. Ihre Wächter stehen mit finsteren Gesichtern an den Türen, die Pistole schußbereit in der Hand.

Die erste Kugel schlägt wenig später in unserem Abteil ein, eine Handbreit über dem Kopf des Hauptfeldwebels. Die Gendarmen und die «Vertrauensmänner» schießen zurück. «Munition sparen!» brüllt der Anführer. «Alle Maschinenpistolen auf Einzelschuß.»

Die Arbeitsdeportierten in den anderen Abteilen haben sich in den Gängen auf den Boden gelegt. Die Kugeln treffen jetzt dichter, immer in der Höhe der Scheiben, offenbar für diejenigen bestimmt, die aus Fenstern und Türen schießen. Die Feldgendarmen erwidern das Feuer. Doch worauf zielen sie? Die Dunkelheit ist plötzlich hereingebrochen. Am Bahnhofsgebäude brennt noch eine Laterne, die aber bald erlischt, von einer Kugel getroffen. «Jetzt kriegen wir sie», frohlockt der Hauptfeldwebel. «Wir brauchen nur auf ihr Mündungsfeuer zu halten.»

Als ob die Partisanen das gehört hätten – von ihnen fällt kein Schuß mehr. Sind sie abgezogen? Der ältere Feldgendarm erkundigt sich flüsternd bei seinem Chef, wann die Verstärkung wohl eintreffen könnte. «In der Dunkelheit auf keinen Fall», lautet die Antwort. «Bis morgen früh müssen wir sicher noch aushalten. Wenn nur der Vertrauensmann durchgekommen ist ...»

Es ist so still, daß man die Grillen zirpen hört. Durch das zerschossene Fenster dringt der Duft von frischem Heu. Der Himmel ist mit hell leuchtenden Sternen übersät. Wieder steht ein Tag mit schönem Wetter bevor. Ob die Landung schon erfolgt ist? Ich hatte einen Augenblick Erleichterung empfunden, als nicht mehr geschossen wurde. Jetzt sehne ich einen neuen Angriff herbei. Hoffentlich haben die Partisanen nicht aufgegeben. Obwohl Mitternacht längst vorbei ist, schläft niemand im Wagen. Der Hauptfeldwebel schreckt plötzlich hoch, beugt sich aus dem Fenster. «Da hinter dem Gebäude links tut sich etwas», ruft er seinen Gendarmen zu. «Vielleicht ist das schon die Verstärkung oder eine Patrouille der Miliz.» Er fordert mich auf: «Rufen Sie laut auf französisch: Hier ist die deutsche Wehrmacht, wer ist dort?»

«Ici la Wehrmacht allemande. Qui est là?» folge ich der Aufforderung.

Als Antwort schlägt eine Serie von Schüssen aus einem Maschinengewehr in die Decke des Wagens ein. Holzsplitter fallen herab, dann deutlich eine helle, jugendliche Stimme auf französisch: «Wir werden dir gleich zeigen, wer wir sind, du Arschloch.»

«Was hat er gesagt?»

Ich übersetze mit Vergnügen. Nichts ist also verloren. Die Partisanen sind ganz in der Nähe.

Der Angriff beginnt erneut, sobald es hell geworden ist. Schüsse aus Maschinenpistolen, aus Karabinern, aus einem leichten Maschinengewehr schlagen jetzt immer dichter ein, die meisten in unser Abteil. «Legen Sie sich auf den Boden», befiehlt mir der Hauptfeldwebel. «Sie sind uns auf der Bank nur im Wege.»

Ein Feldgendarm ist an der linken Hand verletzt und dadurch beim Schießen behindert. Ein anderer hat einen Streifschuß am Kopf; durch den Notverband tropft das Blut. Einer der «Vertrauensmänner» krümmt sich an der Tür auf dem Boden. Er stöhnt und hält sich die blutende Schulter. Dann wird er still und rührt sich nicht mehr.

Ich schiebe mich langsam auf dem Boden entlang in die Richtung des Ganges, möchte bis in die Abteile der Arbeitsdeportierten gelangen, um bei ihnen unterzutauchen. Wenn ich nur die Handschellen nicht hätte! Plötzlich übertönt der Donner einer Explosion den Lärm der Schüsse. Der ganze Eisenbahnwagen schwankt wie unter einem Volltreffer, und über den Boden im Gang rollt eine Feuerkugel, nicht größer als ein Tennisball, über den leblosen Körper des «Vertrauensmannes» hinweg in ein Abteil der Arbeitsdeportierten. «Raus aus der Mausefalle!» schreit der Hauptfeldwebel heiser. «Nicht auf den Bahnsteig, zur anderen Seite!»

Er reißt die Tür auf und springt auf den Schotter. Die anderen Feldgendarmen und einer der Gestapohelfer folgen. Das Maschinengewehr der Partisanen schießt jetzt ununterbrochen, und da ein Teil der Patronen aus Leuchtspurmunition besteht, kann ich die Bahn der Salven verfolgen. Sie erreichen den Waggon in der oberen Hälfte der Fenster, schlagen im Holz der Banklehnen ein oder fliegen auf der anderen Seite des Abteils durch das gegenüberliegende Fenster hinaus. Ich hebe vorsichtig den Kopf und blicke zur offenen Tür. Die Feldgendarmen rennen über die Geleise, werfen sich hin, kriechen, springen wieder auf. Nur der Hauptfeldwebel steht noch mit dem Rücken zum Waggon, höchstens zwei Meter von der Tür entfernt, auf dem Schotter. Er schießt auf ein Ziel hinter den Bäumen. Plötzlich dreht er sich um. Mit blassem, verzerrtem Gesicht richtet er den Lauf seiner Pistole auf meinen Kopf. Unmittelbar vor der Befreiung, denke ich verzweifelt und versuche mich so weit als möglich zur anderen Seite zu wenden. Da höre ich den Schuß, ganz nahe, spüre gleichzeitig einen Schlag. Ich bin tot, denke ich, und fühle, wie es warm über mein Gesicht rieselt. Und gleich darauf: Wenn ich denke, daß ich tot bin, lebe ich doch! Tatsächlich hat die Kugel nur mein linkes Ohr gestreift, und obwohl es auch jetzt stark blutet, ist es kaum mehr als ein Kratzer. Ich bleibe starr liegen, ohne mich zu rühren. Ist der Hauptfeldwebel endlich auch geflohen?

Mehrere Minuten vergehen, ohne daß ein weiterer Schuß fällt. Jetzt ruft es vom Bahnsteig her: «Los, kommt heraus! Einzeln mit erhobenen Händen auf den Bahnsteig treten. Die Hände über den Kopf!» Die junge, helle Stimme, die ich schon von der Nacht her kenne, wiederholt die Aufforderung noch einmal, dringlicher. Nichts rührt sich im Waggon. Die Arbeitsdeportierten, die ich sehen kann, liegen bewegungslos auf dem Fußboden wie während des ganzen Gefechts. Ich spreche sie an: «Los, Jungens, wir werden aufgefordert, mit erhobenen Händen einzeln auf das Trittbrett zum Bahnsteig hinunterzusteigen. Ihr da an der Tür geht als erste.»

Sie erheben sich, und ich höre sie auf die Steinplatten springen.

Ich stehe ebenfalls auf. Mehrere junge Männer aus dem Nebenabteil haben sich auf dem Bahnsteig bereits um einen Partisanen gesammelt, der seine Maschinenpistole auf meine Tür gerichtet hat. «Sofort die Hände hoch!» befiehlt er scharf, als er mich sieht.

Wie konnte ich das vergessen. Meine Hände sind ja noch hinter dem Rücken gefesselt, und ich kann sie nicht erheben. Ich drehe mich um und zeige die Handschellen.

«Warte, ich helfe dir», ruft der Partisan, kommt heran und stützt mich beim Absteigen.

«Warum haben sie dich gefesselt?» fragt er.

«Die Feldgendarmen sollten mich nach Paris bringen, wo man mich sicher zum Tode verurteilt und erschossen hätte.»

«Daraus ist nun nichts geworden», meint der Junge fröhlich. «Jetzt müssen sie dich in Abwesenheit zum Tode verurteilen. Das haben sie mit mir in Bordeaux auch so machen müssen. Du siehst, daß man sehr gut damit leben kann ...»

Er ist höchstens zwanzig Jahre alt, wie ich, trägt eine blaue Arbeitskluft und schwarze Gummistiefel. Seine Augen scheinen immer zu lächeln, selbst wenn er ernst ist. Obwohl alles an ihm rund ist, sein gutmütiges, etwas dickes Gesicht, die Kopfform, die Schultern, geht doch eine ruhige Kraft von ihm aus. Er gefällt mir sofort großartig. «Laß dich umarmen», sagt er herzlich. «Ich heiße Michael ... Du bist verwundet?»

«Nur eine Schramme», antworte ich und merke, daß meine Stimme ganz heiser klingt, aber diesmal vor Glück. Ich bin frei!

Ich sehe das Schild «Allassac» am Bahnhofsgebäude, die runde große Uhr mit ihrem von Kugeln zersplitterten Glas, das durchlöcherte Glasdach über dem Bahnsteig, den niedrigen Gepäckschuppen, die Partisanen, alles sehr junge Leute, die jetzt immer zahlreicher herankommen, mit ihren Maschinenpistolen und Karabinern. Alles liegt in hellem Sonnenschein, aber ich erblicke die Dinge wie durch einen leichten Schleier, der allem unscharfe Konturen gibt. Sogar einen Sanitäter mit einem Holzköfferchen, auf das ein rotes Kreuz geklebt ist, haben sie bei sich. Er tupft Jod auf meine Wunde am Ohr und klebt ein Pflaster darauf. Das genügt für die wirklich oberflächliche Verletzung.

«Man muß ihm erst mal die Fesseln abnehmen», sagt ein großer, kräftiger Mann mit breiten Schultern. Er nennt sich Hauptmann Jo, sollte ich wenig später erfahren.

Direkt gegenüber dem Bahnhof ist die Schmiede des

Erzbergwerks von Allassac. Michael führt mich dorthin. Der Schmied, ein untersetzter, muskulöser Mann mit der blauen Arbeitsschürze über dem nackten Oberkörper, legt meine Hände auf den Amboß und sprengt die Kette zwischen den Spangen mit einem Hammerschlag.

In der Schmiede haben sich inzwischen mehrere Sekretärinnen aus dem Büro des Bergwerks nebenan eingefunden. Michael erzählt ihnen, daß ich direkt aus dem Gefängnis in Toulouse komme und in Paris von den Deutschen erschossen werden sollte. Eine von ihnen, ein hübsches, dunkelhaariges Mädchen, bittet uns, einen Augenblick zu warten. Sie läuft ins Nebenhaus und kehrt mit einer großen Konservenbüchse Leberpastete zurück, die sie mir in die Hand gibt. «Damit Sie sich schneller wieder erholen», sagt sie. Ich umarme sie. Die Freiheit erscheint mir noch schöner, als ich sie mir in meinen Träumen hinter den Mauern von Saint Michel ausgemalt habe.

«Die Spangen kriegen wir später schon auf, Hauptsache, du kannst dich frei bewegen», meint Michael. Der Schmied, bei dem wir uns bedanken, verabschiedet uns lächelnd: «So eine Arbeit möchte ich jeden Tag mehrmals machen.»

Wir gehen zurück zum Zug. Michael beauftragt einen Partisanen, den Waggon mit der Aufschrift «Nur für Wehrmacht» zu durchsuchen. Er findet zwei Pistolen, offenbar weggeworfene Waffen der Gestapohelfer, und drei der an Ketten hängenden Schilder mit der Aufschrift «Feldgendarmerie». Meine Bewacher haben sie offenbar wohlweislich zurückgelassen, um nicht sofort im Falle einer Gefangennahme durch Résistance-Kämpfer als Angehörige der besonders verhaßten Truppe erkannt zu werden. «Die Schilder behalten wir als Andenken an deine Befreiung», sagt Michael und steckt sie in seinen Brotbeutel.

Auf dem Bahnhofsvorplatz haben sich inzwischen die Arbeitsdeportierten entschieden, wer zu den Partisanen geht und wer versucht, sich nach seinem Heimatort durchzuschlagen. Von den fast hundert jungen Leuten konnten sich nur etwa zwei Dutzend dazu durchringen, bei den Freischärlern zu bleiben. Ich spreche einige von denen an, die mit ihren Koffern und Kisten auf den Bänken des Bahnsteigs sitzen und auf einen Zug zurück in Richtung Toulouse warten, von dem niemand weiß, wann er kommen wird. Die Kämpfe der letzten Stunden, die sie passiv am Boden liegend durchstehen mußten, haben ihnen einen Schock versetzt. «So etwas möchte ich nicht noch einmal erleben», sagt einer, und die anderen nicken. Meine Argumente, sich der bewaffneten Résistance anzuschließen, ändern nichts an ihrer Entschlossenheit, dahin zurückzukehren, wo sie zu Hause sind, obwohl sie von der Polizei als «Réfractaires», als Verweigerer des Zwangsarbeitsdienstes, aufgegriffen wurden. Die meisten von ihnen sind wenige Stunden später, als eine Wehrmachtskolonne in Allassac eintraf, wieder eingefangen worden.

Meine Befreier gehören zur Armee der Francs-Tireurs et Partisans Français (FTPF), der Freischärler und Partisanen, die von der Kommunistischen Partei geleitet werden. «Wir sind alle Kommunisten», sagt mir ein höchstens Sechzehnjähriger, der noch wie ein Kind aussieht. Toutou wird er genannt. Nach einer Weile berichtigt er sich: «Das heißt, die meisten von uns wollen in die Kommunistische Partei eintreten.» So ist es. Nur einige der etwas älteren Offiziere sind bereits Mitglieder der Französischen Kommunistischen Partei; doch alle fühlen sich mit der Partei verbunden, die seit Jahren den aktiven, bewaffneten Widerstand gegen die Okkupationsmacht führt.

Von Michael, Oberleutnant in der 235. Kompanie, und von Hauptmann Jo, stellvertretender Bataillonskommandeur, erfahre ich, welchen Umständen ich den Angriff auf den Zug zu verdanken habe. Alle Kampfgruppen des 2. Bataillons, mehr als einhundertfünfzig Partisanen, haben in den letzten vierundzwanzig Stunden ihre Lager in den Wäldern der Umgebung verlassen, um sich in Allassac zu einer größeren Operation unter dem Kommando von

Hauptmann Elie Dupuy, Lucien genannt, zu vereinen. Diese Aktion, Teil der in diesen Tagen in der ganzen Region außerordentlich verstärkten Partisanentätigkeit, hatte zwei Ziele: der französischen Gendarmerie in Allassac die dringend benötigten Waffen abzunehmen und vor allem Einheiten der Besatzungstruppen anzugreifen, die erfahrungsgemäß von den nahen Garnisonsstädten Tulle oder Brive wenige Stunden nach dem Eintreffen der Partisanen nach Allassac entsandt würden. Zu diesem Zweck waren die meisten Angehörigen des Bataillons an zwei für den Angriff auf motorisierte Kolonnen besonders geeignete Stellen am Ein- und Ausgang der Stadt konzentriert worden.

Zur Vorbereitung dieser Aktion war am Vormittag des 3.Juni 1944 durch Angehörige des Bataillons die Strecke bei Estivaux, nördlich von Allassac, gesprengt worden. Deshalb mußte der Schnellzug Toulouse–Paris im Bahnhof von Allassac zurückgehalten werden. Während die Partisanen die Gendarmerie im Ort angriffen – das war das Feuergefecht, das wir im Eisenbahnwagen hörten –, bemerkte der Bahnhofsvorsteher, ein aktiver Angehöriger der Résistance, daß nicht alle Reisenden den Zug verließen, wie er es durch Lautsprecher gefordert hatte. Er entdeckte den Sonderwagen für die Wehrmacht mit Feldgendarmen an den Fenstern und erkannte, daß es sich um einen Gefangenentransport handelte. Daraufhin schwang er sich sofort auf sein Fahrrad, um die Partisanen, die noch vor der Gendarmerie kämpften, zu informieren.

Die wußten bereits durch eine Patrouille, die den ersten Schußwechsel mit einem Feldgendarmen und dem Gestapohelfer im Bahnhof gehabt hatte, von den bewaffneten Angehörigen der Besatzungsmacht im Zug. Jetzt, nach dem präzisen Bericht des Eisenbahners, beschleunigten meine neuen Freunde die Kapitulation der französischen Gendarmen und ihre Entwaffnung mit einem Schuß ihrer amerikanischen Panzerfaust, Bazooka genannt, und machten sich sofort auf den Weg zum Bahnhof. Dort sprengten sie den Kessel der Lokomotive, damit der Zug auf keinen Fall weiterfahren konnte, und begannen mit ihrem Angriff. Nach Einbruch der Dunkelheit stellten sie das Feuer ein, um keine Gefangenen im Waggon zu verletzen, und nahmen es erst wieder auf, als sie deutlich die schießenden Feldgendarmen und Gestapohelfer erkennen konnten.

Der Bataillonskommandant Lucien, ein dreiundzwanzigjähriger Landarbeiter aus der Corrèze, befahl, die Straßensperren aufzuheben und den Rückzug aller Kampfgruppen in die Wälder, sobald die Feldgendarmen und ihre Helfer geflohen waren. Er schätzte sehr richtig ein, daß die Operation durch die Gefangenenbefreiung ein vorher nicht geplantes Ausmaß erreicht hatte und die zu erwartenden Kolonnen der Wehrmacht nun sicher viel stärker sein würden. In der Tat fuhr am Nachmittag eine Panzerabteilung mit Artillerie in Allassac ein, der die Straßensperren nicht standgehalten hätten.

Die Kampfaktionen der Partisanen in der Corrèze und die Gefangenenbefreiung in Allassac beschäftigten den Stab des Oberbefehlshabers der Wehrmacht an der Westfront so sehr, daß er diesen Ereignissen in seinem Bericht an das Oberkommando der Wehrmacht am nächsten Tag, dem 5. Juni 1944, einen ganzen Abschnitt widmete. Es wurde später im Rahmen des Kriegstagebuches des OKW, Wehrmachtführungsstab (Band IV, erster Halbd., Seite 310), veröffentlicht. Es heißt dort: «In der Corrèze laufende Überfälle auf Eisenbahnzüge, ungesicherte Ortschaften, französische Verwaltungsdienststellen, Plünderung französischer Arbeitsdienstlager, Diebstähle von Kraftfahrzeugen und Treibstoff, Befreiung eines Gefangenentransportes aus einem Eisenbahnzug des öffentlichen Verkehrs nach Feuergefecht.»

Dieser Bericht trägt die Unterschrift des Feldmarschalls Günter von Kluge, der damals Oberbefehlshaber an der Westfront und gleichzeitig Kommandeur der Armeegruppe B war. Der Rapport, der meine Befreiung erwähnt, gehört zu den letzten Dokumenten, die der im Juni 1944 noch mächtigste Mann der Wehrmacht in Westeuropa unterzeichnete. Wenige Wochen später, am 17. August, enthob ihn Hitler aller seiner Ämter, versetzte ihn in den Reservestand und befahl ihm, ohne Verzug ins Führerhauptquartier zu kommen. Von Kluge wußte, was ihn dort erwartete. Er ließ seinen Wagen auf der Fahrt nach Deutschland im Wald von Compiègne halten, stieg aus, zerbiß eine Kapsel Zyankali und starb sofort.

In gewisser Weise war er ein Opfer der Nazibarbarei, allerdings könnte man auch sagen, daß er an seiner eigenen Inkonsequenz zugrunde ging. Wie viele andere Wehrmachtsgenerale hatte von Kluge lose Verbindung zu den Kreisen der Offiziere um Oberst Claus Graf Schenk von Stauffenberg und Generalleutnant Ludwig Beck, die ein Attentat auf Hitler und die Beendigung des Krieges vorbereiteten. Engagiert hatte sich der Oberbefehlshaber West in dieser Verschwörung jedoch nicht. Als er am 20. Juli 1944 von Beck in einem Telefongespräch aus Berlin aufgefordert wurde, sich jetzt, nach dem zunächst angenommenen Tod Hitlers, dem Widerstand anzuschließen und die Kampfhandlungen zu beenden, antwortete er ausweichend. Er müsse sich erst mit seinen Offizieren beraten und würde wieder anrufen. (Siehe Anthony Cave Brown «La guerre secrète» Band 2, Pygmalion Paris 1982.) Er rief jedoch nie zurück, denn wenig später erfuhr er von Generalfeldmarschall Keitel in einem Telefongespräch aus dem Führerhauptquartier, daß Hitler noch am Leben und kaum verletzt sei. Alles würde weitergehen wie bisher.

Von Kluge mag sich in diesem Augenblick für sein Zögern beglückwünscht haben, als vor dem Schloß, das er als Hauptquartier erwählt hatte, ein Wagen mit hohen Offizieren aus Paris eintraf, unter ihnen General Karl-Heinrich von Stülpnagel, der Kommandant der Besatzungstruppen in Frankreich, und Oberstleutnant Caesar von Hofacker, ein Vetter des mutigen Oberst Stauffenberg, der am Morgen die Bombe im Führerbunker gelegt hatte.

Stülpnagel teilte von Kluge mit, er habe in Paris alle SS- und SD-Offiziere hinter Schloß und Riegel gesetzt. Sie sollten am nächsten Tag nach einem Befehl von General Beck erschossen werden.

Von Kluge informierte lakonisch, Hitler habe das Attentat überlebt und sei nach wie vor Oberkommandierender. Nach Aussagen des anwesenden Generals Günther Blumentritt aus dem Stab von Kluges sei Stülpnagel über diese Wendung erschüttert gewesen, während Oberstleutnant von Hofacker das Gespräch resolut in die Hand nahm: «Feldmarschall, was im Führerhauptquartier geschehen ist, ist weniger bedeutend als die in Paris geschaffenen Tatsachen», sagte er zu von Kluge. «In Berlin ist die Macht in den Händen von Generalleutnant Beck, dem zukünftigen Staatschef. Schaffen Sie hier an der Westfront eine andere vollendete Tatsache. Die Armee und die Nation werden es Ihnen danken. Beenden Sie das blutige Massaker, verhindern Sie ein noch schrecklicheres Ende. Das Schicksal der Nation liegt in Ihren Händen.»

Von Kluge zog es vor, nicht zu antworten, sondern schickte sofort, nachdem die Offiziere aus Paris wieder abgefahren waren, ein Ergebenheitstelegramm an Hitler. Es sollte ihm nichts nützen.

Caesar von Hofacker, der in Paris energisch auf der Verhaftung der SS-Offiziere bestanden hatte – sie saßen leider nur vierundzwanzig Stunden im Gefängnis –, ist später im Zuchthaus Brandenburg hingerichtet worden. Er gehörte zur Bewegung «Freies Deutschland» für den Westen. Wenige Wochen nach der Befreiung des größten Teils von Frankreich, im Oktober 1944, erzählte mir Otto Niebergall, Vorsitzender unseres Komitees, wie er selbst von Hofacker im Frühjahr 1944 nach einer die ganze Nacht währenden Diskussion in einer Villa im Pariser Viertel Passy geworben hatte. (Siehe «Résistance», Dietz Verlag Berlin 1975,

S. 52–53.) Von Hofacker hatte sich mit den Zielen der Bewegung «Freies Deutschland» einverstanden erklärt. Ich erfuhr allerdings erst nach vierzig Jahren durch das in Paris veröffentlichte Buch eines britischen Historikers, daß der Feldmarschall, der den Bericht über meine Befreiung unterzeichnet hatte, wenige Wochen danach – leider vergeblich – von einem unserer Mitkämpfer zur sofortigen Beendigung des Krieges aufgefordert worden war.

Die Tage mit Michael

Kommandant Lucien hat den Befehl gegeben, das Bataillon in Kampfgruppen aufzuteilen und zu den Lagern in den Schluchten der Vézère, etwa fünfzehn Kilometer entfernt, zurückzukehren. Jeden Augenblick kann die «Strafexpedition» der Wehrmacht eintreffen. Ich bin bei dem Kommando Jean Robert geblieben, nach einem gefallenen Partisanen benannt. Unsere Gruppe wird von Oberleutnant Michael geführt. Bei uns sind auch mehrere Offiziere des Stabes des 2. Bataillons, der 235. Kompanie und einige der Arbeitsdeportierten, die sich den Partisanen angeschlossen haben.

Wir lassen die letzten Häuser von Allassac hinter uns und folgen in nördlicher Richtung auf Wald- und Feldwegen dem Lauf der Vézère, einem schnell fließenden Gebirgsfluß. Ortschaften umgehen wir. An einem abgelegenen Hof wird gehalten. Sofort bringt die Bäuerin Weißwein, Brot und Fleischpastete. Entrüstet lehnt sie ab, als Michael dafür zahlen will. Die Partisaneneinheiten verfügen über Mittel – bei den Finanzinspektionen beschlagnahmte Steuergelder. Darüber muß genau abgerechnet werden, aber nur wenige Bauern oder Kaufleute nehmen Geld von den Partisanen an, die sie als ihre eigene Armee betrachten.

Michael hat im Haus einen Hammer und einen Schraubenzieher ausgeliehen und versucht, die Stahlspangen an meinen Handgelenken zu öffnen. «Wenn es weh tut, sag es sofort», ermahnt er mich. Doch ich spüre nichts, auch kaum, als mir die Spitze des Schraubenziehers unter die Haut fährt, kurz bevor sich die eine, besonders fest sitzende Fessel öffnet. Ich bin immer noch wie in einem Rausch, und mir scheint, ich sehe alles mit anderen Augen als vor der Befreiung. Zum erstenmal entdecke ich, daß das Grün der Wiesen, die dunklere Färbung des Waldes, das Gelb des Kornfeldes, das Weiß-Grau des Flusses und das Blau des Himmels in wunderbarer Weise miteinander harmonieren.

Bei der nächsten Ruhepause setzen sich Lucien und die anderen Offiziere zu mir und Michael, und ich weiß, nun wird das eigentliche Gespräch für meine Aufnahme in die Reihen der Partisanen beginnen. Lucien, Jo und Michael fragen, und ich berichte von meinem Vater, von unserer Emigration, der illegalen Arbeit bei den deutschen Soldaten und der Bewegung «Freies Deutschland» für den Westen, von der Transportkommandantur in Toulouse, vom Kriegsgericht und von der Überführung nach Paris.

«Bist du Kommunist?» fragt mich Lucien.

«Ich war seit Mai neunzehnhundertdreiundvierzig Mitglied einer Gruppe von deutschen Kommunisten in Toulouse», antworte ich.

Jo erkundigt sich nach der französischen Résistance-Organisation, die über unsere Aktionen in Toulouse und in Castres informiert ist. Ich nenne die Französische Kommunistische Partei und die Front National. Einer der Offiziere gibt zu bedenken, ob es möglich sei, einen Deutschen ohne weiteres in eine FTP-Einheit aufzunehmen. Müsse man da nicht den Stab der Militärregion vorher fragen?

Michael antwortet: «Wir haben in unseren Einheiten Spanier, Italiener, Polen, entflohene sowjetische Kriegsgefangene, warum nicht deutsche Antifaschisten? Die illegale ‹Humanité› hat kürzlich einen Artikel zum fünfundzwanzigsten Jahrestag der Ermordung von Karl Liebknecht und Rosa Luxemburg gebracht, zwei Führer der deutschen Arbeiterklasse. Die deutschen Faschisten, Wehrmacht und SS, sind unsere Feinde, die deutschen Antifaschisten sind unsere Verbündeten ebenso wie die Franco-Gegner aus Spanien oder die Mussolini-Gegner aus Italien.»

Dieses Argument gibt den Ausschlag. So ist meine problemlose Aufnahme in die Reihen der französischen Partisanenarmee durch einen Artikel der «Humanité» für die Solidarität mit den deutschen Antifaschisten – trotz Krieg und Kriegsverbrechen der Nazis – entschieden worden. Den Verfasser des Artikels, Georges Cogniot, später Direktor des Maurice-Thorez-Instituts der Französischen Kommunistischen Partei in Paris, habe ich viele Jahre danach kennengelernt; ich habe ihm von der Wirkung seines Artikels erzählt, und er hat sich sehr darüber gefreut.

Mit mehreren Offizieren, die damals an dem für mich entscheidenden Gespräch an den Ufern der Vézère teilgenommen haben, stehe ich heute noch in freundschaftlicher Verbindung. Der Lucien genannte Bataillonskommandant, der Bauernsohn Elie Dupuy, dessen militärisches Führungstalent sich im Guerillakampf offenbaren sollte, ist nach Kriegsende bei der französischen Armee geblieben; er wurde erst kürzlich als Major der Luftstreitkräfte pensioniert und ist nun Bürgermeister von Jugeal-Nazareth in der Corrèze.

Jo, mit richtigem Namen Pierre Guérin, Metallarbeiter, hat nach seiner Demobilisierung als Hauptmann 1947 wieder als Mechaniker in Betrieben der Corrèze gearbeitet. Er ist jetzt Rentner und wohnt in Objat.

Auch Oberleutnant Bébert, Jean Baldous, der die Panzerfaust in Allassac abfeuerte, hielt seinem damaligen Beruf die Treue. Er betreibt eine kleine Werkstatt für Vulkanisierung im Dorf Puymaret-Malemont bei Brive.

Der Gruppenchef, der in der Nacht vom 3. zum 4. Juni 1944 eine der Straßensperren bei Allassac befehligte, Pierre Angel, Professor für Germanistik, ist als Dekan der Universität von Tours bekannt geworden.

Major Joubert, mit richtigem Namen Jean-Baptiste Champseix, Kommandant des Sektors B der Francs-Tireurs et Partisans Français in der Corrèze, der den Befehl für den Angriff aus Allassac gegeben hatte, ist nach wie vor Landwirt, Viehzüchter, und hat mir erst kürzlich voller Stolz seinen schönen Hof «La Méchaussée» in Beaumont bei Saint Augustin gezeigt.

Und der Verantwortliche der Nationalen Front für die Region, Michel Lissansky, der als politisch Zuständiger für die Freischärler und Partisanen meiner Eingliederung in die FTP zustimmte, ist heute der Präsident des Verbandes der Republikanischen Kriegsteilnehmer (ARAC) von Paris. Bei einer unserer Begegnungen lange nach Kriegsende erzählte er mir, daß er, gleich nachdem ihm von meiner Befreiung berichtet worden war, einen Kurier nach Toulouse entsandt hatte, um bei der dortigen Front National meine Angaben zu überprüfen. Ihm wurde bestätigt, daß ich als Angehöriger der Widerstandsorganisation Travail Allemand geführt worden war und es nach meiner Festnahme keine weitere Verhaftung von Mitkämpfern gegeben hatte.

Meine zahlreichen Freunde aus den Partisaneneinheiten der Corrèze – viele von ihnen sind in der Freundschaftsgesellschaft Frankreich–Deutsche Demokratische Republik tätig – sprechen und schreiben mich heute noch mit dem Namen an, den sie mir damals an den Ufern der Vézère verliehen haben: «Le Rescapé», das heißt der Davongekommene, der Gerettete.

Die Decknamen spielen eine große Rolle. Sie sind notwendig, um die wahre Identität vor Gestapo- und Milizspitzeln zu verbergen. Es gibt zahlreiche Beispiele für die Verhaftung und Deportation von Familienangehörigen, als Rache dafür, daß die Partisanen selbst nicht gefangen werden konnten. Viele wählten einfach andere Vornamen, wie Michael oder Lucien, oft auch Diminutive wie Bébert, Jo, Lou. Eine andere Kategorie umfaßt die Erinnerung an besondere Ereignisse, Eigenheiten, Berufe, Herkunft. Ich lerne einen Partisanen kennen, der «La goupille» heißt, das bedeutet der Splint, der den Bügel der Handgranate festhält; er hatte eine Granate scharf gemacht, als sein Partisanenlager angegriffen wurde, und mußte die geballte Ladung achtundvierzig Stunden lang in der zusammengeballten Faust halten. Ein «Figaro» war Friseur gewesen, «Metallo» Metallarbeiter, «le Tarbais» stammte aus Tarbes. Schließlich gibt es die Namen der aus dem Volk stammenden Generale der Großen Französischen Revolution. Sie sind den hohen Offizieren vorbehalten. Jean-Jacques Chapou, Kommandant des Sektors B in der Corrèze, dem ich beim ersten Angriff auf Tulle begegnen sollte, ein Oberschullehrer – er ist wenige Wochen später am 16. Juli in Bourganeuf gefallen –, nannte sich «Kléber». Sein Nachfolger, mein schon erwähnter Freund Jean-Baptiste Champseix, nahm den Namen eines anderen Revolutionsgenerals, den von Joubert, an.

Auch die Partisanen, die sich aus der Zeit vor der Okkupation aus ihren Dörfern kennen, reden sich mit ihren Kriegsnamen an. Die Offenbarung der wahren Identität – die Regeln der Konspiration verbieten es eigentlich – gilt als Zeichen großen Vertrauens. «Ich war eng mit ihm befreundet – er hat mir seinen richtigen Namen gesagt», habe ich mehr als einmal gehört. Michael gibt sich mir gleich am ersten Abend als Edouard Chauvignat zu erkennen, Student, Sohn eines Oberschullehrers aus Libourne bei Bordeaux. Er war Leiter des Kommunistischen Jugendverbandes in seinem Heimatort und als einer der ersten zu den Francs-Tireurs et Partisans gestoßen. Auch ich sage ihm meinen richtigen Namen.

Von Michael, neben dem ich während des ganzen Marsches nach unserem Lager gehe, lerne ich, wie die englische Maschinenpistole Sten, meine persönliche Waffe, funktioniert und wie man sie auseinandernimmt. Die automatische Sten, die zu Zehntausenden von den Engländern über Frankreich abgeworfen wurde, ist mit Ladestreifen von je zweiunddreißig Schuß des Kalibers neun Millimeter versehen und sehr einfach zu bedienen. Allerdings ist es nur eine Nahkampfwaffe, einigermaßen treffsicher bei Zielen, die nicht mehr als dreißig Meter entfernt liegen. Viel begehrter sind bei uns die britischen leichten Maschinengewehre vom Typ Bren. Ihre Reichweite geht bis zu tausend Meter; auch das Funktionieren der Bren kann von einem militärisch nicht Ausgebildeten innerhalb von Minuten gelernt werden. In der Gruppe Jean Robert verfügen wir nur über eine Bren. Die Offiziere sind meist mit Thomson-Maschinenpistolen französischer Herkunft ausgerüstet, die weiter und präziser als die Sten schießen, aber viel anfälliger für Ladehemmungen sind. Die Bazooka, die Panzerfaust amerikanischer Produktion, ebenfalls selten bei uns, wird nicht nur auf Tanks, sondern praktisch auf alle Ziele angewandt, wie ich es in Allassac erlebt hatte. Außerdem gibt es deutsche Schmeißer-Maschinenpistolen, die dem Feind abgenommen wurden, einige aus alten Beständen der französischen Armee stammende Karabiner und viele Pistolen, Colts, Brownings verschiedenster Herkunft. Es ist ein ständiges Problem, Munition für dieses bunt zusammengewürfelte Waffenarsenal zu beschaffen.

Verglichen mit der Ausrüstung der Besatzungstruppen, ist unsere Bewaffnung dürftig, völlig unzureichend. Sie erlaubt nur die Guerillatätigkeit: rasche und unvermutete Schläge wie in Allassac. Wir beherrschen die Dörfer, die kleinen Städte ohne Garnisonen, das Land in der ganzen Provinz Limousin, müssen aber das Feld räumen, sobald die mit Panzern ausgerüsteten Kolonnen der Wehrmacht vorstoßen. Wenn trotzdem die Partisanen in der Corrèze zu einer vom Feind gefürchteten Armee geworden sind, die der Sache der Alliierten besonders in den Tagen nach der Landung große Dienste leisten konnte, dann ist das der umsichtigen und kühnen Führung im Guerillakampf und dem Mut der Partisanen zu verdanken.

Mich haben die militärischen Fähigkeiten der Offiziere

wie Joubert, Lucien, Jo oder Michael von Anfang an stark beeindruckt. Wie man ein Bataillon, eine Kompanie, einen Zug im Guerillakrieg führt, das hatten sie sich meist selbst in der Praxis beigebracht, den Ratschlägen einiger weniger Genossen folgend, die Freiwillige in den Internationalen Brigaden in Spanien gewesen waren. Ehemalige aktive Offiziere der französischen Armee, deren militärische Kenntnisse und Erfahrungen für uns von großer Hilfe gewesen wären, habe ich erst Wochen nach der Landung der Alliierten in Nordfrankreich in den Reihen der französischen Streitkräfte des Innern getroffen. Diese zusammengefaßte Kampftruppe wurde auf Beschluß des Nationalrates der Résistance mit der Landung der Alliierten gebildet. Die überwiegende Mehrzahl der Partisanenaktionen davor sind von Angehörigen der Francs-Tireurs et Partisans meist ohne jede Ausbildung durchgeführt worden. Arbeiter und Bauern, Eisenbahner und Handwerker, Volksschullehrer und kleine Angestellte haben von einem Tag zum andern den Kampf gegen einen vielfach überlegenen Gegner aufgenommen. Zum erstenmal habe ich damals am Beispiel der Partisanen-Offiziere in der Praxis erlebt, daß Arbeiter und Bauern durchaus in der Lage sind, die Führung auch auf Gebieten zu übernehmen, die eigentlich als Domäne von Spezialisten gelten.

Neben ihrer Intelligenz, ihrer Überzeugung, ihrer Fähigkeit, andere mitzureißen, besteht die Stärke der Partisanenführer, die ich kennenlerne, in ihrer eingehenden Kenntnis des Terrains und der untrennbaren Verbundenheit mit der Bevölkerung. Wir verfügen nicht über Funkgeräte. Die Verbindung zwischen den Einheiten wird durch Kuriere – oft junge Bauernmädchen auf Fahrrädern – hergestellt, eine langwierige und gefährliche Aufgabe. Die Bauern, alle kleinen Leute in den Dörfern, die Arbeiter in den Städten sind unsere Informanten. Durch sie erfahren wir vieles von den Bewegungen und Absichten des Feindes. Die Bauern versorgen uns reichlich mit Lebensmitteln, und es gibt kaum ein Gehöft in der Corrèze, in dem wir nicht jederzeit willkommene Gäste wären.

Schon am ersten Tag auf dem Marsch in unser Lager habe ich das erlebt. Am Nachmittag gehen wir an einem Kirschbaum vorbei, der am Feldrain steht. Wir plündern die untersten Zweige, als ein Bauer mit schnellen Schritten auf uns zueilt. «Dem gefällt es nicht, daß wir unseren Nachtisch von seinem Baum nehmen», meint ein Kamerad. Wir lassen die Kirschen sein und gehen langsam weiter. Doch der Baumbesitzer folgt uns und ruft uns zu, sobald er in Hörweite ist: «Kommt doch zurück, Jungens, und eßt Kirschen. Wenn ihr keine Zeit habt, reißt Zweige ab. Sie verfaulen uns sonst auf dem Baum. In die Stadt liefere ich sie nicht mehr, weil ich weiß, die Boches eignen sich den Löwenanteil davon an.»

Der im Ersten Weltkrieg entstandene Schimpfname «Boches» für die deutschen Eindringlinge ist so in den Sprachgebrauch übergegangen, daß er während der Besatzungszeit generell für Deutsche angewandt wird. Ihn aussprechen bedeutet Schrecken verbreiten. Das sollte mir am selben Tag bestätigt werden.

Am frühen Abend rasten wir in einem abgelegenen Haus am Waldesrand. Es besteht aus einer Wohnküche mit großem Kamin, die hier Cantou genannt wird. Außer diesem Raum gibt es in der Regel nur eine kleine Schlafkammer. Die Bäuerin füllt vom «Pot au feu» auf, einer Fleischbrühe, die ständig in einem Topf über dem Kaminfeuer siedet. Auf der Kaminbank sitzt ein sehr alter Mann, der noch den herunterhängenden gallischen Schnauzbart trägt. «Unser Großvater ist in der vorigen Woche sechsundachtzig geworden», erzählt die Bäuerin. «Mit den Beinen geht es nicht mehr so gut. Aber er erinnert sich noch genau an alles. Er sagt immer, er will es noch erleben, wie die Boches abziehen.»

«Wissen Sie, daß wir einen richtigen Boche unter uns haben?» fragt Toutou plötzlich.

«Der Himmel bewahre uns davor», entfährt es der Bäuerin. «Das soll wohl ein Scherz sein?»

«Nein, das ist mein voller Ernst. Er sitzt links neben Ihnen», fügt Toutou hinzu. «Er ist ein ganz richtiger Boche, sogar in Preußen geboren.»

Die Bäuerin blickt mich etwas ängstlich, aber aufmerksam an und stellt dann fest: «Er sieht eigentlich gar nicht böse aus.»

«Er ist es auch gar nicht», meint Toutou. «Er ist unser Kamerad, gehört zu uns, zu unserer Gruppe, so ...», er sucht nach Worten, «als ob er aus der Corrèze wäre.»

«Nein, was es nicht alles gibt ...» Die Bäuerin schüttelt den Kopf.

Ich kläre sie mit wenigen Worten über meine Lage auf. Jetzt mischt sich der Großvater ins Gespräch: «Du bist Boche?» fragt er mit zusammengekniffenen Augen. Die Antwort wartet er nicht ab. «Dann kennst du sicher Fritz?»

«Fritz?» frage ich erstaunt.

«Ja, Fritz», sagt der Alte ungeduldig. «Auch ein Boche, so ein großer, blonder mit breiten Schultern. Das war im vorigen Krieg, neunzehnhundertsiebzehn, glaube ich, da ist er uns als Kriegsgefangener während der Ernte gebracht worden. Der konnte Holz hacken! Den ganzen Wintervorrat in drei Tagen! Fritz kennst du also nicht?»

«Nein», muß ich bekennen. «Wissen Sie, Fritz ist ein so häufiger Name ...»

«Sapristi», unterbricht mich der Alte erbost. «Ich bin sicher, daß das gar kein richtiger Boche ist», ruft er zum Tisch herüber und spuckt verächtlich ins Feuer. Alle müssen lachen, was den Großvater nur noch ärgerlicher macht.

Wir müssen weiter, um vor Einbruch der Dunkelheit in den Schluchten der Vézère im Lager einzutreffen. Es geht jetzt bergan, durch tiefe Wälder. Über uns breiten sich die Kronen der Eichen, Buchen, Kastanien und Kiefern wie ein schützendes Dach. Niemand begegnet uns. Nur auf einem Feldweg, den wir zwischen zwei Wäldern nehmen müssen, tauchen etwa hundert Meter entfernt zwei Gendarmen auf Fahrrädern auf. «Es sind die von einem Ort bei Donzenac», sagt Michael. «Ihr Chef ist Mitglied der AS, der gaullistischen Geheimarmee. Ich kenne ihn. Wir haben ihnen die Pistolen gelassen, weil sie uns gelegentlich einige Informationen geben.»

Michael ist vom Stab des 2. Bataillons mit den Kontakten zu einigen Gendarmeriestationen beauftragt. Wir gehen ruhig, ohne die Waffen von der Schulter zu nehmen, auf die beiden Uniformierten zu, die von den Rädern steigen. «Guten Tag, meine Herren», grüßt einer der Gendarmen höflich. «Ich habe mir gleich gedacht, daß Sie in der Nähe sein könnten. Der Gendarmeriekommandant in Tulle hat heute morgen Alarmbereitschaft angeordnet, und die Deutschen sind ganz nervös. Wart ihr das in Allassac?»

Michael antwortet mit einer Gegenfrage: «Ist bei euch im Umkreis von Donzenac etwas vorgefallen?»

«Einen toten Mann hat man auf der Landstraße gefunden, erschossen», sagt der Gendarm bedächtig. «Niemand kennt ihn im Ort, und Papiere hatte er nicht bei sich. Der Brigadierchef hat einen Bericht gemacht, es könne sich um Cliquenkämpfe innerhalb des Maquis handeln. So etwas liest man gern in Tulle.»

«Das kann man wahrscheinlich nicht ausschließen», meint Michael unbestimmt.

Die Gendarmen bieten Zigaretten an, bevor sie sich wieder auf die Räder schwingen und weiterfahren. Michael, der an meinen Bericht über die Nacht im Abteil der Feldgendarmen erinnert, vermutet: «Das ist möglicherweise der Vertrauensmann, den die Boches losgeschickt haben. Er ist nicht weit gekommen.»

In der Dämmerung stoßen wir auf Posten des Lagers im Weisse-Wald. Unter dem Schutz der dichten Laubbäume stehen spitze Zelte aus roter, grüner und blauer Fallschirmseide. Auf einem aus Stämmen gezimmerten Tisch werden Waffen ausgepackt, zusammengesetzt und geölt. Mehrere

Feuerstellen, Feldküchen, sind in Betrieb. Auf Leintüchern liegen runde, flache Bauernbrote, daneben dampft in Schüsseln Hammelfleisch mit weißen Bohnen. In dem zu dieser Zeit fast ausgetrockneten Bach, der durch das Lager läuft, ist ein Faß mit Rotwein zum Kühlen aufgestellt.

Wir sind fast zweihundert Kämpfer, schätze ich, der größte Teil des 2. Bataillons, verstärkt durch sogenannte legale Partisanen, die bereits ausgebildet sind, aber bis vor wenigen Tagen noch auf Bauernhöfen oder in Betrieben der Umgebung gearbeitet haben. Eine so starke Konzentration ist sehr ungewöhnlich, erfahre ich von Michael. In der Regel umfassen die Lager der FTP-Kampfgruppen höchstens zwölf Mann. Die Partisanen im Umkreis sind zusammengeführt worden, sicher, um in Kürze gemeinsam an größeren Kampfhandlungen teilzunehmen, meinen meine Freunde.

Ich erhalte in einem der Zelte einen Platz auf frischem Stroh und eine Wolldecke zugewiesen. Obwohl ich todmüde bin, kann ich keinen Schlaf finden. Der Kamerad neben mir, ein junger Bauer aus der Corrèze, hat soeben zusätzlich zu seinem Karabiner eine automatische Pistole vom Kaliber 7,65 zugeteilt bekommen. Er zeigt mir stolz die Waffe tschechoslowakischen Ursprungs und läßt die Patronen in rascher Folge aus dem Magazin springen, indem er den Verschluß zurückreißt. Plötzlich löst sich ein Schuß. Die Kugel fliegt dicht an mir vorbei und reißt ein Loch in den Nylonstoff des Zeltes. Wieder einmal habe ich Glück gehabt. Sofort drängen sich mehrere Gruppenführer und Offiziere am Zelteingang und schimpfen auf den verlegenen Jungen. Es ist streng verboten, im Lager einen Schuß abzugeben, der kilometerweit gehört werden und Spitzeln der Gestapo oder der Miliz unsere Stellung verraten kann. Kurz entschlossen nimmt ein Offizier die Pistole vom Boden und wirft sie mir zu. «Du wirst versuchen, besser damit umzugehen», sagt er nur.

Ich reinige die Waffe, die wie neu aussieht, mit den bereitliegenden Öllappen. Der Ladestreifen enthält noch sieben Schuß. Wenige Tage später wird mir diese Pistole in einer gefährlichen Lage sehr nützlich sein.

Auch am nächsten Tag, der zum Ausruhen bestimmt ist, haben wir herrliches Wetter. Wir liegen an den wenigen Stellen, an denen sich das Laubdach lichtet, in der Sonne und steigen dann den steilen Hang hinunter zur Vézère. In ihrem glasklaren, kühlen Wasser kann man sich zwischen den Sandbänken treiben lassen. Einem gelingt es, Forellen mit den Händen zu fangen.

Am Nachmittag nimmt Michael mich mit in das nahe Dorf La Chapoulie. Er stellt mir seine Freundin Jeanine vor, ein hübsches, zierliches, dunkelblondes Mädchen, das mich sofort an das berühmte «Schokoladenmädchen» des Schweizer Malers Liotard erinnert. Wir sitzen in der Wohnküche bei einem Glas Wein. Auch Jeanines Eltern sind dabei. Michael gehört richtig zur Familie. Jeanine spricht wenig, aber verschlingt ihren Freund mit den Augen. Ich lasse mir Papier, Feder und Tinte geben und schreibe – zum erstenmal seit vier Monaten – einige beruhigende Zeilen an meinen Vater. Im Brief berichte ich, daß ich sehr krank war, in einem Spital bleiben mußte, geschickte Ärzte mich aber gerettet haben und ich mich jetzt auf dem Lande erhole. Auch der Frau meines Zellenkameraden Vigoureux sende ich einige Zeilen, natürlich anonym; ich teile ihr nur mit, daß ich ihren Mann bei guter Gesundheit und guten Mutes in Toulouse getroffen hätte. Er habe nicht besonders gelitten und lasse sie herzlich grüßen. Nach der Befreiung Frankreichs sollte ich ihr ausführlicher schreiben.

Auf dem Rückweg ins Lager spricht Michael von seiner Freundin. Er will sie sofort nach der Befreiung heiraten, auch wenn der Krieg noch nicht zu Ende ist. Dann beabsichtigt er sein Abitur zu machen. Vor zwei Jahren ist er kurz davor aus der Schule ausgeschieden, um in die Illegalität zu gehen. Er möchte an der Pädagogischen Hochschule studieren, um Oberschullehrer wie sein Vater zu werden.

Ob eine Ehe ratsam ist, fragt er, solange man nicht zusammenleben kann und kein Geld verdient. Natürlich ist es für mich schwierig, eine solche Frage zu beantworten. Meines Erachtens, sage ich ihm, sei der Grad der Zuneigung das Entscheidende, ob mit oder ohne Standesamt.

Am nächsten Morgen, es ist der 6. Juni, kommt Michael schon ganz früh in unser Zelt. Er ist sehr erregt, und uns geht es genauso, nachdem wir die Neuigkeit von ihm erfahren haben. Ab fünf Uhr hat Radio London die verschlüsselte Botschaft mehrmals wiederholt, die die Résistance von der Landung der Alliierten in Nordfrankreich informieren soll. Die Botschaft lautet: «Dans la fôret normande il est un lieu – dit» (Im normannischen Wald gibt es einen bekannten Ort). Noch habe der französische Rundfunk von Vichy nichts in den Nachrichten bekanntgegeben, aber ohne Zweifel seien bereits Kämpfe an der Nordküste im Gange, berichtet Michael. Ich muß an den belgischen Oberst im Gefängnis Saint Michel denken. Er hat recht behalten. Die Landung findet in der Normandie statt. Es ist herrliches Wetter, jedenfalls in der Corrèze.

Wenige Minuten später sind alle aufgestanden. Man drängt sich um die Kaffeekessel. Die ersten Nachrichten werden gleich nach der Offizierszusammenkunft aufgeregt kommentiert. Ab heute gelte der Beschluß des Nationalrates der französischen Résistance, daß eine einheitliche Armee des Widerstandes gebildet wird, die Forces Françaises de l'Intérieur, die französischen Streitkräfte des Innern. Oberkommandierender sei General Koenig im Stab von General de Gaulle in Algier. Die Befehle seien klar: Unterbrechung aller Eisenbahn- und Straßenverbindungen, die zum Norden führen, Angriffe auf die Stützpunkte der Wehrmacht, der kasernierten französischen Gendarmerie und der Miliz, Verzögerung der Heranführung von deutschen Verstärkungen in die Normandie.

Bald werden weitere Einzelheiten bekannt. Mit der gaullistischen Armée Secrète, der Geheimarmee, AS, sei in den vergangenen Tagen ein Abkommen geschlossen worden: Sie würden mit ihren schweren Waffen, Mörsern und kleinen Kanonen Stellungen an den Brücken über die Dordogne und an der Nationalstraße zwanzig beziehen und so feindliche Truppen, die aus Bordeaux oder Toulouse herangeführt werden, aufhalten. Wir, die Francs-Tireurs et Partisans aus der ganzen Corrèze, würden Tulle, die Departementshauptstadt, angreifen. Ich bin aufgewühlt. Der Volksaufstand, von dem ich in meiner Zelle in Saint Michel geträumt hatte, wird jetzt stattfinden, und ich warte nicht hinter Gefängnismauern darauf, sondern nehme selbst daran teil.

In den Gruppen entbrennt die Diskussion um das Abkommen mit der gaullistischen Geheimarmee. Wird sie die Straße nach Tulle auch wirklich sichern? fragen einige. Die Beziehungen zur Armée Secrète, der viele ehemalige aktive Offiziere, liberale Bürger, Christen und Sozialisten angehören, waren in der Vergangenheit nicht immer gut. Die AS hatte bisher nur eine geringe Anzahl Kampfhandlungen durchgeführt, sich strikt an die Weisungen aus London gehalten, alle Kraft für den Tag X, den Tag der Landung, zu bewahren. Sie ist bedeutend besser bewaffnet als wir, die Zahl ihrer Kämpfer aber weit geringer. Wenige Tage später sollten wir erfahren, daß alle, die an der Bündnistreue der Gaullisten zweifelten, im Unrecht waren. Die Kämpfer der Armée Secrète haben mit ganzer Kraft die aus dem Südwesten heranrollenden faschistischen Panzerkolonnen angegriffen. Natürlich waren sie der überlegenen Bewaffnung der Nazitruppen nicht gewachsen. Doch die Liste der in der Corrèze gefallenen AS-Kameraden in den drei Tagen nach der Landung der Alliierten ist lang.

Wir haben auf dem felsigen Berggrat, hoch über der Vézère, einen Beobachtungsposten eingerichtet, aus geflochtenen Buchenzweigen, einem Adlerhorst ähnlich. Von dort kann man etwa zwei Kilometer der Eisenbahnlinie Toulouse–Paris überblicken. Die Strecke ist leer, kein Zug fährt. In der Ferne hört man Explosionen, Geleise werden von anderen Partisaneneinheiten gesprengt. Der Schienenweg in den Norden sollte der Naziarmee auch in den kommenden Wochen versagt bleiben.

Nach Einbruch der Dunkelheit besteigen wir zwei Lastkraftwagen und einen Autobus, die wenige Stunden vorher bei einem Baubetrieb und einem Fuhrunternehmen requiriert worden sind. Mit großer Geschwindigkeit fahren wir über Nebenstraßen nach Tulle. Ich stehe mit Michael vorn auf der Ladefläche eines Lastwagens, auf dessen Fahrerkanzel ein leichtes Maschinengewehr montiert wurde. Bevor wir die Nationalstraße zwanzig überqueren, entsendet Hauptmann Lucien eine Patrouille zu Fuß. Alles ist frei. Wir rasen durch Dörfer, in denen kaum noch ein Licht brennt, zum Sammelpunkt für die Einheiten der Francs-Tireurs et Partisans. Dort, an der Kreuzung Croix-de-Bar, sind schon andere Gruppen eingetroffen.

Es wird befohlen, die Waffen zu erproben. Wir schießen auf einen Felsen unterhalb der Straße. Zum erstenmal bediene ich eine Maschinenpistole. Der Rückstoß ist sehr stark. Da mindestens jedes fünfte Geschoß aus Leuchtspurmunition besteht, kann ich ermessen, wie stark die Sten bei einem höchstens einhundertfünfzig Meter entfernten Ziel streut. In unserer Gruppe wird die ungenügende Bewaffnung diskutiert. Werden wir es schaffen, mit den Stens die gut ausgerüsteten Wehrmachtseinheiten, französische Gendarmerie und Miliz aus den Schulen, Kasernen und Hotels in Tulle zu vertreiben?

Wir liegen auf einem der Höhenzüge, die Tulle steil zu beiden Seiten des Flusses Corrèze überragen. Unter uns sehen wir die spärlichen, meist mit blauer Farbe abgeschirmten Lichter der Stadt. In den Straßen rührt sich nichts, das Ausgangsverbot wird offensichtlich strikt eingehalten. Von hier kann man einige der Gebäude erkennen, die Ziele unseres Angriffs sein werden: die Lehrerbildungsanstalt für Mädchen und die Waffenfabrik, in denen sich die Wehrmacht verschanzt hat, und nicht weit davon die Kaserne am Marsfeld, von französischen Gendarmen und Milizionären besetzt.

Von unserer Stellung aus könnte man die ganze Stadt mit Minenwerfern und leichter Artillerie beherrschen. Wir haben sie nicht und müssen deshalb hinunter, in die Straßen bis in unmittelbare Nähe der Häuser, die wir einnehmen wollen. Auch für die Partisanen, die schon länger als ein Jahr dabei sind, ist es die erste Aktion diesen Ausmaßes in einer Stadt von zwanzigtausend Einwohnern. Unsere Gegner sind fünfhundert gut ausgerüstete Wehrmachtssoldaten, die über schwere Maschinengewehre und Minenwerfer verfügen, erfahre ich von Michael. Hinzu kommen fast siebenhundert französische Gendarmen und Milizangehörige, ebenfalls viel besser bewaffnet als wir.

Allerdings haben wir einen entscheidenden Trumpf, ohne den das FTP-Kommando den ungleichen Kampf nicht aufgenommen hätte, vertraut mir mein Freund an. Seit Wochen gibt es Geheimverhandlungen mit französischen Gendarmen. Sie und die Milizionäre, an die brutale Unterdrückung vor allem der unbewaffneten Zivilbevölkerung gewöhnt, sind an Kampfhandlungen, bei denen sie selbst gefährdet werden, nicht interessiert. Sie haben zugesagt, nach einem kurzen Schußwechsel die weiße Flagge zu hissen unter der Bedingung, daß wir sie mit Waffen und Gepäck in ihren Fahrzeugen ungeschoren ziehen lassen. Sie wollen sich nach Limoges, der Departementshauptstadt der Haute-Vienne, zurückziehen. Michael, der an diesen Verhandlungen beteiligt war, will meine Meinung wissen: «Kann man es eigentlich verantworten, diesen Kollaborateuren, die viele Patrioten auf dem Gewissen haben, freies Geleit zuzusichern, damit sie ihre Verbrechen im Dienste der Besatzungsmacht vielleicht an anderer Stelle fortsetzen können?»

Es ist nicht einfach für mich, zu antworten. Wie ich es von Eugen, Ernst Buschmann und anderen gelernt habe, versuche ich, die besonderen Verhältnisse von Tulle in die allgemeine Lage einzuordnen. Unsere Aufgabe ist es, bei den Kriegshandlungen nach der Landung der Alliierten die Kräfte zu schwächen, die den alliierten Truppen den Weg in den Westen oder Süden Frankreichs versperren könnten. Das sind nicht in erster Linie die Gendarmerie und die Miliz, sondern die Wehrmachtssoldaten. Wenn wir ihnen in Tulle allein gegenüberstehen, sind unsere Möglichkeiten, sie zur Kapitulation zu zwingen, viel größer.

Michael scheint erleichtert, nachdem ich ihm meine Überlegungen mitgeteilt habe.

Niemand schläft in den etwa drei Stunden, die wir am Croix-de-Bar auf den Befehl zum Abmarsch in die Innenstadt warten. Eigentlich sollten wir hier Résistance-Mitglieder aus Tulle treffen, die uns über Gärten und Pfade hinunterführen wollten. Sie sind nicht zum Treff erschienen. Stehen die anderen FTP-Einheiten an ihren Sammelpunkten rund um die Stadt bereit? Wir wissen es nicht. Eine unserer Hauptschwächen ist die mangelhafte Verbindung zu den anderen Partisaneneinheiten und zu unserem Stab. Das bestätigt sich jetzt wieder.

Die Zeit schreitet fort. Am Horizont wird es schon hell. Wir müssen auch ohne Informationen über die Lage in der Stadt hinuntersteigen. Kommandant Lucien beauftragt Michael, die Kreuzung vor uns zu erkunden. «Komm mit, Rescapé», sagt Michael. Wir gehen langsam in den Gräben zu beiden Seiten der Straße vor, die Maschinenpistolen im Anschlag. Der Himmel hat sich bedeckt, und dicke Regentropfen fallen herab. Ich spüre sie jedoch nicht, weil ich viel zu erregt bin.

Bei den Partisanen habe ich Kameraden getroffen, die in jeder Situation völlig ruhig bleiben. Michael, Jo und Lucien gehörten dazu. Es gab jedoch auch andere, die sich jedesmal von neuem überwinden mußten, um den Gefahren zu trotzen. Ich zähle zu den letzteren, und ich habe eine ganze Weile gebraucht, um vor mir selbst einzugestehen, daß die fieberhafte Erregung, die mich völlig ergreift, wenn geschossen wird oder ein Gefecht unmittelbar bevorsteht, eigentlich mit dem Wort Angst charakterisiert werden muß. Jedenfalls habe ich mich immer bemüht, nichts von meiner Aufregung erkennen zu lassen. So weiß Michael sicher nicht, wie innerlich zögernd ich seiner Aufforderung gefolgt bin und wie schwer es mir fällt, beim Vormarsch auf seiner Höhe zu bleiben.

Nach einer scharfen Kurve taucht plötzlich höchstens dreißig Meter entfernt eine Barrikade aus Sandsäcken auf. «Qui va là?» (Wer ist da?) werden wir angerufen. Sofort danach kracht ein Schuß, der aber hoch über unsere Köpfe hinweggeht. Michael antwortet mit einer Salve aus seiner Maschinenpistole, bedeutet mir zugleich, selbst nicht zu schießen. «France», ruft er.

Es ist das Losungswort der gaullistischen AS, mit der einige Verantwortliche der Gendarmen in Verbindung sein sollen. Hinter der Barrikade hört man halblaut sprechen, Waffen klirren, dann sich rasch auf der Straße entfernende Schritte.

«Wir gehen weiter vor», flüstert Michael mir zu. Die nächsten Meter scheinen endlos lang zu sein. Wir liegen jetzt unmittelbar vor der Barrikade. Michael richtet sich vorsichtig auf, und ich folge seinem Beispiel. Hinter den Sandsäcken ist alles leer. Die Gendarmen haben die Straßensperre verlassen.

«Zurück zu Lucien», sagt Michael.

Der Kommandant nimmt unseren Bericht mit Befriedigung entgegen. Von der Kreuzung, die von den Gendarmen geräumt wurde, führt eine Straße unmittelbar zur hinteren Fassade der Lehrerbildungsanstalt, einem massiven Gebäude. Sobald es hell geworden ist, vernehmen wir Explosionen von Panzerfäusten und Salven automatischer Waffen aus der Innenstadt. Dort hat die Attacke auf die Kaserne am Marsfeld und das von der Gestapo besetzte Hotel Saint Martin bereits begonnen. Die Wehrmachtsoldaten hinter den dicken Mauern der Schule vor uns rühren sich nicht.

Kurz darauf erhalten auch wir den Befehl zum Angriff. Wir liegen höchstens fünfzig Meter vom Haus entfernt hinter einer niedrigen Mauer und nehmen die Fenster und Türen unter Beschuß. Ein schweres Maschinengewehr schießt vom zweiten Stockwerk her auf die Mauer, die uns schützt. Über mir zerspringt ein Backstein, seine Splitter treffen mich an der Stirn. Es schmerzt nur, blutet aber nicht. Zu meiner Rechten und kurz darauf hinter mir werden zwei Kameraden verletzt weggetragen. Sie kommen ins Krankenhaus, wenige Straßenzüge weiter. Am Hotel Saint Martin habe es mehrere Tote von uns gegeben, erfahren wir von einem Melder.

Das Maschinengewehr, das uns bedroht, hört plötzlich auf. Minuten später beginnt es wieder mit seinen kurzen Feuerstößen von drei bis fünf Schüssen. Sofort gibt es einen weiteren Verwundeten. Er ist schwer getroffen. Wir stellen fest, daß die Geschosse jetzt vom Dachstuhl abgefeuert werden. Von dort kann der Feind uns besser sehen, meint Michael. Gleichzeitig krepieren Granaten aus Minenwerfern hinter uns in den Straßen der Altstadt. Sie sind ohne Zweifel für uns bestimmt. Wehrmachtssoldaten feuern sie bei der Schule in Souillac ab. Wir erhalten die Anweisung, uns zurückzuziehen.

In der Rue du Trech suchen wir ein Haus aus, von dessen Fenstern ein Teil der Fassade der Lehrerbildungsanstalt unter Feuer genommen werden kann. Die Bewohner, die Familie eines Angestellten der Stadtverwaltung, überlassen uns die vorderen Räume. Wir werden wie Freunde behandelt. Wenig später bringt uns die Frau des Hauses Milchkaffee und Weißbrot. «Für Tulle sind das wohl die letzten Stunden des Krieges», sagt die Frau hoffnungsvoll.

Von uns antwortet niemand. Wir haben nicht den Eindruck, seit dem Morgengrauen irgendwelche Fortschritte erzielt zu haben. Unsere ungenügende Bewaffnung, der

Mangel an Munition, der uns jetzt schon zwingt, jeden Schuß abzuwägen, die fehlende Verbindung zu den anderen Einheiten – das alles lastet auf uns. Wir sind auch übermüdet. Einen Augenblick muß ich daran denken, daß nicht der Bahnhof von Allassac, sondern vielleicht hier die Fassaden der alten Häuser in der winkligen Rue du Trech das letzte sein könnte, was ich sehe. Doch ich weise diesen Gedanken von mir.

Wenig später werde ich wie alle anderen in dem Willen bestärkt, die Schule von den Besatzungssoldaten zu befreien, als wir erfahren, die politischen Gefangenen, darunter eine allen bekannte Melderin des Bataillons, seien in der Nacht aus dem Gefängnis von Tulle in eines der Gebäude verlegt worden, in die sich die Besatzungssoldaten zurückgezogen haben. Sehr wahrscheinlich sind unsere Kameraden hier in der Lehrerbildungsanstalt. «Kannst du dir vorstellen, mit welchen Gefühlen sie auf unsere Schüsse lauschen?» fragt Michael. Natürlich kann gerade ich mir das sehr gut vorstellen.

Immer noch hören wir den Gefechtslärm vor der Kaserne am Marsfeld. Wollten die französischen Gendarmen nicht nach einem kurzen Schußwechsel die Waffen niederlegen? Michael wird gemeinsam mit Bébert als Patrouille zur Kaserne geschickt. Sie kommen eine Stunde später zurück. Ein Hauptmann der Gendarmen, den sie in den Straßen entdeckt und entwaffnet haben, hat sie direkt zum Präfekten der Corrèze, Trouillé, geführt. Der Präfekt, der mit der Résistance zusammenarbeitet und dessen Autorität von den Francs-Tireurs et Partisans anerkannt wird, bestätigt, daß alle in der Kaserne am Marsfeld stationierten französischen Polizisten und Gendarmen abziehen wollen, wenn ihnen freies Geleit zugesichert wird.

«Sollen sie zum Teufel gehen», schimpft Lucien, als Michael ihn davon informiert. Auch dem Kommandanten fällt es schwer, die Gendarmen und die Milizionäre, die seit 1942 Handlangerdienste für die Nazis leisteten, einfach abziehen zu lassen. Aber das Hauptziel bleibt die Gefangennahme und Entmachtung der Angehörigen der Sicherheitskompanie der Wehrmacht in der Lehrerbildungsanstalt. Unser Bataillon hat nicht die Kraft, gleichzeitig den Kampf gegen die Wehrmachtssoldaten fortzusetzen und von den französischen Gendarmen eine bedingungslose Kapitulation zu erzwingen. «Die Flucht der Gendarmen wird die Boches demoralisieren», meint Lucien.

Am Nachmittag hört die Schießerei an der Kaserne auf. Später erfahren wir, daß eine lange Kolonne von Autos und Lastwagen, mit Personen, Waffen und Munition beladen, aus der Kaserne zur Nationalstraße zwanzig in Richtung Brive abgefahren sei. An jedem Fahrzeug habe eine weiße Fahne geweht, hergestellt aus zerschnittenen Bettlaken.

Kurz vor Einbruch der Dunkelheit erreicht uns der Befehl, für die Nacht auf die Höhenzüge über der Stadt zurückzugehen. Als Michael und ich die Straße passieren, an der die Präfektur liegt, stoßen wir auf Jacques Chapou, den Kommandanten Kléber. Der athletisch gebaute, von Energie strotzende Mann ist in Eile. Von einigen Kämpfern begleitet, will er zum Rathaus, im Nordosten der Stadt, in dem er seit den Morgenstunden sein Hauptquartier eingerichtet hat. Michael stellt mich Chapou vor, der mir die Hand reicht. Über die Aktion in Allassac ist er informiert. «Morgen früh greifen wir wieder an», sagt er. Seine Stimme ist heiser, wie in großer Erregung. Es ist nicht nur der kampferfüllte Tag, der ihn aufwühlt. «Die Boches haben heute nachmittag achtzehn Gleiswächter im Bahnhof erschossen», stößt er hervor. «Ich habe es soeben von Feuerwehrleuten erfahren, die die Leichen geborgen haben.»

Von einem seiner Begleiter, der noch einen Augenblick bei uns stehenbleibt, hören wir Einzelheiten dieses Verbrechens. Planmäßig war das Bahnhofsgebäude von einer FTP-Einheit besetzt worden. Die Partisanen trafen nur auf sporadischen Widerstand einer kleinen Gruppe Wehrmachtssoldaten, die sich schnell zurückzog. Von dem kurzen

Feuergefecht erschreckt, hatten sich die achtzehn zum «Schutz» der Geleise abkommandierten unbewaffneten Einwohner von Tulle, eigentlich mehr Geiseln als Wächter, im Kohlenkeller versteckt. Vom Führer der Partisanengruppe aufgefordert, sich der Résistance anzuschließen oder schleunigst das Weite zu suchen, hatten sie erklärt, daß sie es vorziehen würden, an Ort und Stelle zu bleiben, damit ihre Familien nicht Repressalien der Besatzungsmacht erdulden müßten.

Als Angehörige des Sicherheitsbataillons der Wehrmacht am frühen Nachmittag den Bahnhof in einem Handstreich wieder einnahmen, erschossen sie alle achtzehn Gleiswächter. Nur einer, nicht lebensgefährlich getroffen, und unter den Leichen seiner Gefährten begraben, überlebte und konnte darüber berichten.

Zum erstenmal werde ich so unmittelbar mit einem Kriegsverbrechen konfrontiert. Es war eine Einheit der Wehrmacht, die mit dem Massenmord an Zivilisten in der Corrèze begann. Michael fragt mich, wie es möglich sei, daß ältere, einberufene Soldaten – hauptsächlich aus ihnen soll die Garnison in Tulle bestehen – eine solche Untat begehen können.

Ich spreche von der Naziideologie, vom anerzogenen Kadavergehorsam, von der Angst, bei Nichtbefolgen eines Befehls hart bestraft oder gar an die Ostfront versetzt zu werden, von den unzähligen Kriegsverbrechen in der Sowjetunion und in Polen, die sie meiner Kenntnis nach nicht unbedingt gegen die Naziführung aufbringen, sondern sie durch eine Art Schuldgefühl fester an sie binden. Das alles aber sind Worte, die das, was geschehen ist, nur ungenügend erklären. Michael ist sehr schweigsam geworden, und ich glaube nun, mich daran zu erinnern, daß Kléber einen Augenblick zögerte, bevor er mir, dem Deutschen, die Hand gereicht hat.

Wir verbringen die Nacht in einer Scheune im frischen Heu. Ich melde mich gleich für die ersten zwei Stunden zur

Wache. Schlaf könnte ich jetzt wohl kaum finden. Als ich wieder in die Scheune komme und mich hinlege, diskutieren neben mir noch mehrere erregt über das Massaker im Bahnhof von Tulle. Einer sagt: «Gefangene werden wir jetzt wohl nicht mehr machen.» Doch keiner stimmt ihm zu.

Am nächsten Morgen gehen wir schon vor Sonnenaufgang die Straße in die Stadt hinunter. Ich werde diesmal mit mehreren anderen Kameraden auf einer der Anhöhen postiert, von der man eine der Zufahrtsstraßen überblicken kann. Wenn Wehrmachtskolonnen anrücken, sollen wir sie aufhalten und einen Melder in die Stadt schicken. Es ist eine zusätzliche Vorsichtsmaßnahme, denn die Armée Secrète hat ja die Straßen zur Departementshauptstadt unter Kontrolle – glauben wir.

Deutlich können wir verfolgen, wie unsere leichten Maschinengewehre die Lehrerbildungsanstalt beschießen. Die Deutschen erwidern das Feuer nur zögernd. Von Souillac aus treten wieder die Minenwerfer des Sicherheitsbataillons der Wehrmacht in Aktion. Auch in der Waffenfabrik haben sich nach wie vor Wehrmachtsangehörige verschanzt. Doch unser Angriff konzentriert sich deutlich auf das Gebäude an der Rue du Trech, denn inzwischen hat sich die Nachricht bestätigt, daß sich Résistance-Angehörige als Gefangene dort im Keller befinden.

Die Straße, die wir zu beobachten haben, bleibt leer, bis ein Bauer mit einer Kalesche angefahren kommt. Neben ihm sitzt sein etwa vierzehnjähriger Sohn. Auf meine Frage, was er in Tulle machen wolle, antwortet er – erstaunt über so viel Ignoranz – zum Gaudi unserer Kameraden spricht er mich mit «Herr Polizist» an: «Nach Souillac natürlich. Heute ist da in der Schule die Abschlußprüfung, für die mein Sohn angemeldet ist.»

Ungläubig hört er meine Erklärung an, daß in der Schule von Souillac die Deutschen mit einem Minenwerfer sitzen und von dort Tulle beschießen. «Das Certificat d'Etudes darf man nicht verpassen», sagt er eigensinnig, als eine Rakete schrill pfeifend über unsere Köpfe fliegt und in der Nähe auf der Wiese explodiert. Das Pferd wiehert vor Schreck und geht mit den Vorderbeinen hoch. Ohne noch weitere Fragen zu stellen, springt der Mann ab, wendet sein Gefährt und peitscht auf den Gaul ein, um schnell wegzukommen. Uns erstaunt diese Begegnung: Es gibt also noch Leute in der unmittelbaren Umgebung von Tulle, die nichts von den Kämpfen wissen, die ihr Leben fortführen wie eh und je.

Am späten Nachmittag steigt von der Stelle, wo die Lehrerbildungsanstalt liegt, eine dicke schwarze Rauchsäule hoch. Der Lärm des Gefechtes vervielfacht sich, um dann plötzlich ganz zu verstummen. Wenig später kommt Michael zu uns herauf. Er bringt die Kunde von unserem Sieg. Nach vielen Bemühungen war es gelungen, das Dachgestühl des massiven Hauses in Brand zu setzen. Die Offiziere und Unteroffiziere versuchten einen Ausbruch in die Rue du Trech, der in unserem Feuer zusammenbrach. Darauf ergaben sich die Überlebenden im Schulgebäude – mehr als vierzig meist ältere Soldaten. Etwa zwanzig Résistance-Gefangene einschließlich der jungen Melderin des Bataillons, Louise Boucheteil, konnten unversehrt befreit werden. Offiziere unseres Bataillons wollen jetzt zu den deutschen Kriegsgefangenen sprechen. Deshalb soll Michael mich holen. Wir haben also Gefangene gemacht trotz des Massakers im Bahnhof.

Wir gehen schnell die Straße hinab. In der Altstadt sehen wir Gruppen von Partisanen mit den Einwohnern sprechen. Viele Kämpfer werden in die Häuser gebeten. Auf einem kleinen Platz nahe der Präfektur hat ein Cafébesitzer Tische und Bänke aufgestellt und bewirtet die Bewaffneten. Wir werden auch eingeladen, müssen aber weitereilen. An der nächsten Ecke tanzen junge Mädchen mit Partisanen, die ihre Maschinenpistolen noch um die Schulter gehängt haben, zu den Klängen eines Musettewalzers. Die Musik ertönt von einem Grammophon, das auf dem Trottoir steht. Aus mehreren Fenstern hängen bereits die Trikoloren. In Tulle wird schon die Befreiung gefeiert.

Ich frage Michael, was mit den Wehrmachtssoldaten ist, die sich in der Schule von Souillac und in der Waffenfabrik verschanzt hatten. Sie seien noch dort, erfahre ich, verhielten sich aber still. Morgen früh würden wir diese letzten Schlupfwinkel angreifen, falls wir vom Stab der Region den für die Nacht versprochenen Nachschub an Munition erhalten. In fast allen unseren Einheiten verfüge man nicht mehr über einen einzigen Schuß für die Maschinenpistolen und Karabiner.

Die Kolonne der Gefangenen, von Partisanen umringt, kommt uns entgegen. Ich übersetze die Worte des FTP-Offiziers, der an der Spitze geht: «Deutsche Soldaten, wir vergelten nicht Gleiches mit Gleichem. Obwohl viele von uns, die in eure Hände fielen, ermordet wurden und obwohl achtzehn Einwohner von Tulle im Bahnhof von Angehörigen eures Bataillons erschossen worden sind ...» Hier werde ich von mehreren Gefangenen unterbrochen: «Das waren wir nicht ...» Ich übersetze, und der Offizier bestätigt ihnen: «Wir wissen, daß ihr gestern die Schule nicht verlassen habt.»

Es wird den Gefangenen, die sich eng um mich geschart haben, noch versichert, sie würden nach der Genfer Konvention behandelt und es geschehe ihnen nichts, solange sie den Anweisungen der Francs-Tireurs et Partisans strikt Folge leisten. Ich füge von mir aus hinzu, daß wir die Armee des französischen Volkes sind, der sich auch deutsche Antifaschisten wie ich angeschlossen haben, und erkläre, nach der Landung der Alliierten im Norden seien nun die letzten Tage des Krieges in Frankreich herangerückt.

Der Offizier, der die Kriegsgefangenen mit seiner Abteilung wegführt – eine Einheit in den Bergen soll die deutschen Soldaten übernehmen –, fragt, ob ich nicht bei ihnen bleiben kann. Ich bin dafür, doch Michael entscheidet anders. Es sei beabsichtigt, morgen früh Parlamentäre zu den verbleibenden Truppen in Souillac und in der Waffenfabrik zu entsenden, um sie zur kampflosen Übergabe zu bewegen. Dabei soll ich mit meinen Sprachkenntnissen helfen.

Wir bleiben bis zum Abend in Tulle. Drei verwundete deutsche Soldaten werden auf Bahren an uns vorbeigetragen. Sie kommen in das Krankenhaus, wo der Wehrmachtsarzt Dr. Schmidt gemeinsam mit dem Chefarzt der Francs-Tireurs et Partisans, Dr. Toty, die Betreuung der verwundeten Partisanen und deutschen Soldaten übernommen hat. «Doktor Schmidt, ein mutiger, menschlicher Arzt, arbeitet übrigens seit Monaten schon mit unserem Doktor Toty zusammen. Einer sagt dem anderen Bescheid, wenn es Verwundete bei einem Feuerwechsel gegeben hat», erzählt mir Michael. Dank des Zusammenwirkens der beiden Ärzte haben fast alle Verwundeten der Kämpfe des 7. und 8. Juni in Tulle, ob Partisanen oder Wehrmachtsangehörige, überlebt.

Als wir auf dem Höhenzug im Norden über der Stadt angelangt sind, vernehmen wir plötzlich ohrenbetäubenden Lärm von schweren Maschinengewehren und Geschützen. Gleichzeitig dröhnen Motoren, Ketten rasseln. Michael, der in Bordeaux schon einmal derartiges erlebt hat, begreift sofort, daß es Panzer sind, die vom Süden her in Tulle eindringen. Zu beiden Seiten der Corrèze auf den engen Uferstraßen, von denen wir einen Teil überblicken können, sehen wir schwere Fahrzeuge kurz hintereinander schnell vorbeifahren und aus allen Rohren schießen. Ein älterer Kamerad, der die Junikämpfe von 1940 als Soldat mitgemacht hat, kann die Fahrzeuge unterscheiden und nennt sie uns: Panzer, Panzerspähwagen, Sturmgeschütze. Erst Tage später sollten wir erfahren, daß es sich um eine starke Aufklärungsabteilung der Division «Das Reich» handelt, aber daß SS-Truppen in Tulle eingezogen sind, weiß unser Kommando bereits jetzt.

Wir denken an die Einwohner der Stadt, die uns noch

kurz vorher als Befreier gefeiert haben, und an unsere mehr als zwanzig Verwundeten, die gemeinsam mit den deutschen Soldaten im Krankenhaus von Tulle liegen.

Schon hat die Vorhut der Panzerabteilung den Norden der Stadt erreicht. Zu beiden Seiten der Straße, auf der wir, einige hundert Partisanen, den Bergen zustreben, drängen Wehrmachtspatrouillen vor. Wir sehen die weißen und grünen Leuchtkugeln, mit denen sie sich verständigen. Werden sie uns den Weg abschneiden? Sie machen jedoch am Waldrand halt und ziehen sich in die Stadt zurück. In die Wälder, die gepanzerte Fahrzeuge nicht durchqueren können, wagen sie sich nicht.

In dieser Nacht kampieren wir in einer abgelegenen Hütte im Wald. Kurz vor Mitternacht stoßen vier Kameraden aus Michaels Gruppe zu uns. Sie haben Tulle bald nach uns in zwei Autos verlassen, die der Gestapo am Hotel Saint Martin abgenommen worden waren. Die Fahrzeuge, voll aufgetankt, stehen in einem Feldweg, nicht weit von unserem Nachtlager. Die Kofferräume sind mit Hunderten Kilo Sprengstoff, Zündern, Zündschnüren, Waffen und Munition gefüllt – Material aus Fallschirmsendungen für die Résistance, das offenbar vom SD, dem Sicherheitsdienst der SS, beschlagnahmt worden war. Michael ist sehr an diesen Wagen interessiert. Unsere Gruppe Jean Robert soll vom Lager in den Schluchten der Vézère aus in der nächsten Zeit die Eisenbahnstrecke Toulouse–Paris unterbrechen. Den Sprengstoff brauchen wir dazu dringend.

Am nächsten Morgen finden wir die beiden Wagen, einen Citroën und einen Peugeot, intakt auf dem Feldweg vor. Wie man ein Auto in Gang setzt und fährt, weiß ich. Der Vater eines meiner Klassenkameraden in Paris war Verwalter einer Garage. Ich habe manchen Sonntagnachmittag mit meinem Freund in der großen Halle verbracht und die Wagen in den Gängen hin und her gefahren. Nun erhalte ich den Auftrag, eines der Fahrzeuge zu übernehmen.

Michael studiert die Karte. Wir befinden uns innerhalb des Dreiecks, das von den Nationalstraßen neunundachtzig, hundertzwanzig und zwanzig zwischen Tulle, Uzerche und Brive gebildet wird. Wenn wir kleine Nebenstraßen benutzen, trennen uns ungefähr vierzig Kilometer von unserem Lager an der Vézère. Irgendwann müssen wir allerdings die Nationalstraße zwanzig überqueren. Wenn die SS Straßensperren errichtet, würde wahrscheinlich an der Kreuzung Le Bariolet eine sein. Wir vereinbaren, kurz nach dem Ort Les Barrières zu halten und zu Fuß den Weg bis zur Kreuzung zu erkunden.

Kleine Ortschaften, durch die wir kommen, wirken wie ausgestorben. Die Fensterläden sind geschlossen. Sicher befürchten die Einwohner Strafexpeditionen der SS. Les Barrières ist durch ein Ortsschild gekennzeichnet. Kurz nach den letzten Häusern halte ich, und Michaels Wagen setzt sich hinter meinen. Er bestimmt eine Patrouille von drei Kameraden, die zu beiden Seiten der Straße im Wald vorgehen sollen. Bis zur Kreuzung sind es noch zwei Kilometer. Sie kommen nach etwa einer Stunde zurück: Alles ist frei.

Michael zögert mit dem Einsteigen, sagt dann: «Es ist besser, ich fahre den ersten Wagen. Ich kenne hier jeden Winkel und weiß, wo wir bei Gefahr Waldwege finden. Steig du in den zweiten, und folge mir.»

Die Nationalstraße zwanzig überqueren wir rasch. So weit man nach beiden Seiten sehen kann, ist sie leer. Die Straße ist kurvenreich, und ich verliere den Citroën vor mir aus den Augen. Perpezac-le-Noir heißt der nächste Ort. Da, mitten auf der Straße kommen einige Frauen, die uns aufgeregt mit beiden Armen Zeichen machen. Ich bremse scharf und stoße die Tür auf. Eine läuft heran. Sie ist kreidebleich und bringt nur mühsam hervor: «Jungens, kehrt um. Eben vor euch ist ein Auto des Maquis auf einen deutschen Panzer aufgefahren, der direkt hinter der nächsten Kurve hält.»

Schon während wir aus dem Wagen springen, hören wir Motorengeräusch. Höchstens achtzig Meter entfernt kommt ein Motorrad auf uns zu mit einem feldgrauen Soldaten, den Stahlhelm auf dem Kopf. Lou, der neben mir steht, reißt seine Maschinenpistole an die Schulter und gibt kurze Feuerstöße auf den Motorradfahrer ab. Der läßt sich von seiner Maschine fallen, rollt in den Straßengraben und schießt von dort mit einem Karabiner auf uns. Erst jetzt erwidere ich das Feuer. Warum habe ich nicht schon zur gleichen Zeit wie Lou geschossen? durchfährt es mich.

Ein Panzer taucht langsam aus der Kurve auf. Sein Maschinengewehr hämmert ohne Unterlaß. Wir rennen zu den schützenden Bäumen des Waldes rechts von der Straße. Über uns zerbrechen Äste unter den Salven. Als wir den Abhang hinaufeilen, sehen wir links, höchstens dreißig Meter entfernt, eine Gruppe von mehreren Soldaten neben einem schweren Maschinengewehr auf Rädern. Sie drehen uns den Rücken zu und blicken in die Richtung, aus der die Feuerstöße vom Panzer kommen. Für einen Augenblick beherrscht mich der absurde Gedanke, die Soldaten könnten das Hämmern meines Herzens hören und uns so entdecken. Deutsche Befehle, in der unnatürlich rauhen und abgehackten Kommandosprache geschrien, dringen noch eine Weile bis zu uns, ich kann sie aber nicht verstehen.

Der Wald wird dichter. Auf der Straße unter uns ist es jetzt still. Auf einer Anhöhe, von der man nach allen Seiten Heraufkommende wahrnehmen kann, lassen wir uns auf den Boden fallen. Wir vier sind noch mal davongekommen. Aber was ist mit Michael und den zwei anderen Kameraden im ersten Wagen geschehen? Lou meint, sie müßten eigentlich in denselben Wald wie wir geflüchtet sein. Auf der anderen Seite der Straße seien nur Wiesen und Felder. Wenn wir hier auf der Bergkuppe warten, müßten wir sie treffen.

Zwei Stunden schauen wir vergeblich nach ihnen aus, dann gehen wir weiter durch die Wälder, Wege vermeidend. Bei Anbruch der Dunkelheit stoßen wir auf die Wachen eines kleinen Partisanenlagers. Toutou kennt einen der Kameraden. Wir werden aufgenommen, bekommen Brot, Käse, Wein und einen Platz unter der Zeltplane. Der Kommandant, ein junger Bauer aus der Region, hört sich unseren Bericht sorgenvoll an. «Ihr hättet nicht die Autos nehmen dürfen», sagt er. «Mit Panzern sind sie jetzt von Tulle aus in der ganzen Region unterwegs, um uns zu jagen. Die Wälder beherrschen wir noch, aber nicht mehr die Ortschaften und die Straßen.»

In der Nacht glaube ich mehrmals leise Schritte zu bemerken. Doch die Wachen rufen niemand an. Meine Hoffnung, Michael und die anderen könnten noch zu uns stoßen, erfüllt sich nicht. Ein dichter Regen hat eingesetzt. Die Tropfen trommeln auf die Zeltplane. Der Boden wird naß. Es ist jedoch nicht das, was mich wach hält. Ich sehe Michaels lächelndes Gesicht vor mir auf dem Bahnsteig in Allassac, und ich vernehme seine Stimme in der Dunkelheit im Lager an der Vézère: «Mein richtiger Name ist Edouard Chauvignat, und ich stamme aus Libourne ...»

Der Gedanke, den vor fünf Tagen gewonnenen Freund verloren zu haben, ist unerträglich. Ich weise ihn immer wieder von mir und komme doch nicht davon los. Gleichzeitig quält mich die Vorstellung, daß ich in der entscheidenden Sekunde, als wir aus dem Peugeot gesprungen sind und Lou das Feuer auf den Kradfahrer eröffnete, zu spät geschossen habe, da der Soldat bereits im Straßengraben lag. Zögerte ich nicht, weil ich mich überwinden mußte, ohne Deckung auf der Straße stehenzubleiben, während der rettende Wald so nahe war? Ich nehme mir vor, bei der nächsten Gelegenheit von mir aus auf die Feinde zu schießen, sobald sie in Reichweite meiner Waffe kommen, ohne auf das Beispiel eines Kameraden zu warten. Dieses Versprechen, das ich mir selbst gebe, beruhigt mich etwas.

Am nächsten Morgen brechen wir zu unserem Lager auf. Wenn wir Wald- und Feldwege benutzen, sind es höchstens noch fünfzehn Kilometer. Wir sind sehr schweigsam, und jeder weiß, woran der andere denkt. In einem Bauernhof, weit von der Straße entfernt, machen wir halt. In der Stube bäckt die Bäuerin über dem Kaminfeuer riesige Portionen Eierkuchen. Sie hat nicht nur uns vier als unerwartete Gäste. Ihr Bruder ist mit Frau und Kind aus einem Gehöft unmittelbar an der Nationalstraße zwanzig hierher geflüchtet. Aus Panzern schießt die SS oft in die Häuser am Weg, auch mit Kanonen.

«Bei Perpezac-le-Noir ist gestern früh ein Maquis-Auto auf einen Panzer der Boches gestoßen», berichtet die Bäuerin. «Die drei Insassen des Wagens haben sie am Nachmittag nach Uzerche gebracht, und einer von ihnen, wahrscheinlich der Chef, ist dort vor den Augen der Einwohner erhängt worden.» Wir sagen nichts. Die Frau blickt in unsere verstörten Gesichter. «Habt ihr sie gekannt?»

Eine Weile ist es ganz still. «Es waren Kameraden von unserer Gruppe», sagt Lou dann. Mir nimmt es den Atem. Ich zweifle nicht daran, daß es sich bei dem Erhängten um Michael handelt. Kurz zuvor hat er den Wagen mit mir getauscht und mir so das Leben gerettet!

Wir essen nur wenig und verabschieden uns schnell.

«Was die Bäuerin da gesagt hat, muß ja nicht unbedingt stimmen», meint Lou, als wir draußen sind.

Es muß nicht unbedingt stimmen, wir wissen aber, wie gut die Bauern in der Regel informiert sind und wie schnell sie von wichtigen Ereignissen Kenntnis erhalten. Auch in diesem Fall war die schlimme Nachricht von Michaels Tod in Uzerche wahr. Wir sollten das wenige Tage später vom Stab der 3. Militärregion bestätigt bekommen.

In dem Buch «Maquis de Corrèze», Editions Sociales, Paris 1975, herausgegeben von einem Autorenkollektiv ehemaliger FTPF-Offiziere, wird auf Seite 390 folgendes zu den Verbrechen der SS am 9. Juni 1944 in Uzerche vermerkt: «Gegen elf Uhr fuhr ein Auto mit französischen Kennzeichen in die Stadt. Unter den Insassen waren drei Résistance-Angehörige, die in Perpezac-le-Noir (von der SS – G. L.) gefangengenommen worden waren: Chauvignat, aus Libourne stammend, Monteil aus Brive und Grandreuil, ein Junge von knapp sechzehn Jahren aus La Rivière de Mansac. Sie hatten in ihrem Citroën-Wagen vierhundert Kilo Sprengstoff und Waffen transportiert. Chauvignat trug um den Hals ein Kettenschild der Feldgendarmerie, und er hatte vier oder fünf andere in seiner Tasche. Chauvignat wurde gegen fünfzehn Uhr gegenüber dem Haus von Henri Laporte erhängt. Er bewies außerordentlichen Mut und ging sehr gefaßt in den Tod. Chauvignat aus Libourne war unser Oberleutnant Michael. Monteil (Raymond) und Grandreuil (Léon) sollten nach Deutschland deportiert werden, wurden aber schon unterwegs ermordet.»

Fast vierzig Jahre nach diesen Ereignissen erfuhr ich durch das Buch «La division das Reich et la Résistance» von dem britischen Publizisten Max Hastings (Verlag Pygmalion, Gérard Watelet, Paris 1983, S. 188–189), daß Michael vom Kommandeur der SS-Division «Das Reich», dem General Heinz Bernhard Lammerding, persönlich in den Tod geschickt worden ist. Hastings, der sich auf Aussagen ehemaliger SS-Offiziere der Panzerdivision stützt, schreibt, Lammerding habe mehrmals erklärt, er habe am 9. Juni 1944 zur Zeit der Erhängung von neunundneunzig Geiseln nicht in Tulle anwesend sein können, da er zur gleichen Zeit an einer anderen Erhängung teilgenommen habe – in Uzerche.

Im Buch von Hastings heißt es dazu: «Lammerding verbrachte die Nacht vom 8. zum 9. Juni in der Wohnung des Gerbers Henri Laporte, die sich direkt über dem Geschäft befindet. Am Morgen des 9. Juni wurden ihm von einem seiner Offiziere drei Maquis-Angehörige gebracht, die soeben gefangengenommen worden waren: Sofort nach dem Eintreffen von ‹Das Reich› in Tulle waren diese Franzosen in nordwestlicher Richtung in einem Citroën-Wagen geflohen … Als sie in der Nähe von Uzerche waren, sechsundzwanzig Kilometer von Tulle entfernt, stießen sie auf eine Patrouille der SS, die sie festnahm. Bei einem von ihnen entdeckte man zu seinem großen Unglück drei Feldgendarmenschilder, die er unvorsichtigerweise als Andenken aufbewahrt hatte.

Die Höflichkeit Lammerdings gegenüber den drei Gefangenen erstaunte die Familie Laporte. Er bot Raymond Monteil in aller Ruhe eine Zigarette an, die dieser aber mit dem Hinweis ablehnte, er sei zu hungrig, um zu rauchen. Lammerding befahl dann, ihm zu essen zu geben. Dann sprach man über das Schicksal des Maquis-Angehörigen, bei dem man die Schilder der ‹Kettenhunde› (auf deutsch im Text – G. L.) gefunden hatte. Das dauerte nicht lange. Ein Seil wurde an einem Lichtmast befestigt, und man erhängte ihn daran auf der Stelle ... Raymond Monteil und der andere Maquis-Angehörige jedoch wurden zunächst verschont. Nach Dachau deportiert, sollten sie aber nicht überleben. Beide waren noch nicht zwanzig Jahre alt.»

Mein Freund Louis Gourinal, ehemaliger FTP-Offizier der Corrèze, der heute in Villejuif bei Paris lebt, konnte mir folgende Einzelheiten über Michaels letzte Augenblicke berichten: «Wie es die SS überall praktizierte, stellte sie zwei Leitern an dem Lichtmast auf. Auf der einen mußte Michael hinaufsteigen, auf der anderen sein Henker. Bevor der SS-Mann jedoch nach oben gelangt war, stieß ihn Michael mit einem Fußtritt von der Leiter, steckte seinen Kopf dann selbst in die Schlinge und sprang in die Tiefe ...»

Ich bin mehrmals an dieser Stelle gewesen. Der Lichtmast steht direkt gegenüber dem Haus des Gerbers Laporte an der Route de Brive in Uzerche. Von den Fenstern seines Salons aus konnte der SS-General den Todeskampf meines Freundes beobachten. Eine Bronzetafel erinnert daran, daß an dieser Stelle am 9. Juni 1944 die SS einen französischen Patrioten ermordet hat. Am 8. Mai, dem Tag des Sieges über den Hitlerfaschismus, werden hier Kränze der Stadtverwaltung, der Organisationen ehemaliger Widerstandskämpfer und der Armee-Einheiten der Region niedergelegt. Die Bevölkerung nannte Michael nur «Der Märtyrer von Uzerche», denn die Tafel war einem «Unbekannten Résistance-Angehörigen» gewidmet. Als sie kurz nach Kriegsende angebracht wurde, kannte man noch nicht die wahre Identität des FTP-Offiziers.

Ich habe meine vielen Freunde in der Corrèze gebeten, dafür einzutreten, daß Michaels richtiger Name auf die Tafel geschrieben wird. In Veröffentlichungen in Frankreich und in der Deutschen Demokratischen Republik trat ich dafür ein. In der Corrèze bemühten sich der ehemalige Botschafter Frankreichs in der DDR, Maurice Deshors, heute Generalsekretär des Verbandes der sozialistischen Abgeordneten und Gemeinderäte des Departements, und der kommunistische Abgeordnete Pierre Pranchère darum. Im Juni 1986 faßte das Stadtparlament von Uzerche auf der Grundlage meines Ersuchens einen entsprechenden Beschluß, der von den staatlichen Behörden gebilligt wurde. Und am 14. Juli 1986 ist feierlich vor Abgeordneten und Gemeinderäten der ganzen Region, vor einer Ehrenformation der Armee und unter breiter Teilnahme der Bevölkerung die geänderte Tafel enthüllt worden. Edouard Chauvignat, mein Befreier und Freund Michael, ist der Bevölkerung jetzt mit seinem Namen und als Oberleutnant der Francs-Tireurs et Partisans bekannt. Auf der Tafel sind auch seine Henker, die Angehörigen der SS-Division «Das Reich», genannt.

Der SS-General Lammerding, der neunundneunzig Geiseln am 9. Juni in Tulle erhängen ließ, der am nächsten Tag im kleinen Ort Oradour-sur-Glane sechshundertzweiundvierzig Männer, Frauen und Kinder viehisch ermorden ließ, ist 1971 in Düsseldorf als wohlhabender Unternehmer für öffentliche Bauarbeiten ruhig in seinem Bett gestorben. Obwohl in Frankreich in Abwesenheit zum Tode verurteilt, haben ihn weder die USA-Behörden, in deren Okkupationszone er nach dem Mai 1945 Zuflucht gefunden hatte, noch die britischen Stellen ausgeliefert, und nie hat ein Gericht der Bundesrepublik Deutschland einen Prozeß gegen ihn angestrengt. In der Öffentlichkeit hat Lammerding immer geleugnet, irgend etwas mit den Verbrechen in Tulle und Oradour zu tun zu haben. Wie die meist nicht sehr mutigen SS-Führer es häufig taten, machte er seine Untergebenen allein dafür verantwortlich, in erster Linie natürlich diejenigen, die bei den Kämpfen in der Normandie gefallen sind. Sein «Alibi», das er durch SS-Kreise verbreiten ließ, er habe nichts von den Massenerhängungen in Tulle gewußt, weil er am 9. Juni einer anderen Erhängung, der von Michael in Uzerche, beigewohnt hätte, ist völlig belanglos. Lammerding war der Kommandeur einer Division mit fünfzehntausend Mann, die über mehr als dreitausend meist gepanzerte Fahrzeuge verfügte und deren Kräfte sich zwischen dem 8. und 10. Juni in drei Departements auf einer Fläche von mehr als achttausend Quadratkilometern entfaltet hatten. In diesen drei Tagen sind von seinen Untergebenen über zweitausend Franzosen getötet, gefoltert oder deportiert worden. Hunderte Häuser wurden in Brand gesteckt, ganze Ortschaften dem Erdboden gleichgemacht. Natürlich konnte der General nicht überall zugegen sein, aber überall ist nach seinen präzisen Anordnungen gehandelt worden – das hat unter anderem der in der Deutschen Demokratischen Republik gegen den SS-Verbrecher Barth geführte Prozeß bestätigt.

Den Namen Lammerdings habe ich zum erstenmal im Oktober 1944 in Paris gehört. Mein Vater war damals als Mitglied der Kommission «Nazikriegsverbrechen» des Komitees «Freies Deutschland» für den Westen mit den völkerrechtlichen Aspekten dieser Angelegenheit betraut. Er hatte soeben an einer Tagung des Komitees dazu teilgenommen und zeigte mir die Liste der Kriegsverbrecher, die bereits von der Kommission ermittelt worden waren. Ein Exemplar davon habe ich heute noch.

Mein Vater bezeichnete Lammerding als den am meisten belasteten Massenmörder. Bevor er nach Frankreich versetzt wurde, hatte der SS-General jahrelang in der Sowjetunion gewütet und war dort ohne Zweifel für Dutzende Oradours verantwortlich. Ich erinnere mich an meines Vaters Worte: «Ein demokratischer deutscher Staat muß Leute wie Lammerding nach den Grundsätzen des Völkerrechts bestrafen – das ist die Voraussetzung für vertrauensvolle Beziehungen zu Frankreich.»

Mein Vater wußte, daß ich gegen SS-Leute der Division «Das Reich» in der Corrèze gekämpft hatte. Wir ahnten zu diesem Zeitpunkt allerdings nicht, daß ich um ein Haar durch Lammerdings persönliche Entscheidung auf die Leiter in Uzerche oder in ein deutsches Todeslager geschickt worden wäre, wenn mein Freund nicht auf der Straße nach Perpezac-le-Noir den ersten Wagen an meiner Stelle übernommen hätte.

Die Tage mit Michael, die so tragisch endeten, sind mir mehr als vierzig Jahre danach in allen Einzelheiten gegenwärtig. Sein lächelndes Gesicht habe ich als erstes auf dem Bahnsteig in Allassac erblickt, als ich von der Gefangenschaft erlöst war und die Brüderlichkeit der FTP-Kameraden kennenlernte. Ich höre immer noch seine helle Stimme sagen: «Laß dich umarmen ...» Und: «Es ist besser, ich fahre den ersten Wagen. Ich kenne hier jeden Winkel.» General de Gaulle hat einmal gesagt, daß alle Menschen eine bestimmte Vorstellung von Frankreich haben. Für mich ist der Gedanke an dieses Land untrennbar mit Michael verbunden.

In der Loyre-Schlucht

Nicht weit von unserem Sammelpunkt zum Angriff auf Tulle, diesmal in der Schlucht der Loyre, eines Nebenflusses der Vézère, mitten im dichten Weisse-Wald, hat die Gruppe Jean Robert ihr Lager eingerichtet. Die Einwohner von La Chapoulie, dem nahen Dorf, empfangen uns wie ihre Kinder, die von einer gefährlichen Reise zurückgekehrt sind. Mehrere aus unserem Kommando kennen sie schon seit fast zwei Jahren. Ein älterer Bauer, den wir Vater Bouillaguet nennen, organisiert die Versorgung unseres Lagers mit Lebensmitteln. Er ist bestürzt, als er erfährt, daß Michael von der SS in Uzerche gehängt wurde und das Schicksal von Raymond und Léon unbekannt ist. Lange sitzt er am Tisch und starrt vor sich hin. «Man muß den M. und besonders ihrer Tochter Jeanine Bescheid sagen», meint er dann. «Michael war bei ihnen wie zu Hause.» Als er unsere Gesichter sieht, fügt er hinzu: «Ihr braucht nicht hinzugehen, ich mache es gleich nachher.» Keiner von uns widerspricht.

Wir bereiten geballte Ladungen für die Unterbrechung der nahen Eisenbahnlinie Brive–Uzerche vor. Aus einem Versteck in der Erde holen wir die in Containern sorgsam verpackten Stangen mit dem aus englischen Fallschirmsendungen stammenden Sprengstoff Plastic. Er läßt sich zu Kugeln kneten und haftet gut an Schienen, Schwellen und Signalanlagen. Wie der Zünder und die schnell oder langsam brennenden Zündschnüre funktionieren, erklärt eine den Containern beigegebene Gebrauchsanweisung in französischer Sprache.

In den nächsten Tagen wollen wir mit den Sprengungen beginnen. Wie Lucien uns erläutert, kommt uns die Aufgabe zu, weiterer Wehrmachtseinheiten, die vom Süden oder Südwesten in die Normandie wollen, den Schienenweg zu versperren. Sie sollen auf die engen, manchmal zwischen Felsen gesprengten Straßen in der Hoch-Corrèze gezwungen werden, wo sie von anderen Einheiten angegriffen und aufgehalten werden können. Das habe jetzt um so größere Bedeutung, als die Nachrichten von den Kämpfen in der Normandie, auf der Halbinsel Cotentin, nicht sehr gut sind. Unter schweren Verlusten haben die gelandeten alliierten Truppen ihren Brückenkopf nur unerheblich erweitern können.

Oberleutnant Roussel, von uns Jules genannt, kommt vom Bataillonsstab zu uns und bringt weitere schlimme Nachrichten: Zum erstenmal erfahren wir von den Erhängungen in Tulle – die Zahl der Opfer ist noch unbekannt – und von der Ausmerzung der kleinen Ortschaft Oradour-sur-Glane im benachbarten Departement Haute Vienne. Auch von dort gibt es keine Einzelheiten, nur daß sich viele Frauen und Kinder unter den Ermordeten befinden sollen. Zunächst sind wir alle wie erschlagen. Dann entbrennen heiße Diskussionen: War es richtig, daß wir uns bei dem Angriff auf Tulle strikt an die Genfer Konvention gehalten, Kriegsgefangene gemacht und die verwundeten deutschen Soldaten durch unsere Sanitäter ins Krankenhaus geschafft haben? Ich werde aufgefordert zu erklären, wie Soldaten – und das seien doch trotz allem auch die SS-Angehörigen – kaltblütig Frauen und Kinder ermorden können.

Die Arbeit an den geballten Ladungen wird unterbrochen. Wir sprechen uns aus über den Krieg, den wir führen müssen, über unsere Feinde und deren Verbrechen. «Wir sind keine Boches, wir könnten keine Gefangenen, die sich ergeben, oder Verwundete töten», sagt Lou. «Im übrigen hätte das unserem Ziel, die durch die Corrèze ziehenden Nazitruppen aufzuhalten, auch nur irgendwie genützt?»

Ich vertrete den Standpunkt, gerade unsere menschliche Kampfführung könne diejenigen unter den Wehrmachtsangehörigen, die jetzt Schluß machen wollen und sich gegen die SS auflehnen, bestärken. «Ja», sagt ein Kamerad, «wenn man gemeinsam mit Deutschen wie Rescapé oder diesem Wehrmachtsarzt in Tulle gegen die Boches vorgehen und sie zur Kapitulation bringen könnte ...»

Die Differenzierung zwischen Wehrmacht und SS ist jedoch nach dem uns bekannten Massaker an den Gleiswärtern im Bahnhof von Tulle sehr schwer geworden.

Das Motorengeräusch eines Flugzeuges läßt uns die Diskussion unterbrechen. Es ist ein Aufklärungsflieger der Wehrmacht, der langsam und tief über den Weisse-Wald streicht. Hat er den Rauch unserer Feldküche entdeckt? Einige meinen, in den nächsten Tagen müßten wir wohl die Stellung des Lagers wechseln. Noch wissen wir nicht, welche Folgen der Flug haben sollte.

In der Nacht brechen ein paar von uns zu einer ersten Erkundung der Wege zur Eisenbahnlinie auf. Auch ich habe mich dazu gemeldet. Wir beobachten mehrere Stunden die Strecke von einer Anhöhe aus. Nach wie vor verkehrt kein Zug. Doch bei Estivaux hätten gestern Draisinen mit Wehrmachtsangehörigen und Gleisarbeitern lange gehalten, um die zerstörten Schienen zu reparieren, berichtet ein Bauer, dem wir auf dem Rückweg im Wald begegnen.

Als wir La Chapoulie passieren, ist die Sonne schon aufgegangen. Wir treffen mehrere Bäuerinnen, die auf Handwagen Milchkannen zur Sammelstelle am Dorfausgang bringen, unter ihnen die Mutter von Jeanine, Madame M. Wir wollen mit einem Gruß vorbeigehen, doch sie hält uns auf. «Seitdem das mit Michael passiert ist, meidet ihr unser Haus», sagt sie vorwurfsvoll. «Als Michael noch da war, seid ihr immer zu uns gekommen, habt uns auch mitten in der Nacht besucht.»

Sie hat Tränen in den Augen. Jo umarmt sie und verspricht, daß wir am Nachmittag bei ihnen sein würden. Jetzt müßten wir ins Lager zurück.

Nach einigen Stunden Schlaf machen wir uns auf den Weg nach La Chapoulie. Oberleutnant Jules vom Bataillonsstab, Jo, Toutou, Lou und ich. Jeanines Vater bespricht mit Lou, ob ein Schaf, das die Bauern morgen für unser Lager schlachten wollen, für drei Tage reichen würde. Die Eltern von Jeanine gehören zu den Lebensmittellieferanten der Partisanen, seit es Lager an der Vézère und der Loyre gibt.

Madame M. erzählt von Michael. «Nach dem Angriff auf den Zug in Allassac hat er uns von Rescapé berichtet und gesagt: ‹Jetzt habe ich einen richtigen Freund gefunden ...›» Mir schnürt sich die Kehle zu.

Jeanine hat verweinte Augen. Sie wird von den Eltern mit einem Krug zum Nachbarn geschickt, um Wein zu holen. Kurz darauf stürzt sie, ganz blaß, wieder in die Stube: «Les Boches», stößt sie hervor.

Schon klirren die Scheiben der Fenster zur Straße vom Dröhnen der Motoren. Panzer fahren rasch vorbei. Ich sehe einen großen Panzerspähwagen und eines der Kettenfahrzeuge, in dem sie Truppen transportieren. «Durch das Küchenfenster nach hinten raus!» ruft der Vater von Jeanine.

Keiner von uns hat eine Maschinenpistole mit. Jo und Jules nehmen ihre amerikanischen Colts in die Hand, ich die Pistole 7,65, die ich am Abend nach meiner Befreiung erhalten hatte. Wir springen aus dem Fenster in den kleinen Hausgarten, der direkt zu den bereits abgeernteten Kornfeldern und zu den Weiden führt. Mehr als dreihundert Meter müssen wir ohne Deckung bis zum Waldrand laufen. Beim Überspringen eines niedrigen Stacheldrahtzauns bleibt die armlange Fallschirmschnur, mit der ich meine Pistole am Gürtel festgemacht habe, an einem Pfoßten hängen. In der Aufregung zerre ich daran, ohne die Schnur frei zu bekommen. Toutou, der gleich hinter mir läuft, hält an, hebt die Leine hoch und macht sie los.

Wir haben höchstens die Hälfte des Weges zum Waldrand geschafft, als ein Maschinengewehr, das die SS in den Felsen am Ortsausgang installiert hat, zu schießen beginnt. Kurze Salven, lange Salven. Die Erde spritzt vor mir auf. Gleichzeitig höre ich dicht hinter mir auf deutsch rufen: «Halt, stehenbleiben, ergeben!»

Ich drehe mich um und sehe höchstens zehn Meter entfernt hinter einem Stacheldrahtzaun zwei schwerbewaffnete Soldaten, die Maschinenpistolen um den Hals gehängt, im Koppel mehrere Stielhandgranaten. Auf den Stahlhelmen ist die SS-Rune deutlich zu erkennen. Ich hebe meine Pistole und feuere auf die beiden, die unbeweglich dastehen. Der eine greift sich an den Helm und geht langsam wie in Zeitlupe in die Knie. Der andere blickt wie erstaunt auf seinen Nebenmann und starrt mich mit weit aufgerissenen Augen an, ohne seine Maschinenpistole zu nehmen. Er hat ja Angst vor mir, denke ich überrascht.

Ich zähle meine Schüsse, weil ich eine Kugel aufbewahren, ihnen nicht lebend in die Hände fallen will. Nach dem vierten Schuß versagt meine Waffe. Der Abzug läßt sich nicht mehr durchdrücken. Sie werden mich lebend fangen, denke ich mit Grauen, und die Furcht vor der Folter, die mir so oft in Saint Michel schlaflose Nächte bereitet hat, kommt wieder hoch.

Immer noch steht der eine SS-Mann wie festgewachsen da, der Kopf des anderen schlägt mit dem Helm gegen den Stacheldraht des Zaunes. Etwa hundert Meter weiter, vor den Häusern von La Chapoulie, lädt Vater Bouillaguet Weizengarben auf einen von Ochsen gezogenen Karren, als ob nichts geschehen würde. Jetzt blickt er in unsere Richtung, und es scheint mir, als ob er mir Mut zusprechen wollte. Das alles dauert höchstens drei Sekunden, doch mir kommt es wie eine Ewigkeit vor. Ich drehe mich um und renne weiter. Warum schießt der SS-Mann nicht, den ich verfehlt habe? Vor mir sind die Kameraden bereits im Wald verschwunden. Die Maschinengewehrgarben prasseln jetzt dichter. Ich werfe mich hin und krieche, wie ich es erst vor wenigen Tagen vor der Schule in Tulle gelernt habe. Als ich aufspringe, setzt das Maschinengewehr wieder ein, und sofort spüre ich einen harten Schlag am rechten Oberschenkel. Ein Stein? Nein. Blut läuft warm das Bein hinab. Doch ich kann weiterrennen, habe keine Schmerzen.

Endlich ist der rettende Wald da. Die Bäume schützen mich. Das Maschinengewehr schweigt. Ich eile den steilen Abhang hinunter, laufe durch die nur fußtiefe Loyre. Beim Hinaufsteigen auf der anderen Seite prüfe ich meine Pistole. Nur der Sicherheitsbügel ist hochgesprungen. Die Waffe ist wieder schußbereit. Ich habe noch drei Kugeln.

Auf der gegenüberliegenden Seite des Baches bewegen sich die jungen Bäume. In einer breit auseinandergezogenen Schützenkette klettern die Feldgrauen langsam, sehr vorsichtig den steilen Abhang hinunter, sich an den dünnen Stämmen festhaltend. Jetzt sind wieder Schüsse zu hören, Garben aus Maschinenpistolen. Ich sehe, wie sie in jeden Strauch schießen, bevor sie weitergehen.

Ich laufe den Hügel höher hinauf. Das Lager liegt weit rechts von mir. Im engen Dickicht an einer Felsenplatte auf dem Gipfel des Weisse-Berges, durch das man nur kriechend kommen kann, verberge ich mich. Vereinzelt und fern sind Schüsse zu hören. Wo sind die anderen Kameraden geblieben?

Die Verwundung, ein glatter Durchschuß, beginnt jetzt zu schmerzen. Aber ich kann das Bein weiter bewegen. Offenbar ist der Knochen nicht getroffen. Ich habe geschossen, sobald ich sie sah, so wie ich es mir nach Michaels Gefangennahme vorgenommen hatte. Dieser Gedanke beruhigt mich.

Kurz vor Einbruch der Dunkelheit kommt eine Gruppe von etwa zehn Soldaten am Rand des Dickichts vorbei. Ich halte den Atem an und spüre mein Herz schneller klopfen. Die SS-Leute gehen immer noch sehr langsam und vorsichtig. Einer blickt auf das Gestrüpp, in dem ich liege, wendet sich dann an den neben ihm Gehenden und sagt: «Hier ist doch nichts mehr.» Ihre Schritte entfernen sich. Ich nehme den Pistolenlauf von meiner Schläfe und merke, daß ich schweißgebadet bin.

Nicht sehr weit von dem Gestrüpp, in dem ich liege, muß die Straße verlaufen. Ich höre Motorenlärm, Autotüren zuschlagen, einen Schuß und kurz darauf ein ärgerliches «Paß doch auf, Mensch!». Nur nicht einschlafen, denke ich. Die Wunde am Oberschenkel hat aufgehört zu bluten. Es ist inzwischen dunkel. Durch die Baumkronen sehe ich einige Sterne schimmern.

Ich erwache, als die Sonne schon aufgegangen ist, und erschrecke bei dem Gedanken, daß sie mich im Schlaf überraschen konnten. Auf der Straße ist jetzt offenbar alles ruhig. Haben sich die SS-Leute bei Anbruch der Dunkelheit zurückgezogen?

Ich entschließe mich, durch den Weisse-Wald nach La Chapoulie zurückzukehren. Auf einem Waldweg treffe ich einen Bauern, der neben seinem mit Holzscheiten beladenen Wagen hergeht. Mit dem Blick auf ein kleines isoliertes Gehöft an einer Lichtung frage ich: «Sind dort Boches?»

«Gestern waren sie überall, in der Nacht sind sie abgezogen.»

«Können Sie mir etwas zu essen geben?»

Der Bauer zögert und blickt auf die Pistole, die ich offen im Gürtel trage. «Hier habe ich nichts bei mir. Ins Haus kann ich Sie nicht mitnehmen. Mein Schwiegersohn ...», er unterbricht sich, sucht nach Worten, «ist nicht für euch. Er ist aktiver Unteroffizier gewesen und gehört der Legion der ehemaligen Kriegsteilnehmer an. Da kann ich nichts machen ...»

Zum erstenmal stoße ich bei einem Einwohner dieser Gegend auf eine ablehnende Haltung.

«Wohin führt der Weg?» frage ich noch.

«Direkt nach La Chapoulie.»

Der Mann ist sichtlich erleichtert, als ich mich verabschiede. Vorsichtig nähere ich mich dem Dorf. Alles scheint ruhig zu sein. Aus den Schornsteinen steigt Rauch auf. Hinter einer Buche versteckt, beobachte ich das Haus von Vater Bouillaguet. Jetzt taucht er am Scheunentor auf. Er trägt frische Strohbündel in den Stall. Leise rufe ich ihn an.

«Rescapé!» Der Alte läuft auf mich zu und umarmt mich.

«Lucien, Jo und Lou sind bei mir. Wir warten seit Stunden auf dich, dachten schon das Schlimmste. Aber du hinkst ja. Komm erst mal herein.»

Auch von meinen Kameraden werde ich herzlich begrüßt. Wir säubern und verbinden die Wunde. «Du hast einen der beiden SS-Leute, die direkt hinter uns waren, am Kopf verletzt», sagt Lou. «Es war offensichtlich nur ein Streifschuß, aber er hat völlig demoralisiert im Hof gelegen, Vater Bouillaguet seinen durchlöcherten Stahlhelm gezeigt und immer wieder gesagt: ‹Vrai partisan, vrai partisan ...› (ein richtiger Partisan). Sie sind, kurz nachdem es dunkel geworden ist, abgezogen, ohne sich am Dorf zu rächen. So eilig hatten sie es.»

Meine Kameraden wissen jetzt, daß der Aufklärungsflug, den wir bemerkten, die Aktion der SS ausgelöst hat. Vater Bouillaguet hat eine Luftaufnahme des Weisse-Waldes in den Händen eines Offiziers gesehen.

«Ich bin überzeugt, wir haben es deinen Schüssen zu verdanken, wenn wir mit nur einem gefallenen Kameraden davongekommen sind», sagt Lucien.

«Einer von uns ist gefallen?» frage ich erschrocken.

«Toutou», antwortet Jo. Der Junge war, offenbar um den Maschinengewehrgarben zu entgehen, nicht in den Wald geflüchtet, sondern hatte versucht, sich in einem noch nicht abgeernteten Kornfeld links von uns zu verbergen. Dort ist er von einer Patrouille der SS gefangengenommen worden. Sie haben ihn nach La Chapoulie zurückgebracht und furchtbar geschlagen. Er sollte sie zum Lager führen, weigerte sich aber. Sie schleppten ihn ins nahe Rouffignac. Am Ende des Verhörs schoß ihm ein Unteroffizier in den Nacken. Die SS ließ Toutou auf dem Dorfplatz liegen. Toutou, der lustige, immer hilfsbereite Kamerad. Er war es, der die Fallschirmschnur meiner Pistole vom Pfosten gelöst hatte. Wenige Stunden später war er ermordet.

«Wie kommt es, daß die beiden SS-Männer, die nur zehn Meter hinter mir standen, mich nicht verfolgt haben?» frage ich meine Kameraden. Jo meint, sie wären dann direkt in das Maschinengewehrfeuer gerannt, von dem ich ja getroffen worden bin. Warum sie allerdings nicht geschossen hätten, sei schwer zu verstehen. Vielleicht ein Schock bei diesen SS-Leuten, die bei weitem nicht alle kampferprobt, sondern mehr daran gewöhnt seien, Unbewaffnete zu jagen und zu töten. Deshalb das erstaunte «Vrai partisan» bei dem Mann, den meine Kugel am Kopf getroffen hatte.

Erst Michael, jetzt Toutou. Unsere kleine Gruppe von acht Partisanen hat zwei Kämpfer allein in den letzten Tagen verloren. Ähnlich sieht es in den anderen Einheiten aus, sagt Jules. Lohnen sich die Opfer angesichts der Übermacht des Feindes? Mein eigener Beitrag erscheint mir recht bescheiden: die begrenzte Teilnahme an den Kämpfen in Tulle, ein leicht verwundeter und wenigstens an diesem Tag demoralisierter SS-Mann in La Chapoulie, später die Sprengungen der Eisenbahnlinie ... Das alles ist nicht viel. Dennoch waren wir damals überzeugt, mit unseren schwachen Kräften an einem bedeutenden Unternehmen mitzuwirken.

Inzwischen sind von französischer und britischer Seite mehrere Bücher über die Blutspur der SS-Division in den Departements Corrèze, Creuse, Haute-Vienne und Dordogne geschrieben worden. Max Hastings beziffert in «Die SS-Division Das Reich und die Résistance» die Opfer der Partisanen und der Zivilbevölkerung in den Junitagen 1944 in dieser Region während des Wütens der Morddivision auf 2099 Tote und 1253 Deportierte, von denen nur wenige zurückkehren konnten. Demgegenüber hatten die Einheiten der SS-Division nach ihren Kriegstagebüchern siebzehn Tote und dreißig Verwundete gehabt. Dieses Mißverhältnis, das sich aus der enormen materiellen Überlegenheit der SS ergibt, ist so kraß, daß man sich in der Tat fragen muß, ob die schweren Opfer gerechtfertigt waren.

Das wird von Jacques Delarue (Trafics et crimes sous l'occupation, Paris 1968), Max Hastings und Anthony C. Brown (La guerre secrète, Paris 1981) eindeutig beantwortet. Ihre Forschungen ergaben: Die Kämpfe der Francs-Tireurs et Partisans besonders in der Corrèze in der ersten Junihälfte haben das Oberkommando der Wehrmacht veranlaßt, den Marsch der SS-Division «Das Reich» nach dem Norden durch zeitraubende «Säuberungsaktionen» zu unterbrechen. Die ersten Einheiten der Division trafen mit mehr als einer Woche Verspätung nach dem vom OKW festgelegten Termin in der Normandie ein, die letzten erst Anfang Juli. Nicht vor dem 10. Juli konnte «Das Reich» einigermaßen geschlossen an der Front eingesetzt werden. Die SS-Männer erreichten die Nordfront übermüdet, zum Teil demoralisiert. Die gepanzerten Fahrzeuge, die die ganze Strecke auf Straßen fahren mußten, weil ihnen der Schienenweg durch unsere Sabotageaktionen versperrt wurde, waren abgenutzt, reparaturbedürftig, manche unbenutzbar. Die Kampfkraft der Division war ohne Zweifel durch den langen, für sie erschöpfenden Aufenthalt im Partisanengebiet geschwächt.

In «La guerre secrète» (Band 2, Seite 302) zitiert Brown den Bericht des alliierten Geheimdienstes SOE (Special Operations Executive) über die um insgesamt siebzehn Tage verspätete Ankunft der Division «Das Reich» in der Normandie. SOE vergleicht die Elitedivision mit «einer Kobra, die ihre Zähne in einen Stab geschlagen hat, den man ihr hinhielt; das Gift, das ihr danach verblieb, war nicht zu vergleichen mit dem vorangegangenen Zustand. Die zwei Wochen Verzögerung für eine eigentlich mit drei Tagen veranschlagte Strecke hat ohne Zweifel eine entscheidende Rolle bei der Konsolidierung des Brückenkopfes in der Normandie gespielt. Die Lage der Alliierten war in den ersten Tagen so prekär, daß eine Panzerdivision mehr – Division erster Klasse mit sehr zahlreichen Angehörigen und hervorragend ausgerüstet – wahrscheinlich die noch schwache alliierte Front auf den Strand zurückgeworfen hätte.»

Brown gibt auch den Rapport des amerikanisch-britischen Generalstabs in Frankreich an das alliierte Oberkommando vom 16. Juni 1944 wieder, dem Tag, an dem eine Abteilung von «Das Reich» La Chapoulie besetzt hatte: «Der Résistance ist es gelungen, schon eine Woche lang den Abtransport der 2. SS-Panzerdivision zu verzögern. Die durch die französischen Streitkräfte des Innern erzielten Ergebnisse haben bei weitem die Erwartungen übertroffen. Allgemein kann festgestellt werden, daß die Bewegungen der deutschen Einheiten zur Front im Norden langsam verlaufen. Im Süden und im Südwesten erklärt sich das durch die wirksamen Aktionen der französischen Résistance. Immer wieder mußten sich Panzereinheiten entfalten, um sich mit den Partisanen zu befassen.»

Der verlustreiche, ungleiche Kampf, dem zwei meiner Befreier zum Opfer gefallen sind, war nicht umsonst. Die Junitage in der Corrèze werden heute zu den großen Kapiteln des französischen Widerstandes gezählt. Am eindrucksvollsten hat das der französische Schriftsteller und zeitweilige Minister für Kultur André Malraux zum Ausdruck gebracht. In seiner Rede anläßlich der Überführung der Asche des von Gestapochef Barbie in Lyon zu Tode gequälten Präsidenten des Nationalrates der französischen Résistance, Jean Moulin, in das Pariser Panthéon der großen Männer Frankreichs sagte er: «Armer, gefolterter König des Untergrunds, sieh, wie dein Volk sich in der von

Qualen verdunkelten Juninacht erhebt ... Der Lärm der deutschen Panzer, die zur Normandie rollen, übertönt das Brüllen des aus dem Schlaf gerissenen Viehs. Du wirst dafür sorgen, daß die Panzer nicht zu früh an ihr Ziel gelangen ... Sieh die zerlumpten Kämpfer aus den Eichenwäldern hervorkommen, um mit ihren an Bazookas geübten Bauernhänden eine der ersten Panzerdivisionen des Hitlerregimes aufzuhalten, die Division ‹Das Reich›!»

Zweite Befreiung

«Wenn man die Scheinwerfer brennen lassen darf, ist es schon so wie im Frieden.» Lou, der neben mir steht, muß schreien, um den Motorenlärm und das Klappern der zwei alten requirierten, mit Holzgas betriebenen Lastwagen zu übertönen. Auf den Ladeflächen stehen wir so eng aneinandergepreßt, daß niemand in den Kurven umfallen kann. Es ist der 16. August, und zum erstenmal seit acht Wochen sind die Partisanen des Bataillons, das in kleine Kampfgruppen zersplittert war, wieder versammelt. Auf der Nationalstraße neunundachtzig fahren wir dicht hintereinander durch Wälder und stille Dörfer, in denen kein Licht zu sehen ist. Etwa zweihundert Meter vor dem ersten Wagen drei Motorräder, unsere Vorhut.

Erneut ist das Ziel der Fahrt Tulle. Die Garnison der Wehrmacht in der Departementshauptstadt hat sich in Verhandlungen mit dem Stab der französischen Streitkräfte des Innern in der Corrèze – den vereinten Francs-Tireurs et Partisans und der gaullistischen Armée Secrète – zur Kapitulation bereit erklärt. Die Lage der sechshundert Soldaten, Unteroffiziere und Offiziere, durch unsere Aktionen seit Wochen völlig von der Außenwelt abgeschnitten, ist aussichtslos geworden: Die alliierten Panzerspitzen stehen nur noch hundert Kilometer von Paris entfernt, und am 15. August sind amerikanische und französische Truppen in Südfrankreich gelandet und stoßen ohne größeren Widerstand nach Norden vor. In der ganzen Region gibt es keine

den Entschluß gefaßt, sich bis zu unseren Linien durchzuschlagen und sich zu ergeben. «Wir wollen nicht noch in den letzten Kriegswochen draufgehen», sagt einer von ihnen. Sie stammen aus derselben Stadt in Niedersachsen und kennen sich seit Jahren. Beide sind Mitte Vierzig und haben Familie. Sie bestätigen, daß unter den Offizieren und Soldaten seit Wochen über die Kapitulation gesprochen wird. Ein Teil der Offiziere und Unteroffiziere, die «Durchhaltekrieger», wie sie sie nennen, vertreten die Meinung, man dürfe sich Partisanen nicht ergeben, sondern müsse auf die vom Süden vorstoßenden amerikanischen Truppen warten. Andere setzten dagegen, die Partisanen seien stark genug, um die Garnison in Tulle zu vernichten, lange bevor die Alliierten in der Corrèze sein könnten.

Als sie den Befehl erhielten, in der Nacht die tief eingegrabenen Kanonen frei zu schaufeln, hatten sie an einen unmittelbar bevorstehenden gefährlichen Ausbruchversuch geglaubt. Den wollten sie nicht mehr mitmachen. Ihre Flucht war von den Wachen bemerkt worden, und die MG-Salven hatten ihnen gegolten.

«Denken viele so wie ihr?»

«Die Mehrheit sicher», lautet die Antwort. «Aber nur diejenigen, die sich schon lange kennen, sprechen miteinander darüber.» In der vergangenen Woche sei ein Gefreiter, der Radio London in deutscher Sprache abgehört und Informationen über die wirkliche Kriegslage verbreitet hatte, in Arrest gesetzt worden. Ein Offizier war dafür eingetreten, rasch ein Feldgericht zusammenzubringen, ihn zum Tode zu verurteilen und zu erschießen. Aber das hätten andere Offiziere verhindert.

«Für euch ist der Krieg zu Ende, ihr werdet eure Familien wiedersehen», sage ich. Sie holen Zigaretten aus ihrem Gepäck, bieten allen davon an. «Schmeckt wie Stroh», kommentieren meine Kameraden verächtlich. Sie lassen nur den schwarzen französischen Tabak gelten.

Zum erstenmal spreche ich mit Wehrmachtssoldaten, die

nicht mehr unter dem Druck der Naziführung stehen. Sie berichten freimütig über die Stimmung im Regiment – so nennen sie die zusammengewürfelte Einheit aus meist älteren Männern, Überlebende der Partisanenaktionen, die in Tulle zusammengezogen worden sind. Die Fanatiker, die auf Entsatz durch Panzerdivisionen oder Wunderwaffen hoffen, seien weniger geworden, aber in manchen Kompanien noch tonangebend, meinen sie.

Jackie berichtet dem höchsten FTP-Offizier in Tulle, Major Joubert, der seinen Stab in der Präfektur eingerichtet hat, über die Äußerungen der beiden Überläufer und kommt mit beruhigenden Nachrichten zurück. Joubert meint, die Tatsache, daß die einfachen Soldaten nichts von der Kapitulationsvereinbarung wissen, besage nichts. Die deutschen Offiziere würden ihre Untergebenen aus Prinzip nie über die Lage informieren. In wenigen Stunden, um sechs Uhr, sollen die sechshundert Wehrmachtsangehörigen im Bois-Mandé unter Führung ihrer Offiziere im Hof der Präfektur sein. Ohne Waffen. Die sollen sie in ihrem Stützpunkt zurücklassen.

Als es hell wird, hören wir Motorengeräusch auf der Landstraße, die am Fuß des Hügels in den Wald hineinführt. Es ist ein Soldat im feldgrauen Mantel ohne Karabiner. Er fährt langsam auf uns zu. Beim ersten Anruf hält er seine Maschine an, steigt ab und grüßt stramm. «Oberst Reichmann schickt mich», sagt er. «Wir haben die ganze Nacht gearbeitet, sind aber mit dem Ausgraben der Geschütze, wie es vereinbart war, nicht fertig geworden. Der Oberst bittet um die Entsendung eines Beauftragten von Ihnen, den ich mitnehmen soll und der sich vom Stand der Vorbereitungen überzeugen kann. Der Oberst bittet auch um die Verlegung der Übergabe im Hof der Präfektur um zwei Stunden, auf acht Uhr.»

Ich übersetze. «Rescapé, fahr mit ihm hinauf», ordnet Jackie an und fügt dann hinzu: «Aber sei vorsichtig.»

Ich steige auf den Rücksitz. Es geht schnell die Straße

Pünktlich um sieben Uhr dreißig kommt das Regiment die Straße herunter, in Reih und Glied, mit Oberst Reichmann und den anderen Offizieren an der Spitze, alle unbewaffnet. Wir begleiten die Kolonne zu beiden Seiten. In der Corrèze ist der Krieg zu Ende. Von der Stadt dringt der Lärm einer Demonstration, die sich spontan formiert hat, bis zu uns. Man hört die «Marseillaise» von Hunderten Stimmen gesungen, erst leise, dann immer stärker.

«Unser Bataillon wird heute nachmittag mit hundert Gefangenen in einem Sonderzug nach Brive fahren», teilt Jakkie unterwegs mit.

«Mit der Eisenbahn?» wundere ich mich. Noch vor vier Tagen hat meine Gruppe an zwei Stellen die Geleise gesprengt. «Sind denn die Strecken wieder in Ordnung?»

«Die Eisenbahner haben in den letzten Tagen fast alles repariert. Übrigens: In Paris hat sich das Volk erhoben und beherrscht schon fast die ganze Stadt. Und Toulouse ist gestern befreit worden.»

«Glaubst du, daß man dorthin fahren kann?» frage ich.

«Warum nicht, sobald du willst ...»

Heute abend werde ich an Noémie Boussière in Castres schreiben und über sie Kontakt mit meinen Genossen in Toulouse aufnehmen. Jetzt gibt es hier keine Gestapo mehr, der die Briefe in die Hände fallen könnten. Der Gedanke ist berauschend. Ich erinnere mich an meine erste Ankunft in Toulouse. Wie weit liegt das zurück? Nicht einmal zwei Jahre.

Die Kolonne der Kriegsgefangenen, die wir begleiten, ist am Stadtrand angelangt. Ich sehe die ersten Häuser von Tulle rechts und links auftauchen, doch alles kommt mir noch unwirklich vor, wie am Bahnhof von Allassac, als mir die Handschellen gelöst worden waren. Zum zweitenmal erlebe ich die Befreiung, von der ich in so vielen Nächten hinter den Mauern von Saint Michel geträumt hatte.

Wenige Tage später verabschiede ich mich von meinen Kameraden und nehme den Frühzug nach Toulouse.

Vierzig Jahre später

«Avenue der Märtyrer» und «Platz der Befreiung» steht auf den Straßenschildern des kleinen Ortes Le Lonzac im Herzen der Corrèze. Warme Aprilsonne scheint auf einstöckige Häuser aus Granitsteinen, die sich um die alte Kirche gruppieren. Die liebliche bergige Landschaft der Hoch-Corrèze mit tiefen Eichenwäldern, den Felsen des Zentralmassivs und dem schnell fließenden Fluß Vézère, in dem man noch immer Forellen angeln kann, umgibt den Ort. Alles könnte auf ruhige Idylle hinweisen, wenn nicht schon die Straßenschilder des Städtchens an Blut und Tränen erinnern würden.

Vierzig Jahre nach den dramatischen Ereignissen des Sommers 1944 finde ich meine geliebte Corrèze verändert und auch gleichgeblieben vor. Zusammen mit meiner Frau fahre ich über die Straßen zwischen Uzerche und Perpezac-le-Noir, zwischen Tulle und Brive-la-Gaillarde. Der Bahnhof von Allassac besteht noch aus demselben kleinen zweistöckigen Gebäude mit dem angebauten niedrigen Gepäckschuppen. Nur die Schmiede, gleich gegenüber, in der mir die Fesseln gesprengt worden waren, existiert nicht mehr. Als das Erzbergwerk von Allassac vor fast zwanzig Jahren stillgelegt wurde, ist die dazugehörende Eisenwerkstatt ebenfalls geschlossen worden. In den Dörfern sind viele neue schöne Häuser entstanden, und in den Cantous, den Wohnküchen, hat der elektrische Herd das offene Kaminfeuer verdrängt. Kühlschränke, Waschmaschinen und Fern-

nem in Flammen stehenden Schloß erschossen: der kommunistische Arbeiter Pierre Mathevet und der Medizinstudent Bernard Ballin, ein Verantwortlicher des christlichen Jugendverbandes.

Mit der Demonstration durch die Straßen der kleinen Stadt werden die Opfer geehrt und die Breite und Vielfalt der Résistance gewürdigt, wie sie auch in Le Lonzac zum Ausdruck gekommen war. An der Spitze des Zuges gehen der Bürgermeister des Ortes, René Sohier, ehemaliger FTP-Kämpfer, und sein Stellvertreter Maurice Deshors, zum Zeitpunkt unseres Besuches Botschafter der französischen Republik in der Deutschen Demokratischen Republik. In Frankreich ist es seit der großen Revolution üblich, daß hohe Beamte, sogar Mitglieder der Regierung, ehrenamtliche Funktionen in Gemeinderäten übernehmen. Maurice Deshors, der hier aufgewachsen ist, fühlt sich mit Le Lonzac eng verbunden. Auf dem Mahnmal für die Opfer der faschistischen Repression vor dem Rathaus ist auch der Name Antoine Deshors in den Stein gemeißelt. Er war der Schmied des Ortes und ein Vetter des Botschafters.

Bürgermeister Sohier stellt mich den fünfhundert Gästen, Teilnehmern an der Ehrung der Gefallenen, bei einem Empfang des Gemeinderates im Festsaal von Le Lonzac als ehemaligen Partisanen in der Corrèze und heutigen Bürger der Deutschen Demokratischen Republik vor und erinnert an meine Befreiung in Allassac. Er erteilt mir das Wort, und ich kann den Anwesenden versichern, daß in der DDR die Jugend seit vierzig Jahren im Geist des Antifaschismus und der Völkerfreundschaft, in der Achtung aller Opfer des Naziregimes, auch der Ermordeten dieses Ortes, erzogen wird.

In einem Gespräch, das ich mit Verantwortlichen des Gemeinderates im Anschluß an den Empfang führe, treten die Repräsentanten von Le Lonzac dafür ein, freundschaftliche Verbindungen zu unserem Staat herzustellen. Im Sommer 1985 hat eine erste Gruppe von Jugendlichen aus der Deutschen Demokratischen Republik dort zwei Ferienwochen verbracht. Im Ort gibt es eine Reitschule, und die jungen Leute sind mit ihren Begleitern durch die schönen Wälder der Umgebung geritten. Von den Einwohnern wurden sie freundschaftlich aufgenommen und hinterließen selbst einen sehr guten Eindruck, sagte mir Botschafter Deshors. Sie waren etwa so alt wie heute mein ältester Enkelsohn, und ich denke gern daran, daß sie die Corrèze auf diese Weise kennenlernen konnten.

Zum Zeitpunkt der Zeremonien in Le Lonzac, am 8. April 1984, bin ich schon seit elf Jahren als Korrespondent des «Neuen Deutschland» in Frankreich tätig. Es ist der zweite lange Aufenthalt in diesem Land. Mit meiner Frau, die mit mir im Pariser Büro der Zeitung arbeitet, gehe ich durch die Straßen meiner Kindheit. Da ist die enge Rue Meslay am Place de la République, wo die Buchhandlung LIFA lag, in der sich Emigranten aller politischen Richtungen trafen. Hier lernte ich auch Egon Erwin Kisch kennen, der mir Vorbild für meine Berufswahl wurde. Über die großen Boulevards, die parallel zur Rue Meslay verlaufen, ergießt sich nach wie vor der kaum abreißende Strom der Passanten. Nur die Neon-Leuchtreklamen sind heller und häufiger geworden, und der Autoverkehr ist noch dichter.

Ich finde die einzigartige, anziehende Atmosphäre dieser schönen Stadt wieder. Alles erscheint mir aber in einem angenehmeren Licht als 1933. Sogar das mächtige Gebäude der Polizeipräfektur auf der Seine-Insel La Cité hat für mich alle Schrecken verloren, denn jetzt habe ich einen gültigen Paß, eine Staatsbürgerschaft, die Unterstützung meiner Botschaft und eine Heimat, in die ich stets zurückkehren kann.

Es ist nicht die Präfektur, die mich bedrückt, wenn ich einmal im Jahr die Aufenthaltsgenehmigung für uns dort abhole, sondern das alte verwitterte Gebäude aus dem 17. Jahrhundert gleich gegenüber, das Krankenhaus L'Hôtel-Dieu. Hier ist mein Vater am 11. November 1945 gestorben, wenige Tage vor seiner geplanten Rückkehr nach Deutsch-

die überlebt haben, verfügen heute über andere Mittel als in den dreißiger Jahren. Das Café Mephisto gibt es nicht mehr, aber schräg gegenüber, auf der anderen Seite des Boulevard Saint Germain, fand das Kulturzentrum der Deutschen Demokratischen Republik in einem der prächtigsten Pariser Patrizierhäuser aus der zweiten Hälfte des vorigen Jahrhunderts seine Heimstatt. Ausstellungen, Konzerte, Lesungen, Filmvorführungen und Diskussionen ziehen zahlreiche Einwohner der französischen Hauptstadt und Touristen an. Von solchen Möglichkeiten haben sicher viele Teilnehmer an den SDS-Abenden der dreißiger Jahre im kleinen Kellersaal des Cafés Mephisto geträumt.

Doch auch eine so eindrucksvolle Einrichtung wie das Kulturzentrum ist allein nicht in der Lage, zum Beispiel die antifaschistisch-sozialistische Literatur aus der Deutschen Demokratischen Republik einem größeren Kreis bekannt zu machen. Nur wenige unserer Schriftsteller werden in Frankreich gedruckt. In den Schaufenstern der vornehmen Buchhandlungen am Boulevard Saint Germain breiten sich die Elaborate eines anderen Schriftstellers aus, der mit Abstand die höchsten Auflagen der aus dem Deutschen übersetzten Bücher aufweisen kann: Ernst Jünger. Der geistige Wegbereiter des deutschen Faschismus, dessen kriegsverherrlichendes Buch «In Stahlgewittern» zur Pflichtlektüre an den Oberschulen in der Nazizeit gehörte, hat in Frankreich Erfahrungen besonderer Art gesammelt. Er gehörte als Hauptmann der Wehrmacht zum Kommando der Okkupationstruppen in Paris. Nach dem Krieg schrieb er, er habe zu den Verschwörern des 20. Juli 1944 gehört. Vielleicht ist das so, doch fest steht, daß er sich während seines Paris-Aufenthaltes freiwillig als Leiter von Erschießungskommandos junger deutscher Soldaten gemeldet hat. Ich las dies in den Memoiren eines anderen literarisch hoch gebildeten Wehrmachtsoffiziers, Gerhard Heller («In einem besetzten Land, NS-Kulturpolitik in Frankreich, Erinnerungen 1940–1944», Verlag Kiepenheuer & Witsch, Köln,

1982), der die Nazizensur im besetzten Frankreich leitete. Heller berichtet, daß Ernst Jünger seine Gier, junge Soldaten sterben zu sehen, im Gespräch folgendermaßen begründete: «‹Vielleicht ist es besser, daß *du* dort bist als irgendein anderer›, sagte er sich, und er bemühte sich tatsächlich, die Exekution so wenig inhuman wie möglich durchführen zu lassen –, zum anderen interessierte es ihn aber auch zu sehen, wie ein Mensch unter derartigen Umständen den Tod hinnimmt. Mir persönlich schien eine solche Neugier zwar leicht morbide Züge zu tragen, obwohl er sie selbst als ‹höhere Neugier› qualifizierte ...»

Der Hauptmann der Reserve Ernst Jünger amtierte als freiwilliger Befehlshaber der Exekutionspelotons im Hof der Kaserne am Platz Balard am südwestlichen Stadtrand von Paris. Das langgestreckte massive Gebäude liegt nur wenige hundert Meter von der Straße entfernt, in der ich zwölf Jahre lang als Pressekorrespondent gewohnt habe. Wenn ich auf die Stadtautobahn, den Boulevard Peripherique, fuhr, führte mich mein Weg zwangsläufig daran vorbei. Ich dachte dann an die jungen Soldaten, die hier wegen «Befehlsverweigerung» – so nannten sie es, wenn es einer ablehnte, sich an Kriegsverbrechen zu beteiligen – oder wegen «Fahnenflucht» – wenn einer den Krieg nicht mehr mitmachen wollte – massakriert wurden und an den Kommandanten ihres Erschießungskommandos, den feinsinnigen Offizier mit der morbiden Neugier, den die Stadt Frankfurt am Main 1982 mit dem Goethepreis geehrt hat.

Die Vergangenheit enthüllen ist nicht minder schwierig als die Gegenwart erfassen, merke ich schon bei meinen Reportageausflügen in die dreißiger Jahre. Kompliziert wird es vor allem dann, wenn Legenden den Weg zur Wahrheit versperren. Im Oktober 1977 forsche ich nach Degeyter, dem französischen Arbeiter, der 1888 die «Internationale» komponiert hatte. Am Eingang zum Südfriedhof in Lille erwartet mich der Direktor des Friedhofes, Robert Pontrain. Er kennt mein Begehren, die letzte Ruhestätte

Degeyters zu sehen, und führt mich zu dem massiven Granitstein an einer versteckten Stelle. Die Inschrift ist in sechs Jahrzehnten vom Wind und Wetter verwaschen, kann aber mit einiger Mühe doch noch entziffert werden: «Hier ruht Adolphe Degeyter, Komponist der Musik der ‹Internationale›, 1859–1916».

«Sind Sie sicher, Herr Direktor, daß wir vor dem Grab des Komponisten der ‹Internationale› stehen?» frage ich.

«Absolut sicher», antwortet mein Gesprächspartner. «Das ist das Grab von Adolphe Degeyter, der die ‹Internationale› geschaffen hat. Daran kann überhaupt kein Zweifel bestehen.»

«Und doch ist es nicht das Grab des Schöpfers der großen Hymne», sage ich. «Alle seriösen Nachschlagewerke von heute nennen den Bruder von Adolphe, Pierre, als Komponisten. Das ist schon vor über fünfzig Jahren durch das Urteil eines französischen Gerichts bestätigt worden. Die letzte Ruhestätte von Pierre Degeyter mit Hinweis auf sein Werk, die ‹Internationale›, liegt auf dem Friedhof von Saint Denis bei Paris.»

Ich lasse einen tief überraschten, in gewisser Weise erschütterten Direktor auf dem Friedhof zurück. Das hatte ihm ganz offensichtlich noch keiner gesagt, obwohl es für die Musikhistoriker aller Kategorien schon lange feststeht, daß Pierre Degeyter der Komponist ist.

1888 las der vierzigjährige Kesselschmied Pierre Degeyter die Verse «L'Internationale», gedichtet von dem soeben verstorbenen revolutionären Pariser Arbeiter Eugène Pottier. Der Vorsitzende der französischen Arbeiterpartei von Lille, Gustave Delory, hatte das Poem aus Paris mitgebracht und gab es dem musikbegabten Pierre mit dem Auftrag, ein Lied danach zu komponieren. In einer Nacht soll das Meisterwerk entstanden sein. Zuerst wird es im Norden Frankreichs bekannt, dann im ganzen Land, schließlich über die Grenzen Frankreichs hinaus.

1901 tritt Pierre aus der Sektion der Arbeiterpartei in Lille aus – es ging um politische Kontroversen – und zieht nach Saint Denis bei Paris. Delory, inzwischen sozialistischer Abgeordneter, will die Urheberschaft des bereits berühmten Liedes für seine Stadt behalten und überredet den Bruder von Pierre, Adolphe, sich als Komponist des Liedes auszugeben. Adolphe, als Arbeiter der Gemeindeverwaltung von Delory abhängig, ist zunächst damit einverstanden, sollte aber später an diesem Konflikt zerbrechen. 1916 begeht er Selbstmord, schreibt jedoch zuvor einen Brief an seinen Bruder Pierre, in dem er bestätigt, daß er nie ein Lied geschweige denn die «Internationale» komponiert hat.

Damit ist die Affäre bei weitem nicht abgeschlossen, denn 1920 bei Gründung der Französischen Kommunistischen Partei tritt Pierre Degeyter sofort dieser Organisation bei. Delorys Bestehen auf Adolphe als Komponist bedeutet nun, die Hymne der Sozialdemokratie zuzusprechen. Trotzdem entscheidet endlich ein französisches Gericht 1922 und erklärt Pierre zum Schöpfer des Liedes. Wie schwer sich allerdings auch eine im Prinzip anerkannte Wahrheit durchsetzt, bestätigte sich mir 1977 auf dem Südfriedhof von Lille.

Legenden, besonders wenn sie antikommunistischen Charakter tragen, sind hartnäckig, selbst wenn ihnen alle Tatsachen widersprechen. Bei einer anderen Nachforschung, diesmal im Südosten Frankreichs am Rande der Alpen, stieß ich erneut darauf. Es ging um das tragische Ende von Willi Münzenberg, einem ehemals führenden Funktionär der Kommunistischen Partei Deutschlands. Er hatte sich bedeutende Verdienste bei der Gründung der Kommunistischen Jugendinternationale, beim Aufbau der Internationalen Arbeiterhilfe und der kommunistischen Presse und Literatur in der Weimarer Republik erworben. Nach 1933 spielte er eine große Rolle bei der Herausgabe antifaschistischer Literatur deutscher Sprache in Frankreich. Im Herbst 1937 war er jedoch in Konflikt mit der Auslandsleitung der KPD geraten, aus dem Zentralkomitee ausgeschlossen und aller Ämter enthoben worden. Wie nahezu alle anderen deutschen Emigranten wurde er von den französischen Behörden nach Kriegsbeginn interniert. Auf der Flucht vor den auch nach Südostfrankreich vorstoßenden Kolonnen der Wehrmacht Mitte Juni 1940 im Departement Isère erhängte er sich im Wald von Caugnet in unmittelbarer Nähe des Dorfes Montagne.

Schon lange bevor ich an einem strahlenden Junitag des Jahres 1984 nach Montagne kam, wußte ich aus sicherer Quelle, daß die hartnäckigen Gerüchte, Münzenberg habe nicht den Freitod gewählt, sondern sei ermordet worden, aus der Luft gegriffen waren. Mein Vater war Zeuge der letzten Stunden Münzenbergs gewesen, und er hatte mir ausführlich darüber berichtet. In zahlreichen Veröffentlichungen im Westen wird dagegen seit Jahrzehnten die These vertreten, der ehemalige Verantwortliche der KPD wäre im Wald von Caugnet von Beauftragten der Kommunistischen Internationale oder gar der Sowjetunion beseitigt worden. Sogar Peter Weiss ist in seinem auch in der Deutschen Demokratischen Republik erschienenen Buch «Ästhetik des Widerstands», einem großen Werk, den irreführenden Informationen erlegen und schildert makabre Indizien über Münzenbergs angebliche Ermordung in der Nähe von Montagne.

Die Versionen aus antikommunistischen Quellen über das Ende Münzenbergs hatten mich bislang nicht beeindruckt. Eine Erfindung mehr, dachte ich. Die Schilderung des bedeutenden antifaschistischen Schriftstellers Peter Weiss hingegen überraschte mich, denn wie gesagt, ich hatte ganz andere Informationen. Darum entschloß ich mich, allen Spuren nachzugehen, die sich bieten würden.

Das Grab von Willi Münzenberg fand ich auf dem Friedhof des kleinen Dorfes Montagne bei Saint Marcellin im Departement Isère, direkt gegenüber dem imposanten Bergmassiv des Vercors. Die Inschrift: «Willi Münzenberg, geboren 14. August 1889, gestorben Juni 1940».

Ohne große Mühe entdeckte ich Zeugen, die den Beginn der Naziokkupation hier erlebt hatten. Fernand Germain, Landwirt, fünfundsechzig Jahre alt, in Montagne ansässig, erinnert sich gut an das tragische Ereignis im Sommer 1940. Die Nazitruppen waren bereits im zwanzig Kilometer entfernten Romans, als drei deutsche Flüchtlinge, von L'Herbasse kommend, den Gastwirt des Ortes, Pierre Carra, aufsuchten. Sie hatten gehört, er besitze einen Wagen und ein Pferd, und wollten beides von ihm leihen oder kaufen, um ihren Weg fortsetzen zu können. Besonders einer von ihnen – später stellte sich heraus, daß es Willi Münzenberg war – konnte nur noch schwer gehen, seine Füße waren blutig gelaufen. Pierre Carra lehnte es ab, Pferd und Wagen herzugeben. Die drei mußten ihre Flucht zu Fuß fortsetzen. Einer schlug seinen Gefährten vor, schon vorauszugehen. Er wolle etwas ausruhen und dann nachkommen.

Monate später, im Oktober 1944, fanden zwei Einwohner von Montagne, Gobertier und Argoud, die im nahen Wald von Caugnet Krammetsvögel jagten, den Leichnam von Willi Münzenberg. Er hatte sich mit einer dünnen Hanfschnur, wie sie zum Zusammenbinden von Erntegarben benutzt wird und überall auf den Feldern herumlag, an einem Baum erhängt. Vom Gastwirt Carra ist er als derjenige der drei Flüchtlinge erkannt worden, der seinen Gefährten nachgehen wollte.

Fernand Germain, der das alles als Einundzwanzigjähriger im kleinen Dorf miterlebte, erhielt diese Informationen von Pierre Carra und von den beiden Jägern. Als Willi Münzenberg wenige Tage später auf dem Friedhof von Montagne beerdigt wurde, folgten mehr als zwanzig Einwohner des Dorfes dem Sarg. «Wir wußten zwar nicht, wer er war, aber daß es sich um einen armen Menschen in Not handelte, stand für uns fest», sagte mir Fernand Germain dazu. Der Grabstein ist erst in den fünfziger Jahren auf Initiative der Lebensgefährtin von Willi Münzenberg, Babette Groß, errichtet worden.

Gerüchte, daß Willi Münzenberg ermordet worden sei, weisen Fernand Germain und ein anderer Einwohner von Montagne, André Brun, energisch zurück. Bis nach Montagne sind diese Gerüchte, die eine so große Rolle in Veröffentlichungen spielen, jedenfalls noch nicht gedrungen.

André Brun, ebenfalls Bauer, vierundsechzig Jahre alt, war zweiundzwanzig Jahre lang Mitglied des Gemeinderates von Montagne. Beide erklären, daß alle Anzeichen den Selbstmord bestätigten und einen Mord ausschlossen. Im übrigen habe Münzenberg seine Papiere und Wertsachen bei sich gehabt. Alles sei von den Behörden aufbewahrt worden, und es gebe darüber ein Protokoll der Gendarmerie, die auch den Freitod nach Untersuchung festgestellt hatte.

Einer der beiden deutschen Emigranten, die aus einem französischen Internierungslager beim Nahen der Naziwehrmacht zusammen mit Willi Münzenberg flüchteten, war mein Vater. Seine Schilderung, die ich im Frühjahr 1945 von ihm darüber gehört habe, deckt sich mit den Zeugenaussagen von Fernand Germain und André Brun. Er sagte: «Auf der Flucht vor den deutschen Invasionstruppen sind wir mit Willi Münzenberg in einem kleinen Ort am Fuß der Alpen angelangt. Wir waren zu dritt, hatten uns von der Masse der Internierten abgesondert, weil wir der Meinung waren, so den Faschisten besser entkommen zu können. Unser Kamerad Münzenberg, äußerst demoralisiert, war überzeugt, die Nazis würden uns einholen und fangen. Wir versuchten, ihm Mut zu machen. Bei einer Rast in einem Gasthof schlug er uns vor, schon vorauszugehen, er würde später zu uns stoßen. Er brauche noch etwa eine Stunde Ruhe. Die tagelangen Fußmärsche hatten ihn erschöpft, und er konnte kaum noch laufen. Wir wollten nicht länger verweilen, weil Spähtrupps der Wehrmacht jeden Augenblick im Ort eintreffen konnten. Wir haben dann im Wald auf ihn gewartet, wie verabredet. Als er nach zwei Stunden noch nicht da war, sind wir ihm entgegengegangen. Wir haben ihn am Waldesrand gefunden. Er hatte sich erhängt. Seine Nerven hatten der Belastung dieser Tage nicht standgehalten.»

Meinem Vater, dem erfahrenen Strafverteidiger, wäre kaum ein Indiz für einen Mord entgangen. Er hatte Willi Münzenberg als Sekretär des vorbereitenden Volksfrontausschusses in Paris, dem er selbst angehört hatte, kennengelernt und schätzte ihn als antifaschistischen Bundesgenossen.

Der Beginn meiner Tätigkeit als Korrespondent 1973 in Frankreich fiel zusammen mit dem Anfang einer tiefgreifenden ökonomischen Krise, die nach und nach alle kapitalistischen Länder in Europa erfaßte. Nach drei Jahrzehnten fast ununterbrochener konjunktureller Entwicklung tauchte das alte Gespenst der Arbeitslosigkeit wieder auf. In Frankreich wehrten sich die Gewerkschaften, besonders die CGT, mit harten Kämpfen gegen Entlassungen und Betriebsschließungen. Fabriken wurden besetzt, um den Arbeitsplatz zu verteidigen. Ich habe einige dieser meist mittleren Unternehmen gesehen, über denen – für einige Wochen oder Monate – die rote Fahne der Arbeiterklasse wehte. Vieles erinnerte mich an die riesige Montagehalle Renault auf der Seine-Insel Séguin, die ich 1936 mit dem Chor der Roten Falken besuchte. Damals kämpften die Arbeiter um Lohnerhöhungen, die Verkürzung der Arbeitszeit und bezahlte Ferien. Immer hat mich in den zeitweilig besetzten Werkhallen die mustergültige Ordnung und Disziplin beeindruckt, die Sorgfalt, mit der die Maschinen gepflegt werden, die die Arbeiter «unsere Werkzeuge» nennen. Mir scheint, die Reife der französischen Arbeiterklasse wird auch in diesen Aktionen sichtbar.

Erneut bin ich Zeuge großer Demonstrationen der Werktätigen, die in Paris die ganze Breite der Boulevards einnehmen. In Frankreich sind solche gewaltigen Umzüge zugleich Feste des Volkes. Zur Entschlossenheit, die

Forderungen zu vertreten, gesellen sich Witz und Humor, die in improvisierten Sprechchören, Liedern und rasch gemalten Schildern zum Ausdruck kommen. Ich bemühe mich immer, die dem Auslandskorrespondenten gebotene Reserve einzuhalten, wenn ich am Straßenrand stehe und die Menge an mir vorbeizieht. Meine Gedanken schweifen dann vierzig Jahre zurück, als ich die ersten Demonstrationen in Paris erlebte und Teilnehmer der Umzüge der Volksfront im Marschblock der sozialistischen Jugendorganisationen war.

Meine beruflichen Aufgaben führen mich auch an Orte, die den deutschen Emigranten in den dreißiger Jahren völlig verschlossen waren. Ich nehme an Pressekonferenzen in Generaldirektionen von Konzernen, im Unternehmerverband, in den Ministerien und im Élysée-Palast, dem Sitz des französischen Präsidenten, teil. Die Pressekorrespondenten des «anderen Deutschland», wie General de Gaulle die Deutsche Demokratische Republik zu nennen pflegte, arbeiten gleichberechtigt neben den Journalisten vieler weiterer Nationen.

Immer wieder reizt es mich, an die progressiven Traditionen in der Vergangenheit beider Länder zu erinnern. Deutsche Demokraten, von der Reaktion aus ihrem Land vertrieben, haben wiederholt in Frankreich Asyl und die Solidarität fortschrittlicher Kräfte dieses Landes gefunden. Mit Hilfe der Deutschen Demokratischen Republik und ihrer Institutionen werden Beispiele dafür aus der Vergangenheit gehoben und der Öffentlichkeit zugänglich gemacht. Im Mai 1983 kann ich über die Anbringung einer Gedenktafel am Boulevard Arago, am Eingang zur Künstlerkolonie «Cité Fleurie», berichten. Die PEN-Clubs Frankreichs und der DDR würdigen damit die «Deutsche Freiheitsbibliothek», die von 1934 bis 1939 hier zu einem Zentrum antifaschistischer Dokumentation und Aufklärung geworden ist. Mit Unterstützung französischer Schriftsteller wie Romain Rolland und André Gide und unter dem Vorsitz von

Heinrich Mann waren hier die in Hitlerdeutschland ver-
brannten und verbotenen Bücher gesammelt. Antifaschistische Zusammenkünfte, Jugendstunden für Emigrantenkinder fanden in dem kleinen Haus der «Deutschen Freiheitsbibliothek» in der «Cité Fleurie» statt. Als Fünfzehnjähriger hörte ich dort einen Vortrag von Professor Johann Lorenz Schmidt über die Rolle der Konzerne in Hitlerdeutschland, der für mich eine erste Einführung in die
marxistische Wirtschaftstheorie war.

Ich suche nach Zeugen des kurzen Aufenthalts von Ernst
Thälmann 1932 in Paris. Wenige Monate vor der Machter-
greifung der Faschisten in Deutschland hatten im Ver-
sammlungssaal Bullier in der französischen Hauptstadt
Maurice Thorez und Ernst Thälmann zusammen auf einer
Massenkundgebung vor der Aggressivität des deutschen
Imperialismus gewarnt. Ich finde unter anderen auch den
ehemaligen Fahrer von Maurice Thorez, Henri Fontaine,
der Thälmann im Wagen des Generalsekretärs der FKP
nach dem Meeting zurück zur deutschen Grenze fuhr. Als
sie an den endlosen Reihen der Kreuze auf den Soldaten-
friedhöfen bei Verdun vorbeikamen, ließ Thälmann halten.
Ergriffen stand der Mann, der soeben auf einem Meeting
gegen den drohenden Krieg gesprochen hatte und dem
dann elf lange Jahre der Nazihaft bis zu seiner Ermordung
bevorstehen sollten, an den Gräbern der Opfer des Ersten
Weltkrieges.

In der großen Hafenstadt Le Havre zeigt mir der ehemalige Sekretär der Kohlenschlepper, Roger le Marec, das
Haus, in dem er 1932 monatelang den deutschen kommunistischen Funktionär Etkar André in seinem möblierten
Zimmer beherbergt hat. Etkar André suchte Kontakt zu
französischen Hafenarbeitern zur Vorbereitung gemeinsa-
mer Aktionen. Als Roger le Marec 1936 von der Ermordung
des deutschen Genossen erfährt, ist er bestürzt: Er schließt
seine Erzählung: «In den fünfziger Jahren – ich war zufällig im Hafengelände – sah ich dann ein Schiff aus der Deut-

schen Demokratischen Republik einfahren, das den Namen Etkar André in großen Lettern am Bug trug. Da habe ich verstanden, daß sich für uns Arbeiter wieder etwas verändert hatte.»

In Sanary am Mittelmeer forschen meine Frau und ich nach dem Haus, in dem Lion Feuchtwanger von 1933 bis 1939 gelebt hat. Dokumente aus den Polizeiarchiven der kleinen Stadt, die uns der Gemeinderat bereitwillig zur Verfügung stellt, erlauben es, die stattliche Villa hoch über dem Meer zu identifizieren, in der der Schriftsteller eine Etage gemietet hatte. Hier hat er Arnold Zweig, Thomas, Heinrich und Klaus Mann, Willi Bredel, Bruno Frank, Bert Brecht, Friedrich Wolf und andere empfangen. Auf der Terrasse, die den Blick auf die von Zypressen, Kiefern und Olivenbäumen gesäumte Bucht freigibt, war nächtelang über Literatur und Politik debattiert worden – bis die Naziarmeen Frankreich überfluteten. Die antifaschistischen deutschen Schriftsteller, die Sanary, wie Ludwig Marcuse einmal halb ironisch gesagt hat, zur «Hauptstadt der deutschen Literatur» gemacht hatten, mußten vor dem «Teufel in Frankreich», über den Feuchtwanger schreiben sollte, in alle Himmelsrichtungen fliehen.

Auf den Spuren Kurt Tucholskys reisen wir durch die Pyrenäen. Wir sehen wie der Schriftsteller 1925 die Gebirgsketten – «eine Sinfonie in A-Dur» –, die Schluchten, die Wasserfälle, die mittelalterlichen Klöster, die malerischen Bauernhäuser in Barèges und die reichen Leute in den luxuriösen Kurorten. Überall erblickte Tucholsky damals vor seinem geistigen Auge die Herrenmenschen aus seiner Heimat, Generaldirektoren von Konzernen, reaktionäre Richter und mordhungrige Offiziere, die Vorreiter des Dritten Reiches. Mit ihnen setzte er sich eigentlich auseinander, wenn er durch die idyllischen Täler reiste, Schlösser besichtigte, in Archiven stöberte. Hat er vielleicht damals schon daran gedacht, daß eines Tages die Blutrichter, die menschenverachtenden Offiziere, die brutalen Polizeibeamten aus seinen Büchern und aus der deutschen Wirklichkeit auch in dieser Gegend wüten würden? Mehr als dreitausend Männer, Frauen und Kinder sind allein im Pyrenäen-Gebiet von den Hitlerfaschisten ermordet worden.

Im Stadtmuseum von Luchon, dem Thermalkurort, wird über prominente Gäste berichtet: Victor Hugo, Alexandre Dumas, Guy de Maupassant und ein Hohenzollernsproß, seine Königliche Hoheit Friedrich, Bruder des Kaisers Wilhelm I., gehörten dazu. Wer kennt heute noch diesen Friedrich? Über den Aufenthalt der Marx-Töchter Jenny und Eleanor in Luchon im Sommer 1871 indes weiß das Museum nichts zu sagen. Jenny wollte sich in Begleitung ihrer Schwester hier von einer schweren Lungenentzündung erholen. Es war die Zeit der Hexenjagd auf progressive Kräfte nach der Niederwerfung der Kommune von Paris. Der Polizeipräfekt von Toulouse, Baron Keratry, begab sich mit einem Schwarm von Beamten nach Luchon, um die Töchter von Marx zu verhaften, zu verhören und der Verschwörung im Auftrag ihres Vaters zu bezichtigen. Nur der britische Reisepaß ersparte Jenny und ihrer Schwester die Gefängnisse der Thiers-Diktatur. In einem 1874 erschienenen Pyrenäen-Buch des bonapartistischen Journalisten Stephen Liégeard finde ich die selbstbewußte Antwort wieder, die Jenny einem der Begleiter des Präfekten gab. Befragt, ob die von ihrem Vater in London geführte Internationale Einfluß habe, antwortete sie lächelnd: «Ja, sie ist dort sehr mächtig und in anderen Ländern auch.» Die Laiterie de la Pique, eine bescheidene Familienpension in einer Meierei, in der die Marx-Töchter wohnten, ist längst abgerissen. An dieser Stelle steht heute die Oberschule des Ortes. Vielleicht wird sie eines Tages den Namen Jenny Marx tragen.

Nach ihrem Vater sind mehrere Boulevards und Alleen in den Arbeitervorstädten von Paris, im «Roten Gürtel», benannt. Wir haben sie aufgesucht und ihre Geschichte ergründet. In Argenteuil zum Beispiel, wo Karl Marx zweimal seine Tochter Jenny, seine vier Enkelkinder und den

Schwiegersohn Charles Longuet besuchte, wurde der Boulevard Thiers, in dem das Haus der Longuets stand, schon 1936, als der Stadtrat kommunistisch wurde, in Boulevard Karl Marx umbenannt. Welche Genugtuung für die Genossen, den Namen des Mörders der Kommunarden von Paris durch den des großen deutschen Revolutionärs zu ersetzen! Damals machte das Innenministerium, das eine solche Umbenennung genehmigen mußte, dem Stadtrat zur Auflage, die Erinnerung an Thiers dürfe jedoch nicht ganz aus dem Straßenregister verschwinden. Die Genossen berieten und fanden eine Lösung: Der unterste Teil des Boulevard Thiers, der durch brachliegende Felder führte und auf einer Müllkippe endete, der nur ein einziges Haus, nämlich das Bordell des Ortes, aufweisen konnte, behielt den Namen des Führers der Versailler Konterrevolution.

Bei allen meinen Nachforschungen während meiner Arbeit als Pressekorrespondent in Frankreich stütze ich mich auf meine Kameraden, die ehemaligen Résistance-Kämpfer. Sie stehen als Bürgermeister an der Spitze von Städten und Gemeinden. Sie sind in der FKP und in der Gewerkschaft CGT zu finden, aber auch in den anderen Parteien, in der Nationalversammlung und im Senat, in Ministerien und Regionalverwaltungen. Zahlreich trifft man sie in der Freundschaftsgesellschaft Frankreich–Deutsche Demokratische Republik, vor allem die ehemaligen Deportierten in die deutschen Konzentrationslager; denn für diejenigen, die besonders schwer unter dem Naziregime gelitten haben, bedeutet die DDR die große Hoffnung, daß niemals mehr Gewalt und Krieg vom deutschen Boden ausgehen.

An vielen Treffen und Veranstaltungen der Résistance nehme ich teil. Kurz vor dem 40. Jahrestag der Befreiung von Paris zeigte mir Oberst Henri Rol-Tanguy, 1944 Kommandant der französischen Streitkräfte des Innern in der Pariser Region, den Bunker tief unter der Erde, in dem sein Hauptquartier vom 19. bis zum 25. August 1944 eingerichtet war. Was für uns in der Corrèze die Eichenwälder waren, bedeuteten für die Partisanen in Paris die Katakomben. Als unterirdische Steinbrüche von der römisch-gallischen Antike bis zum 19. Jahrhundert angelegt, ziehen sie sich dreihundert Kilometer lang, oft mehr als vierzig Meter tief, unter dem Straßennetz der Stadt hin. Telefonisch waren Oberst Rol-Tanguy und die Offiziere seines Stabes mit zahlreichen Metrostationen, mit der bereits befreiten Polizeipräfektur und anderen Dienststellen verbunden, von denen sie Berichte erhielten und denen sie Befehle übermitteln konnten. Generalstabsmäßig wurden die Kämpfe, die mit der Befreiung des größten Teils von Paris noch vor Eintreffen der alliierten Truppen endeten, von diesem Bunker aus geführt.

Einmal im Jahr gedenken die Mitglieder der Résistance-Verbände in der alten Festung Mont Valérien auf einem Hügel am westlichen Stadtrand von Paris der viertausendfünfhundert Résistance-Kämpfer, die hier von 1940 bis zur Befreiung des Landes erschossen worden sind. Zu den Gästen der Kundgebung gehört seit Jahren auch der Botschafter der Deutschen Demokratischen Republik. Im Mont Valérien wurde besonders im letzten Kriegsjahr zu jeder Stunde und serienweise getötet: Geiseln und Verurteilte des Kriegsgerichtes. Wenn das 2. Bataillon der Freischärler und Partisanen den Schnellzug Toulouse–Paris nicht in der Corrèze aufgehalten und angegriffen hätte, wäre ich wahrscheinlich auch hier gelandet. Gefesselt wurden die Opfer meist in Gruppen zwischen Festungsmauern und durch den Park des Mont Valérien bis zum Schießplatz geführt. An einer Stelle des Weges lichtet sich der Baumbestand, und wenn die Ginsterbüsche noch nicht zu hoch sind und keine Nebel über der Tiefebene schweben, hat man einen einzigartigen Blick auf das Häusermeer von Paris. Die Stadt liegt einem zu Füßen. Im Vordergrund sieht man die Schleife der Seine bei Neuilly, von eleganten Brücken aus Stein überspannt. Links hinten ist der Montmartre-Hügel mit der weißen Kirche Sacré-Cœur zu erkennen. Schnurgerade und von Pappeln gesäumt, bahnen sich die großen Boulevards ihren Weg nach Osten. Es wird berichtet, daß der Zug der Verurteilten an dieser Stelle oft ins Stocken kam: Für alle war das der letzte Blick auf das Leben.

Ich weiß nicht genau, was mich bewegt hätte, wenn ich im Sommer 1944 hier vorbeigeführt worden wäre. Wenn ich heute diesen Weg gehe, denke ich an meine Brüder in ihrer letzten Stunde, auch an Michael in Uzerche und an Toutou bei La Chapoulie, sowie an die Überlebenden in diesem Land, das mir zur zweiten Heimat geworden ist, und wie gut es ist, auch vierzig Jahre danach in Übereinstimmung mit den Menschen zu sein, die sich damals für die Freiheit ihres Volkes erhoben haben.

Inhalt